Jürgen Diederich/Heinz-Elmar Tenorth
Eine Theorie der Schule

Jürgen Diederich
Heinz-Elmar Tenorth

Theorie der Schule

Ein Studienbuch zu Geschichte, Funktionen und Gestaltung

Cornelsen
SCRIPTOR

Gedruckt auf chlorfrei gebleichtem Papier
ohne Dioxinbelastung der Gewässer.

Die Deutsche Bibliothek – CIP-Einheitsaufnahme
Diederich, Jürgen: Theorie der Schule : ein Studienbuch zu Geschichte, Funktionen und Gestaltung / Jürgen Diederich ; Heinz-Elmar Tenorth. – Berlin : Cornelsen Scriptor, 1997
ISBN 3-589-21076-1
NE: Tenorth, Heinz-Elmar:

Dieses Werk berücksichtigt die Regeln der reformierten Rechtschreibung und Zeichensetzung.

4.	3.	2.	1. ✔	Die letzten Ziffern bezeichnen
2000	99	98	97	Zahl und Jahr des Drucks.

Redaktion: Gabriele Teubner-Nicolai, Berlin
Herstellung: Brigitte Bredow, Berlin
Umschlaggestaltung: Studio Lochmann, Frankfurt am Main,
Umschlagfotos: Michael Seifert, Hannover und AKG, Berlin
Satz: FROMM MediaDesign GmbH, Selters/Ts.
Druck und Bindung: Clausen & Bosse, Leck
Printed in Germany
ISBN 3-589-21076-1
Bestellnummer 210761

Inhalt

*Einleitung für Anfänger**

„Theorie der Schule" ist eine etwas ehrgeizige[1] Sammelbezeichnung für eine ziemlich heterogene Menge von Literatur. Unter diesem Titel finden sich theoretisch oder methodologisch ambitionierte Analysen ebenso wie praktisch gemeinte Handreichungen; es gibt hier Übersichtswerke mit historischem Anspruch und systematische Versuche der Konstruktion neuer Schulwelten. Die meisten Arbeiten leben friedlich, aber auch relativ unverbunden nebeneinander, eine Einheit der Gattung darf man jedenfalls nicht behaupten. Schon die Adressaten sind zu verschieden – Bücher für den forschenden Erziehungswissenschaftler stehen neben Texten die sich an Lehrer, Schulleiter, Eltern, Bildungspolitiker oder überhaupt an die schulpolitisch interessierte Öffentlichkeit richten.

Vor allem in der Lehrerausbildung wird unter dem Titel „Theorie der Schule" die Schule als Arbeitsplatz und als Objekt von Reform und Innovation thematisiert, jedoch weniger die Schule als System in distanzierter Perspektive behandelt.[2] Künftige Lehrkräfte sollen Erlebnisse und Erfahrungen aus ihrer Schulzeit reflektieren, bevor sie den Vorbereitungsdienst (das Referendariat) und danach den Schuldienst antreten. Alle Themen relativieren individuelle Erlebnisse und Erfahrungen, jedoch lassen sich

---

* Zur Orientierung des Lesers: In den Fußnoten geben wir Belege für benutzte Literatur, Erläuterungen zu bestimmten Formulierungen, Literaturhinweise zu speziellen Fragestellungen und zu Forschungsarbeiten oder Theorien, auf die wir in der Darstellung nicht oder nur knapp Bezug nehmen können. Als spezielle Hinweise zur vertiefenden Arbeit mit dem Buch sind die Anhänge zu den Kapiteln gedacht. Zur Orientierung in und Auseinandersetzung mit der nahezu uferlosen Literatur soll der Wegweiser durch das Dickicht der schultheoretischen Literatur einladen, den wir vor dem Register anbieten.

1 „Ehrgeizig" nennen wir die Sammelbezeichnung, weil vor wenigen Jahren noch bezweifelt wurde, dass diese Literaturgattung den Gebrauch des Begriffs Theorie rechtfertigt. KRAMP, W.: Studien zur Theorie der Schule (München 1973) diskutiert an einem umfangreichen Literaturbestand dieses Problem. Inzwischen erschien allerdings wenigstens ein Buch, auf das diese Kritik nicht mehr zuträfe, zieht es doch Bilanz aus der umfangreichsten Serie empirischer Schulforschung im deutschen Sprachraum: FEND, H.: Theorie der Schule. München/Baltimore 1980.

2 Neben den „guten Gründen", die wir im Folgenden nennen, gibt es den, dass Prüfungsthemen aus dem Bereich Theorie der Schule kaum riskant zu sein scheinen. Was ausreichendes Grundwissen angeht, ist diese Einschätzung durchaus realistisch.

mehrere Themengruppen (a bis f) und damit zugleich unterschiedliche Orientierungen der Theorieansätze unterscheiden.

a) Schule und Unterricht werden aus der Sicht von Schulleitung und Lehrerschaft beschrieben; Studierende sollen Absichten und Bedingungen, Entscheidungen und Handlungsprobleme in dem zu sehen lernen, was Schüler als Schulordnung und Unterrichtsroutine erleben. Vergleichen sie dann Schulen, die sie besucht, und Lehrer(innen), die sie gehabt haben, miteinander und mit den Botschaften, die ihnen Theorien der Schule anbieten, dann ist daraus vor allem eine Lehre zu ziehen: Vieles hätte auch anders sein können; und ausgebildet wird man, damit man die anderen Möglichkeiten zumindest zu sehen, vielleicht zu nutzen lernt. Theorie der Schule ist insofern dem Versuch vergleichbar, gegenüber der Routine des Alltags den Blick für die Vielfalt der pädagogischen Möglichkeiten zu schärfen.

b) Die einzelne Schule wird in den größeren Zusammenhang des Bildungswesens gestellt, das aufeinander folgende Schulstufen (Primarstufe, Sekundarstufe I und II) und nebeneinander stehende Schulformen (Hauptschule, Realschule, Gymnasium) unterscheidet – und die allgemeinbildenden Schulen von den beruflichen Schulen und Hochschulen im „tertiären" Sektor, zu dem auch die betriebliche Berufsausbildung gehört, an die ggf. Fort- oder Weiterbildung und Erwachsenenbildung bis hin zur „Universität des 3. Lebensalters" anschließen.

Auch hier könnte vieles anders sein. Das lehren Seminare zur Geschichte des Schulwesens, aber auch zur Bildungspolitik. Sie zeigen, dass den heute geläufigen Unterscheidungen andere vorausgingen und dass strittig war und immer wieder ist, wie das Unterschiedene zu einer „Struktur des Bildungssystems" re-kombiniert werden sollte. In diesem größeren Zusammenhang sollten schon mündige Wähler die Schule sehen, um so mehr, wer später von Berufs wegen daran mitwirkt Bildungswege auszugestalten, dabei Bildungschancen eröffnet oder versagt und so Schüler auf ihren weiteren Bildungsgang oder den Eintritt in das Berufsleben vorbereitet. Theorie der Schule kann insofern das, „was ist", als eine Realität zeigen, die historisch geworden ist, die sich nicht zuerst der Logik der Sache, sondern zunächst sozialen Interessen, Erwartungen und Konflikten verdankt.

c) Dass an die allgemeinbildenden Schulen und eine berufliche Ausbildung oder ein Studium problemlos der Übergang in das Erwerbsleben anschließt, ist keine Selbstverständlichkeit; das wissen nicht zuletzt die Studierenden in Lehramtsstudiengängen. So entsteht die Frage, ob es ausreicht, die Schulzeit als Vorbereitung auf die Arbeitswelt zu sehen und das Studium als Vorbereitung auf einen akademischen Beruf. Hat die Schule nicht noch andere und vielleicht größere Aufgaben?

Am Wirtschaftssystem nehmen Erwachsene ja nicht nur arbeitend teil; komplementär dazu sind sie Verbraucher und schon als Heranwachsende eine wichtige Zielgruppe der Konsumwerbung. Im politischen System wird man wahlberechtigt; und wenn auch viele nur ihr aktives Wahlrecht ausüben, streben andere doch Mandate an, um an der Kontrolle von Herrschaft beteiligt zu sein bzw. selbst eine Machtposition zu erreichen. Wieder andere engagieren sich in Basisgruppen, Bürgerinitiativen, Parteien oder Verbänden, um politisch Einfluss zu nehmen. Politische Bildung soll die Heranwachsenden zu mündigen Bürgern machen; religionsmündig werden sie schon zuvor, bald darauf heiratsfähig – und schließlich sollen sie ja am gesellschaftlichen Leben nicht nur in diesen rechtlich geregelten Bereichen teilnehmen können.

Die Schule könnte auch auf die Teilhabe am kulturellen Leben, auf den sinnvollen Gebrauch von Freizeit oder gar auf die Wechselfälle und Schattenseiten des Lebens vorbereiten – auf Streit mit anderen Menschen, auf Arbeitslosigkeit oder Krankheit. Das alles könnten Aufgaben der Schule sein – oder auch nicht. Ihre Gemeinsamkeit ist, dass sie an der Zukunft orientiert sind. Einige Theorien der Schule machen es sich entsprechend zur Aufgabe, den Zusammenhang der Aufgaben zu sehen und zu diskutieren, die in einer Gesellschaft der Schule angesonnen werden. Das kann zur Kritik der Schule wie der Gesellschaft führen, aber auch zum Plädoyer für das, was die Schule „eigentlich" soll – neben der pädagogischen Vorbereitung auf das Leben.

d) Im Begriff der Vorbereitung schwingt schon mit, dass dies alles ohne Schule nicht ginge. Das bringt die Vergangenheit und die Gegenwart in den Blick, Menschheit und Kindheit. Wären die Menschen von Geburt an „gesellschaftsfähig", bedürfte es keiner Vorbereitung. Neugeborene sind aber ohne Unterstützung noch nicht einmal lebensfähig, sondern auf längere Fürsorge Erwachsener, meist ihrer Eltern, angewiesen.

Ohne diese anthropologische Perspektive, die von Fragen nach dem Wesen des Menschen (meist im Unterschied zu anderen Säugetieren), nach der Besonderheit seiner Existenzbedingungen oder dem Sinn seines Daseins geleitet ist, wäre eine Theorie der Schule für viele Autoren nicht vollständig. Sie stellen die Schule in noch größere zeitliche und soziale Zusammenhänge und entdecken, dass Schule in einem systematischen Sinne und in vergleichbarer Gestalt eine lange Tradition hat und gegenwärtig in allen Kulturen zu beobachten ist.[3] Nun werden alle sozialen Gebilde verglichen, in denen das Aufwachsen vonstatten geht und mehr oder minder sorgsam begleitet wird: Stamm oder Horde, Sippe oder Großfamilie, Großeltern und Eltern, Ge-

3 ADICK, CH.: Die Universalisierung der modernen Schule (Paderborn 1992) hat diese These herausgearbeitet. Als universelle Merkmale der modernen Schule nennt sie dabei die staatlich-öffentliche Kontrolle, ein systemisch geordnetes Schulwesen eine professionalisierte Lehrerschaft, Unterricht in altershomogenen Schulklassen auf der Basis vorgegebener Curricula mit Leistungsbewertung nach vorgegebenen Standards, die Konsequenzen für nachschulisch bedeutsame Berechtigungen bzw. Zertifikate haben.

schwister, Spielgruppen mit Kindern aus der Nachbarschaft, später dann die Gruppe der Gleichaltrigen (peer-group) oder Gruppen, bei denen das gleiche Interesse wichtiger ist als Nachbarschaft oder Verwandtschaft, bis zur Mitgliedschaft in Vereinen. Da ist die Schule dann nur noch ein „soziales Umfeld" unter anderen.

e) Wenn in dieser Perspektive von der Schule gesprochen wird, ist nicht mehr die einzelne Schule nebenan gemeint, nicht das Schulwesen (als Sammelbegriff für Schulen verschiedener Art, z. B. Schulen in freier oder staatlicher Trägerschaft), nicht einmal das Schulsystem, das ein geplantes Gefüge aus Schulstufen und Schulformen sein soll. *Die Schule* ist nun der Inbegriff für das, was Schulen gemeinsam ist, trotz all ihrer Unterschiedlichkeit.

Die Nähe dieser systematischen Fragestellung zur anthropologischen Perspektive ist unverkennbar. Ähnlich wie dort nach dem Wesen des Menschen kann hier nach dem „Wesen" der Schule, wie dort nach dem Sinn des Daseins kann auch hier nach dem Sinn der Schule, nach ihrem Zweck oder ihrer Funktion für die Gesellschaft gefragt werden. Sucht man den spezifischen Zweck der Schule zu eruieren, dann nähert man sich den erziehungswissenschaftlichen Interessen an diesem Thema.

Die Begriffe Zweck und Funktion werden dann im Singular gebraucht (zu Wesen und Sinn gibt es ohnehin keinen Plural). Damit wird betont, dass nicht etwa nach einer Liste von Gemeinsamkeiten der verschiedenen Schulen gefragt wird, sondern nach dem, was jegliche Schule von allen anderen Bedingungsgefügen unterscheidet, in denen sich das Aufwachsen vollzieht. In dieser Perspektive muss die Theorie der Schule ihr Objekt notwendig im Zusammenhang mit anderen Erziehungseinrichtungen betrachten, Gemeinsamkeiten und Besonderheiten herausarbeiten, um schließlich die spezifisch pädagogische Qualität der Schule zu erörtern.

In der Regel werden dann die Spezifika der Schule parallel zum Lebenslauf von Heranwachsenden diskutiert: Die Familie geht der Schule voraus, der Beruf und die politische Existenz folgen ihr nach, der Sinn der Schule liegt dazwischen[4] – in einer Wirklichkeit eigener Art, die ihre Logik darin hat, dass sie den Übergang ins Leben organisiert, indem sie ein sinnvolles Moratorium anbietet.

Die Suche nach dem systematischen Sinn von Schule gestaltet sich dennoch schwierig, unter anderem deswegen, weil das Aufwachsen auch in Familien nicht Zufälligkeiten der Umgebung und des Zusammenlebens überlassen wird.[5] So betrachtet, kann über *Die Schule* zunächst auch nur

4 In der deutschen erziehungs- und sozialphilosophischen Tradition – von Schleiermacher bis Hegel – ist dieser Gedanke intensiv ausgearbeitet worden.

5 Eltern, die Erziehungsbemühungen grundsätzlich misstrauen und darum sparsam mit ihnen umgehen, nehmen doch auf die Bedingungen des Aufwachsens absichtsvoll

eines gesagt werden: Sobald das Kind eine Schule besucht, erhält die Familienerziehung eine weitere Konkurrenz.[6]

In Theorien der Schule wird allerdings oft nur das Wohltätige dieser Beziehung von Familie und Schule gesehen: Schulen werden nötig, wenn es Eltern überfordert, ihre Kinder auf das Leben in einer „immer komplexeren Gesellschaft" vorzubereiten – das heißt umgekehrt, wenn die Gesellschaft an ihre Mitglieder Anforderungen stellt, die in Familie und Nachbarschaft noch nicht, nicht mehr oder zu selten vorkommen.

Das betont zwar, dass zur Umwelt Heranwachsender nicht nur Menschen gehören, sondern vieles, was deren Lebensspanne überdauert; es überschätzt aber zugleich die „kompensatorischen" Möglichkeiten der Schule. Das Wissen über Lebensgewohnheiten, Werkzeuge und Wirtschaftsweisen, von Mythen und Weltbildern, Sprache und Kunst – kurz: „Kultur" wurde über Jahrtausende durch Gebrauch oder nur mündlich überliefert. Schule wird erst dann als notwendig anerkannt, wenn dieser Faden, das „große Gespräch zwischen den Generationen",[7] zu reißen droht, und erst dann möglich, wenn schriftliche Formen der Überlieferung die mündliche stützen oder ersetzen. Eine Theorie der Schule, die solche Fragen aufnimmt, ordnet die Institution in den Prozess der Evolution der Gattung insgesamt ein.

Wenn Schule in dieser Weise thematisiert wird, liegt dem weiteren Gedankengang dennoch oft ein restringierter[8] Begriff von Kultur zu Grunde, der das meiste ausklammert, was „den Menschen zum Menschen"

(intentional) Einfluss, z. B. indem sie nur bestimmtes Spielzeug kaufen und anderes nicht. Damit ergänzen oder modifizieren sie die pure Sozialisation, die sowieso immer irgendwie abläuft. Manchmal, z. B. bei Versuchen, die Wahl von Freunden einzuschränken, trauen sich Eltern sogar zu, in den Wirkungsbereich einer anderen Sozialisationsinstanz einzugreifen oder zumindest unerwünschte Einflüsse abmildern zu können.

6 Wenn sie erstmals ein Kind einschulen, erleben Mütter bald darauf mit Unbehagen, dass ihr Kind sie mit seiner Lehrerin vergleicht, vielleicht sogar die beiden „Bezugspersonen" gegeneinander auszuspielen sucht. Die Lehrerin hat dabei oft die besseren Karten: Sie hat immer nur saubere Arbeit und ist selten so streng, wie die Mutter manchmal sein muss.

7 Schorb, A. O.: Unterricht und Sprache – Vier Formen ihres Zusammenhangs. In: Höffe, W. L. (Hrsg.): Sprachpädagogik – Literaturpädagogik. Frankfurt a. M. 1969, S. 85.

8 Das Wort restringiert (eingeschränkt) wurde als Eindeutschung des Begriffs „restricted code" in den pädagogischen Diskurs eingeführt. Es sollte Defizite bezeichnen, die der Sprachgebrauch der englischen Unterschicht im Vergleich zur feiner elaborierten Sprache der Mittelschicht aufwies, vgl. Bernstein, B.: Sprache und Lernen im Sozialprozess (1961). In: Flitner, A./Scheuerl, H. (Hrsg.): Einführung in pädagogisches Sehen und Denken. München 1967, S. 253–270.
Die weitere Forschung und Diskussion machte aus der Defizit-Hypothese eine Differenz-Hypothese. Sie besagt, dass der „restricted code" durchaus situationsgemäße Verständigung ermögliche, nur eben nicht im Schulunterricht (vgl. aber Anhang 8). Daraus wird ein Argument, das die Kritik stützt, die Schule sei eine „typische Mittelschicht-Institution", die Kinder aus dem Arbeitermilieu benachteiligt (Übersicht über die Literatur: Rolff, H. G.: Sozialisation und Auslese durch die Schule. Heidelberg 1967).

gemacht hat. Wer diesen Mangel entschuldigt, sieht im Folgenden die Rückkehr zur anthropologischen Frage: Indem sich Heranwachsende „Kulturgüter aneignen", bereiten sie sich nicht etwa nur darauf vor, in und mit der Gesellschaft zurechtzukommen, sondern sie machen sich dadurch zu dem, was Erwachsene sein sollen: eine Persönlichkeit, unverwechselbar in ihrer Individualität und Botschafterin für die Kultur, der sie zu verdanken hat, dass sie nicht nur eine Person ist wie viele andere. Für diese doppelte Bedeutung der „produktiven Aneignung"[9] von Kultur ist in der Pädagogik der Begriff der Bildung reserviert.[10]

f) Lehrveranstaltungen, in denen nach Sinn, „Wesen" oder Zweck der Schule gefragt wird, haben also viele Möglichkeiten, eine Antwort zu geben. Angesichts der historischen und theoretischen Vielfalt einerseits und praktischer Schwierigkeiten mit Schule andererseits sind sie leicht in der Gefahr, in Idealisierungen der Schule abzugleiten. Komplementär dazu steht „radikale Schulkritik", und das nicht erst neuerdings.[11] In dieser Literatur kommen die Eigentümlichkeiten des Schulunterrichts, des Lehrerberufs und der Schule meist prägnanter zum Ausdruck als in ausgewogeneren oder gar unkritischen Darstellungen – allerdings als Probleme, Schwächen und Fehler und dem Genre entsprechend überdramatisiert (zur Schulkritik vgl. Anhang 6).[12]

Wer bei Studierenden mit habitueller Oppositionsneigung rechnet, ist gut beraten sie mit schulkritischen Texten oder belletristischen „Schulerin-

---

9 Die Formel „produktive Aneignung" bezeichnet eine der Mittellagen zwischen einer bloß reproduktiven und affirmativen, d. h. unkritischen, Übernahme der Kultur und einer im wesentlichen kritischen Auseinandersetzung mit ihr. Eine andere Mittellage, die etwas mehr in diese Richtung tendiert, bezeichnet der Begriff „kritische Aneignung". Im ersten Fall steht das Verhältnis zwischen Schüler und Kultur zur Rede, im zweiten Fall das der heutigen Erziehungswissenschaft zum „klassischen Bildungsbegriff"; da ist in der Tat etwas mehr kritische Distanz geboten, vgl. KLAFKI, W.: Neue Studien zur Bildungstheorie und Didaktik. 2. erw. Aufl., Weinheim/Basel 1991, S. 11 bzw. S. 48.

10 Anderweitig kommt der Begriff in Komposita vor, die weniger anspruchsvolle und eher technische Bedeutungen haben, z. B. Bildungsfinanzierung, -forschung, -planung, -politik und -statistik oder gar Bildungsverwaltung – in deren Händen liegt die Organisation der Schulbildung. Wenn dort von Allgemeinbildung die Rede ist, dürfte kaum das gemeint sein, was die Pädagogik unter allgemeiner Bildung versteht. Wichtige Winke für die Suche nach weiteren Abschattungen, in denen der Begriff Bildung vorkommt, gibt das 20. Beiheft der Zeitschrift für Pädagogik im Register (1986, S. 263 f.).

11 Vgl. MÜLLER, W.: Zur Geschichte radikaler Schulkritik in der jüngeren Vergangenheit. In: FISCHER, W.: Schule als parapädagogische Organisation. Kastellaun 1978, S. 9–24 (s. auch Anhang 6).

12 Angesichts der Kontinuität der Schulkritik bleiben allerdings zwei Rätsel ungelöst. Das erste ist, warum die Gesellschaft die Schule nicht schon seit langem wieder abgeschafft hat, wenn sie doch angeblich so unnütz ist oder gar große Schäden verursacht hat und weiter anrichtet. Das zweite Rätsel ist, warum sich das Gerücht, Schule sei eine pädagogische Institution, trotzdem so hartnäckig hält.

nerungen"[13] zu einer intensiven Auseinandersetzung mit dem Lehrgebiet „Schultheorien" zu provozieren. Dann kann man der eigenen Erinnerung oder dem literarischen Vorurteil Nahrung in der Suggestion geben, das Leiden an der Schule gehörte zur Existenzform des modernen Menschen.[14]

Für die Entwicklung von Vorfreude und Stolz auf den künftigen Beruf sind solche Texte von eher problematischer Natur. Der Besorgnis, Studierende könnten an ihrer Berufswahl zu zweifeln beginnen, kann allerdings mit zwei Standardargumenten begegnet werden, die Studierende ohnehin kennen sollten:

(1) Wissenschaftlich ausgebildet werden Lehrerinnen und Lehrer vor allem, damit sie methodisch zu bezweifeln lernen, was sie später im Beruf als selbstverständlich voraussetzen (müssen), weil jede Praxis rigorose Reduktion der Komplexität einschließt. Das Studium sollte dazu befähigen, den daraus entstehenden Dogmatismus der Praxis einerseits als unvermeidlich anzuerkennen, ihm aber andererseits damit zu begegnen, dass er in regelmäßigen Abständen dem methodischen Zweifel ausgesetzt wird, indem man die eigene Tätigkeit distanziert betrachtet, so wie sie andere, z. B. Schüler, Kollegen und Eltern, sehen könnten.

(2) Auch bei dem Wissen der Wissenschaften, mit dem das Studium „vertraut machen" soll, handelt es sich in allen Fächern bestenfalls um den neuesten Forschungsstand. Deshalb ist in allen Disziplinen wie in der Erziehungswissenschaft „kritische Aneignung" geboten – insbesondere in Wissenschaften, die ansonsten stolz auf die „Halbwertzeit" ihrer Erkenntnisse verweisen (das ist der Zeitraum, nach dem die Hälfte des Wissens durch neue Erkenntnisse überholt und nur noch historisch interessant ist).

Selbstverständlich ist auch die Theorie der Schule, die wir hier präsentieren, davon nicht frei. Aber zunächst sollte sie gelesen werden, um kritisierbar zu sein. Wir beschreiben in Teil I zunächst, wie das moderne Schulwesen entstand; dabei wird zwar die historische und gesellschaftlich-politische Bedingtheit der Schule betont, aber auch gezeigt, wie Reflexion als Regulativ auftritt und wie das Schulwesen Strukturen ausbildet, die kontinuierlich das Gesicht der modernen Schule prägen.

---

13 In der Literatur wird ja auch ein spezifisches Lehrerbild entfaltet, vgl. TWELLMANN, W.: Die Gestalt des Lehrers in der Literatur. Entgrenzung und Selbstbeschränkung in dichterischen Lehrerdarstellungen. In: Pädagogische Rundschau 42 (1988), S. 733–743.

14 MIX, Y.-G.: Die Schulen der Nation. Bildungskritik in der Literatur der frühen Moderne (Stuttgart 1995) zeigt allerdings, dass solche Schulkritik ein spezifisches Umfeld voraussetzt, z. B. ein ausgebautes Schulwesen; RANG, A.: Über Arbeiterkinder, die gern in die Volksschule des 19. Jhs. gingen. In: Arbeitsgruppe Pädagogisches Museum (Hrsg.): Hilfe Schule (Reinbek 1981), S. 100–102 demonstriert, dass die Schule in der gleichen Zeit eine Stätte war, in der die besten Möglichkeiten für den Lebenslauf eröffnet und unentbehrliche Kompetenzen gesucht und vermittelt wurden.

In Teil II suchen wir hinter den historisch-kontingenten Entwicklungen nach Funktionen der Schule, wie sie für alle modernen Gesellschaften typisch sind, diskutieren dominierende Funktionszuschreibungen und zeigen, wie sich mit ihrer Hilfe das Funktionieren der Schule verstehen lässt.

In Teil III wird die Schule als eine Wirklichkeit beschrieben, die von den Beteiligten gestaltet und deshalb immer auch anders möglich ist, je nach Umständen, Initiativen und Reflexionen. Es ist – so das zentrale Argument – die begrenzte Regierbarkeit der Schule, die sie so erstaunlich anpassungsfähig macht.

Teil I
Wie das moderne Schulwesen entstand

Das moderne Schulwesen unterscheidet sich von allen seinen Vorformen dadurch, dass es alle Heranwachsenden erfasst und den Schulbesuch für mehrere Jahre (anfangs 4, 6 oder 8, später 8 bis 10) staatlich – „landesherrlich“ – vorschreibt. Definitiv durchgesetzt wird diese Unterrichts- bzw. Schulpflicht für alle Heranwachsenden in Deutschland aber erst zwischen 1870 und 1920. So betrachtet, ist das moderne Schulwesen, wie es heutzutage jeder durchlaufen hat und kennt, erst rund hundert Jahre alt. Die Bemühungen um die „Beschulung“ aller Heranwachsenden beginnen aber rund 300 Jahre früher,[1] und eine Leitfrage jeder Schultheorie ist, warum die Durchsetzung der Schulpflicht so lange gedauert hat und welchen Kräften sich die Gestalt der Schule verdankt, die sich dann etablieren kann. Diese Fragen werden in Teil I erörtert.

Das 1. Kapitel greift dafür auf einen Visitationsbericht aus dem Jahre 1772 zurück, an dem abzulesen ist, wie das beginnt, was als Trennung der Schule vom Leben erlebt und schultheoretisch als Entstehung eines neuen Sozialsystems und als seine Ausdifferenzierung gegenüber der Gesellschaft beschrieben wird. Mit dem Kunstgriff, die Verfasser des Berichts zugleich beim Beobachten zu beobachten, machen wir darauf aufmerksam, dass Beobachtungen und Beschreibungen immer etwas Theoretisches[2] voraussetzen, von dem die Aufmerksamkeit gelenkt wird. Im wissenschaftlichen Fall ist das eine Theorie, im Alltag sind es Erwartungen und Gewohnheiten. Was den Visitatoren auffällt und was sie beschreiben, löst bei ihnen Erstaunen oder Empörung aus, weil sie mit ihren anderweitigen Erfahrungen vergleichen, was sie in der Landschule „mit allen Sinnen erleben“.

In diesem Fall ist das andere, der Vergleichsmaßstab, bekannt, die Schule des Freiherrn von Rochow, die neben (und zeitlich vor) Pestalozzi das Vorbild für das in Preußen entstehende Elementarschulwesen war. Liest man Rochow nicht nur mit Blick auf seine Motive für die Schulgründung,

---

1 Vgl. den Anhang 1.

2 Popper, K. R.: Logik der Forschung. 2. Aufl., Tübingen 1966, S. 64–72 (besonders Ende der Fußnote *2, aber zusammen mit der Fußnote auf S. 31).

sondern beachtet man dabei auch, wie er die Lebensverhältnisse auf dem Lande schildert, entsteht eine Ahnung davon, warum es weitere hundert Jahre brauchte, bis die durchschnittliche Elementarschule auf dem Lande diesem Vorbild nahe kam. Es gab eben nicht nur ideologische Auseinandersetzungen über Bildung und Indoktrination, sondern auch objektive Schwierigkeiten. Rochow setzt sich mit Befürchtungen auseinander, die verständlich machen, warum die Bemühungen um Schulgründung und Durchsetzung der Schulpflicht oft halbherzig waren und zögerlich blieben. Gründe für solche Schwierigkeiten lassen sich, jetzt nicht nur für Brandenburg und Rochow, sondern auch in der gesamten Epoche finden. Es ist, obwohl uns nur zweihundert Jahre von diesem Damals trennen, nur noch schwer vorstellbar, dass damals die weitaus meisten Menschen auf dem Lande lebten und in welchem Maße sie von den Launen der Natur abhängig waren. Eine Hungerperiode kennen nur noch heutige Großeltern aus dem Winter 1945/46, aber das ausgehende 18. Jh. lebt als Epoche der Krise in der kollektiven Erinnerung fort.[3] Bildungsreformen waren deshalb schwierig, aber zugleich wurden sie als dringlich begriffen, weil sie einen Ausweg aus der Krise zu eröffnen schienen.

Wir beginnen die Darstellung mit der Landschule, weil sich hier der epochemachende Einschnitt des Prozesses der Ausdifferenzierung von Schulen in seinen Voraussetzungen deutlicher studieren lässt. In den Städten dagegen stieß der Aufbau des Schulwesens auf geringere Schwierigkeiten. Dies nicht zuletzt, weil die Eltern dort auch die „höheren Schulen" vor Augen hatten, deren Besuch offensichtlich berufliche Karriere und gesellschaftlichen Aufstieg eröffnete.

Dass wir auch in den beiden folgenden Kapiteln die Entstehung des Schulwesens vorrangig an der Geschichte im damaligen Preußen behandeln, hat innerwissenschaftliche Gründe. Anfangs legte das der Forschungsstand nahe, der für die anderen Gebiete des späteren Deutschen Reiches sehr uneinheitlich war, später die Gewohnheit. Streitfragen der Schultheorie und methodische Probleme der Schulgeschichtsschreibung wurden am Beispiel Preußen erörtert, sodass bis heute der Zugang zur Standardliteratur[4] noch immer auf Preußen führt. Es gibt aber noch einen weiteren Grund für diese

3 Im Anhang 1 dokumentieren wir diese historische Ausgangssituation ausführlicher.

4 Für die Schulgeschichte haben wir diese Standardliteratur in unserem „Wegweiser" zusammengestellt; für Einzelfragen der Bildungsgeschichte geben die Nachweise zu den Kap. 1 bis 3 einschlägige Hinweise. Für die spezifischen Probleme der preußischen Bildungsgeschichte sind daneben zwei Übersichtsbeiträge sehr aufschlußreich, und zwar für die Zeit bis zum Ende des 19. Jhs. NEUGEBAUER, W.: Das Bildungswesen in Preußen seit der Mitte des 17. Jhs. In: BÜSCH, O. (Hrsg.): Handbuch der Preussischen Geschichte. Bd. II. Berlin/New York 1992, S. 605–798 sowie für das Kaiserreich BAUMGART, P. (Hrsg.): Bildungspolitik in Preußen zur Zeit des Kaiserreichs. Stuttgart 1980.

Konzentration der Perspektive, und den liefern die Schulpläne für Königsberg und Litauen, die um 1809 von Wilhelm von Humboldt formuliert wurden.

Diese Pläne sind, seit sie um 1900 von der Forschung neu entdeckt wurden, einerseits für die bildungstheoretische Analyse des neuzeitlichen Schulwesens von erheblicher Bedeutung. Sie haben andererseits seit den 1960er Jahren auch als Vorbild für die Einführung bzw. für die politisch-pädagogische Rechtfertigung von Gesamtschulen gedient. Auch wenn bezweifelt wurde, ob man diese Pläne so umstandslos als Handlungsanweisung interpretieren darf, oder wenn als unredlich kritisiert wurde, dass historische Dokumente in interessegeleitete politische Auseinandersetzungen eingeführt werden, wird in der Regel doch zugestanden, dass es sich bei diesen Schulplänen um frühe und gewichtige Beispiele für eine umfassende und theoretisch begründete Analyse des Schulwesens handelt.

Was die beiden ersten Kapitel lehren sollen, lässt sich am besten unter Verweis auf die Länderkunde sagen, die jeder aus dem Schulunterricht kennt. Zwar veraltet manches Wissen über einzelne Länder schnell, und so ist es auch kein Verlust, wenn man nicht mehr weiß, wie viele Einwohner London laut Erdkundebuch hatte, dass England erst Schafwolle exportierte und dann Baumwolle importierte u. a. m. – Wichtig ist hingegen, dass man behalten hat, wie Länder in der Länderkunde beschrieben werden. Gebirge, Flüsse, Seen, Küstenformen, Tief- oder Hochebenen u. a. m. sind Merkmale auf der Dimension „naturräumliche Gliederung"; andere Dimensionen sind dann Wirtschaft (Landwirtschaft, Rohstoffe, Güterproduktion, Anteil des Dienstleistungssektors), innere politische Verfassung (konstitutionelle Monarchie, Demokratie – oder gerade mal wieder Diktatur?), außenpolitische Bindungen (Zugehörigkeit zu politischen Bündnissen und überstaatlichen Organisationen), ggf. Landesgeschichte und schließlich (für den Touristen) die unvermeidlichen Sehenswürdigkeiten. Das weiß man über das Kategoriensystem der Länderkunde, auch dann noch, wenn man über die Länder nichts mehr weiß. Man kennt die Dimensionen und Merkmale, mit denen Länder zu charakterisieren sind, und man weiß, wonach zu suchen und wo nachzuschlagen ist.

In Analogie dazu sind die ersten Kapitel, aber auch Kap. 3, unter der Frage zu lesen, wie man Schule theoretisch beschreiben kann. Im 1. Kapitel bleiben die Begriffe, mit denen die Ausdifferenzierung analysiert wird, noch nahe an den äußerlichen Merkmalen der in Entstehung befindlichen Schule. Im Kontrast dazu fragt Humboldt nach dem Sinn des ganzen Unternehmens und qualifiziert die Perspektive, aus der er seine Pläne verfasst, als „philosophisch". Wir machen also darauf aufmerksam, dass gleichzeitig mit der Entstehung der Schule die Reflexion über sie einsetzt. Wiederum im Kontrast dazu führt unsere Beschreibung der Gestaltungskräfte des historisch eingerichteten Schulsystems auf Politik. Das 3. Kapitel zeigt insofern, welche Varianten einer Struktur von Schule sich in der preussisch-deutschen Gesellschaft nach Humboldt, aber in Differenz zu seinem Strukturmodell, ausbilden konnten.

In der Beschreibung zweier Strukturtypen sollen in Kap. 3 zugleich Dimensionen eingeführt werden, mit denen sich die Geschichte solcher Grundformen der Bildungsorganisation darstellen und vergleichen lässt. Damit beginnt eine distanzierte Theoriearbeit über Schule; die historische Darstellung führt aber auch zu den offenen Fragen, die solche Kriterien aufwerfen. Vor allem für die Frage nach der spezifisch pädagogischen Funktionsweise von Schule bleibt ein Erklärungsbedarf, den Geschichtsschreibung allein nicht decken kann. Den Schritt zu der dann notwendigen Analyse des historisch etablierten Systems der Schule eröffnet Teil II unserer Darstellung.

1 Schule und Leben – Unterschiede werden gemacht

Wenn Schule und Leben einander gegenübergestellt werden, kann damit Verschiedenes gemeint sein, z. B. dass die Schule noch nicht das Leben sei, dessen Ernst erst hinterher beginne. So gesehen, ist die Schule eine Art Schonraum. Anderseits wird gesagt, der Ernst des Lebens beginne bereits mit dem Eintritt in die Schule, die Zeit der unbeschwerten Kindheit sei damit vorbei. So oder so wird die Schule als Zwischenstation im Lebenslauf gedacht, als „intermediäre Institution“, die das eine nicht mehr und das andere noch nicht ist und von dem einen in das andere hinüberleitet.

Während diese Unterscheidungen auf der Zeitdimension gedacht sind, unterstreicht sachliche Unterschiede, wer dem richtigen oder vollen und natürlichen Leben Schule und Unterricht als künstliche Gebilde aus lauter eigens arrangierten Situationen gegenüberstellt. Das kontrastiert dann eigene Erfahrungen mit fremden, erlebte Wirklichkeit mit geschilderten Erlebnissen, Wissen aus erster und zweiter Hand, unsystematisches Lernen im Leben mit systematischem Lernen im Unterricht; und an der Schule wird kritisiert, dass sie nicht lebensnah sei, sondern die Schüler von vielen Lebenszusammenhängen isoliere und mit bloßen Abbildern des „wirklichen“ Lebens abspeise.

Auf der Sozialdimension gedacht, entzieht diese „Isolierung“ Kinder zeitweilig dem Einfluss der Familie und versetzt sie aus der altersheterogenen Spielgruppe der Nachbarschaft, die eine überschaubare Größe hat, in eine viel größere Gruppe mit lauter Gleichaltrigen, darunter vielen, die einander zunächst fremd sind. Jahre im Kindergarten können diesen Wechsel zwar abmildern, indem sie ihn kontinuierlicher gestalten, verlegen ihn aber auch in frühere Lebensjahre. Andererseits eröffnen Kindergarten- und Schulbesuch aber auch neue Möglichkeiten. Alte Freundschaften können aufgekündigt und neue geschlossen werden, in anderen Gruppen sind andere Rollen zu spielen; es kann gelernt werden, mit wechselnden Bezugspersonen weniger intensive Beziehungen einzugehen als mit ständigen, wie es Geschwister oder Eltern sind. Der Wechsel kann also auch als Emanzipation gedeutet werden und es ist nur von Fall zu Fall entscheidbar, ob der Gewinn an Wahlmöglichkeiten den Verlust oder die Abschwächung engerer Bindungen aufwiegt.

In dieser Hinsicht gleicht die Schule dem Leben. „Lebensnah" ist sie nicht nur, wenn sie in den Pausen einen eigenen Stil pflegt (z. B. Frühstücken im Klassenraum) oder mit Ausflügen, Schulfesten und Feiern Freizeit (imitiert oder) kultiviert, sondern auch und gerade im Unterricht, und selbst dort nicht nur im Verborgenen, unter der Bank und hinter dem Rücken des Lehrers, sondern ganz offiziell.

Im ersten Kapitel beschreiben wir, was sich zeigt, wenn man das schulkritische Stichwort „Isolierung" schultheoretisch aufnimmt. In unserem Beispiel wird die „Trennung von Schule und Leben" schon sichtbar, beginnt aber gerade erst. Unsere zweite Interpretation interessiert sich für den Text nicht mehr objekttheoretisch, sondern methodologisch. Erst werden wir ihn als Beispiel für die beginnende Ausdifferenzierung des Schulsystems lesen, dann demonstrieren wir an ihm, was er über seine Autoren verrät. Unser Interesse gilt den Erwartungen, die sie durch ihre Beobachtungen enttäuscht sehen.

1.1 Wie die Trennung von Schule und Leben begann

Kinder und Lehrer, gebildete Zeitgenossen und Beobachter erlebten den Anfang von „Schule für alle" auf dem Lande wahrscheinlich in einer Weise, wie es die folgende Quelle dokumentiert:[5]

»Das Schulhaus schien von aussen einem Stalgebäude nicht unänlich. Es hatte einen schmuzigen Eingang, und inwendig einen engen Raum. Die Schulstube war die einzige im Hause; zwar geräumig genug: aber für das, was sie alles fassen solte, doch immer zu klein. Als wir hereintraten, schlug uns ein widriger Dampf entgegen, der uns das Atmen eine Weile sehr beschwerlich machte. Das Erste, was wir erblikten, war ein Hünerhan, und, weiterhin zwei Hüner und ein Hund.
Am Kamin stand ein Bet, worauf ein Spinrad, ein Brod, und allerlei zerrisne Kleidungsstükke lagen. Zunächst am Bette stand eine Wige; darneben sas die Hausfrau und besänftigte ihr

5 Visitationsbericht aus einer Elementarschule (1782) in: PETRAT, G.: Schulunterricht. Seine Sozialgeschichte in Deutschland 1750 bis 1850. München 1979, S. 44 f.

schreiendes Kind. An der einen Wand war eine Schneiderwerkstäte aufgeschlagen, woran ein arbeitender Geselle saß. An der andern war ein grosser Kasten, ein Speiseschrank, Kleidungsstükke und andre Sachen angebracht. Den übrigen Raum namen die Schulkinder an einem Tisch und auf mehrern Bänken ein. Es waren ihrer über 50, von verschidnem Alter und Geschlecht, aber alle unter einander und dicht zusammen gepfropft. Wir musten stehen weil zum Sizen kein Plaz war.

Am Ende des Schultisches erblikten wir den Lehrer. Er war eben beschäftigt, die Lektion der Kinder, mit der Karbatsche[6] in der Hand, zu überhören ... P. bat ihn, sich nicht stören zu lassen, sondern in seinem Unterricht ordentlich fortzufaren. Er tat es, und lies seine grössern Schüler etwas Auswendiggelerntes hersagen, wovon wir Anfangs beinah nichts verstehn konten; denn das saugende Kind schrie immer fort, und der Hahn, welcher sich bei unserm Eintrit in einen kleinen Alkoven[7] zurükgezogen hatte, krähte von da aus so mächtig darzwischen, dass uns die Ohren gelten.

›Jung, blar beter! ‹ [8] schrie der Lehrer dem hersagenden Knaben zu; und nun erhob der Schüler seine Stimme so durchdringend, dass wir zur Genüge jedes Wort verstehen konten. Das gelernte Pensum war ein Stük aus dem Katechismus, und der Reihe nach die 7. Bitte ... Darauf eine ausfürlichere Entwiklung in Frag und Antwort, mit biblischen Sprüchen ausgestopft, wie folgt:

Frage: Wie vilerlei ist das Übel?

Antwort: Virerlei: 1) Das Übel des Leibes; 2) der Sele; 3) des Guts, und 4) der Ehren.

1) ›Sihe, ein Aussäziger kam, und betete ihn an, und sprach: Herr, so du wilt, kanst du mich wol reinigen.‹
   ›Herr, mein Knecht ligt zu Hause und hat grosse Qual.‹
   ›Zu der Zeit ward Hiskia todt krank.‹
2) ›Meine Gebeine sind erschrokken und meine Sele ist erschrokken.‹ ›Deine Pfeile stekken in mir, und deine Hand drükket mich.‹
   ›Wie der Hirsch schreiet nach frischem Wasser, so schreiet meine Sele, Gott, zu dir. Meine Sele dürstet nach Gott, nach dem lebendigen Gott.‹
3) ›Die aus dem Reich Arabia namen den Hiob die Rinder und Eselinnen, und schlugen die Knaben mit der Schärfe des Schwerts.‹
   ›Das Feuer Gottes fiel vom Himmel, und verbrante die Schafe und Knaben, und verzehrte sie.‹ ...
4) ›Saul sprach zu seinem Sohne Jonathan: Du ungehorsamer Bösewicht, ich weis wol, dass du den Sohn Isai auserkoren hast, dir und deiner unartigen Mutter zu Schanden.‹ ...
   ›Simei fluchte dem David, und sprach: Heraus, heraus, du Bluthund, du loser Man.‹ ...
   ›Sihe, nun stekkest du in deinem Unglük, denn du bist ein Bluthund.‹

6 Karbatsche = Riemenpeitsche
7 Alkoven = Bettnische, kleiner Nebenraum.
8 Vermutlich: „Plärre besser“ – auch der Lehrer spricht also „im laufenden Geschäft“ Umgangssprache bzw. Dialekt (was heute nur noch in Bayern erwünscht ist).

Das Uebrige wil ich Ihnen schenken; ich kan mich nicht überwinden, mehr davon abzuschreihen. Dis Pensum nun plapperten die Kinder mit einem unausstehlichen Tone nach der Reihe her. Da ich es einige Male so gehört hatte, ward mir das Herz zu enge. Ich fragte P., ob das so fortginge bis ans Ende? – Ja, sagte er. – ›O, lassen Sie aufhören, ich bitte Sie; oder ich halts nicht länger aus.‹

Es wurde also halt gemacht, und wir besahen zur Abwechslung die Schulbücher der Kinder. Die Anfänger lernten das ABC und das Buchstabiren aus einer gewönlichen Fibel, deren Inhalt bekantlich so beschaffen ist, dass die kleinen Unmündigen in ihrer frühen Jugend, wo ihre Sele sich entfalten solte, schon anfangen müssen, ihre Denkkraft zu erstikken, und, ohne Verstand zu lernen ... Die folgenden lernten das Lesen aus einem kleinen Katechismus mit den häslichsten Holzschnitten, die ich je gesehen habe ... Die Dritten hatten schon das neue Testament und den großen Katechismus, woraus die angeführte 7. Bitte ist ... Die Geübtesten endlich musten ausser dem neuen Testamente auch zuweilen im alten lesen. Ich bat um einen Versuch im Lesen. Dise Uebung beleidigte zwar meine Empfindung weniger wie der Katechismus: aber dennoch lasen die Kinder mit einem Ton, der unwidersprechlich bewies, dass sie kein Wort von dem Gelesenen verstanden, – welches auch die Antworten auf einige Fragen, die P. darüber tat, zum Ueberflus bestätigten.

Nur Eine solche Antwort zur Probe. Es war Math. 1 das Geschlechtsregister Christi gelesen, welches der Verfasser von Abraham anfängt. Zum Beschlus macht er die Bemerkung: Von Abraham bis auf David sind 14 Glider; von David bis zur Babilonschen Gefangenschaft sind auch 14 Glider usw. P. fragte, was das bedeute – 14 Glider? – Keiner konte antworten. Er legte ihnen darauf die Sache auf alle mögliche Art so nahe, dass man richtige Antwort notwendig hätte erwarten sollen. Die Kinder schwigen noch immer; endlich brachte ein 15järiger Knabe nach langem Nachsinnen die Antwort zur Welt: – 14 Meilen ... Darauf musten sie das Lied von dieser Woche hersagen. Es war: Jesu, meine Freude, welches die armen Kinder mit unglaublicher Fertigkeit heraushaspelten ... (und) welches von Anfang bis Ende mit sehr widrig-andächtigen Gebehrden hergeleiert wurde.

Nun ward gesungen. Haben Sie jemals Bauerjungen aus vollem Halse singen gehört? und ihrer so vile? und lauter mistönende Kehlen? und in einem so engen Raum? – ... Nach dem Gesange sagte der Lehrer seinen Schülern einen Spruch vor, den sie ihm, alle zugleich, so laut sie konten, zeilenweis nachsprachen.

Mich verlangte herzlich nach dem Beschlus. ›Betrachten Sie, sagte mir P. ins Ohr, die Phisiognomie der Kinder.‹ Das hatt' ich schon getan; aber noch einmal durchlief mein Blik die Reihen, wärend die Knaben eine Menge der gewönlichen Tischgebete hersagten. Mein Auge fand nicht was es suchte. Die Meisten hatten gar keinen Ausdruk auf ihrem Gesichte. Nur bei ganz Wenigen ein Zug irgend eines Gedankens, oder ein freieres Auge, oder ein verschlagner, kühner, schelmischer Kopf; Alles übrige war stumpf, one Gefühl, one Sele. – ... Indes zog eine Stimme meine Aufmerksamkeit auf sich, und ich wandte meinen Blik von jenen traurigen Gemälden dahin, wo sie herkam. Ein kleiner, etwa achtjäriger Knabe von einer feinen und schmachtenden Bildung betete das Vaterunser mit einer so sanften, zärtlichen und bigsamen Stimme, und mit so viel Ausdruk einer unschuldigen Sele, dass ich mich nicht besinne, so was Rührendes bei einem Kinde gesehn

zu haben. Dis war für mein Herz das erste und das einzige Angeneme bei disem Schulbesuch.
Die Schule war aus. Die Kinder wurden entlassen, und wir folgten ihnen nach. Als wir aus dem Hause ins Freie traten, fühlten wir die Woltat einer gesunden Luft stärker und freudiger als jemals, und athmeten sie in vollen Zügen ein. Nun mein Freund, fing P. das Gespräch wieder an, wie bekömt Ihnen das Alles, was Sie in unsrer Schule nach Leib und Sel erfaren haben? Dise Schule und Rochau's Schule? – Dise Lehrbücher und Rochau's Bücher? – Diser Unterricht und Rochau's Unterricht?«

Dieser Visitationsbericht[9] stammt aus dem Jahre 1782. Ein Jahr zuvor erschienen Kants „Kritik der reinen Vernunft" und Schillers „Räuber". In Preußen regiert Friedrich der Große (noch bis 1786). In Frankreich wird 1789 eine Revolution den Absolutismus beseitigen. In England werden die Spinnmaschine und der mechanische Webstuhl erfunden; auch die industrielle Revolution steht also kurz bevor. Aber noch leben in Deutschland über 90 % der Menschen auf dem Lande. Zwar gab es Schulen in Städten schon im Altertum, aber nur für Wenige; jetzt erst beginnt die Schule, das flache Land zu erobern.

Wir interpretieren die Quelle unter zwei Gesichtspunkten: Zuerst sammeln wir Belege für die These von der „Ausdifferenzierung der Schule aus dem Leben" (1.2), dann fragen wir, was sie uns über die Visitatoren verrät (1.3), wir beobachten also die Beobachter und sagen dabei etwas zum Verhältnis von Beobachtung und Theorie.

1.2 Was die Schule vom Leben zu trennen beginnt

Noch hat die Schule kein eigenes Haus, aber schon gehen die Kinder zum Unterricht an einen bestimmten Ort. Der Raum ist schon mit Tischen und Bänken für die Kinder eingerichtet, aber noch beherbergt er auch die Werkstatt des Schneiders. Und nicht nur sein Geselle arbeitet dort, sondern der Raum dient zugleich als Wohnstube, und sogar der Hund, der Hahn und die Hühner halten sich dort auf.

Noch ist der Unterricht nicht von jenem Leben getrennt, das sich hier lautstark bemerkbar macht. Der Schneider hält zwar Schule, ist aber noch kein hauptberuflicher Lehrer; und auch die Visitatoren sind Geistliche, die nur zusätzlich zu ihrem Amt die Schulaufsicht mitversehen.

---

9 Solche Berichte, Ergebnisse von Besuchen („Visitationen") der Schulaufsicht in den Einzelschulen sind seit dem Beginn der modernen Schule die relativ beste Quelle für den Alltag des Schulehaltens. Sie lassen sich selbstverständlich auch prüfen und korrigieren, unter anderem an autobiographischen Zeugnissen oder an Berichten, die Lehrer selbst geben, der Öffentlichkeit oder ihren Kollegen.

Es gibt schon Schulbücher, aber nur die Fibel ist eigens für die Schule da. Trotzdem ergibt sich schon eine Art Lehrgang mit zunehmender Schwierigkeit, wenn Fibel, Katechismus, Neues und Altes Testament aufeinander folgen. Zwar sind noch Kinder aller Altersstufen gleichzeitig im Raum (wie das in den sog. einklassigen Dorfschulen noch bis in die Mitte unseres Jhs. bleiben wird), aber schon stellt sie der Unterricht (je nach Befähigung) vor unterschiedliche Aufgaben. Der Ausdifferenzierung der Schule aus dem Leben entspricht also eine „innere" Differenzierung des Unterrichts (in Städten bereits eine „äußere" Differenzierung in Schulklassen).

Vor allem aber hat der Unterricht, Schritt für Schritt, immer nur einen Gegenstand. Als die Beobachter eintreten, wird gerade die Lektion abgehört. Ein älterer Schüler soll aufsagen, was er auswendig gelernt hat. Das Pensum ist die 7. Bitte aus dem Vaterunser („sondern erlöse uns von dem Übel") mit den Erläuterungen, die der Katechismus zu dem Wort Übel gibt. Da werden vier Übel unterschieden, und zu jedem gibt es passende Stellen aus der Bibel, sodass der Unterricht nicht nur in der Grobgliederung, sondern von Frage zu Frage seine Ordnung am Gegenstand gewinnt. Und dann wird, so ist die Schule, alles noch mehrmals wiederholt.

Wenn man von Ausdifferenzierung der Schule aus dem Alltag spricht und damit ihre Entstehung beschreibt, dann treten solche Merkmale in den Blick, die für die Besonderheiten von Schule als Institution stehen: die räumliche Trennung, die soziale Separierung, die professionelle Betreuung, die thematische Konzentration, die eigene Form der Kommunikation. Die Landschule zeigt das alles noch in roher, rudimentärer Form, aber sie lässt erkennen, was geschehen ist, geschehen muss und noch weiter geschehen kann, um dem Alltag diese erstaunliche Leistung abzuringen. Und dann erkennt man natürlich auch, was man alles besser machen kann, wenn man beginnt, solche sonderbaren, keineswegs selbstverständlichen Praktiken in die Welt zu setzen.

1.3 Was der Bericht über die Visitatoren verrät

Denn die Praxis, die er sieht, die hält schließlich schon einer der zeitgenössischen Beobachter nicht mehr aus. Er bittet den anderen, den Schneider mit etwas anderem fortfahren zu lassen: Das Lesen „beleidigte zwar meine Empfindungen weniger", aber der Ton, in dem die Kinder lesen, beweist ihm, „dass sie kein Wort von dem Gelesenen verstanden."

Indem die Beobachter mitteilen, was sie im wahrsten Sinne des Wortes mit allen Sinnen erlebt haben, verraten sie dem Leser ganz unfreiwillig und unvermeidlicherweise, was sie von „richtigem" Unterricht erwarten. Sie kennen Gütekriterien für pädagogische Arbeit – und noch mehr Standards für die Beurteilung von Welt. Stadtmenschen werden es wohl sein, denen der „widrige Dampf" zunächst das Atmen schwer macht und denen vom

Krähen des Hahns die Ohren gellen, deren Empfindung vom Lesen, den widrig-andächtigen Gebärden der Kinder und den hässlichen Holzschnitten im Katechismus beleidigt wird. Wer so empfindet, muss ein kultivierter Mensch sein; kein Wunder, dass beide erst einmal tief durchatmen, als sie aus der Stube des Schneiders wieder ins Freie treten.

Doch verlassen sie den Raum nicht ohne Hoffnung. Im Kontrast zu allen anderen Kindern, denen fehlt, was die Beobachter an Kindern gerne sähen, gab es doch einen Knaben, der dem Ideal nahe kommt, das für ihre Beobachtungen der Maßstab ist. Diese Passage macht also auf doppelte Weise darauf aufmerksam, dass jegliche Beobachtung von „etwas Theoretischem" geleitet ist, das ihr logisch und zeitlich vorausliegt. An dem Knaben finden die Beobachter, was sie suchen (das ist der normale Gang der Wissenschaft). Zuvor aber bemerken sie, dass sie nirgends sehen, was sie gerne sähen. Das ist wissenschaftstheoretisch der interessantere Fall: Wörtlich genommen, gibt es selbstverständlich kein Gesicht, das gar keinen Ausdruck hat. Wenn jemand also sagt, er habe nichts gesehen oder es sei nichts passiert, besagt das zunächst nur, dass er keinen Begriff für das hat, was es andernfalls zu beobachten gegeben hätte. Mit dem abfälligen Wort „stumpf" beschreiben die Beobachter denn auch wenig später einen Gesichtsausdruck, den sie als „ohne Gefühl, ohne Seele" deuten, und geben damit der Abwesenheit eines Ausdrucks Ausdruck.

In der Pädagogischen Presse der damaligen Zeit, der die Quelle entnommen ist, werden von Geistlichen, Lehrern und anderen Experten für pädagogische Arbeit die Kriterien der Beobachtung ebenfalls intensiv diskutiert. Gerhardt Petrat[10] hat viele solcher Quellen ausgewertet und die Kriterien der Beobachtung und der Praxis auch schon systematisiert. Er unterscheidet zwischen „Schulehalten" und „Unterrichten", um die Zäsur zu markieren, die „gute" und „schlechte" Schule unterscheidet. Petrat urteilt also ähnlich wie die beiden Beobachter, die am Ende ihres Berichts offenbaren, mit welchem Vorbild sie das Geschehen verglichen: Es ist die Schule des Freiherrn von Rochow.

1.4 Schulreformen – Motive und Möglichkeiten

Gleichzeitig mit der Schule entwickeln sich, sieht man daran, die Kritik an ihrem durchschnittlichen Zustand und Absichten, Schule zu reformieren, die nicht nur Ideale im Sinn, sondern oft auch reale Vorbilder vor Augen haben: hier Rochows Schule in Reckahn. Der Ort liegt nahe der Stadt Brandenburg an einem Nebenflüsschen der Havel, heute nur 10 Kilometer südlich der Autobahn Berlin-Hannover. Er war damals ein Mekka der

10 Vgl. PETRAT 1979.

Pädagogik, wurde er doch zwischen 1773 bis 1809 von mehr als tausend Besuchern (darunter 300 hohe Staatsbeamte bzw. Schulinspektoren und 50 pädagogische Schriftsteller) aufgesucht.[11]

In Reckahn ließ der preußische Landadlige Friedrich Eberhard von Rochow (1734–1805) die Kinder des Ortes durch den Kantor Bruns als Lehrer kostenlos unterrichten.[12] Seine Beweggründe, seine Sicht der Lage des Landvolks, von ihm vermutete Ursachen für die geschilderten Missstände und seine Vorschläge zur Besserung der Verhältnisse beschreibt Rochow in seinem „Versuch eines Schulbuches, für die Kinder der Landleute, oder zum Gebrauch in Dorfschulen" (1772):[13]

> »Auf die erste Frage, wer mich berufen hat, mich zum Lehrer des Landvolks aufzuwerfen, ist meine kurze Antwort diese: Ich lebe unter Landleuten. Mich jammerte des Volks.
> Neben den Mühseligkeiten ihres Standes werden sie von der schweren Last ihrer Vorurteile gedrückt. Ihre Unwissenheit in den nötigsten Kenntnissen beraubt sie der Vorteile und Ersetzungen, welche die für alle Stände gnädige Vorsehung Gottes auch dem ihrigen gegönnt hat. Sie wissen weder das, was sie haben, gut zu nutzen, noch das, was sie nicht haben können, froh zu entbehren. Sie sind weder mit Gott, noch mit der Obrigkeit zufrieden. Gott tadeln sie durch Murren über die Einrichtung seiner Welt und halten ihn für einen Stiefvater, der parteiisch mit seinen Kindern verfährt. Die Obrigkeit aber sehen sie bei jeder nötigen Einschränkung ihrer eigennützigen Wünsche und Handlungen als einen harten Statthalter an, der das zur befohlenen Pflicht hat, ihnen das Leben zu verbittern.
> Daher ist ihre Religion meistenteils der verderblichste Fatalismus. Die ganze vortreffliche Sittenlehre Jesu Christi und seiner Apostel liegt ihnen ganz außerhalb der Sphäre der Ausübung. Sie wollen zur Not wohl durch Christum selig, aber nicht durch Christum vorher fromm werden.
> Die Ursachen dieser sämtlichen, den Staat in seinem wichtigsten Teile zerstörenden Übel liegt an der vernachlässigten Erziehung der ländlichen Jugend. Bringt man nichts in den Kopf, so kommt auch nichts ins Herz; oder deutlicher zu reden: ohne Begriffe und Grundsätze entstehen keine Entschließungen; kein moralisches Urteil über gut und böse wird gefällt, kein moralischer Vortrag verstanden, keine Regel angewandt, sondern der Mensch bleibt sinnlich und ist ohne ein Wunder, wozu aber die Verheißung fehlt, keiner Art von moralischer Glückseligkeit fähig.
> So fand ich die Landleute, und nun sah ich mich nach Hilfe um, wodurch diese Last weggehoben werden könnte. Außer dem Katechismus und der Heilsordnung fand ich kein Schulbuch für den Landmann und außer dem Inhalte dieser Bücher keine Wissenschaft, die man dessen Kinder lehrte.«[14]

---

11 FREYER, M.: Rochows „Kinderfreund": Wirkungsgeschichte und Bibliographie. Bad Heilbrunn 1989, S. 51.

12 Vgl. PETRAT 1979, S. 27.

13 Vgl. ROCHOW, F. E. VON: Schulbücher. Gesamtausgabe. Nachdruck mit einer Einleitung, hrsg. von BENNACK, J., Köln/Wien 1988. Im Original keine Gliederung in Absätze.

In diesem Buch und kurz darauf im „Kinderfreund“ (1776), der bald nach dem Erscheinen im ganzen deutschsprachigen Raum verbreitet ist,[15] gibt Rochow „Tatbeispiele“ für den „Verstandesgebrauch“ und „Hilfe zur Selbsthilfe“.

Die Tatbeispiele handeln von Lastern und Tugenden, erzählen abschreckende Beispiele und entwerfen so nebenbei ein Panorama der Lebensverhältnisse des Landvolks. Es gibt gute und böse Herren, fleißige und faule Knechte, ehrliche und betrügerische Pächter, gerechte Zinsen und Wucher. Immer gibt es aber auch die „Moral von der Geschicht'“, den Hinweis auf das Allgemeine, für das die Geschichte nur als Beispiel steht, und den Verweis auf eine Bibelstelle; denn noch ist die Bibel die höchste Autorität. Es kann, muss Rochow gedacht haben, der Aufklärung nicht schaden, wenn sie sich sogar auf die Bibel berufen kann. Und in manchen Geschichten geht die Aufklärung – für damalige Verhältnisse – erstaunlich weit. Das zeigt ein Vergleich der beiden folgenden Beispiele mit dem Grundgesetz für die Bundesrepublik Deutschland (Artikel 3, Absätze 2 und 1).

Von Wilhelm z. B., der statt eines reichen Mädchens ein armes zur Frau nahm, weil er sich sagte, „was denen an Geld fehlt, das haben sie an Verstand und Geschicklichkeit“, berichtet Rochow weiter:

> »Einstmals, da sie sich miteinander über ihre Wirtschaft beratschlagten, tat Marie unter andern **den** Vorschlag, alles, was sie in der Brache gewönnen, an Kohl und Erdtoffeln, Rüben usw. künftig nicht mehr zu verkaufen, sondern den Winter durch ihren Kühen zu geben, weil es doch nur spottwohlfeil, Milch und Butter aber teuer wären. So würde der Vorteil größer sein. Das Vieh würde nämlich dabei fett werden, auch die Versäumnis des Verfahrens dieser Früchte gespart und von besser genährtem Vieh auch stärkere Kälber und besserer und mehr Dünger erhalten werden können. Wilhelm fand den Vorschlag seiner Frau so nützlich, dass er ihn billigte und eine so verständige Frau täglich lieber gewann. Sollte vielleicht dieses dem Lande nicht großen Vorteil bringen, wenn auch das weibliche Geschlecht zum richtigen Denken in Schulen mehr als bisher angeführt würde?«[16]

Dass Wilhelm so „fortschrittlich“ denkt, ist seiner Erziehung zu danken, denn auf seine Frage, „ob alle Menschen, die auf dem Erdboden wohnen, ebenso aussehen als wir“, antwortete ihm sein Vater:

> »So wie es verschiedene Gewächse einer Art zum Exempel mancherlei Birnen in unserm Garten gibt, so gibt es auch verschiedene Menschen. Um sie zu unterscheiden, hat man

---

14 Jonas, F./Wienecke, F. (Hrsg.): Friedrich Eberhard von Rochows sämtliche pädagogische Schriften. Bd. I. Berlin 1907, S. 3 ff.

15 Vgl. Freyer 1989.

16 Rochow, Versuch eines Schulbuches, in: Jonas/Wienecke 1907, S. 214 f.

die Farbe der Haut zum Kennzeichen gemacht,[17] und dann[18] gibt es weiße, schwarze und kupferfarbene. Es gibt zwar noch anders gebildete Menschen, von denen es aber nicht so gewiß ist,[19] ob ihre Farbe und andere Besonderheiten, nicht etwa Krankheit, oder doch zu selten sei, als man eine eigene Gattung daraus machen könnte.[20] Einige und sonderlich die Schwarzen haben alle ein kurzes, krauses Haar wie ein Schaf, dessen Farbe beständig schwarz ist.

Wilhelm: Vor diesen Leuten würde ich laufen und mich verstecken.

Vater: Und warum dieses? Es gibt unter ihnen sowohl gute Menschen und Freunde Gottes als unter uns, wie du in der Bibel finden kanst.«[21]

Hier darf man wohl vermuten, dass so viel Aufklärung den beiden Besuchern, die sich bei ihrem Beobachten insgeheim an Rochows Schule als Vorbild orientierten, zu weit geht. Während sie nur in dem einen Knaben repräsentiert sahen, „wie der liebe Gott sich die Menschen gedacht hat", ansonsten aber über die Landkinder entsetzt sind, unterstellt Rochow zunächst einmal und prinzipiell allen Menschen Bildsamkeit, ungeachtet ihres Geschlechts oder ihrer Zugehörigkeit zu einer Rasse. Während für die beiden Beobachter das äußere Aussehen der Kinder noch als ziemlich sicheres Indiz für deren innere Zustände gilt, warnt Rochow Wilhelm davor, sich an äußerlichen Unterschieden zu orientieren, wenn es um den Charakter von Menschen geht. Und während man im Visitationsbericht nicht einmal erfährt, ob überhaupt Mädchen in der Schulstube anwesend waren, hat in Rochows Tatbeispiel Marie die entscheidende Idee und gibt Wilhelm den richtigen Ratschlag.

Bemerkenswert ist nun der Zusammenhang zwischen diesen Unterschieden und einem anderen: Rochow geht von Missständen aus, die er beheben will. Zwar will auch er die Übel an der Wurzel packen, aber seine Tatbeispiele beginnen als praktische Beispiele für die Beseitigung eines einzelnen Übels und nehmen erst dann die Wendung zum Hinweis auf das Allgemeine. Anders die beiden Beobachter: Sie sehen Differenzen zwischen den Zuständen in der durchschnittlichen Landschule und dem, was sie in Rochows Schule erlebt haben, durchweg von ihrer höheren Warte aus. Selbst in dem

17 Wohlgemerkt – gemacht! Es ist also für Rochow Indiz für die Willkür der Beobachter, dies zum Kennzeichen für Unterscheidungen zu nehmen.

18 D. h. nur, wenn der Beobachter das tut und damit zu erkennen gibt, an welcher Differenz er sich orientiert!

19 Diese Formulierung gibt die Beobachterrolle und damit die selbstkritische Gestimmtheit auf.

20 Und hier kommt die bezüglich Unterscheidungen methodenkritische Haltung wieder zur Geltung: Unterscheidungen müssen nicht nur klar, sondern auch quantitativ bedeutsam sein.

21 ROCHOW, Kinderfreund, Bd. II, in: JONAS/WIENECKE 1907, S. 192.

einzigen Fall, in dem einer von ihnen „intern" vergleicht, wird der Befund noch negativ formuliert: Das Lesen „beleidigte meine Empfindung weniger".

Für Rochow hingegen ist die Leitfrage, wie es zu Unterschieden *innerhalb* des Landvolks kommt, wo doch die Lebensbedingungen zunächst einmal für alle Landleute gleich schlecht sind. Seine Hypothese, eine bessere Bewältigung der Lebensverhältnisse resultiere aus höherer Bildung, erlaubt es ihm, die Landleute einander als Vorbild hinzustellen: Immer gibt es zu den vielen, die noch nicht aufgeklärt sind, einige, die es schon besser wissen oder richtig machen. Anders als die beiden Beobachter braucht Rochow keinen Bezugspunkt außerhalb der Verhältnisse, die er beschreibt und beeinflussen will. Rochow denkt auch bei der Reform schon pädagogisch; denn er kann die Alternativen zum Bestehenden bereits in den historisch ausgeprägten unterschiedlichen Formen pädagogischer Arbeit selbst entdecken.

Schließlich weist ein kleines Indiz auf ein großes Thema hin. Am Ende der Tatbeispiele wird jeweils auf eine Bibelstelle hingewiesen. Mit dem Satz „... wie du in der Bibel finden kannst" beruft sich Rochow nicht nur auf eine Autorität, die Gegner seiner Absichten kaum in Zweifel ziehen können. Der Satz besagt außerdem: Jeder kann das in der Bibel finden, wenn er nur will – also entsteht das Neue aus dem Geist der Religion.[22] Wer sie nur als eine problematische Tröstung versteht, die Menschen als Entschädigung für das Leben auf Erden (im Jammertal) ein Leben nach dem Tod (im Himmelreich) verspricht, der hat die Bibel nur halb oder überhaupt nicht richtig gelesen. Aus der Tröstung abzuleiten, dass Fatalismus die richtige Lebenseinstellung sei, ist für Rochow eine Fehlinterpretation der Bibel. Im Gegenteil, der Glaube fordert aktive Anstrengung in der Welt, um das Heil im Jenseits zu erreichen.

1.5 Schulreformen – Konträre Konzeptionen

Was Theorien der Schule angeht, wird man also unterscheiden müssen, ob sie mit der Differenz zwischen dem durchschnittlichen Schulwesen und bestimmten herausgehobenen Reformschulen arbeiten (wie die beiden Beobachter) oder ob als theoretische Basis für praktische Reformvorschläge Unterschiede genommen werden, die in der Vielfalt des durchschnittlichen Schulwesens zu finden sind (wie es Rochow tut).

Für Theorien, die „Eigensinn" als zentralen Begriff benutzen, liegt die „Münchhausen-Strategie", sich an den eigenen Haaren „aus dem Sumpf"

22 WEBER, M.: Die protestantische Ethik und der „Geist" des Kapitalismus (1904/05). Hrsg. von LICHTBLAU, KLAUS/WEISS, JOHANNES. 2. Aufl., Weinheim 1996.

zu ziehen, indem man sich selbst zum Vorbild nimmt, als praktische Folgerung auf der Hand. Das schließt Seitenblicke auf andere Vorbilder nicht aus, doch empfinden es Eigensinnige dann als Unterschied, ob sie die Vorbilder selbst aussuchen durften oder vorgesetzt bekamen. Was den Eigensinn von Personen angeht, spielt das für Konzepte der Lehrerfortbildung eine Rolle; denkt man allgemeiner an den Eigensinn sozialer Systeme, ist das bei jeglicher schulischen Innovation zu beachten.

Für andere Theoretiker hört sich das alles sehr „pädagogisch" an. Sie weisen darauf hin, dass dieses Sich-Zurechtfinden *in* gegebenen Verhältnissen von dem Sich-Abfinden *mit* ihnen kaum zu unterscheiden und wenig geeignet ist, an den Verhältnissen selbst (hier den Lebensbedingungen des Landvolks im 18. Jh.) Entscheidendes zu ändern. Allgemeiner gesagt, werden diese Theorien auf die beschränkten Wirkungsmöglichkeiten „innerer Reformen" verweisen und „äußere Reformen", d. h. Änderungen der Rahmenbedingungen und der Strukturen verlangen, die nur durch politische Einflussnahme (und nicht durch pädagogische) zu Stande kommen könnten.

Die Unterscheidungen zwischen „innerer" und „äußerer" Reform und die noch schärfere zwischen kontinuierlicher Entwicklung, d. h. „Reform", und diskontinuierlicher Entwicklung, d. h. „Revolution", prägen in der Folgezeit nicht nur die Selbststilisierung politischer Kontrahenten, sondern auch die theoretische Rekonstruktion der Auseinandersetzungen um die Durchsetzung der Schulpflicht. Zwar kann die Meinung, beides sei nötig und aufeinander angewiesen, als praktischer Einigungsvorschlag theoretische Kontroversen zu beenden suchen. Seltener ist aber, dass „inneren" Reformen von Theorien eine „systemsprengende" Kraft zugetraut wird. Das darf erstaunen, sehen doch viele, die jeder Änderung des Gewohnten misstrauen, diese Gefahr durchaus. Bemerkenswerterweise beendet Rochow die Einleitung zu seinem „Versuch eines Schulbuches", indem er sich mit Befürchtungen dieser Art beschwichtigend auseinandersetzt.

»Nun will ich mich unmittelbar zu dem wichtigsten Einwurfe wenden. Man sagt nämlich: Aber ist es denn der Einrichtung des Staates nicht nützlich, wenn der Bauer dumm bleibt, nicht schädlich, wenn er klug und verständig wird?
Um diesen scheinbaren Einwurf zu widerlegen, ist es nötig, über Worte sich zu verstehen. Klug und verständig werden, heißt bei mir nicht arglistig, treulos, rebellisch, ... neuerungssüchtig und seines Berufs überdrüssig zu werden, sondern ich nenne denjenigen klug, der in seinem Stande sich so verhält, dass ihm sein Leben kein Hindernis zu einer ewigen Glückseligkeit wird.
In solchem Sinne nimmt die Bibel das Wort Klugheit, und wir können nicht irren, wenn wir aus ihr Weisheit schöpfen. Nach dieser Erklärung wird wohl die rechte Klugheit dem

> Landmanne nicht im Wege sein, ein guter Arbeiter, ein treuer Dienstbote, ein tüchtiger und gehorsamer Soldat usw. zu werden. Was schadet also der Unterricht in der rechten Klugheit dem Staate?«[23]

Rochow wird wegen solcher Sätze und Überlegungen immer neu für die Geburtsstunde des modernen Erziehungswesens zitiert. Er zeigt den eigenen Einsatz und die spezifische Leistung der Schule, er kann ihre Stellung in der Gesellschaft sehen und als Problem erkennen; auch wenn er dann noch traditional denkt, traut er doch der Schule etwas zu, was kein anderes Sozialsystem – nach Meinung Rochows – vermag. Insofern hat Rochow ein Verständnis für die moderne Welt. Auch wenn er sie nur als Krise erlebt und als Aufforderung zum Aufbruch in das Neue, macht er doch sichtbar, warum Historiker diese Epoche als „Sattelzeit" verstehen, als Phase des Übergangs von der alten zur modernen Zeit. Die Ausdifferenzierung von Schule gehört dazu.

2 Schulplan und Schultheorie – Differenzen werden reflektiert

Die Tatsache, dass die Zeit um 1800 als „Sattelzeit" den Übergang zur modernen Welt eröffnet, wird nicht nur durch die institutionelle Zäsur belegt, die Kinder im Lernprozess und Beobachter in Schulen erleben. Gleichzeitig und sachlich eng verknüpft verändert sich auch das Nachdenken über öffentliche Erziehung. Zwar nennen sich diese Überlegungen noch nicht „Theorie der Schule", aber der Sache nach können sie als frühe Formen einer systematischen Analyse und Reflexion institutionalisierter Erziehung verstanden werden.

Von der Frühform einer „Theorie der Schule" würden wir aus drei Gründen sprechen: Zunächst sind diese Texte selbst als *Theorie* entworfen, d. h. als *methodisch reflektierte* Anstrengungen, nicht einfach nur als politische Pläne oder als Gesetzestexte verfasst worden (wie das 1794, im Allgemeinen Landrecht, geschieht); als Theorie der Schule lassen sich die Texte ferner verstehen, weil sie in *thematischer Konzentration* argumentieren, konzentriert auf das Problem, die spezifische Bedeutung von Schulen zu klären; wir würden schließlich frühe Formen einer Theorie der Schule auch deswegen sehen, weil die Argumentation selbst *eigenen Gütekriterien* folgt, d. h. in diesem Fall, dass Humboldt eine „philosophische" Argumentation wählt und sie gegen eine andere, in diesem Fall eine politisch-ständische Argumentation ins Feld führt und rechtfertigt.

---

23 ROCHOW, Versuch eines Schulbuches, in: JONAS/WIENECKE 1907, S. 4.

2.1 Ursprung der modernen Schule – Genese ihrer Theorie

Wilhelm von Humboldt, dessen „Schulpläne“ für Königsberg und Litauen (1809)[24] wir zum Beleg dieser These intensiver erörtern wollen, legt zur Unterscheidung seiner Argumente gleich den spezifischen Anspruch seiner Analysen dar: „Philosophisch genommen“, so Humboldt, also nicht politisch und pragmatisch oder in beliebiger Betrachtungsweise, gibt es für ihn

> »nur drei Stadien des Unterrichts:
> Elementarunterricht,
> Schulunterricht,
> Universitätsunterricht.« (Kö, S. 169)

Betrachtet man die Gründe, die Humboldt für diese Unterscheidung einführt, dann erkennt man zunächst das komplexe Bedingungsgefüge, in das die Schule in der modernen Gesellschaft eingebunden ist; die Pläne zeigen aber auch schon die systematischen Erwartungen an eine Reflexion, also die Leistung der „Theorie“. Sie kann nämlich an diesem komplexen, historisch entstandenen und zu entwickelnden Gefüge von Einrichtungen, Normen und Kontroversen die Eigenart und spezifische „Logik“ der Schule demonstrieren und analytisch aufweisen.

Humboldt, so kann man seine Leistung vorab charakterisieren, geht zwar von einem politischen Problem aus – ob es „mittlere Schulen“ geben soll. Er behandelt es aber in theoretischer Weise, mit einer eigenen Methode, also: „philosophisch genommen“, und in der Unterscheidung systematisch wesentlicher Dimensionen, in denen sich die Elemente und ihr Zusammenhang als System von Schule identifizieren lassen.

Selbstverständlich kann man heute diese Leistungen an Humboldts Text nur vor dem Hintergrund der aktuellen schultheoretischen Diskussion begrifflich systematisieren. Wir unterscheiden sechs Dimensionen seiner schultheoretischen Argumentation: die didaktische, die professionelle, die curriculare, die gesellschaftspolitische, die schulorganisatorische und die bildungstheoretisch-anthropologische Dimension der Schule. Mag diese Begrifflichkeit modern sein, die Tatsache, dass sich Humboldts Text mit diesen Begriffen in seinen wesentlichen Dimensionen aufschlüsseln lässt, ist uns ein gutes Indiz dafür, dass sie in der Feinstruktur seiner Argumente bereits angelegt sind.

In unseren Überlegungen erörtern wir zunächst die Merkmale, die Humboldt an Schule für bedeutsam hält (2.2), bevor wir – auch jetzt

24 Wir zitieren nach der Humboldt-Werkausgabe von FLITNER, A. und GIEL, K., Bd. IV, Darmstadt 1964, mit Hinweis auf den jeweiligen Plan (Kö = Königsberger, Li = Litauischer) und Seitenzahl.

ausgehend von der zeitgenössischen Diskussion – die Folgeprobleme diskutieren, die Humboldts schultheoretische Reflexion aufwirft (2.3).

2.2 Differenz und Einheit in der Konstruktion von Schule

(1) Ziele, Inhalte und Methoden: Die didaktische Dimension der Schule

Im Begriff der Didaktik fassen wir alle Überlegungen zusammen, mit denen Humboldt Themen und Arbeitsformen, Inhalte, Ziele und Methoden der Schule erörtert, im Wesentlichen also das, was man aktuell die thematisch-normative und methodisch-operative Dimension der Schule nennen könnte[25] – und man darf in dieser Art Ziele, Inhalte und Methoden unterscheiden, weil Humboldt die Differenz dieser Aspekte selbst schon bewusst ist.[26]

In der Zielvorgabe für die Schulen zeichnet sich Humboldts Plan durch Systematik und Einfachheit aus. Er bietet nicht einen breiten und offenen Warenhauskatalog schöner Zielsetzungen, sondern eine Bestimmung, die den Stadien des Unterrichts folgt und die Kompetenzen systematisch unterscheidet, die den Lernprozess selbst strukturieren und seine notwendigen Phasen auch begrifflich unterscheidbar machen.

Dann kommt dem Elementarunterricht die vorbereitende Funktion zu (und am Rande muss man hervorheben: Humboldt setzt damit in seiner Theorie der Schule nicht auf Vorleistungen der Familie):

> »Der Elementarunterricht soll bloss in Stand setzen, Gedanken zu vernehmen, auszusagen, zu fixiren, fixirt zu entziffern, und nur die Schwierigkeit überwinden, welche die **Bezeichnung**[27] in allen ihren Hauptarten entgegenstellt. Er ist noch nicht sowohl Unterricht, als er zum Unterricht vorbereitet, und ihn erst möglich macht.« (Kö, S. 169)

---

25 Der Begriff Didaktik wird derzeit meist „im weiteren Sinne" verwendet. Zur Abgrenzung eines Begriffs Didaktik „im engeren Sinne" vgl. KLAFKI, W.: Studien zur Bildungstheorie und Didaktik. Weinheim 1963 u. ö., bes. S. 83–85.

26 Hingegen fehlt – verständlicherweise – als vierter Aspekt noch der der „Medien" (von Tafel und Kreide über Schulbücher bis zu ausgestopften Vögeln), weil deren Bedeutung erst mit dem Aufkommen der Massenmedien (Presse, Film, Funk, Fernsehen) und der Verbreitung von technischen und elektronischen Medien (vom audiovisuellen Gerät bis zum Computer und der Vernetzung der Kommunikation) in den Horizont didaktischer Theoriebildung geriet. Vgl. schon HEIMANN, P.: Didaktik als Theorie und Lehre. In: Die Deutsche Schule 54 (1962), S. 416 und 421 f.

27 Aus heutiger Sicht sind die in der vorigen Fußnote genannten „Medien" als Träger von Zeichen (Ton-, Bild- und Symbolträger) und das eigentliche Medium, das zwischen Mensch und Welt vermittelt, die Sprache, zu unterscheiden. So betrachtet, ist der Sprachwissenschaftler Humboldt mit seinen linguistischen Überlegungen und der Unterscheidung zwischen Zeichen und Bezeichnetem der heutigen Didaktik doch um einige Abstraktionen voraus, vgl. zum Grundsätzlichen ECO, U.: Zeichen. Einführung in einen Begriff und seine Geschichte. Frankfurt a. M. 1977.

Die „Unterrichtsfähigkeit“ zu sichern, so könnte man in der Sprache der zeitgenössischen Schulmänner diese zentrale Funktion des Elementarunterrichts nennen.

Im Unterschied dazu gilt für den Schulunterricht eine zweifache Vorgabe, die sowohl auf den Kreis der notwendigen inhaltlichen Kenntnisse als auch auf die subjektiv dabei zu erwerbenden generellen Kompetenzen abhebt:

> »Der Zweck des Schulunterrichts ist die Uebung der Fähigkeiten, und die Erwerbung der Kenntnisse ohne welche wissenschaftliche Einsicht und Kunstfertigkeit unmöglich ist. Beide sollen durch ihn vorbereitet; der junge Mensch soll in Stand gesetzt werden, den Stoff, an welchen sich alles eigne Schaffen immer anschliessen muss, theils schon jetzt wirklich zu sammeln, theils künftig nach Gefallen sammeln zu können, und die intellectuell-mechanischen Kräfte auszubilden. Er ist also auf doppelte Weise, einmal mit dem Lernen selbst, dann mit dem Lernen des Lernens beschäftigt.« (Kö, S. 169|170)

In dieser Zielvorgabe sind „materiale“, von den Inhalten her definierte Erwartungen, und „formale“, von den subjektiven Kompetenzen aus definierte Zielsetzungen, systematisch verbunden: die „Erwerbung der Kenntnisse“ hier, das „Lernen des Lernens“ dort. Gleichzeitig bleibt die schulische Definition der Ziele, das Prinzip des zweiten Stadiums von Unterricht, immer gewahrt:

> »Aber alle seine Functionen sind nur relativ, immer einem Höheren untergeordnet, nur Sammeln, Vergleichen, Ordnen, Prüfen usf. Das Absolute wird nur angeregt, wo es, wie es gar nicht fehlen kann, selbst in einem Subjecte zur Sprache kommt.«

Die Krönung des Unterrichts bietet erst die Universität:

> »Der Schüler ist reif, wenn er so viel bei andern gelernt hat, dass er nun für sich selbst zu lernen im Stande ist.« (Kö, S. 170)

(2) Lehrer: Die professionelle Dimension der Schule

Humboldt hat neben der didaktischen auch die berufliche Seite der Schule gesehen und die Logik professioneller Arbeit als Bezugspunkt systematischer Argumentation über die Schule erkannt. Für ihn verbindet sich nämlich mit jedem der „drei Stadien“ des Unterrichts ein je spezifischer Blick auf den Lehrer und seine Arbeit:

> »Wenn also der Elementarunterricht den Lehrer erst möglich macht, so wird er durch den Schulunterricht entbehrlich. Darum ist auch der Universitätslehrer nicht mehr Lehrer, der Studierende nicht mehr Lernender, sondern dieser forscht selbst, und der Professor leitet seine Forschung und unterstützt ihn darin.« (Kö, S. 170)

Zu den wenigen Maßnahmen, die Humboldt selbst ergreift bzw. veranlasst, gehört deshalb auch die Sorge für die Ausbildung und Fortbildung der

Lehrer aller Schulgattungen. Für die Verbesserung der pädagogischen Kompetenz der Elementarlehrer schickt er vielversprechende junge Lehrer, „Eleven", zu Pestalozzi nach Yverdon, um die damals als besonders fortschrittlich geltende Lehrmethode kennen zu lernen und in Preußen verbreiten zu können; für die Hebung des Standards der Lehrer an höheren Schulen führt er 1810 das „examen pro facultate docendi" ein, um die „Fähigkeit zu Lehren" auch nachprüfbar feststellen zu können.

Dabei fehlt Humboldt neben dem Sinn für die Differenzen in der Berufsaufgabe auch keineswegs der für die materiellen Voraussetzungen der Schularbeit. In seinen sehr konkreten Überlegungen über die Finanzierung der Schule heißt es jedenfalls eindeutig:

> »Ersparungen am Lehrergehalt wären sehr schlimm« (Kö, S. 181), wenn die »Güte der ... Schulen« gesichert werden soll.

(3) Lehrplan: Die curriculare Dimension der Schule

Curricular, also vom Lehrplan aus, diskutiert Humboldt die Probleme, die auch heute jede Theorie der Schule hat: Probleme der Auswahl, der inhaltlichen Strukturierung und der Anordnung der Lehrgegenstände.[28] Für die Auswahl folgt seine Lösung den Stadien des Unterrichts, die als Strukturprinzip schon eingeführt sind. Für den Elementarunterricht gilt dann:

> »Er hat es also eigentlich nur mit Sprach-, Zahl- und Mass- Verhältnissen zu thun, und bleibt, da ihm die Art des Bezeichneten gleichgültig ist, bei der Muttersprache stehen.« (Kö, S. 169)

Soweit erkennt man die grundlegenden Bestandteile der Elementarbildung, die in der zeitgenössischen Diskussion breit erörtert wurden und allmählich selbstverständlich geworden waren; und – nur am Rande – im Verweis auf die „Sprach-, Zahl- und Mass-Verhältnisse" nutzt Humboldt eine Theorie der Elementarbildung, wie sie ebenfalls vom Schweizer Pädagogen Pestalozzi entwickelt wurde.

Humboldt geht in seiner Planung aber über dieses funktionale Minimum hinaus und denkt – sehr pragmatisch und zugleich vom Gedanken allgemeiner Bildung geleitet – auch an die Zeit nach der Schule und an die Schüler, deren Schulbesuch nur von kurzer Dauer ist:

---

28 Eine „Theorie der Schule", wie sie z. B. Theodor Wilhelm für das „Zeitalter der Wissenschaften" entwickelt hat, setzt deshalb auch noch gegenwärtig zentral an dieser Dimension an – und hat ihre Grenze in der relativen Bedeutungslosigkeit, die sie anderen Dimensionen zuschreibt, wie man mit Humboldt argumentieren könnte, vgl. WILHELM, T.: Theorie der Schule. Hauptschule und Gymnasium im Zeitalter der Wissenschaften. Stuttgart 1967, 2. Aufl. 1969.

»Wenn man, und mit Recht, noch andern Unterricht geographischen, geschichtlichen, naturhistorischen [Inhalts] hinzufügt, so geschieht es theils um die durch den Elementarunterricht entwickelten, und zu ihm selbst nöthigen Kräfte durch mannigfaltigere Anwendung mehr zu üben, theils weil man für diejenigen, welche aus diesen Schulen unmittelbar ins Leben übergehen, den blossen Elementar-Unterricht überschreiten muss.« (Kö, S. 169)

Niemand, so könnte man diese Funktionszuschreibung interpretieren, soll allein auf dem Stadium des Elementarunterrichts verbleiben ohne dessen Grenzen zu „überschreiten", sollte und darf niemand die Schule verlassen.

Die curriculare Erwartung an den Schulunterricht geht aber nicht nur im Umfang, sondern vor allem in der andersartigen Systematik eindeutig über den Elementarunterricht hinaus:

»Der Schulunterricht theilt sich in linguistischen, historischen und mathematischen; der Lehrer muss immer beobachten, bei welchem von diesen dreien der Schüler mit vorzüglicher Aufmerksamkeit verweilt, allein auch streng darauf sehen, dass der Kopf für alle drei zugleich gebildet werde. Denn die Schule soll eng verbinden, damit die Universität zu besserer Verfolgung des Einzelnen, ohne Schaden eilen könne.« (Kö, S. 170)

Auch in der Bestimmung der curricularen Elemente finden sich die Prinzipien wieder, die schon die didaktische Argumentation bestimmt haben, die Gleichzeitigkeit von Individualisierung und Normierung. Bei der Diskussion der Inhalte dominiert zwar die Trias der „linguistischen, historischen und mathematischen" Kenntnisse (sie definiert im Übrigen auch die Fachausbildung der Lehrer), aber Humboldt kennt auch die Lücken, die er damit lässt. Im Litauischen Schulplan heißt es für die curriculare Seite der Schule nämlich:

»Der allgemeine Schulunterricht geht auf den Menschen überhaupt, und zwar als
gymnastischer
ästhetischer
didaktischer und in dieser letzteren Hinsicht wieder als
mathematischer
philosophischer, der in dem Schulunterricht nur durch die Form der Sprache rein, sonst immer historisch-philosophisch ist,
und historischer
auf die Hauptfunktionen seines Wesens.« (Li, S. 188 f.)

Wir erörtern hier nicht weiter die provozierende Bestimmung, dass es so etwas wie „didaktischen" Unterricht gibt, neben dem „gymnastischen" und „ästhetischen"; wir wollen allerdings hervorheben, dass man hier (erneut) die große Bedeutung der Sprache für Humboldt erkennt, aber auch, dass sie nicht isoliert genommen wird, sondern immer begleitet ist von mathematischem und historischem Unterricht (als deren Inhalte man auch die

Naturwissenschaften einerseits, die empirische Forschung über Mensch und Geschichte andererseits unterstellen muss).

Wichtig ist für Humboldt, dass der Unterricht „auch nur Ein und dasselbe Fundament kennt“ (Li, S. 189), und das gilt auch für die Methode, die Arbeitsweise und pädagogische Form dieser Schule; denn „die nothwendige Einheit des Unterrichts“ (Kö, S. 173) besteht für Humboldt nicht nur „in der Wahl der Lehrgegenstände“, sondern auch „in der Methode und der Behandlung der Schüler“.

(4) Gleichheit und Leistung: die gesellschaftspolitische Dimension

Damit wird schon die gesellschaftliche Seite der Schule angesprochen, die jede Theorie der Schule neben der Analyse ihrer Binnenstruktur ebenfalls im Blick behalten muss. Humboldt lässt diese Perspektive selbstverständlich nicht außer Acht, ja man darf sagen, dass er sich im Vergleich zu anderen Grundlagenschriften der Zeit vor allem in diesen Passagen als ein moderner Denker erweist; denn leitend für seine gesellschaftstheoretische Einbindung der Schule sind die Prinzipien der Gleichheit und der Leistung, als Forderung an die Schule wie als Erwartung an den Lernenden.

Sichtbar wird das zuerst in den Bildungszielen, die Humboldt für die schulische Erwartung an die Schüler formuliert:

> »Denn der gemeinste Tagelöhner, und der am feinsten Ausgebildete muss in seinem Gemüth ursprünglich gleich gestimmt werden, wenn jener nicht unter der Menschenwürde roh, und dieser nicht unter der Menschenkraft sentimental, chimärisch, und verschroben werden soll.« (Li, S. 189)

Bereits im Königsberger Schulplan hieß es vergleichbar:

> »Jeder, auch der Aermste, erhielte eine vollständige Menschenbildung, jeder überhaupt eine vollständige, nur da, wo sie noch zu weiterer Entwicklung fortschreiten könnte, verschieden begränzte Bildung« (Kö, S. 175).

Das wünschenswerte Ergebnis steht für ihn jedenfalls fest:

> »... so muss eine ziemliche Gleichheit herauskommen. Auch Griechisch gelernt zu haben könnte auf diese Weise dem Tischler ebenso wenig unnütz seyn, als Tische zu machen dem Gelehrten.« (Li, S. 189)

Modern ist diese Argumentation Humboldts, weil er die Gleichheit der Lernorganisation erwartet, aber nicht nach Ständen und Berufen in den Lernzielen – oder gar in den Inhalten! – unterscheidet; modern ist er aber auch, weil er Differenzen nicht ausschließt, sondern sie dem Subjekt und dem Lernprozess selbst überlässt:

»Jeder, auch der Aermste, erhielte eine vollständige Menschenbildung, jeder überhaupt eine vollständige« – so weit gilt das Gleichheitsprinzip, denn Begrenzungen rechtfertigen nur die subjektiven Möglichkeiten: »nur da, wo sie noch zu weiterer Entwicklung fortschreiten könnte, verschieden begränzte Bildung« (Kö, S. 175).

Das Kriterium und Prinzip dafür ist „Leistung", die „individuelle Intellectualität", nicht Herkunft oder künftiger Beruf, auch wenn man einräumen muss, dass Humboldt in der Planung für das je lokale Schulwesen schon sehr darauf achtet, dass die Erwartungen des lokalen Marktes und die Qualifikationsbedürfnisse der künftig beruflich Tätigen differenziert berücksichtigt werden.

Gesellschaftstheoretisch ist aber auch die Erwartung an die Leistung der Schulabsolventen begründet. Nicht primär in den Schulplänen, aber im Kontext der Reformen des Freiherrn vom Stein wird ganz eindeutig gesagt, dass erst eine solche allgemeine Bildung, die Voraussetzung dafür schaffen könne, dass eine verständige Gemeinschaft der Bürger, die „Nation", die Grundlagen dafür schaffen kann, dass der „Staat" sich auf die Funktionen des liberalen Garanten der Ordnung, auf die Grenzen seiner ihm zustehenden Wirksamkeit also, zurückziehen kann.[29] Berücksichtigt man diese Unterscheidung, dann wird schon bei Humboldt auch der Unterschied zwischen einer rein staatlich-obrigkeitlichen und einer öffentlich-gesellschaftlichen Organisation des Bildungswesens beachtet und herausgearbeitet.

Wie kann man dann noch die notwendigen Erwartungen der Gesellschaft an eine gleiche und für alle notwendige Bildung sichern, wenn derart der Individualität und den unterschiedlichen Berufserwartungen Raum gegeben wird? Wie jede gute Theorie der Schule sichert schon Humboldt das nicht allein über Merkmale der Organisation, didaktisch, über die Gestaltung des Lernprozesses selbst, professionell und curricular, sondern auch durch politische Prämissen, die in den preußischen Reformen insgesamt galten.

Die liberale Option der Bildungspolitik, die Humboldt damit vertritt, zeigt sich letztlich an den Instrumenten, mit denen er das Bildungswesen gestalten will und steuert. Diese Instrumente sind nämlich im Wesentlichen solche der indirekten Steuerung, nicht solche des unmittelbaren Eingriffs durch die Obrigkeit. Humboldt steuert dadurch, vielmehr: versucht dadurch zu steuern, dass er generelle Strukturvorgaben macht, z. B. die Unterscheidung von Elementar- und Gelehrtenschulen bzw. der Stadien des Unterrichts, dass er Leistungsnormen definiert, z. B. durch seine curricularen Erwartungen oder die Prüfungen, zu denen er ja auch das Abitur rechnet,

29 Humboldt arbeitet damit einem Modell der politischen Steuerung des Bildungswesens vor, das wir in Abschnitt 7.2 systematisch weiter diskutieren.

und dass er Standards des Vollzugs vorgibt, z. B. durch die Prüfung der Lehrer, die er 1810 einführt. Erst die Einhaltung aller dieser Kriterien führt dann zu einer Entscheidung, welche Wertigkeit je regional einzelne Schulen haben. Ob sie das Abitur vergeben dürfen und damit zu „Gymnasien" werden, das hängt z. B. davon ab, ob die Schulen in der Oberstufe eine genügende Anzahl fachlich qualifizierter und geprüfter Lehrer beschäftigen. Wie die einzelnen Erwartungen umgesetzt werden, das überlässt Humboldt weitgehend den lokalen Bedingungen; und diese Freizügigkeit blieb zumindest im höheren Schulwesen in Preußen im 19. Jh. auch keineswegs ein leeres Versprechen; denn die Verwaltung der Schulen war zumindest bis 1850 sehr liberal. Es gab lokale und regionale Varianten der Lehrplangestaltung ebenso wie unterschiedliche Methoden und ein, auch politisch, unterschiedliches Bewusstsein der Lehrerschaft.

(5) Schulaufbau: Einheit und Differenz in der Gliederung des Bildungswesens – die schulorganisatorische Dimension

Der Zusammenhang seiner Überlegungen, aber auch der Ansatzpunkt für die politischen Kontroversen, findet sich deshalb schon 1809 in Königsberg an der Stelle, an der sich auch gegenwärtig in der Öffentlichkeit die Auseinandersetzungen über die Schule entzünden, an Fragen der Schulstruktur: „Wie vielerlei Arten von Schulen soll es geben? wie viele von welcher Art? und welche?" – mit diesen Fragen eröffnet Humboldt seine Überlegungen zum Königsberger Schulplan. Dabei haben andere Pläne – seiner Kollegen Möller und Hoffmann – die entscheidende, zur Diskussion anstehende Lösung vorgegeben, „dass es, ausser den Elementar- und gelehrten Schulen, noch Mittelschulen geben solle". Man darf also bei Möller und Hoffmann fast ein Schulsystem unterstellen, wie es gegenwärtig in einer dreigliedrigen Struktur noch existiert: „Elementarschulen" – „Mittelschulen" – „Gelehrtenschulen". Humboldts Gegenposition ist so eindeutig wie der Vorschlag; denn er sagt lapidar: „Ich bin dagegen." (Kö, S. 169)

Lässt man die Vielfalt der Gründe noch ganz außer Acht, die Humboldt zu dieser scharfen Ablehnung führen, und fragt man nach seinem eigenen Struktur-Modell des Bildungswesens, dann ergibt sich zunächst eine andere Gliederung. Als „Stadien" des „Unterrichts" kann Humboldt nur drei akzeptieren, als Organisationsformen des Lernens, die unseren heutigen Schulen entsprechen, also als „Gattung von Schulen" unterhalb der Universitäten (Li, S. 187), diskutiert er nur zwei, die Elementarschule und die Gelehrten-Schule. In seinen ausführlichen Überlegungen ordnet er sie aber nicht parallel nebeneinander, sondern zeitlich gestaffelt nacheinander. Wollte man sehr aktualistisch argumentieren, dann könnte man sagen, dass Humboldt ein horizontal gegliedertes Schulmodell, und damit eine Variante der Einheitsschule, vertritt. Jedenfalls kann er – „philosophisch genommen", wie man erinnern muss – für jedes Stadium des Lernens auch nur eine Art von Organisation erkennen, Elementarschulen oder gelehrte Schulen.

Vertritt Humboldt deswegen die These, dass erst die studienbezogene Schule die akzeptable Schule ist? Hat er gleichzeitig, wenn er allen Unterricht auf den Universitätsunterricht hin ordnet, überhaupt kein Verständnis für andere als gelehrte Bildung? Macht er in seiner Einheitsschule den Fehler, an dem Einheitsschulen in sozialistischen Gesellschaften letztlich gescheitert sind, also die Notwendigkeit von Einheit zu fordern, ohne Rücksicht auf Unterschiede – z. B. der Individuen, der Lehrgegenstände, der Bildungswege, der gesellschaftlichen Erwartungen – nehmen zu können?

Angesichts der Ausführungen seines Schulplans, bei der Erörterung der Einzelheiten der inneren Organisation der Schulen wie des gesamten Bildungswesens, erkennt man rasch, dass diese Fragen, die alte Vorurteile gegenüber Humboldt aufnehmen, wirklich nur Vorurteile wiederholen. Allerdings nahm auch die zeitgenössische Kritik derartige Feinheiten kaum zur Kenntnis und griff auch noch die späteren Schulgesetzentwürfe, die auf Humboldts Ideen aufbauten, vor allem wegen der Grundsätze des Schulaufbaus scharf an.[30]

Die einfachste Antwort lässt sich für die Schulen außerhalb der Anstalten für die gelehrte Bildung geben, und sie wird von Humboldt selbst gegeben, wenn er sagt, wofür man bei der Planung eines städtischen oder staatlichen Schulwesens auch „sorgen (muss)“ (Kö, S. 173). Da hebt er nämlich hervor,

> »dass es viele SpecialSchulen gebe und kein bedeutendes Gewerbe des bürgerlichen Lebens eine entbehre.« (Kö, S. 175)

Diese „SpecialSchulen“, das sind die Schulen aller Art und jeder Niveaustufe, die auf die Ausübung von und Qualifizierung für Berufe vorbereiten sollen – und Humboldt hält sie also keineswegs für überflüssig, sondern für höchst notwendig und förderungswürdig; er kann sie nur deutlich von den Schulen der „allgemeinen Bildung“ unterscheiden. Während jene „das Bedürfniss des Lebens oder eines einzelnen seiner Gewerbe“ (Li, S. 188) bedienen, sind diese auf „allgemeine Bildung“ bezogen. Aber eine Verwischung der Differenz kann Humboldt nicht akzeptieren, denn, wie er im Litauischen Schulplan sagt:

> »Wird beides vermischt, so wird die Bildung unrein, und man erhält weder vollständige Menschen, noch vollständige Bürger einzelner Klassen.« (Li, S. 188)

30 Die zeitgenössische – konservative – Kritik hat entsprechend das Gleichheits-Problem aufgeworfen und Humboldt scharf attackiert, vgl. für die einschlägige, von L. von Beckedorff gegen den Humboldt-Mitarbeiter J. H. Süvern geführte Polemik den Anhang 2.

Auch in den Anstalten allgemeiner Bildung plädiert er keineswegs für eine Einbahnstraße zum Abitur, sondern nutzt die Organisationsmöglichkeiten der Schule für eine sinnvolle interne Gliederung. Vor allem die Einteilung der Lernenden nach Klassen wird dafür eingesetzt. Neben der Unterscheidung des Elementarunterrichts vom Schulunterricht führt er dazu eine weitere Untergliederung ein, und zwar nach der Funktion der Schulklassen, in der Absicht,

> »dass für die Güte der unteren, oder Bürgerklassen der gelehrten Schulen ebensosehr, als für die der höheren gesorgt werde.« (Kö, S. 174)

Diese interne Gliederung der Schule – des „allgemeinen Schulunterrichts" (Li, S. 188) – begründet Humboldt aus den unterschiedlichen Begabungs- und Interessenrichtungen der Schüler sowie aus den Erwartungen der anschließenden Tätigkeit, die er gar nicht anders als nach ihren Differenzen verstehen kann. Für die „Klassenabtheilung", d. h. für die Gliederung der Lerngruppen, sieht er zwar grundsätzlich vor, dass sie „nach den Hauptzweigen der Erkenntnis gehe", und insofern gleich ist; er räumt aber ausdrücklich ein, „dass der Schüler, wie ihn seine Individualität treibt, sich des einen hauptsächlich, des andern minder befleissige" (Kö, S. 174), denn: „Eine Verschiedenheit der intellectuellen Richtung ... ist einmal unläugbar vorhanden" (Kö, S. 175). Gleichzeitig ist es für Humboldt selbstverständlich, dass der Abgang von der Schule je nach den beruflichen Erwartungen und, in seiner Zeit unausweichlich, den gesellschaftlichen Möglichkeiten der Lernenden zu unterschiedlichen Zeiten stattfinden kann:

> »Der ganz Arme schulte seine Kinder in die wohlfeilsten, oder unentgeldlichen Elementarschulen; der weniger Arme in die besseren, oder wenigstens theurerern. Wer noch mehr anwenden könnte, besuchte die gelehrten Schulen, bliebe bis zu den höheren Classen, oder schiede früher aus.«

Das für Humboldt zu wünschende Ergebnis heißt jedenfalls:

> »... jede intellectuelle Individualität fände ihr Recht und ihren Platz, keiner brauchte seine Bestimmung früher als in seiner allmäligen Entwicklung selbst zu suchen, die meisten endlich hätten, auch indem sie die Schule verliessen, noch einen Übergang vom blossen Unterricht zu der Ausführung in den SpecialAnstalten.« (Kö, S. 175/176)

Das regulierende Prinzip liegt dabei allein im Schüler selbst, in seiner „Kraft und Zeit", wie Humboldt sagt:

> »Soweit der Schüler das eine hergiebt, und zum andern Mittel hat, so weit kann der Lehrer ihn führen, und soweit muss der Staat dafür sorgen, dass er gebracht werden könne.« (Li, S. 190)

Die „Pflicht der Schulbehörde bei der Organisation des Schulwesens" geht aber noch weiter, muss sie doch „verhüten, dass der Schüler einen Weg mache, der ihm unnütz seyn würde, wenn er ihn nun auch nicht weiter verfolgte" – und das zielt auf diejenigen Schüler, die früher in der Schule „stecken bleiben", ohne das Lernen sinnvoll verwerten zu können (Li, S. 190). Hier fängt die konkrete Schularbeit an; denn erst die Praxis löst die paradoxe Konkurrenz von Individualisierung und Vergesellschaftung; erst sie stiftet Einheit und Differenz zugleich.

(6) Bildung als Einheit in der Differenz: die bildungstheoretisch-anthropologische Dimension der Schule

Einheit und Zusammenhang der hier konzipierten Schule wie der Theorie, die über sie reflektiert, besteht aber auch in der Denkform, die Humboldt wählt, um sein Problem zu bearbeiten. Diese Denkform ist die einer Theorie der Bildung des Menschen. Humboldt ist kein Schulpädagoge (und deshalb sind auch die didaktisch-methodischen Passagen eher knapp ausgefallen), er argumentiert auch nicht als Soziologe (und deshalb kann er auch kaum die Möglichkeiten der Realisierung und die Folgen eines solchen Systems antizipieren). Humboldt ist schließlich ein Theoretiker der Politik nur soweit, wie seine liberale Orientierung und seine Reform-Ambition ihn tragen (und deshalb zieht er sich bei den ersten deutlichen Indizien obrigkeitlicher Beschränkung seiner Bildungspolitik aus dem Amt zurück).

Sein theoretischer Focus ist die Bildungstheorie, und deren Frage ist, wie sich das Verhältnis von Mensch und Welt darstellt. Für Humboldt steht dabei die „letzte Aufgabe unsres Daseyns" in seinem schon um 1793 formulierten „Bruchstück" zu einer Theorie der Bildung fest:[31] „Dem Begriff der Menschheit in unsrer Person ... einen so grossen Inhalt, als möglich, zu verschaffen". Diese Aufgabe sei möglich, so Humboldt, „allein durch die Verknüpfung unsres Ichs mit der Welt zu der allgemeinsten, regesten und freiesten Wechselwirkung." Humboldt sieht die Schwierigkeiten einer solchen Aufgabe; denn er räumt gleich selbst ein: „Die Verknüpfung unsres Ichs mit der Welt scheint vielleicht auf den ersten Anblick nicht nur ein unverständlicher Ausdruck, sondern auch ein überspannter Gedanke." Aber für Humboldt ist unbestreitbar, dass man „unmöglich bei etwas Geringerem stehen bleiben kann", „wenn man einmal das wahre Streben des menschlichen Geistes ... aufsucht".

Die Realisierbarkeit dieser Aufgabe wird dann auch von Humboldt eindeutig operationalisiert, wenn er über den „Gegenstand" nachdenkt, vom dem man solche Wirkungen erwarten darf – und diese Operationalisierung eröffnet den Anschluss an eine Theorie der Schule. Der Gegenstand „muss

31 Humboldt-Werke, Akademie Ausgabe, Bd. I, S. 282–287.

… der Gegenstand schlechthin seyn, oder doch (denn dies ist eigentlich allein richtig) als solcher betrachtet werden." Die Schule insgesamt, aber auch der Lehrplan als ihr wesentliches Fundament, gewinnen bildungstheoretische Legitimität, weil sie „als Welt betrachtet werden" können und müssen.

Das Attribut des „Allgemeinen" im Konzept der allgemeinen Bildung hat deshalb mehrfache Referenzen, es bezieht sich auf die Welt, auf das Wissen, auf die Adressaten der Bildung und auf die „höchste und proportionierlichste Ausbildung ihrer Kräfte zu einem Ganzen". Auf die Schule kann man diese Formel insofern beziehen, als sie – in der humboldtschen Konzeption, also „philosophisch genommen" – als Ort verstanden werden kann, der in seinem Lehrplan, in der Öffnung für alle Lernenden und in seinen Lernzielen solche Allgemeinheit anstrebt, mithin „als Welt" gelten kann, an der man seine Individualität ausbildet.

Das theoretische Fundament der Theorie Humboldts ist also nicht allein pädagogisch oder gesellschaftstheoretisch, und dann liberal, formuliert, sondern auch anthropologisch konzipiert, und damit vom Individuum aus gedacht. Die Schulpläne lassen ein Subjektbild erkennen, in dem der Heranwachsende als lernfähiges Wesen erscheint, interessiert an der Welt, gefördert durch eine spezifische Organisation des Lernprozesses. „Kraft und Gemüth" sind die wiederkehrenden Begriffe, mit denen Humboldt Voraussetzungen und Ergebnisse dieses Lernprozesses im Subjekt beschreibt. Vorzügliche Gegenstände, Inhalte, an denen sich das Subjekt bildet, sind vor allem die Sprache und die Philosophie. Der Natur nach erscheint der Lernende damit als ein Wesen, das sich selbst in Auseinandersetzung mit der Welt entwickelt und seine Möglichkeiten lernend erprobt und verfestigt.

Diese Anthropologie hat aber auch Sinn für die gesellschaftliche Seite individuellen Lebens. Sie geht, normativ, von Unterstellungen und Erwartungen der Gleichheit aus; Humboldt kennt ferner, jetzt historisch und politisch argumentierend, Lebensformen, die er in ihrem Anregungsgehalt und in ihren Möglichkeiten für das Subjekt vor anderen auszeichnet; diese Vorbilder liefert für Humboldt vor allem die Antike mit der klassischen Kultur der Griechen und ihrer politischen Organisation in der polis der gleichberechtigten Bürger. Damit verbindet Humboldt die liberale Theorie, der er sich aktuell verpflichtet fühlt, mit seinen anthropologischen, historischen und politischen Überlegungen; und er propagiert zugleich ein Organisationsmodell von Schule, das in seinen didaktischen und curricularen Elementen dem Schulpublikum und den Lehrern eine Offerte macht, öffentlich bedeutsame Bildungsprozesse nach den je individuellen Möglichkeiten der Lernenden zu organisieren.

2.3 Einheit und Zusammenhang – Problemzonen der frühen Schultheorie

Eine Theorie der Schule, wie Humboldt sie entwirft, ist, mit anderen Worten, in konstruktiver Hinsicht primär kein Instrument der politischen Kontrolle, obwohl seine „Schulpläne“ als administrative Texte entstehen; aber „philosophisch genommen“, wie er seine Argumente versteht, können sie als ein Angebot von Möglichkeiten zur Gestaltung pädagogischer Arbeit und für Kriterien ihrer Analyse, Bewertung und Qualitätssicherung gelesen werden.

In den zeitgenössischen Schriften wird für diese Reflexion – nicht nur bei Wilhelm von Humboldt selbst – häufig der Ausdruck „Schulplan“ verwendet. Andere Autoren – wie der Aufklärungspädagoge Joachim Heinrich Campe (1746–1818), der als Erzieher in der Familie Humboldt gearbeitet hat und mit Humboldt in den Revolutionsmonaten 1789 in Paris war – schreiben aber auch vom „Unterricht überhaupt“ oder über „Staat und Schule“, wenn sie Grundlagenprobleme des Bildungswesens behandeln. Der Philosoph Johann Friedrich Herbart (1776–1841) spricht schlicht „Von Schulen“ (und Familien), wenn er „das Veranstalten der Erziehung“ in der Gesellschaft diskutiert.

Dennoch, und unbeschadet solcher Unterschiede in den Begriffen, man findet in all diesen Schriften einen Typus der Reflexion, der es erlaubt, in ihnen Frühformen einer „Theorie der Schule“ zu sehen; denn die Überlegungen folgen einer eigenen Methode der Reflexion, z. B. im philosophischen Anspruch, sie konzentrieren sich auf ein systematisch präpariertes Thema, z. B. die Gestalt und Funktion des Bildungswesens, und sie beanspruchen einen Standard der Reflexion, der im Alltagswissen nicht gegeben ist. Methode, Thema und Gütekriterien der Reflexion heben diese Überlegungen zur Schule über das Alltagswissen und den politischen Plan hinaus und eröffnen den Weg zur Theorie der Schule; und Humboldt setzt sofort einen Markstein, der bis zur Gegenwart Beachtung verdient.

Dabei ist es, für den Historiker, nicht erstaunlich, dass um 1800 nicht nur die moderne Schule selbst begründet wird, sondern sich zugleich auch der Zwang zur systematischen Analyse bemerkbar macht; denn in Situationen des krisenhaften Übergangs, wie es für Preußen nach der Niederlage gegen Napoleon das beginnende 19. Jh. war, entsteht das Neue nur aus der kontroversen Auseinandersetzung über eine Vielfalt von Möglichkeiten der Gestaltung der Welt und auch des Bildungswesens. Zum theoretischen Charakter dieser Texte gehört deshalb auch ihre kontroverse Natur, die Auseinandersetzung mit Alternativen, die offene, zu Einwänden einladende Denkform, der undogmatische Charakter.

In der zeitgenössischen Diskussion wird Humboldt aber nicht als Schultheoretiker diskutiert, sondern im Wesentlichen bildungstheoretisch und politisch. Die Bildungs- und Erziehungstheoretiker seiner Zeit haben aber schon systematisch und kritisch erörtert, ob die Schule wirklich ein Ort der Bildung sein kann. Hier wird also Humboldts Thema aufgenommen und auch seine Fragestellung findet ihre Nachfolger. In den weiteren, der Methode nach ebenfalls philosophischen, Schriften zur Theorie der Schule findet sich gelegentlich mehr an Skepsis, als Humboldts Pläne erkennen lassen, aber auch weniger an Sensibilität für das Subjekt, als Humboldt zeigt; in den Schriften der praktisch tätigen Schulmänner[32] wiederum wird schon ein großes Maß an Erfahrung darüber ausgebreitet, wie die Praxis solcher Arbeit konkret aussehen kann. Im Blick auf diese alternativen Optionen kann man deshalb in der Frühphase des modernen Bildungswesens auch schon erkennen, welche Schwierigkeiten und Probleme auf eine Theorie der Schule warten, die Realität nicht einfach duplizieren, sondern analytisch betrachten will.

Für die Skepsis mag man die schulkritischen Schriften heranziehen, die Johann Friedrich Herbart angesichts der Gründung staatlich-öffentlicher Schulen – und in Auseinandersetzung mit ihren Theoretikern – publiziert hat.[33] Für Herbart ist die Schule keineswegs ein Ort, an dem problemlos die Bildung von Subjekten möglich ist. Herbart befürchtet im öffentlichen Schulwesen den Primat des Gleichheitsprinzips und hat die Sorge, dass es unmöglich werden könnte, an die Bedürfnisse der Individuen anzuschließen. Herbarts eigene Theorie von Schule und Unterricht lässt sich denn auch als Versuch verstehen, pädagogische Arbeit so zu qualifizieren, dass sie in legitimer Weise auch die Ansprüche des Subjekts berücksichtigt. Dabei ist freilich noch nicht hinreichend geklärt, ob und wie das in Institutionen möglich ist – das beschäftigt dann seine Nachfolger.

Eher aus der Perspektive der Gesellschaft als vom Subjekt aus sieht Hegel (1770–1831) – in seiner „Rechtsphilosophie", aber auch in seinen „Gym-

32 Für die Zeitgenossen Humboldts dokumentiert diese Diskussion der Schulmänner ROESSLER, W.: Die Entstehung des modernen Erziehungswesens in Deutschland. Stuttgart 1961.

33 Die einschlägigen Argumente Herbarts finden sich einerseits in seiner „Allgemeinen Pädagogik" von 1806, andererseits in Abhandlungen zur Methode pädagogischer Arbeit und in der Analyse der Möglichkeiten und der Organisation öffentlicher Erziehung, z. B. in der Schrift „Über Erziehung unter öffentlicher Mitwirkung". Die Auseinandersetzung der Schulpädagogik mit Herbarts Thesen dauert bis heute an, ohne einen Konsens in der Interpretation. Die Positionen finden sich einerseits in den Schriften von Klaus Prange, der didaktisch den theoretischen Kern der Argumente Herbarts und der Herbartianer zu zeigen versucht, andererseits z. B. in Überlegungen von Dietrich Benner, der Herbart als Kritiker der modernen Schule zeigen will, vgl. PRANGE, K.: Bauformen des Unterrichts. Eine Didaktik für Lehrer. Bad Heilbrunn 1983 sowie BENNER, D.: Hauptströmungen der Erziehungswissenschaft. 2. Aufl. München 1978, bes. S. 364 ff.

nasialreden" – die Schule.[34] Für Hegel ist es wichtig, dass die Schule als gesellschaftliche Institution den Menschen aus der „Privatheit" und aus dem Bereich des „nur Subjektiven", den die Familie für ihn darstellt, zur „Gesellschaftlichkeit" und „Allgemeinheit" sowie zum „Beruf" führt, die vom Staat und der bürgerlichen Gesellschaft zu Recht erwartet werden.

Während für Herbart und die Herbartnachfolge die Umsetzung in Unterricht zum Thema werden wird, muss Hegel und die Schultheorie in seiner Nachfolge mit der problematischen Unterstellung leben, dass Staat und Gesellschaft wirklich die Anerkennung verdienen, die ihnen im Begriff der „Allgemeinheit" zugeschrieben wird. Beide Dimensionen, die Bildung der Individualität und die Legitimität der Vergesellschaftung der Heranwachsenden, bleiben daher ein zentrales Thema und Problem schultheoretischer Reflexion. Sie sind vor allem deswegen schwierig zu bearbeiten, weil zu zeigen wäre, dass Schule als Institution beides zugleich zu leisten vermag, und zwar uno actu: die Vergesellschaftung des Subjekts und seine Individuation.[35]

Wir werden in unseren systematischen Abschnitten auf diese Fragen zurückkommen, die sich schon im Ursprung der modernen Schule und ihrer Theorie stellen, und dabei auch die Lösungen diskutieren, die sich im Wissen der Lehrprofession seit dem Ursprung der Schule tradiert haben. Zunächst soll aber die Frage erörtert werden, welchen Gestaltungsprinzipien die konkrete Verfassung der Schule bis zur Gegenwart folgt und wie sich ihre Organisation historisch ausbildet.

3 Schulsystem und Politik – Strukturen werden erzeugt

In ihrer historischen Gestalt und Entwicklung folgen Schulen nicht allein den normativen Vorgaben der Bildungstheoretiker bzw. von Verfassungen und Schulgesetzen, sondern zugleich, gelegentlich zuerst, den Möglichkeiten und Zwängen, die der jeweilige Staat und eine konkrete Gesellschaft definieren. Das gilt systematisch und kontinuierlich bis heute, nicht nur in Deutschland oder im 19. Jh. Schule ist nämlich eine viel zu ernste Angelegenheit, um sie allein den Pädagogen zu überlassen oder sie nur entsprechend den utopischen Visionen der Bildungstheoretiker zu gestalten. Bereits

---

34 Die Auseinandersetzung mit der Schultheorie Hegels hat der Breite seiner Argumente entsprechend sowohl sozialphilosophische als auch im engeren Sinne pädagogische Dimensionen. Eine immanent ansetzende Klärung der Hegelschen Argumentation liefert z. B. WIGGER, L.: Der Schulbegriff in Hegels Gymnasialreden. In: Perspektiven der Philosophie 10 (1984), S. 120–144, eine Einordnung in den sozialphilosophischen Kontext gibt z. B. BENNER 1978.

35 Vgl. die Hinweise zu Beginn des Teils II sowie die Ausführungen in Kap. 5.

die Pläne Wilhelm von Humboldts ließen erkennen, in welch komplexes politisch-soziales Bedingungsgefüge die Schule eingebunden ist. Wie in jedem Politikbereich ist deshalb auch für die Schule damit zu rechnen, dass sich die Konsequenzen einer konkreten Ordnung von Macht und Herrschaft, die – meist restriktiven – Möglichkeiten der staatlichen und öffentlichen Finanzierung sowie die Interessen der Beteiligten, der Privilegierten und der noch Ausgeschlossenen, in der Gestaltung des Bildungswesens bemerkbar machen. In einem pädagogischen Zusammenhang und unter einer erziehungswissenschaftlichen Fragestellung hat die Analyse freilich noch nicht sehr viel geleistet, wenn sie solche systematischen Bedingungen einer jeden Bildungspolitik in Erinnerung ruft – und dann vielleicht die fehlende Autonomie der Pädagogik beklagt.[36]

In diesem Kapitel – zum Abschluss von Teil I – wird die konkrete Gestalt von Schule so beschrieben, wie sie sich historisch-gesellschaftlich ausgebildet hat. In den Teilen II und III wird dann detailliert geprüft, ob und wie damit die Möglichkeiten einer pädagogischen Arbeit in der Schule beeinflusst, gefördert oder beschnitten, werden.

Bei dem Versuch, die historische Gestalt der Schule in ihrer Entwicklung seit dem frühen 19. Jh. darzustellen, darf man an dieser Stelle selbstverständlich keine ausführliche, umfassende oder gar vollständige Schulgeschichte erwarten. Eine Beschreibung der historischen Gestalt im Einzelnen, samt der Diskussion konkreter politischer Rahmenbedingungen, schulpolitischer Auseinandersetzungen und institutioneller Effekte ist hier nicht möglich.[37] Im Zusammenhang einer Theorie der Schule interessieren *analytisch* eher grundlegende Strukturtypen, die sich im historischen Prozess ausgebildet haben; *methodisch* sind die Möglichkeiten der Beschreibung eines Bildungssystems im historischen Prozess aufschlussreich und *konstruktiv* das Ausmaß an Varianz und Invarianz, das sich dabei im Prozess beobachten lässt.

Die folgenden Analysen folgen solchen systematischen Interessen und diskutieren deshalb auch nur wenige Thesen:

(1) Zunächst wollen wir – im Blick auf die Struktur – belegen, dass man in Deutschland seit 1800 im Grunde von nur zwei Typen der Bildungsorganisation ausgehen kann. Dabei ist für das gesamte 19. Jh. und bis zur Einführung der Grundschule durch die Verfassung der Weimarer Republik eine Struktur von zwei nebeneinander stehenden Schulsystemen charakteristisch – der erste Strukturtypus. Unterschieden sind in ihm in radikaler Differenz ein „niederes“ und ein „höheres“ Bildungswesen. Erst danach, seit

36 Das Verhältnis von Restriktionen und Autonomie wird in Kap. 7 noch eingehend erörtert – mit einem für manche pädagogische Debatte vielleicht überraschenden Ergebnis.

37 Im „Wegweiser“ haben wir einschlägige Hinweise auf die schulhistorische Forschung gegeben.

1920, setzt sich der zweite Strukturtypus durch, ein dreigliedriges System, in dem die Momente von Einheit und Differenz mit Aspekten früher Selektivität gemischt auftreten. Sieht man von dem Zwischenspiel einer einheitlichen Sekundarschule in der DDR und von integrierten Gesamtschulen ab, blieb ein dritter Strukturtypus in Deutschland, was er schon für Wilhelm von Humboldt war: Denkmöglichkeit und als solche eine Herausforderung für den zweiten Strukturtypus.[38]

(2) Unsere zweite These bezieht sich auf die Effekte solcher Systeme: Der relativen Stabilität der Strukturmerkmale ungeachtet, sind diese Systeme selbst in sich relativ flexibel und in den Effekten keineswegs eindeutig prognostizierbar. Sie sind sowohl in der Realisierung der Beschulung für die gesamte heranwachsende Generation als auch in den Effekten offener als in schulpolitischen Auseinandersetzungen meist eingeräumt wird.

(3) Darin wird, so die dritte These, die Eigenlogik von Bildungssystemen selbst dort noch sichtbar, wo vermeintlich nur der politische Zugriff des obrigkeitlichen Staates oder die Interessen eines bildungsbürgerlichen Machtkartells regieren.

Diese Strukturtypen stellen wir zunächst vor. Erst danach (in den Kap. 4 bis 6) diskutieren wir die Frage, wie dieses Bildungssystem „funktioniert". Dann wird auch systematisch erörtert, welche gesellschaftlichen Funktionen und pädagogischen Konsequenzen mit der Bildungsorganisation verbunden waren und sind, deren Vorgeschichte wir hier darstellen. Die Beschreibung der zwei Systemzustände – vor und nach 1918/20 – bereitet diese systematischen Überlegungen erst vor und ist insofern auch für die Begriffsbildung propädeutisch.

Vortheoretisch sind die Kriterien, die wir zur historischen Unterscheidung von Schulen nach „Strukturtypen" verwenden, weil sie an Kriterien der Beschreibung anschließen, die bis heute auch die öffentliche Diskussion von Schulsystemen bestimmen: Fragen der Schulstruktur, der Bildungsziele und -inhalte, der Finanzierung, der Ausbildung und des Status der Lehrer, der Wertigkeit und der Möglichkeiten der Verwertung von Schulleistungen und -zertifikaten und der Wirkungen schulischer Lernprozesse, personifiziert in Vorstellungsbildern vom Kind, vom Schüler und schließlich vom „gebildeten Menschen" o. ä.

In der internationalen Diskussion sind intensiv Kriterien der Klassifikation von Erziehungssystemen erörtert worden, die zwischen den von uns verwendeten Kriterien und einer strikten Schultheorie platziert sind. Von besonderer Bedeutung scheinen uns dabei die folgenden Dimensionen einer Klassifikation:

38 Zur näheren Diskussion vgl. Anhang 2: „Einheitsschule" als Strukturtypus

a) *Retention:* Damit wird der Beschulungsgrad eines Bildungssystems diskutierbar, die Frage also, wie lange im Lebenslauf ein Bildungssystem ganze Alterskohorten als Schüler erfassen kann.

b) *Selektivität:* Damit wird gemessen, welches Ausmaß an Auslese das Bildungssystem praktiziert, z. B. bezogen auf Sozialchancen, Geschlecht, Region etc.

c) *Autonomie:* Mit diesem Kriterium wird unterschieden, welche Instanz die Schule kontrolliert, ob eher der Staat oder die Gemeinde, das Schulpublikum oder die Eltern in Bildungsfragen entscheiden – und welche Ermessensspielräume, relativ dazu, die Schule selbst hat, d. h. die Schulleitung und die Kollegialorgane, also die pädagogische Profession (vgl. 7.5).

d) *Struktur:* Parallel zu den historischen Gestalten der Schule wurden eher komprehensive (gesamtschulartige) oder gegliederte Schulsysteme unterschieden, mit dem Ergebnis, dass international gesamtschulartige Systeme dominieren.[39]

In einem strikten schultheoretischen Sinne gedacht, aber auch im Blick auf solche Klassifikationsversuche sind unsere Beschreibungsbegriffe noch vor-theoretisch, weil sie dem Alltagswissen noch nahe sind und nur begrenzte Möglichkeiten für distanzierte Analysen eröffnen. Die Kriterien der historischen Beschreibung sind freilich nicht beliebig; denn sie bestimmen auch – seit Humboldt – die Themen der Schuldiskussion.

3.1 Strukturtyp I: „Soziales Klassenschulsystem“

(1) Strukturdifferenzen

Die von uns vorgeschlagene Unterscheidung von zwei Schulsystemen folgt den Beschreibungen, die von den Akteuren im historischen Prozess selbst angeboten werden, schon Humboldt kennt ja die Begriffe der „Elementarschule“ und der „Gelehrtenschule“. Die Folgezeit nimmt solche Begriffe auf, verwendet sie aber – im strikten Unterschied zu Humboldt – nicht für „Gattungen von Schulen“, die nacheinander folgen und aufeinander aufbauen, sondern für Typen von Schulen, die selbstständig nebeneinander bestehen, ohne systematischen Bezug zueinander.

Die rechtliche Basis dieser Ordnung des Bildungswesens ist (in Preußen) mit den Schulpflichtregelungen gegeben.[40] Genau betrachtet definiert das

39 Hinweise über diese Diskussion finden sich bei HOPPER, EARL (Ed.): Readings in the Theory of Educational Systems. London 1971.

40 Auf die feinen Unterschiede der Schulgesetzgebung, wie sie sich, durch die Kulturhoheit der Länder ermöglicht, in den zahllosen deutschen Einzelstaaten ausbilden, müssen wir hier verzichten. Die strukturelle Unterscheidung unserer Typen des Aufbaus der Schulsysteme wird dadurch nicht berührt.

Allgemeine Landrecht von 1794 aber keine Schul-, sondern nur eine Unterrichtspflicht, und das hat Konsequenzen für Schulbesuch und Schulorganisation. Diese Pflicht legt es nämlich den „Hausvätern“ auf für den Unterricht ihrer Kinder zu sorgen und man kann ihr auf unterschiedliche Weise Genüge tun: mit privatem Unterricht durch die Anstellung eines Hauslehrers, wie es z. B. beim Adel üblich war, durch Besuch privater Schulen, z. B. von Vorschulen zu Gymnasien, die von Schulunternehmern gegründet und durch Schulgeld vermögender Eltern finanziert wurden, und schließlich durch den Besuch öffentlicher, gemeindlich oder staatlich eingerichteter Schulen. Der Staat (oder die Gemeinde) regelt in diesem System nur das Minimum für diejenigen Eltern, die ansonsten für den Schulbesuch ihrer Kinder nicht selbst sorgen können. Aus diesen Vorgaben entwickeln sich die Unterschiede im Bildungswesen: nach dem Publikum, nach der Dauer der Schulzeit und, wie man sehen wird, nach der Qualität der Schulen. Insgesamt wird damit zwar bis zum Ende des 19. Jhs. für den gesamten Staat die „Beschulung“ der Bevölkerung durchgesetzt, aber die Art des Schulbesuchs ist doch höchst verschieden.

Elementarschulen werden zwar unausweichlich, aber doch nur für den ärmeren Teil der Bevölkerung, der sich ein Mehr an Bildung nicht leisten kann: Sie dauern – am Anfang des Jhs. – vier bis sechs Jahre, es macht vielfach, vor allem auf dem Lande, Mühe, gegen die Eltern den Besuch der Schule überhaupt durchzusetzen. Erst allmählich, in den Städten zuerst, verlängert sich die Schulzeit auch der Elementarschulen auf schließlich acht Jahre. Erst gegen Ende des 19. Jhs. kann man davon ausgehen, dass wirklich alle Kinder eines Altersjahrgangs Schulen besuchen.

Bei der „höheren Bildung“ sieht es anders aus. Die Kinder vermögender Eltern besuchen in der Regel nicht die öffentlichen Elementarschulen („Freischulen“), sondern für meist drei Jahre private „Vorschulen“, die auf den Besuch der „höheren“ Schulen vorbereiten. Auf diesen bleiben die Kinder neun Jahre, machen – im Erfolgsfall – das Abitur, wechseln auf die Hochschulen, Universitäten oder Technische Hochschulen, und kehren in die Reihen der privilegierten Stände mit akademischer Ausbildung zurück. Doch sind die höheren Schulen in sich selbst noch reich differenziert. Die unbestrittene Leitinstitution ist das „humanistische Gymnasium“, mit Latein und Griechisch als den prägenden Fächern. Daneben bilden sich höhere Schulen mit anderer Lehrplantypik aus, konzentriert um die modernen Fremdsprachen oder um Naturwissenschaften und Mathematik; sie rekrutieren ein anderes Schulpublikum und repräsentieren eher aufstrebende neue Schichten des Bürgertums. Bis 1900 bleibt der Abschluss dieser Schulen aber minderrangig gegenüber der Tradition des Gymnasiums.

Unbeschadet solcher Differenzen innerhalb des höheren Schulwesens, die entscheidende institutionelle und soziale Trennungslinie läuft zwischen

„niederer“ und „höherer“ Bildung, zwischen den Ausbildungsgängen der künftigen Eliten und den Schulen für die Massen. Es gibt zwar „Bildung für alle“, und diese Tatsache ist so erstaunlich, dass Soziologen wie der Amerikaner Talcott Parsons mit Recht von der „modernen Bildungsrevolution“ sprechen können; aber die Realisierung ist doch höchst ungleich, schon in den Strukturen der Bildungsorganisation.

(2) Träger der Schulen und Finanzierung

Die Ungleichheit im Bildungsprozess setzt sich auf der Ebene der Schulträger fort. Für die Elementarschulen werden die Gemeinden die zentrale Trägergruppe, während der Zentralstaat allenfalls Elementarschulen für die Kinder seiner Soldaten unterhält. Mit der Trägerschaft der Gemeinden werden aber die Ausstattung der Schulen – mit Gebäuden und Lehrmitteln z. B. – und auch die Bezahlung der Lehrer sehr stark abhängig von der je lokalen Finanzkraft und den politisch-sozialen Verhältnissen vor Ort. Das ermöglicht, z. B. in den westlichen Provinzen Preußens oder in den reich werdenden Städten mit liberaler oder – nach 1900 – gar sozialdemokratischer Regierungsbeteiligung, Schulreformen auch im Elementarbereich, führt aber unter anderen lokalen Verhältnissen zu strikter Kontrolle, der Konstanz traditionalen Unterrichts und obrigkeitlicher Aufsicht über die Schulen.

Höhere Schulen dagegen profitieren nicht nur von der Finanzkraft des Schulpublikums, sie können auch mit erheblich mehr Zuschüssen ihrer Träger rechnen. Neben privaten Schulunternehmern (im Wesentlichen bei den Vorschulen) engagieren sich hier auch die Kirchen, die Gemeinden und der zentrale Staat. In der Ausstattung der Schulen und der Besoldung der Lehrer kehrt deshalb die Zwei-Klassen-Kultur wieder, die schon die Schulstruktur kennzeichnete.

(3) Kosten der Bildung und Bildungswege

Die Finanzierung von Bildung erweist sich aber nicht nur als differenzstiftender Faktor für die Ausstattung und die Lehrerbesoldung. Die Teilhabe an Bildungsprozessen ist selbst unmittelbar von der Finanzkraft der Lernenden bzw. ihrer Eltern abhängig. Im niederen Schulwesen werden anfangs noch Schulabgaben (durch die Gemeinden) erhoben, aus denen dann anfangs die Lehrer bezahlt werden;[41] später wird entweder kein Schulgeld („Freischulen“) oder nur ein geringes Entgelt für den Schulbesuch verlangt. Damit war aber das Lernen auch im Elementarbereich noch nicht kostenfrei; denn es blieben z. B. die Lehr- und Lernmittel zu bezahlen.

---

41 Sodass die Lehrer auch ein Interesse an großen Klassen und einen Widerwillen gegen weitere Lehrer haben – weil es ihre Einnahmen schmälert.

Im höheren Schulwesen waren Lehr- und Lernmittel selbstverständlich auch nicht kostenfrei; daneben war noch ein monatliches Schulgeld für den Besuch der Schule zu entrichten. Stipendien für Schüler waren nicht unbekannt, aber doch kaum in einer Menge verfügbar, dass die Bildungskarriere unabhängig von den finanziellen Möglichkeiten der Herkunftsschicht geplant werden konnte. Vollends der Besuch der Universitäten und Hochschulen war mit Kosten verbunden, die für das Publikum der Volksschulen in der Regel unerschwinglich waren. Der im 20. Jh. typische „Aufstieg durch Bildung“ war deshalb in diesem zweigeteilten System selbst noch systemförmig präformiert, im niederen Schulsystem allenfalls als Glücksfall erwartbar. Wenn überhaupt, dann führte der Aufstieg in den Beruf des Lehrers an Elementarschulen. Förderlich waren dafür wiederum lokale Einzelbedingungen, z. B. der Ortsgeistliche, der einen begabten Jungen (Karrieren der Mädchen gibt es erst nach 1900) durch intensive individuelle Förderung zur höheren Schule und in die Universität bringt. Die Singularität solcher Fälle bestätigt nur die Normalerwartung, d. h. den Ausschluss von höherer Bildung für diejenigen, die das Lernen in der Elementarschule beginnen.

(4) Lehrplan

Dieser Ausschluss wird schon dadurch vorbereitet, dass die Lerninhalte des niederen und des höheren Schulwesens nach Inhalt und Anspruch nicht aufeinander beziehbar waren. Im niederen Schulwesen gibt es eine Begrenzung der Bildungsinhalte. Religion und Kulturtechniken, Lesen, Schreiben und Rechnen stehen nicht nur am Beginn des Lehrgangs, sondern definieren auch den Hauptinhalt. Erst allmählich kann man eine Ausweitung auf Sachunterricht und „Realien“ beobachten.

Im höheren Schulwesen sind dagegen die Inhalte durch die universitätspropädeutische Funktion bestimmt, hier herrscht von Beginn an der Fachunterricht. Interne Dynamik kennt dieses Inhaltsspektrum allenfalls insofern, als die typendefinierenden Fächer allmählich gleichrangig werden. Zunächst dominiert allein der „humanistische“, d. h. der altsprachliche Gymnasialtyp; erst seit 1900 sind die neusprachlichen und mathematisch-naturwissenschaftlichen Inhalte gleich gewertet.

Eine Differenz von Kulturen – Themen, Erwartungen, Milieus – besteht also auch im Blick auf den Lehrplan und seine Gestalt, akademisch geprägt hier, ohne eigene Kontur, meist nur negativ bestimmt, als nicht-akademisch, dort. Noch 1920 wird die tiefe Kluft zwischen der „bürgerlichen Bildung“ und der „proletarischen Erziehung“ wie selbstverständlich erlebt – wenn auch nicht anerkannt; die Trennungslinie wird durch ein Element des klassischen Schullehrplans bestimmt, durch die lateinische Sprache als Merkmal der akademisch Kulturen.[42]

Schulwissen (und der damit verbundene Habitus) definiert deshalb nicht allein innerschulische Grenzen und Differenzen in den Bildungsmöglichkeiten, sondern erzeugt differente Kulturen und rechtfertigt Unterschiede des sozialen Status und der gesellschaftlichen Anerkennung. In scharfer Pointierung darf man angesichts solcher Unterschiede in den Inhalten auch sagen, dass der Lehrplan eindeutige Klassengrenzen zwischen Eliten- und Massenbildung zieht: Er ermöglicht Bildung für die Bürger, und versucht Indoktrination in der Erziehung für das Volk durchzusetzen.

(5) Lehrer

Die Unterschiede in der Besoldung der Lehrer wurden schon erwähnt; sie entstammen dem Status der Schule und der Finanzkraft der Schulträger (und sind selbst für Lehrer gleicher Schularten, z. B. zwischen Stadt- und Landlehrern, erheblich). Die Differenz zwischen den Lehrern zeigt sich aber auch in der konkreten pädagogischen Arbeit und in der Funktion, die ihnen durch die unterschiedlichen Schulsysteme zugeschrieben wird.

Die Lehrer der Elementarschulen sind der offiziellen Zuschreibung nach Klassenlehrer, d. h. Lehrer für alle Fächer, meist auch die einzigen Lehrer, die von den Schülern im Schuljahr erlebt werden – bei einklassigen Schulen, wie sie noch nach 1900 auf dem Lande nicht selten sind, auch in der gesamten Schulzeit. Dabei ist die Funktion des Klassenlehrers nicht allein ein Notbehelf, der sich aus einer wenig gegliederten Schule ergibt, sondern selbst noch pädagogisches Programm. Mit der Rolle des Klassenlehrers verbindet sich die Erwartung, dass in der Schule der Primat der Erziehung durchgesetzt wird. Im höheren Schulwesen findet man das nur in kirchlich kontrollierten Schulen (!); so wird in Österreich noch bis ca. 1848 das Fachlehrersystem aus Erziehungsgründen ausdrücklich abgelehnt.

Die Konstruktion der Lehrerrolle bildet also grundlegende Differenzen der pädagogischen Konzepte ab. Mit dem Fachlehrersystem und der damit verbundenen Mehrzahl von Lehrern pro Klasse bzw. im Laufe des Schultages demonstrieren die höheren Schulen, dass in ihnen der Primat der Wissenschaft und der Bildung gelten soll. Die Einführung des Klassenordinarius, die nach 1820 im Zeichen der politischen Restauration geschieht,[43] lässt

---

42 Leonard Nelson: Vom Bildungswahn – Ein Wort an die proletarische Jugend (1922). In: Tenorth, H.-E. (Hrsg.): Allgemeine Bildung. Weinheim/München 1986, S. 48 ff.

43 „Die Zeitverhältnisse erfordern mehr als je eine strenge Disciplin in den Schulen, um den Geist einer zügellosen Freiheit und Frechheit von der heranwachsenden Jugend abzuhalten, und sie früh an Gehorsam und Unterwerfung unter die Gesetze zu gewöhnen, durch welche Eigenschaften sie dereinst als Bürger des Staats, dessen Sicherheit und Wohlfahrt

sich deshalb fast als systemfremdes Element verstehen. Jedenfalls bleibt im beruflichen Selbstverständnis der Lehrer beider Schularten der institutionell vorgeprägte Unterschied nahezu bis in die Gegenwart präsent, ja er wird als Konflikt von „Pädagogik" und „Fachwissenschaft" bewusst gepflegt.

Darin spiegeln sich Unterschiede, die auch durch die Ausbildung und in Status und Prestige der Lehrer in der Öffentlichkeit weiter gefestigt werden. Die Elementar-Lehrer erhalten ihre Ausbildung im niederen System selbst. In einem zweistufigen Bildungsgang durchlaufen sie nach Abschluss der Volksschule zunächst eine Präparandenanstalt (eine Vorbereitungsanstalt, in die der Volksschulabsolvent mit 14 bis 16 Jahren eintreten kann) und dann ein Lehrer-Seminar (von zwei- bis dreijähriger Dauer), das der angehende Lehrer mit etwa 20 Jahren verlässt, um dann bis zu seiner Pensionierung 40 bis 45 Jahre in der Schule zu verbringen. Er ist als Gemeindebeamter angestellt, schlecht besoldet, im Status zunächst noch unter den subalternen Beamten,[44] erst seit der Mitte des 19. Jhs. allmählich in der sozialen Rangskala aufsteigend.

Die Lehrer an höheren Schulen, amtlich Oberlehrer, intern Philologen – also: Liebhaber des Wortes – genannt, sind dagegen wissenschaftlich gebildete Lehrer, mit einer Ausbildung an der Universität, mit einem eigenen Vorbereitungsdienst, dem Referendariat, wie es auch die angesehensten Staatsbeamten, die Juristen, ableisten, und – gegen Ende des 19. Jhs. – mit einer Besoldung, die den höheren Staatsbeamten angeglichen ist. Nach 1918 erhalten sie mit der Bezeichnung „Studienrat" auch den begehrten Titel dieser Statusgruppe. Im Status dieser Lehrer spiegelt sich dann nicht nur die eigene Ausbildung und Ambition, sondern auch die soziale Position der Schüler, die sie unterrichten (auch wenn die Lehrer im jeweiligen Milieu nicht oder nur selten die Anerkennung finden, die sie erhoffen).

(6) Lehr- und Lernziele

Für dieses zweigeteilte System, mit Schulen unterschiedlicher Dauer, Trägerschaft, Ausstattung, Finanzen, Lehrplänen und Lehrern, gelten schließlich auch unterschiedliche Lehr- und Lernziele, ausdrücklich und unausdrücklich. Sie erlauben eine erste Bündelung der Konsequenzen, die mit solchen systemisch geprägten Differenzen historisch und gesellschaftlich verbunden sind.

---

sollen begründen helfen." – So das Königliche Consistorium zu Köln in einem Publicandum vom 26.2.1824 für die Arbeit der „Classenordinarien", vgl. NEIGEBAUR, J. D. F. (Hrsg.): Sammlung der auf den öffentlichen Unterricht in den königlich-preußischen Staaten sich beziehenden Gesetze und Verordnungen. Hamm 1826, § 61, S. 238 ff. (Neudruck Köln/Wien 1988).

44 Diese Klasse der nicht-akademischen Beamten reicht von Polizisten bis zu Kanzlisten oder Sekretären; sie entspricht nach heutigem Sprachgebrauch dem gehobenen Dienst.

Elementarschulen, „gemeine Schulen, die dem ersten Unterrichte der Jugend gewidmet sind",[45] müssen die Kinder so lange besuchen, „bis sie nicht nur das nöthigste vom Christentum gefasset haben und fertig lesen und schreiben, sondern auch von demjenigen Red und Antwort geben können, was ihnen nach den von unsern Consistoriis verordneten und approbirten Lehrbüchern beigebracht werden soll."[46] Diese Bestimmung des Preußischen General-Landschulreglements von 1763 gibt schon vor, was – der Struktur nach – für die Elementarbildung als Zielvorgabe typisch bleibt. Das ist die Ausbildung der erwünschten „Gesinnung" und eine dem Stand angemessene, im 19. Jh. dann als „volkstümliche" bezeichnete, insofern aber eindeutig begrenzte „Bildung". Mit der Durchsetzung des obrigkeitlichen Staates kommen allenfalls Modifikationen hinzu. An die Stelle der Religion als Medium der Vergesellschaftung wird nationale Bildung oder staatsbürgerliche Erziehung das Medium der Disziplinierung des Staatsbürgers.[47]

Für die höheren Schulen gelten andere Vorgaben; denn sie sind Schulen, „in welchen die Jugend zu höhern Wissenschaften, oder auch zu Künsten und bürgerlichen Gewerben, durch Beibringung der dabei nöthigen oder nützlichen wissenschaftlichen Kenntnisse vorbereitet werden soll".[48] Wissenschaftliche Bildung, klassische Bildung in den alten Sprachen und das „Lernen des Lernens", von dem Humboldt sprach – das sind die Zielsetzungen. Unübersehbar sind all diese Erwartungen denkbar weit entfernt von dem, was die Elementarschulen anstreben sollen.

(7) Ergebnis: Abschlüsse und Berechtigungen

Die Differenzen in den Lehr- und Lernzielen wirken sich bis in die Effekte der Schulen aus, sie bleiben sichtbar bis zum Ende der Lernzeit und zum Abgang von der Institution. Die Bedeutsamkeit der Übergänge und die Funktion der dabei verliehenen Zertifikate als „Berechtigungen" charakterisieren allein das Eliteschulwesen. Sein Abschlusszeugnis, das Abitur, hat zunächst Bedeutung innerhalb des Bildungswesens; denn seit 1832 ist das Abitur notwendige und hinreichende Bedingung zum Besuch der Univer-

45 Allgemeines Landrecht für die Preußischen Staaten vom 5.2.1794, T. XII, § 12, vgl. NEIGEBAUR 1826 (1988), S. 125.

46 Preußisches General-Landschulreglement vom 12.8.1763, § 1 (ebd., S. 126 f.).

47 Heute noch konkurrieren Kirche und Staat um den Einfluss auf die „moralische Erziehung" oder „sittliche Bildung" der Heranwachsenden, vgl. LESCHINSKY, A.: Vorleben oder Nachdenken? Bericht der wissenschaftlichen Begleitung über den Modellversuch zum Lernbereich „Lebensgestaltung-Ethik-Religion". Frankfurt a. M. 1996.

48 Allgemeines Landrecht, § 54, vgl. NEIGEBAUR 1826 (1988), S. 228.

sität.[49] Dieses Abschlusszeugnis eröffnet gleichermaßen den Eintritt in die Welt der Ausbildung für die akademischen Berufe, des höheren Sozialprestiges und der Platzierung in den höheren Schichten der Gesellschaft. In der deutschen Gesellschaft bis 1918 ist aber das Zeugnis des „Einjährigen" vielleicht noch bedeutsamer. Erworben beim Übergang in die „Obersekunda" (nach Abschluss von zehn Schuljahren insgesamt), erwirbt der Inhaber des Zeugnisses das Privileg, einen nur einjährigen Militärdienst zu absolvieren und gewinnt damit Zutritt in die feinere Kaste der Gesellschaft, die ihre Prestigeränge eher durch das Militär als durch Wissenschaft und Bildung definiert.

Der Abschluss der Elementarschulen zeigt seine minderwertige Stellung in der Gesellschaft und für den Lebenslauf seiner Absolventen darin, dass er berechtigungslos ist. Man verlässt die Schule, hat damit aber weder für weiterführende Bildungsgänge noch für anschließende Berufsqualifikationen, schon gar nicht für die gesellschaftlich hoch geachteten Insignien der höheren Bildung, etwa für den Zugang zum einjährig-freiwilligen Militärdienst, irgendwelche Anrechte erworben. Die männlichen Jugendlichen müssen den Militärdienst in der üblichen Dauer (von drei Jahren) ableisten. Die Klassengrenze – zwischen den Bürgern und dem Volk, zwischen Bildung und Indoktrination, zwischen Freisetzung und Kontrolle – setzt sich über die Inhalte bis in die Abschlüsse hinein fort.

(8) Differenz der Adressaten

Über die Differenzen nach der sozialen Herkunft und künftigen Berufsposition hinaus, bestätigt – definiert oder verfestigt – das Bildungswesen aber noch weitere Unterschiede: Das gilt für die Unterscheidung nach dem Geschlecht, soweit die höhere Bildung betroffen ist, denn die Inhalte des Lernens sind verschieden und die Abschlüsse selbst der höheren Mädchenschulen werden erst 1908, zuletzt in Preußen, den Abschlüssen der höheren Jungenschulen gleichgestellt. In den Elementarschulen galt dagegen schon immer die Koedukation und die Gleichstellung von Mädchen und Jungen nach den Unterrichtsinhalten (sieht man ab von einem kleinen Stundenanteil für frauenspezifische Fächer wie die „Handarbeit"). Systemspezifische Unterschiede werden auch parallel zu den Konfessionslinien der deutschen Gesellschaft gemacht: durchgängig im Bereich der Elementarbildung, in den

---

49 Das Abiturientenexamen wird zwar schon 1787/88 eingeführt; es ist bis 1832 aber allein dann als Eintrittsbillett in die Universität und als Qualifikationsnachweis notwendig, wenn der Studierende Stipendien beansprucht. Leistung gilt als Merkmal also nur für die wenig Begüterten, Reichtum entlastet von Qualifikationserwartungen beim Zugang in die Universität. Die Universalisierung von Prüfungen im ersten Drittel des 19. Jhs. ist deshalb zugleich ein Mechanismus der Egalisierung und Modernisierung des Bildungswesens, vgl. BLANKERTZ, H.: Bildung im Zeitalter der großen Industrie. Hannover 1969, S. 106 ff.

privaten Schulen, aber auch bei den höheren Schulen gilt das Konfessionsprinzip für die Rekrutierung der Schüler, von den Konfessionen im Übrigen selbst als Unterscheidungsmerkmal gesucht.

Neben solchen institutionell eindeutigen Unterscheidungen regieren in der konkreten Bildungsarbeit, rhetorisch nicht selten kaschiert, funktional aber eindeutig, noch weitere Differenzen. Sie betreffen die Erwartungen, mit denen sich die Lernenden konfrontiert sehen, Bilder, die ihre Lernmöglichkeiten in Schulen bestimmen, und Zielsetzungen und Zuschreibungen, von denen die pädagogische Arbeit ausgeht.

Die Lernenden der Elementarschulen gelten entsprechend als „erziehungsbedürftig", schon weil die Eltern offenbar unfähig sind, selbst für den Unterricht zu sorgen. Das Publikum der Elementarschulen sind daher nicht allein die Kinder, sondern mittelbar auch das zu kontrollierende „Volk", das als arm und aufsässig eingeschätzt wird und durch Elementarbildung kultiviert und diszipliniert werden soll. Die sich darin ausdrückende öffentlich-staatliche Erziehungsambition führt zu den Erweiterungen der Elementarbildung, die im ausgehenden 19. Jh. erst diskutiert, dann realisiert werden. Obligatorische Fortbildungsschulen für die berufstätige Jugend werden eingerichtet, um die Erziehungs- und Kontrollücke zwischen Schule und Militärdienst zu schließen und die Jugend gegen die drohende Verführung durch radikale Parteien zu bewahren. Unbeschadet der Effekte (die nicht so sind, wie erwünscht, weil die Sozialdemokratie dennoch weiter zunimmt), ist die Kontrollabsicht ganz eindeutig; hier kann man mit Recht davon sprechen, dass der obrigkeitliche Staat die Elementarschule als Schule der Untertanen konzipiert und damit in seinem Sinne ideologisch zu prägen sucht und indoktrinierend missbraucht.

Gegenüber dem gebildeten Bürgertum, dessen Kinder die höheren Schulen besuchen, gibt es solche Zuschreibungen nicht. Die Schüler der Knabenschulen (bis 1908) und der höheren Mädchenschulen gelten als die künftigen Eliten, als „bildungsfähig" und bereit die Rollen wahrzunehmen, die für die sozialen Schichten von Bildung und Besitz bereitstehen. Diese soziale Herkunft und die künftige soziale Rolle eröffnen aber nicht allein Freiheiten, sie zwingen vielmehr unter das Joch einer standesspezifischen Lebensweise, in das Korsett bürgerlicher Tugenden und eindeutiger Verhaltensweisen autoritär-patriarchalischer Provenienz. Die höhere Schule versucht deshalb ebenfalls die Lebensweise ihrer Schüler zu kontrollieren, auch außerschulisch; diese wiederum versuchen sich den Erwartungen zu entziehen.

Erst am Ende des Jhs. zerbricht der Konsens von Jugend und Herkunftsschicht, zwischen der Moral der Eltern und den Zukunftsvorstellungen der Jugend, zuerst an der Sexualmoral. Die dabei entstehende Jugendbewegung, Fanal einer selbstbewussten jungen Generation, hat aber ihren Ursprung selbst noch im Umkreis der höheren Schulen. Inspiriert aus der Radikalisierung ihrer eigenen Ideale, demonstriert sie die Dialektik von Freisetzung und Kontrolle, die der höheren Bildung eigen ist.

Statt einer Zusammenfassung der historischen Entwicklung geben wir als Zwischenergebnis ein Schaubild (Abb. 1).

Abb. 1: „Soziales Klassenschulsystem“ – Skizze der Schulstruktur im 19. Jh.

	Niederes Schulwesen	**Höheres Schulwesen**
Struktur	Elementarschule (erst 6, dann 8 Jahre)	Vorschulen (3 Jahre)
	Pflichtfortbildungsschule (2 bis 3 Jahre, seit etwa 1890, zuerst in den Städten)	Gymnasien (9 Jahre bis zum Abitur)
	systemeigene Lehrerbildung	Universitäten und THs, akad. Lehrerbildung, Staatsprüfungen
Träger	Gemeinden	(„Schulunternehmer“) Kirchen, Gemeinden, Staat
Finanzen	anfangs Schulgeld, später Besuch kostenfrei Lehr- und Lernmittel zu zahlen	für den Besuch Schulgeld Lehr- und Lernmittel zu zahlen
Lehrplan	„Religion“ Kulturtechniken, Realien	Fachunterricht Wissenschafts-Propädeutik
Lehrer	Funktion: Klassenlehrer, für alle Fächer, Erziehungsprimat	Funktion: Fachlehrer, Mehrzahl von Lehrern, Primat der Wissenschaft und Bildung
Ausbildung	Elementar-Lehrer – Ausbildung im niederen System, d. h.: Präparandenanstalt, Seminar Gemeindebeamter – „subaltern“	wissenschaftlich gebildeter Lehrer – Ausbildung an der Universität Staatsbeamter – höherer Dienst
Lehr- und Lernziel	„Gesinnung“ volkstümliche Bildung nationale Bildung Disziplinierung	„Studierfähigkeit“ wissenschaftliche Bildung klassische Bildung Lernfähigkeit
Ergebnis	Abgang berechtigungslos, nur Sockelqualifikation	Übergang Berechtigungen: – „Einjährigen“-Privileg – Abitur: Universität – Staatsexamen: akad. Berufe
Adressat	Mädchen und Jungen, koedukativ „erziehungsbedürftig“ das zu kontrollierende „Volk“ (arm und aufsässig)	Knabenschulen (bis 1908) „bildungsfähig“ das gebildete „Bürgertum“ („Bildung und Besitz“)

Für die hier zuerst skizzierte Struktur des Schulsystems ist also eine strikte Differenz typisch, die Absperrung gegeneinander, die scharfe Unterscheidung der Institutionen. Trotzdem kann etwa zur Jahrhundertwende eine gewisse Dynamik in der Verteilung der Schüler nicht ignoriert werden: Bis etwa 1890 weitgehend abgeschottet, entwickeln sich danach Übergänge zwischen beiden Systemen und folgenreiche Muster interner Ausdifferenzierung:

- Um 1900 stammen in Berlin bereits ca. 50 % der Schüler der Sexta, also der ersten Klasse der höheren Schule, aus den Volksschulen (aber damit hat immer noch höchstens jeder 100. Schüler der vierten Volksschulklassen, selbst in einer Großstadt wie Berlin, die Chance auf den Besuch der höheren Schule).
- Innerhalb der höheren Schulen wird die lange unbestrittene Leitfunktion des „humanistischen", d. h. des altsprachlichen Gymnasiums, beim Abitur 1900 aufgehoben.
- 1908, in Preußen zuletzt, wird auch der Ausschluss der Mädchen aus dem berechtigenden Schulwesen beendet; auch die Abschlusszeugnisse der preußischen Mädchenschulen eröffnen danach das Universitätsstudium.

Die wesentliche Dynamik, die dieses System erzeugt, besteht aber darin, dass die Schärfe der Trennung und die primär von sozialer Herkunft – nicht von Leistung – abhängige Selektion und Eingruppierung der Schüler allmählich unübersehbar wird und damit sein Klassencharakter desto weniger zu leugnen ist, je länger es existiert. Die Forderung des „Aufstiegs der Begabten", der „freien Bahn", die endlich dem „Tüchtigen" eröffnet werden muss, ist spätestens nach 1900 unüberhörbar. Alternativen zur tradierten Schulstruktur werden allenthalben, selbst bei Konservativen, diskutiert.

Bevor wir den zweiten Strukturtyp vorstellen, müssen wir eine Schulart erwähnen, die nicht nur in den Theorien der Schule gelegentlich übersehen wird, nämlich die Sonderschulen. Die besonderen Probleme einer Pädagogik der Behinderten können hier nicht erörtert werden, aber die Signifikanz der Sonderschule innerhalb einer Theorie der Schule soll in historischer und systematischer Hinsicht nachdrücklich hervorgehoben werden.

Historisch lässt sich an Schicksal und Gestalt der Sonderschule diskutieren, wie weit der pädagogische Anspruch der Bildung der Heranwachsenden – also die sog. Inklusion in das Bildungswesen – gegenüber anderen Formen der Behandlung von Menschen reicht. Parallel zur Ausdifferenzierung des modernen Schulwesens und des ersten Strukturmodells, das wir hier vorgestellt haben, finden sich in Westeuropa auch schon spezielle Schulen für Blinde und Taubstumme. Sie lassen sich als pädagogische Einrichtungen verstehen, weil sie über eine eigene Pädagogik und eine Methode des Blinden- bzw. Taubstummenunterrichts verfügen. Pädagogisch definierte

Anstalten für geistig Behinderte finden sich erst dann, als es den Pädagogen gelingt, gegenüber der Medizin – und der Praxis der Pflege – und gegenüber der Verwaltung – und der Praxis der Aufbewahrung und Absonderung – eine eigene Form der Gestaltung von Welt für geistig Behinderte zu finden.[50]

Systematisch lässt sich an der Geschichte der Sonderschule lernen, wann und wie es der Pädagogik gelingt, auch auf ihren eigenen Misserfolg und auf vermeintlich pädagogisch unlösbare Aufgaben im Lernprozess nach autonomen Kriterien zu reagieren. Dabei entwickelt die Pädagogik unterschiedliche Strategien des Umgangs mit Schwierigkeiten im Lernprozess, z. B. die Ausgliederung der „Lernbehinderten“ in Hilfsschulen bzw. -klassen, die Klassifikation der Lernenden als bildbar bzw. nicht bildbar, die Separierung oder Integration von Behinderung. Gegenwärtig diskutiert die Sonderpädagogik sehr kontrovers, ob es ihr gelingt, im Anspruch der Integration die lange Geschichte der Ausgrenzung zu beenden.[51]

3.2 Strukturtyp II: „Dreigliedriges System“ – Verknüpfung von Gleichheit und Selektivität

Eine politische Chance der Durchsetzung gibt es für Alternativen zum traditionellen Schulkonzept der obrigkeitlichen Gesellschaft erst mit der Weimarer Republik. Den Handlungsprämissen des parlamentarischen Systems entsprechend, ist die seither in Deutschland existierende und in ihren Grundzügen immer noch gültige Form der Organisation der Schule Ergebnis eines politischen Kompromisses.

Systematisch kann man diesen Kompromiss als eine spezifische Form der Gewichtung und Verknüpfung von Einheit und Differenz der Organisationsprinzipien verstehen; historisch konkret verdankt sich dieser Kompromiss den Beratungen über die Weimarer Verfassung und den Versailler Friedensvertrag sowie den Mehrheitsbedingungen, die durch die Weimarer Koalition aus Sozialdemokraten, der linksliberalen Deutschen Demokratischen Partei und dem katholischen Zentrum erzwungen wurden.[52] Die Parteien versuchten dabei ihre hergebrachten schulpolitischen Prämissen durchzusetzen und die Erwartungen ihrer Wähler zu befriedigen; die beteiligten Parteien konnten dabei Teilsiege erringen, mussten freilich auch

50 Eine sehr anschauliche Darstellung dieser Geschichte gibt MÖCKEL, A.: Geschichte der Heilpädagogik. Stuttgart 1988.

51 Für die damit verbundenen systematischen und normativen Probleme vgl. HAEBERLIN, U.: Heilpädagogik als wertgeleitete Wissenschaft. Bern/Stuttgart/Wien 1996.

52 Die DDP tritt wegen des Versailler Vertrags aus der Koalition aus, zwischen Sozialdemokraten und Zentrum wird dann der hier geschilderte Kompromiss in der Schulpolitik ausgehandelt.

Zugeständnisse machen. Die Sozialdemokraten favorisierten Konzepte, die von Einheitsannahmen bei der Schulstruktur, den Inhalten und in der Lehrerbildung bestimmt waren; das Zentrum beharrte darauf, zumindest die in Deutschland um 1918/20 immer noch stark erlebten Differenzen der Konfession in der Schulstruktur zu berücksichtigen; die Liberalen versuchten die Leistung als Kriterium der Unterscheidung von Schülerlaufbahnen gegenüber Gleichheitserwartungen frühzeitig zur Geltung kommen zu lassen.

Das Ergebnis der damit eröffneten Auseinandersetzungen soll im Folgenden in den gleichen Beschreibungsdimensionen charakterisiert werden, die für das alte System benutzt wurden. Dabei werden vor allem die Unterschiede gegenüber dem alten System hervorgehoben, und mithilfe dieser Unterschiede der Kompromiss zwischen Einheitlichkeit und Differenzierung des Schulsystems näher beschrieben.

(1) Strukturdifferenzen

Die entscheidende schulgeschichtliche Zäsur, die mit der Weimarer Verfassung und dem Grundschulgesetz von 1920 gesetzt wird, ist die Einführung der gemeinsamen, obligatorischen, für alle gleichen vierjährigen Grundschule. Private Vorschulen werden aufgehoben, der Besuch einer öffentlichen Schule innerhalb des eigenen Wohnbezirkes, also die gleiche Schulpflicht wird für alle Heranwachsenden verbindlich. Sieht man von Kontroversen über die Dauer der Grundschule – zwischen vier und sechs Jahren – ab, die nach 1945 und bis heute immer wieder neu aufbrechen (vgl. die Erörterung der Möglichkeiten und Probleme einer gemeinsamen Schulzeit in 6.1), dann demonstriert die Grundschule, wie weit Einheit als Organisationsprinzip im deutschen Bildungswesen gilt.[53]

Alles andere ist von Differenz bestimmt, beginnend mit der Schuldauer und im Blick auf alle anderen wesentlichen Merkmale. Zwar ändern sich die Bezeichnungen für die Schularten und das Angebot an Schulformen nach der Grundschule, an der Tatsache der systematischen Unterscheidung ist aber nicht zu zweifeln. Nach der Grundschule folgen verschiedene und verschiedenwertige Schularten: Für die Mehrheit der Kinder die „Oberstufe der Volksschule", seit 1959 Hauptschule genannt – so zeigt es jedenfalls die Statistik bis nach 1980; daneben die weiterführenden Schulen, zum einen „Mittelschulen" oder Realschulen von vier- oder sechsjähriger Dauer, und die „höheren Schulen" oder Gymnasien von sieben- oder neunjähriger

53 Vgl. für diesen dritten Strukturtyp Anhang 2 „Einheitsschule".

Dauer (je nach der Grundschulzeit).[54] Es gibt daneben, wie bisher, ein berufsbildendes Schulsystem – aber die Grundstruktur der allgemeinbildenden Schulen bleibt doch seit 1920 im Wesentlichen konstant. Das System reagiert auf neue Herausforderungen mit interner Ausdifferenzierung, mit neuen Bildungswegen und der Erweiterung des Angebots – aber es bleibt als System konstant.

(2) Träger der Schulen

Nach wie vor bleibt die Vielfalt der privaten, öffentlichen, und gesamtstaatlichen Träger der Schulen erhalten. Freilich verlieren mit der Aufhebung der Vorschulen die privaten Träger im Grundschulbereich an Bedeutung, sie behalten ihre starke Rolle aber im Bereich der höheren Schulen. Hier sind ja vor allem die Kirchen, nicht allein auf dem Lande, selbst in urbanen Ländern wie Nordrhein-Westfalen traditionell sowohl bei den Mädchen- wie bei den Jungenschulen stark vertreten, in Nordrhein-Westfalen z. B. 1991 mit 16,5 % der Schüler an Gymnasien (vgl. 7.3).

(3) Finanzen

Die Finanzierung der Schulen ist seit 1920 zunehmend vereinheitlicht worden; die Differenzen zwischen gemeindlicher und gesamtstaatlicher Finanzierung haben vor allem bei der Besoldung der Lehrer vollständig an Bedeutung verloren. In der Grundausstattung gibt es allenfalls die Unterschiede, die sich aus der Finanzkraft der Länder erklären, aber durch den Finanzausgleich kompensiert werden sollen.

Schulgeld wird in den öffentlichen Schulen nicht mehr erhoben, auch die Lernmittel der Schüler, d. h. meist die Schulbücher, sind frei (mit freilich unterschiedlichen Finanzierungs- und Nutzungssystemen). Allerdings gibt es seit dem Beginn der 1980er Jahre keine regelhaft gewährten Schülerstipendien mehr, seit das „BAFöG“-Stipendium nicht mehr auf der Sekundarstufe II, sondern erst für Lernen nach dem Pflichtschulbesuch gewährt wird. Auf dem Lande trägt allerdings der Staat die Wege-Kosten für den Besuch der Schulen im Sekundarbereich I; das ist in Flächenstaaten eine nicht unerhebliche, aber für die Sicherung von Bildungschancen notwendige Belastung.

(4) Lehrplan

Die Lehrpläne der unterschiedlichen Schularten sind – mancher Versuche der Angleichung ungeachtet – im Wesentlichen bis heute sehr verschieden,

54 Später gibt es eigene Zwischenformen, die Übergänge regeln und auch verspäteten Wechsel ermöglichen sollen, z. B. „Aufbauschulen“ oder – an Gymnasien – 11. Klassen für Übergänger aus Realschulen oder Gesamtschulen, um die Durchlässigkeit zu steigern.

sowohl nach dem Inhalt, nach den Konstruktionsprinzipien der Themen und Fächer als auch nach der Wertigkeit für die unterschiedlichen Schulabschlüsse (vgl. Kap. 4). Sichtbar wird das in der Unterscheidung von Volks- und weiterführenden Schulen bis weit nach 1960 vor allem an den Fremdsprachen, in der Unterscheidung der höheren Schulen nach den typenprägenden Fächern. Erst nach 1965 wird in den Hauptschulen zumindest eine Fremdsprache obligatorisch und erst seit dieser Zeit sehen sich die Lehrpläne der Hauptschulen mit der Erwartung konfrontiert, dass auch sie die Fachwissenschaften als Bezugsfeld für die Auswahl und Konstruktion der Inhalte berücksichtigen.

(5) Lehrer

Trotz der Angleichung der Lehrerbildung bleiben Unterschiede bis heute erhalten, sowohl nach der Ausbildungsdauer als auch nach Anstellungsmöglichkeiten und Besoldung. Gleichgestellt sind – seit 1970 – zwar die Institutionen der Lehrerbildung, denn sie erhalten alle Hochschulrang und die damit verbundenen Rechte. Unterschiedlich sind aber nach wie vor die Ausbildungszeiten und Studienanforderungen: Lehrer an Grundschulen sollen – in der Regel – nur 6 Semester studieren, die übrigen mindestens 8 Semester. Der Abschluss der Lehrer an Haupt- und Realschulen berechtigt nicht zum Unterricht in der gymnasialen Oberstufe und die Regelbesoldung ist um eine Stufe tiefer als die der „Studienräte“. Immerhin werden seit etwa 1965 alle Lehrer „zweiphasig“ ausgebildet, also mit einem Hochschulstudium in der ersten Phase und einem schulnahen Ausbildungsteil in der zweiten Phase („Referendariat“).[55]

Neben den Konsequenzen unterschiedlicher fachlicher Anforderungen, die sich im Wesentlichen in den Inhalten, aber auch im erziehungswissenschaftlichen Anteil am Hochschulstudium spiegeln, sind für diese Unterschiede vor allem beamtenrechtliche Gesichtspunkte und finanztechnische Vorbehalte verantwortlich. Einphasige Formen der Ausbildung für akademische Berufe, die auch für Juristen erprobt wurden, konnten sich gegenüber dem Standardmodell weder politisch noch beamtenrechtlich behaupten; eine gleiche Besoldung für alle Lehrer schließlich wäre den Bildungshaushalten nicht zuzumuten.

(6) Lehr- und Lernziele

Einheit und Differenz prägen auch die Lehr- und Lernziele der unterschiedlichen Schularten. Bis zur Gegenwart werden dabei Niveaustufen unterschieden, die auf einem gleichen Sockel, der „Grundbildung“ als der

55 In der Ausbildung der Diplom-Lehrer in der DDR war die Einführung in die Berufspraxis mit einem Jahr in das Studium integriert.

universalen Form allgemeiner Bildung im Sekundarbereich I, Möglichkeiten der Erweiterung und Spezialisierung im Sekundarbereich II vorsehen. Die Unterscheidung in den Lernwegen ist damit weniger folgenreich als früher, Übergänge sind später leichter möglich, verpasste oder abgebrochene Bildungsprozesse können nachgeholt werden („2. Bildungsweg"). Die scharfe Differenz ergibt sich jetzt nicht mehr so sehr innerhalb der Schulen allgemeiner Bildung, sondern erst danach, in der Unterscheidung zwischen berufs- und studienbezogenen Bildungsgängen.

(7) Ergebnis: Abschlüsse und Berechtigungen

In den Abschlüssen bleibt deshalb zwar die alte Hierarchie erhalten, mit dem Abitur wird nach wie vor die Spitze und der Maßstab der schulischen Berechtigungshierarchie definiert, aber das System der Abschlüsse ist in sich doch flexibler und durchlässiger geworden (vgl. 6.3). Die „mittlere Reife" verlor innerhalb des höheren Schulsystems an Bedeutung und an Selektionskraft, der Abschluss der mittleren Schulen eröffnet auch den Übergang in die Oberstufe, selbst ein qualifizierter Abschluss der Hauptschule kann (nach 10 Jahren Schulzeit) noch den Weg in studienbezogene Oberstufen ermöglichen. Die Schule der Massen ist nicht mehr völlig berechtigungslos und nur abgewertet. Auch wenn die erste Übergangsentscheidung in unterschiedliche Schularten bereits am Ende der Grundschulzeit getroffen werden muss, ist sie doch nicht mehr irreversibel, und das System bleibt wenigstens prinzipiell offen für neue Optionen.

Unverkennbar führt dieses System der Öffnung für weiterführende Bildungsgänge aber dazu, dass sich außerhalb der Schule die Anerkennung von Bildungszertifikaten verändert. Parallel zum veränderten Schulbesuchsverhalten und zur höheren Beteiligung an weiterführenden Bildungsgängen wird auch die notwendige Eingangsqualifikation für die Berufsausbildung erhöht. Tendenziell verliert damit der Abschluss der Hauptschule (und vor allem der der Sonderschule) an Gewicht, weil er für immer weniger Berufsausbildungsgänge die Eingangsqualifikation definiert. Dagegen wird das Abitur nicht nur für den Zugang in die Hochschulen, sondern auch für den Weg in eine große Zahl von Berufen der entscheidende Qualifikationsnachweis. Entsprechend sind die anderen Schulabschlüsse in ihrem Marktwert gesunken, die Zugangsbarrieren für weite Tätigkeitsbereiche eindeutig angehoben worden.

(8) Differenz der Adressaten

Aus der Perspektive des Bildungssystems gibt es mit der neu geschaffenen Schulstruktur die alten Unterscheidungen der Schüler und der Wertigkeit der Bildungsgänge nicht mehr. Das System wird als – nach oben und nach außen – offen, in sich durchlässig und flexibel beschrieben; die Bildungsgänge sind zwar different, aber in ihren Lernoptionen doch nicht mehr qualitativ verschieden definiert oder strikt gegeneinander abgeschottet. Auch die Lernenden werden anders gesehen, in ihrer Lernfähigkeit zu Beginn (der Schulzeit bzw. des Schuljahres) als gleich, in den Effekten ihres Lernens als verschieden; Differenzen werden jetzt aber durch Mechanismen verursacht bzw. Ursachen zugeschrieben, die nicht primär im Bildungssystem, wie früher, sondern in den individuellen Lernanstrengungen gesucht werden (vgl. Kap. 5).

Für das Entstehen der Unterschiede werden nun vermehrt Faktoren verantwortlich gemacht, die von den Lernenden selbst, aber auch von den Lehrenden beeinflusst werden können. Die soziale Herkunft, obwohl für das Bildungsschicksal noch immer bedeutsam, soll nicht mehr allein ausschlaggebend sein. Begabungsunterschiede werden nicht mehr als naturgegeben hingenommen, dem Bildungswesen werden „kompensatorische", d. h. ausgleichende Aufgaben zugeschrieben, vor allem für das Vorschulalter und die Grundschule.

Unter den Theorien, mit deren Hilfe innerhalb der Schülerschaft pädagogisch und diagnostisch relevante Unterschiede erkannt und beschrieben werden, dominieren nun solche, die nahe legen, den Schulerfolg eher von internen und variablen als von externen und stabilen Faktoren abhängig zu sehen (vgl. 5.2). Auch Theorien über die Begabung gewinnen eine andere Gestalt. Dabei entwickelt sich eine Begabungstheorie, die Lernmöglichkeiten und -chancen der Lernenden nicht mehr als naturgegeben ansieht (als genetisch determiniert), sondern als beeinflussbar und entwicklungsfähig.[56] Als variable Bedingungen von Begabung und Schulerfolg gelten neben Interessen und individueller Anstrengung die Leistungsbereitschaft der Schüler, nun auch Merkmale der Schule und der pädagogischen Arbeit selbst. Schulsystem, Einzelschule und Lehrer müssen sich als Effekt ihrer eigenen Arbeit zurechnen lassen, welchen Erfolg – oder Misserfolg – die Lernenden zeigen und welche Chancen sie im Bildungssystem und zum Teil auch erst danach realisieren können.

Den markantesten Eindruck von der Dynamik des Wandels in den Theorien und vom Universum der dabei strittigen Argumente vermittelt die Variable „Geschlecht": Welche Unterschiede zwischen den Geschlechtern sind naturgegeben und nicht korrigierbar (und was heißt „Natur")? Welche sind kulturabhängig, historisch oder gesellschaftlich bedingt? Wel-

56 Die historischen Kontroversen über den Begabungsbegriff im Kontext der Schulpolitik resümiert Peter Drewek: Die Begabungsuntersuchungen Albert Huths und Karl Valentin Müllers nach 1945. In: Zeitschrift für Pädagogik 35 (1989), S. 197–217; eine systematische Darstellung des neuen Begabungsverständnisses gab erstmals der Band von Heinrich Roth (Hrsg.): Begabung und Lernen. Stuttgart 1969. Für die jüngere Forschung vgl. die Hinweise in Kap. 6.

che werden je nach Region oder Konfession und Familientradition abgeschwächt oder verstärkt? Welche sind letztlich selbstverschuldet – und welche sind durch Schule beeinflussbar? Die Debatte über Koedukation wird damit zum Prüfstein der Forschung und der Praxis zugleich.[57]

Tendenziell werden durch diesen Wandel der Theorien und Praktiken zur Erklärung und Bewertung von Schülerleistungen die Mechanismen des Bildungssystems aus der Sicht der Lernenden individualisiert und aus der Sicht der Lehrenden pädagogisiert. Von Individualisierung kann man sprechen, wenn Erfolg und Misserfolg in der Schule der Anstrengung der Lernenden zugerechnet werden, von Pädagogisierung, wenn Leistungsmängel nicht einzelnen Schülern angelastet werden, sondern betont wird, dass die Praxis der schulischen Arbeit sie mitverschuldet hat – von der „problematischen Zusammensetzung" der Schulklasse oder Lerngruppe über „fehlende oder veraltete Schulbücher" bis zum „häufigen Lehrerwechsel" oder der „unterschiedlichen Qualität" des Unterrichts.

Damit wird das neue System gegenüber dem älteren auch in höherem Maße autonom. Wenn die Ursachen für Leistungsunterschiede nicht mehr in vorab kodierten Merkmalen, etwa der Zugehörigkeit zur sozialen Schicht, zu Geschlecht, Konfession oder einer als feststehend betrachteten Begabung gesehen werden, sondern zunehmend in Bedingungen schulischer Arbeit, die sich von den Beteiligten gestalten oder beeinflussen lassen, dann werden Schulleistungen zum „Produkt" des Systems, mit dem es in die Gesellschaft hineinwirkt. Der beste Beleg für die relative Autonomie des Systems sind – so betrachtet – öffentliche Klagen über mangelhafte Schulleistungen und ungenügende Leistungen der Schule; denn sie wird dann an ihren eigenen Versprechen gemessen. Der zweite Typus der Bildungsorganisation lässt sich in einem Schaubild darstellen, das die aktuelle Schulstruktur zeigt (Tab. 2, S. 66).

3.3 Fremdbild und Dynamik der Strukturtypen – Politik oder Theorie der Schule

Selbstverständlich gibt auch der Strukturtyp II eine vereinfachte Beschreibung des Schulwesens und stellt eine Zwischenstation dar, nicht etwa den Endpunkt der politischen und pädagogischen Auseinandersetzungen über die Schule. Andere Formen der Ordnung von Bildungsgängen werden – in Deutschland und international – realisiert oder wenigstens kontinuierlich diskutiert. Der Strukturtyp II, der an früher und eindeutiger Differenzie-

57 In Anhang 5 diskutieren wir deshalb auch ausführlicher die Möglichkeiten, die sich für die Pädagogik aus der Rücksicht auf die Geschlechterdifferenz ergeben.

Abb. 2: „Dreigliedriges System" – Schulwesen 1996 (Anmerkungen s. S. 67 oben)

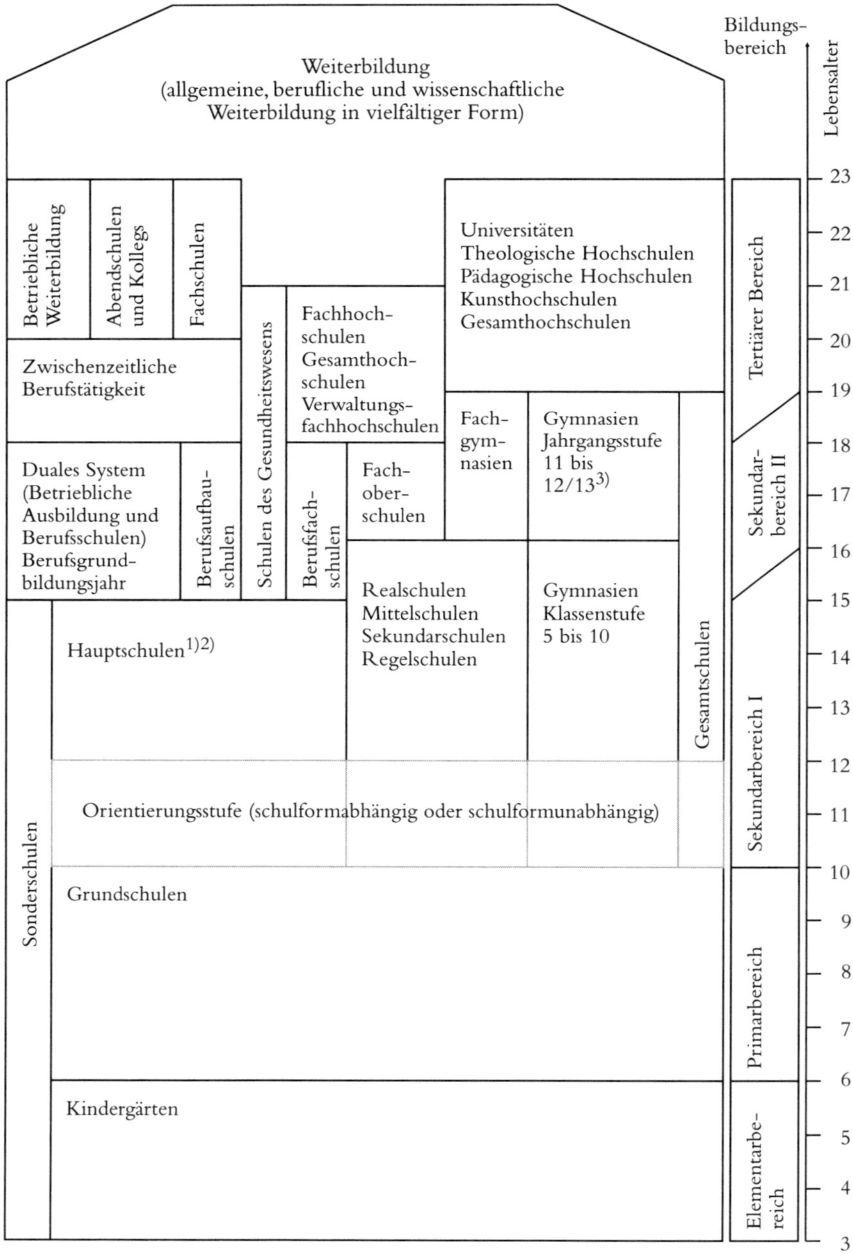

Anmerkungen zu Abb. 2:

1 Rund 30 Prozent der Hauptschüler/-innen besuchen über das 9. Schuljahr hinaus auch ein 10. Schuljahr an der Hauptschule.
2 Die Mittelschule in Sachsen, die Sekundarschule in Sachsen-Anhalt und die Regelschule in Thüringen vermitteln den Haupt- und Realschulabschluss.
3 In den Ländern Mecklenburg-Vorpommern, Sachsen, Sachsen-Anhalt und Thüringen 12 Jahrgangsstufen

- Schematische Darstellung der typischen Struktur des Bildungssystems der Bundesrepublik Deutschland. In den einzelnen Bundesländern bestehen Abweichungen.
- Die Zurechnung des Lebensalters zu den Bildungseinrichtungen gilt für den jeweils frühestmöglichen typischen Eintritt und bei ununterbrochenem Gang durch das Bildungssystem.
- Die Größe der Rechtecke ist nicht proportional zu den Besuchszahlen.

rung festhält, steht praktisch und theoretisch dauernd der Konkurrenz von Schulen oder zumindest Schulplänen gegenüber, die eine längere Dauer der gemeinsamen Allgemeinbildung garantieren oder vorsehen.[58]

Angesichts der Konfrontation des Strukturtyps II mit Gesamtschulen und der heftigen Kritik des „dreigliedrigen Schulsystems“ durch deren Befürworter ist nicht selten ignoriert worden, dass und wie sehr sich die Konkurrenzsituation auf das „traditionelle Schulsystem“ ausgewirkt hat. Schulpolitisch und schulpraktisch wichtig ist daran, dass auch Schulen vom Strukturtyp II heute nicht mehr sind, wie sie vor 1960 waren; schultheoretisch bedeutsam ist dieser Wandel, weil er sichtbar macht, dass die Schulstruktur mehr interne Elastizität und Flexibilität hat, als der Begriff „Struktur“ zunächst ahnen lässt (vgl. Anhang 3).

Für eine Theorie der Schule bedeutet das, dass sie heute weniger denn je allein die gegebenen Strukturen des Bildungssytems zum Ausgangspunkt ihrer eigenen Analysen machen kann. Es kommt vielmehr darauf an, innerhalb der gegebenen Schulstruktur und im Alltag des Schulehaltens die genuinen Möglichkeiten der pädagogischen Arbeit überhaupt erst zu entdecken – und damit auf Möglichkeiten hinzuweisen, die Qualität der Bildungsarbeit zu verbessern. Von den inzwischen verfügbaren systematischen Erkenntnissen über die Praxis der Schule handelt Teil II und von den Möglichkeiten der pädagogischen Gestaltung dieser Praxis Teil III unserer Darstellung.

58 Im Anhang 2 wird die Geschichte des von W. von Humboldt vorgedachten Schulaufbaus und die Entwicklung der an diesem Strukturtyp orientierten „Einheitsschulen“ und „Gesamtschulen“ diskutiert.

Teil II
Wie das Schulwesen funktionieren soll

Allein aus ihrer Entstehung lässt sich die Schule zwar in ihrer Eigenart verstehen, aber noch nicht in einem systematischen Sinne in ihrer Funktionsweise[1] erklären. Doch erst Erklärungen begründen den Status einer „Theorie der Schule". Eine Erklärung verlangt, dass man die Zufälligkeiten der Entstehung von Schule aus den je spezifischen zeitlichen und nationalen, regionalen und politischen Zusammenhängen überschreitet. Die Überschreitung historisch bedingter Grenzen ist auch insofern notwendig, als das Schulwesen nicht allein aus den Programmen der Politiker und den Texten der Pädagogen verstanden werden kann, die seine Herausbildung im historischen Prozess begleiten.[2]

---

1 Mit dem Verb „funktionieren" wollen wir daran erinnern, dass ein etwas mechanischer Beiklang unvermeidlich ist, wenn von „Funktionen" der Schule gesprochen wird.
Für Karl Marx, der – so gesehen – als ein früher Systemtheoretiker gelten muss, war es die „Logik des Kapitals", die sich so durchsetzt und der Kapitaleigner folgen müssen, sofern sie sich gegenüber Konkurrenten behaupten wollen. Allerdings unterscheidet die „Gesetze des Markts" von „Naturgesetzen", dass sie beeinflusst oder außer Kraft gesetzt werden können. Darum kann das Wissen um „Mechanismen" des Zusammenlebens von Menschen im Unterricht und in der Schule verschieden wirksam werden: Man kann die Mechanismen geschickt ausnutzen, aber auch unterlaufen – sofern man sie kennt; darin beweisen schon Schüler einiges Geschick.
Für eine Theorie der Schule steht allerdings im Vordergrund, dass die Gestaltung der Schule als Rahmen für Interaktionen die verschiedenen Mechanismen unterschiedlich zur Geltung bringen kann, also die Frage, unter welchen Bedingungen der Unterricht so oder anders „funktioniert".

2 Mit dem Wort „soll" in der Überschrift wollen wir zweierlei zum Ausdruck bringen: Zweifel daran, dass das Schulwesen wirklich so funktioniert, wie „funktionale" Theorien es behaupten (soll im Sinne von „angeblich"), und eine Erinnerung daran, dass – selbst wenn es so wäre – zwei Bedeutungen von „Funktionieren" zu unterscheiden sind, die konstatierende und die affirmative. Allzu leicht wird nämlich – analog zu biologischen Theorien – vom „Funktionieren der Funktionen" darauf geschlossen, dass sich diese Funktionen evolutionär bewährt haben – „also" auch zur Bestandserhaltung des Systems „notwendig" seien; da wäre im biologischen Fall dann doch zwischen Vergangenheit und Zukunft (Funktionswandel und Selektion) und im sozialwissenschaftlichen Fall entsprechend zwischen Feststellung und Billigung zu unterscheiden.

In diesem Teil unserer Überlegungen zu einer Theorie der Schule betrachten wir deshalb die Schule systematisch, zunächst aber „von außen“. Das Schulwesen ist ja immer Einrichtung einer Gesellschaft, eine Institutionalisierung von spezifischen Erwartungen und Bedingungen. Das hat schon die historische Analyse exemplarisch gezeigt. Nun soll in theoretischer Deskription und Analyse des modernen Schulwesens erörtert werden, welche Besonderheiten der Schule sich dabei stabilisiert haben und in Wechselwirkung mit ihren Umwelten immer wieder neu ergeben.

Der theoretische Zugriff und die Denkform, die solche Beziehungen zwischen Schule und Kultur, Gesellschaft oder Politik beschreibbar und analysierbar machen, sind nicht unproblematisch gegeben. Aber die denkbaren Varianten sind in unterschiedlichen Disziplinen, vor allem in den empirisch orientierten Sozialwissenschaften, heute doch relativ eindeutig erprobt.

Im Wesentlichen kommt man bei der Analyse der Schule und ihrer Beziehungen zu ihren Umwelten zunächst mit zwei Begriffen aus, dem der Funktion[3] und dem des Systems.[4] Beide Begriffe sind in der einschlägigen Diskussion und Forschung nicht unstrittig, aber doch so weit diskutiert und ausgearbeitet, dass sich erkennen lässt, welche Probleme sie fixieren und welche offenen, für weitere Forschung anschlussfähigen Fragen sie aufwerfen.[5]

Eine oft genutzte und zitierte Schematisierung der „Reproduktionsfunktionen des Schulsystems“ stammt von dem Erziehungswissenschaftler und Bildungssoziologen Helmut Fend. Wir gliedern diesen Teil unserer Darstel-

---

3 Für eine umsichtige und klare Definition und Diskussion der „Funktionen“ von Schule vgl. LESCHINSKY, A./ROEDER, P. M.: Gesellschaftliche Funktionen der Schule. In: TWELLMANN, W. (Hrsg.): Handbuch Schule und Unterricht. Bd. III. Düsseldorf 1981, S. 107–154.

4 Für den Zusammenhang von System und Funktion (im Unterschied zu Leistung) sowie Reflexion vgl. LUHMANN, N./SCHORR, K.-E.: Reflexionsprobleme im Erziehungssystem. Stuttgart 1979, bes. S. 34 f.

5 Im Begriff der Funktion wird der Grundgedanke bearbeitet, dass die Schule das Verhältnis zu ihren Umwelten über wechselseitige Erwartungen reguliert. Dabei ist, folgt man Luhmann/Schorr, zu unterscheiden zwischen den je spezifischen Leistungen, welche die Schule für verschiedene andere Subsysteme der Gesellschaft erbringt, z. B. das Wirtschaftssystem, und ihrer Funktion (im Singular) in der und für die Gesellschaft als Ganze. In der schultheoretischen Literatur wurde diese Unterscheidung bisher jedoch nicht getroffen; dort ist von Funktionen (im Plural) die Rede, wo Luhmann/Schorr nun von Leistungen sprechen. Wir folgen hier aber dem allgemeinen Sprachgebrauch, zumal der Begriff Leistung im Zusammenhang mit Schulleistungen der Schüler in seiner spezielleren Bedeutung benötigt wird. Wir unterscheiden also zwischen den Funktionen, wenn spezielle Erwartungen anderer Subsysteme, und der Funktion der Schule, wenn allgemeine Erwartungen der Gesellschaft zur Rede stehen, die an die Schule und nur an sie gerichtet sind.

lung gemäß seiner Unterscheidung und Zuordnung der Begriffe in drei Kapitel. Unser Schema ist aber gegenüber seinem vereinfacht und etwas umgeordnet.[6]

Abb. 3: Zuordnung der drei „Reproduktionsfunktionen" Qualifikation, Selektion und Integration zu „schulexternen Bereichen" (nach Fend)

Funktionen des Schulsystems für	**Berufs- und Beschäftigungs-system**	**Politisches System**	**Sozialstruktur**
Qualifikation Lehre und Unterricht	Kap. 4 Schulwissen		
Selektion Prüfungen Berechtigungen		Kap. 6 Schulaufbau	
Integration „Schulleben" Rollenerwartungen			Kap. 5 Schulklasse

Die Leitbegriffe, mit denen Fend arbeitet, sind mit dem Begriff des Systems insofern verbunden, als sie jeweils den Bezug der Schule auf ein anderes soziales System festhalten.

Im Begriff der *Qualifikation* wird die Schule in ihrer spezifischen Leistung für den Bereich der Produktion, das System der Ökonomie, gesehen, bezogen auf Berufe und Beschäftigungen, Arbeit und Arbeitsverhältnisse.

---

6 Wir haben also die „Reproduktionsfunktionen" und die drei Aufgabenbereiche des Schulsystems in den Zeilen und die „schulexternen Bereiche" in den Spalten angeordnet. So ergibt sich in der Hauptdiagonalen die Zuordnung der Kapitel, vgl. FEND, H.: Gesellschaftliche Bedingungen schulischer Sozialisation. Weinheim/Basel 1974, S. 67. Die leeren Felder in unserem Schema sollen darauf aufmerksam machen, dass man aber auch die sechs anderen Beziehungen untersuchen kann (was Fend in seinen Texten tut).
Kap. 4: „Lehre und Unterricht" zielen auf Wissen, Können und Wollen; aber nicht nur bezüglich Arbeit, sondern auch bezüglich Konsum. Auch sie reproduzieren Milieus und integrieren in Kultur.
Kap. 5: Nicht nur das Schulleben „integriert" – oder nicht, sondern schon der Schulaufbau, insofern er den Lehrplan (Schulformen) und die Klassenzusammensetzung mehr oder minder stark „selektiv" determiniert.
Kap. 6: Prüfungen und Berechtigungen zeigen nur „die Quittung" für frühere Selektionen: (mangelhafte) Disziplin und soziales Lernen, (schwankende) Leistungen (Qualifikation) und (ge- oder misslungene) Motivation/Integration. Und es sind die Mechanismen des Klassenraums (Dreeben), die alles zusammen „legitimieren".

Die Funktion der *Selektion*[7] hebt darauf ab, dass die Schule mit den von ihr erteilten Zeugnissen bzw. Zertifikaten und Zugangsberechtigungen an der Eingliederung der Heranwachsenden in die je gegebene Sozialstruktur mitwirkt, in ein Gefüge von sozialen Schichten oder Klassen. Darum wird zusätzlich der Begriff *Allokation* – d. h. Platzierung im sozialen Gefüge – verwendet, um damit das Ergebnis der Selektion zu bezeichnen.

Die Begriffe *Integration* und komplementär dazu *Legitimation* halten schließlich fest, dass eine weitere, vielleicht die wichtigste Funktion der Schule für die Gesellschaft darin besteht, die Zuweisungsprozesse einsichtig zu machen und zu rechtfertigen.

Die Schule vermag das, darin folgt Fend neueren Traditionen der soziologischen Theoriebildung (vgl. Kap. 5), weil es das Zusammenleben in der Schule selbst ist, das die Persönlichkeit der Heranwachsenden prägt, ob diese das nun wollen oder nicht.[8] Fend weicht aber darin von der Tradition ab, dass er nicht mit einer „automatischen“ Verinnerlichung der Erwartungen, Normen und Werte rechnet, die mit den Zielen, Programmen und Kommentaren zur schulischen Arbeit verbunden sind. Theoretisch fortgeschritten ist seine Theorie gerade darin, dass sie immer auch mit dem Gegenteil rechnet: Rebellion statt Fügsamkeit, Opposition statt Folgebereitschaft, Nonkonformismus statt Konformität.[9]

Erwartungsgemäß sind Fends Überlegungen nicht ohne Alternative. Schon der Untertitel seines Buches „Soziologie der Schule I“ verweist auf eine Nachbardisziplin der Pädagogik, und damit auf ein breites Spektrum weiterer Fragen. Andere Sozialwissenschaftler sehen die Basis der Schule z. B. in ihrer „Kustodialfunktion“[10] und halten damit schlicht fest, dass sie zunächst die Heranwachsenden aufbewahrt und behütet.

Juristen oder Philosophen können wieder andere Aspekte hervorheben, den Prozess der „Verrechtlichung“ in der Konstruktion des Lebenslaufs, der mit der Schule eröffnet wird, oder den Aspekt der „Bildung“, den Schule eröffnet oder versperrt. Ökonomen würden sagen, dass das Schulwesen

---

7 In seiner wissenschaftlichen Version bezeichnet der Begriff Selektion immer beides, *Auswahl* und *Ausschluss*, positives und negatives Resultat der gleichen Entscheidung oder Maßnahme – bei Personen *Auswahl* für oder *Ausschluss* von (weiterer) Ausbildung und bei (potentiellen) Unterrichtsgegenständen *Aufnahme* in den Lehrplan – oder nicht.

8 In der Tradition der Reflexion über Schule ist diese Interpretation bereits klassisch vorgebildet, z. B. in den Überlegungen des amerikanischen Erziehungsphilosophen John Dewey – vgl. Anhang 4.

9 FEND, H.: Sozialisierung und Erziehung. Weinheim 1969; DERS.: Konformität und Selbstbestimmung. Weinheim 1971.

10 PLAKE, K: Sozialer Identitätsanspruch und die Legitimation der Betreuung: Zur Kustodialfunktion der Sozialisationsorganisation. In: Zeitschrift für Soziologie 6 (1977), S. 264–278.

„Humankapital" bereitstellt,[11] Politologen vielleicht untersuchen, ob und wie die Schule zur Bildung der Nation beiträgt, und Pädagogen interessiert wohl am meisten die Förderung von Kritikfähigkeit und Mündigkeit.

An Kritiken solcher Aufgabenzuschreibungen hat es angesichts der leicht verfügbaren Alternativen nicht gefehlt[12] und auch nicht an Vorschlägen, andere Funktionen hervorzuheben oder stärker zu gewichten. Bevor man aber diesen Kritikern folgt, und sich auf eine Fülle von Alternativen und ungeklärten Folgeproblemen einlässt, sollte man noch einmal das Grundproblem betrachten, das Fend sich gestellt und bearbeitet hat.

Seine übergreifende und einheitsstiftende theoretische Grundüberlegung ist, dass die Schule eine gesellschaftliche Einrichtung darstellt, die *zwei* Aufgaben verschränkt, welche in allen Gesellschaften bearbeitet werden: „Reproduktion der Gesellschaft" und „Aufbau der Persönlichkeit".[13]

Fend erläutert das sozialisationstheoretisch, indem er zeigt, dass alle Kulturen, alte oder junge, moderne oder „primitive", darauf angewiesen sind, ihren eigenen Bestand in der Zeit zu sichern, und zwar nicht nur durch Ökonomie oder Politik, sondern auch durch die Übertragung kultureller Errungenschaften auf die nachwachsende Generation. Schulen lassen sich dann als gesellschaftliche Einrichtungen, „Institutionen", mit einem ganz bestimmten Zweck verstehen:

> »Sie sichern die Überlieferung der jeweiligen Kultur, stabilisieren die bestehende Stammes- und Gesellschaftsordnung und markieren für den Heranwachsenden die Schwelle des Eintritts in die Gesellschaft als vollwertiges Mitglied.«[14]

Fend erläutert also die Doppelfunktion der Schule historisch, gesellschaftstheoretisch und letztlich anthropologisch, d. h. ausgehend von der Natur des Menschen und den Problemen oder Aufgaben, die sich von daher im historischen Prozess für den Bestand einer Kultur stellen.[15] Wir interpretie-

---

11 COLEMAN, J.: Der Verlust sozialen Kapitals und seine Auswirkungen auf die Schule. In: LESCHINSKY, A. (Hrsg.): Die Institutionalisierung von Lehren und Lernen. Weinheim/Basel 1996, S. 99–105 (34. Beiheft der Zeitschrift für Pädagogik).

12 Vgl. z. B. BALLAUFF, T.: Funktionen der Schule. Historisch-systematische Analysen zur Scolarisation. Weinheim/Basel 1982 (u. ö.).

13 FEND 1974, S. 11–22.

14 FEND 1974, S. 59.

15 Andere Funktionsbestimmungen lassen solche Fragestellungen nicht aus und negieren auch nicht das Grundproblem. Indem sie aber Fends Bestimmung erweitern oder seine Problemsicht relativieren, verleihen sie ihren eigenen Funktionsbestimmungen mehr Gewicht, z. B. der Bildung und Erziehung, der Beförderung der schönen Tugenden oder dem bloßen Aufbewahren der Kinder.
Solche Überlegungen schließt Fends Vorschlag nicht aus, sondern ein, aber eine zu lockere Art des Umgangs mit Funktionszuschreibungen birgt die Gefahr der inflationären Erweiterung bis hin zu einem Punkt, an dem die Schule für alles zuständig wird, was gut

ren deshalb im Folgenden Fends Bestimmung zugleich als minimal und basal, als Hinweis auf die zentralen Aufgaben der Schule und als Aufforderung, das herauszuarbeiten, was nur für die Schule typisch ist. Wir diskutieren die Beziehung der Schule zu ihren Umwelten in dieser Absicht, aber – wie unser Schema zeigt – in anderer Anordnung und Abfolge.

Die Leistung der Qualifikation verbinden wir mit den schulischen Inhalten und fragen nach der Rolle des Schulwissens einerseits für die Tradierung von „Kultur", andererseits für die Kultivierung der Heranwachsenden (Kap. 4). Hier, bei Lehrplan- und Inhaltsfragen, ist die genuine Leistung der Schule besonders fraglos und unstrittig gegeben, heute zugleich aber in einer Weise problematisch, dass wir mit diesem Thema beginnen. Allokation und Selektion sowie Integration und Legitimation beziehen wir wie Fend auf Politik und Gesellschaft, ordnen ihnen aber Elemente und Mechanismen schulischer Wirklichkeit in etwas anderer Weise zu: Die Integration in die Gesellschaft und die Legitimation der Prozesse, die beides begünstigen, zeigen wir am Beispiel der Schulklasse, klammern also andere Aspekte des Schullebens aus, beziehen dafür aber den Begriff und das Problem der Schulleistung in die Darstellung ein (Kap. 5). Das ermöglicht uns, das Verhältnis von Politik und Schule – jenseits spezieller Probleme von Prüfungen und Zertifikaten – am Beispiel der bildungspolitischen Auseinandersetzungen um den Schulaufbau als wichtigste Rahmenbedingung für frühzeitige Selektion oder aber geduldige Integrationsbemühungen zu erörtern (Kap. 6).

4 Schulwissen und Qualifikationen – Programme mit Problemen

Was die Schule leisten soll, die Lehrer zu lehren und die Schüler zu lernen haben, das wird in der Regel in der Öffentlichkeit und auch bei Pädagogen zuerst in großen Zielen und dann in einem Kanon von Inhalten diskutiert. Die Ziele finden sich als Zweckbestimmungen der Schule in Verfassungen,[16] als Aufgabenbestimmung in Schulgesetzen, breiter ausgearbeitet und be-

---

und schön ist. Die Frage nach der unersetzbaren doppelten Leistung der Schule für die Gesellschaft und das Subjekt wird damit nicht leichter, sondern schwerer beantwortbar; schließlich wird um scheinbarer Vollständigkeit willen die Hauptsache verfehlt.

16 „Ziel der Erziehung ist, den jungen Menschen zur sittlichen Persönlichkeit zu bilden, seine berufliche Tüchtigkeit und die politische Verantwortung vorzubereiten zum selbstständigen und verantwortlichen Dienst am Volk und der Menschheit durch Ehrfurcht und Nächstenliebe, Achtung und Duldsamkeit, Rechtlichkeit und Wahrhaftigkeit." Verfassung des Landes Hessen [1946], Art. 56, Abs. 4.

gründet in den Präambeln der Lehrpläne, schließlich aber – nun mit dem „Lehrstoff" zu Unterrichtsthemen verknüpft – auch kleingearbeitet in den Standards für die Prüfung und Bewertung von fachlichen Schulleistungen.[17]

Der Lehrstoff, früher in Stoffkatalogen je Schulfach und Schuljahr im Anschluss an die Stundentafeln aufgeführt und zum Teil sogar quantitativ verbindlich gemacht, ist heute nur als „Rahmenplan" gegenwärtig. Die Anzahl der zu lernenden Gedichte z. B., wurde schon in den ersten „Bildungsplänen" nach 1945 in die Entscheidungshoheit der Lehrer bzw. der Fachkonferenzen überwiesen. Sie sollten aus den Stoffkatalogen auswählen, was nach Lage der Dinge – d. h. nach den Ansprüchen und Möglichkeiten des Schulmilieus – geeignet war, die in den Präambeln genannten Ziele zu erreichen.[18] Neuere „Rahmenpläne" verzichten zum Teil völlig auf Stoffkataloge und nennen nur noch „Lehrziele" sowie Themen, mit denen sie diese „exemplarisch" illustrieren.[19]

Den eigentlichen „Rahmen" für den Unterricht stecken aber noch immer die „Stundentafeln" ab, in denen steht, wie viele Unterrichtsstunden pro Woche in jedem Schulfach und Schuljahr zu erteilen sind.

Für die Gesamtheit der Ziele und Inhalte bzw. Themen und mit ihnen verbundener Lehrziele, d. h. Leistungserwartungen und Bewertungsmaßstäbe wird seit Ende der 60er Jahre auch in Deutschland (wieder) der Begriff Curriculum verwendet, um die Summe der sachlichen und normativen Vorgaben des Schulwissens wiederzugeben.[20] In der Öffentlichkeit ist in Deutschland ein anderer Begriff geläufiger, der deutlich betont, dass wohldefiniert und verbindlich vorgegeben ist, was gelernt werden soll – der Begriff des Kanons.

Aber ob es das in einer modernen Industriegesellschaft wirklich noch geben kann, einen verbindlichen Kanon von Wissen und Fertigkeiten, Tugenden und Verhaltensmustern, das ist heute weltweit strittig. Eine Theo-

---

17 Vgl. Beschlüsse der Kultusministerkonferenz: Einheitliche Prüfungsanforderungen in der Abiturprüfung [1979], überarbeitet Neuwied 1989 – für alle Fächer der gymnasialen Oberstufe.

18 De facto konkretisieren sich die Entscheidungen vor allem in der Auswahl der Schulbücher aus den vom Kultusministerium des Bundeslandes insgesamt zugelassenen Lehrwerken. Zu ihnen gibt es oft „Handreichungen für Lehrer", an denen sie sich bei der Auswahl und beim Unterrichten orientieren können.

19 Die „pädagogische Freiheit" der Lehrer (vgl. 7.4) wird so auf die didaktische Entscheidung ausgedehnt, Ziele mit Inhalten zu Themen zu verknüpfen; Freiheit in der Behandlung von Themen, Methodenfreiheit (vgl. Kap. 8), hatten Lehrer schon zuvor.

20 Der Begriff wurde im Barock geprägt, war zuletzt nur noch im akademischen Milieu geläufig – lateinisch „curriculum vitae" für Lebenslauf – und wurde dann aus dem Angelsächsischen zurück importiert, um der deutschen Didaktik ihre Versäumnisse in der „Kleinarbeitung" des von der Schule Gewollten vorzuhalten; vgl. ROBINSOHN, S. B.: Bildungsreform als Revision des Curriculum. Neuwied 1967; FREY, K.: Curriculum-Handbuch, 3 Bde., München 1975.

rie der Schule tut deshalb gut daran, zunächst neutral von „Schulwissen" zu sprechen, und dann zu analysieren, welche Systematik und Logik das hat, was Schulen in so großer Vielfalt an Zielen und Inhalten präsentieren.

Hat diese Vielfalt überhaupt Sinn? Wenn ja, dann einen einzigen, alles verbindenden, z. B. Bildung zur sittlichen Persönlichkeit, oder ein begründbares System, das z. B. Nächstenliebe von Achtung und Duldsamkeit oder berufliche Tüchtigkeit und politische Verantwortung unterscheidet?

An systematischen Analysen kann man inzwischen sehen, dass die Kodifikationen dessen, was die Schulen lehren und die Schülerinnen und Schüler lernen sollen, nicht der Logik solcher Formeln entsprechen, sondern – soweit umstritten – die Willkür gesellschaftlicher Interessenlagen vor Augen führen und Ergebnisse der politischen Auseinandersetzungen „gesellschaftlicher Mächte" sind bzw. – wo konsensfähig – Traditionen bewahren, darunter auch Vorurteile, die man nur aus historischen Verhältnissen verstehen kann.[21]

Schon aus Lehrplandiskussionen des frühen 20. Jhs. ist zudem bekannt, dass die einmal eingeführten Schulfächer ihre eigene Beharrungskraft entwickeln, abgestützt nicht zuletzt durch die Struktur der Schulen und die Ausbildung der Lehrer. Schulkritiker endlich beklagen seit langem den Modernitätsrückstand der Schule und schreiben ihr zu, dass sie der kulturellen und gesellschaftlichen Entwicklung hinterherhinke.[22] In jüngerer Zeit – den alten Bedenken war kaum Rechnung getragen – ist der Befund hinzugekommen, dass in der Beschreibung der Welt Eurozentrismus vorherrscht. Andere Kulturen, Werte und Zeitmuster sind entweder deutlich unterrepräsentiert oder ganz ausgeblendet. In den Lehrplandebatten der USA beispielsweise sieht sich die Schule deshalb mit dem Vorwurf konfrontiert, ausschließlich die weiße, protestantische, angelsächsische, männliche Kultur zu repräsentieren – und der Erwartung ausgesetzt, endlich andere

---

21 In der deutschen Didaktik-Debatte geht schon Erich Weniger von staatlich-politischen Konflikten bei der Konstruktion des Lehrplans aus, vgl. WENIGER, E.: Die Theorie des Bildungsinhalts. In: NOHL, H./PALLAT, L. (Hrsg.): Handbuch der Pädagogik. Bd. 3: Allgemeine Didaktik und Erziehungslehre. Langensalza 1930, S. 3–35; in der bildungssoziologischen Diskussion hat Pierre Bourdieu den arbiträren und willkürlichen Charakter des Lehrplans beschrieben, vgl. BOURDIEU, P./PASSERON, J. C.: Theorie der symbolischen Gewalt. Frankfurt a. M. 1973.
In gesellschaftskritischer Perspektive hat u. a. Michael Apple den Herrschaftsaspekt des Schulwissens herausgearbeitet, vgl. APPLE, M.: Ideology and Curriculum. London 1979; noch jüngst DERS.: Autorisiertes Wissen als Schnittpunkt bildungs- und gesellschaftspolitischer Strategien der Rechten. In: Widersprüche, Heft 51, 1995, S. 9–28.

22 Gezeigt wurde das nach 1960 zuerst an dem Wissen, das Schulbücher überliefern, die Rollenklischees von Mann und Frau, Bilder idyllisch-vormoderner Arbeitsverhältnisse oder Beschreibungen eines autoritären Verhältnisses zwischen den Generationen kritiklos weitergeben und damit ein vormodernes und paternalistisches Weltbild bestätigen und verfestigen.

Kulturen, Theorien, Werte und Erfahrungen zu ihrem Recht kommen zu lassen.

Kann dem Ganzen des schulischen Wissens angesichts dieser Defizite überhaupt (noch) eine systematisch diskutierbare und pädagogisch aufzuklärende, vielleicht sogar eine bildungstheoretisch legitime Gestalt zugedacht werden? Diese Frage ist trotz der inzwischen sehr alten Lehrplandiskussion und ungeachtet der umfänglichen jüngeren Curriculumdebatte nicht so einfach und rasch zu entscheiden, wie man es wünschen würde. Gegen die dominierende Kritik, die innerhalb und außerhalb der Pädagogik am Schulwissen geübt wird, muss man wohl erst wieder – behutsam – ein erziehungswissenschaftliches Verständnis von Kanon und Curriculum entwickeln.

Wir versuchen das hier in mehreren Schritten, zunächst durch eine Beschreibung des Schulwissens selbst (4.1), dann durch die Einführung begrifflicher Unterscheidungen für die Funktion des Schulwissens (4.2), schließlich in der Diskussion der pädagogischen Dimension und der Anschlussprobleme der dabei dargestellten Befunde (4.3).

4.1 Struktur des Schulwissens I – Abbild der Schulstruktur

Schulwissen existiert in unterschiedlicher Gestalt, zunächst aber ist es unverkennbar geprägt durch die historisch gegebene Gestalt des Schulwesens. Die dadurch erzeugten Eigentümlichkeiten, manifeste Differenzen und Gemeinsamkeiten, werden bereits auf der Ebene schlichter Stundentafeln sichtbar.

Wir dokumentieren die folgenden kontrastierenden Stundentafeln, die in mehrfacher Hinsicht die Struktur von Schulwissen abbilden und zugleich zum Ausgangspunkt einer Erörterung von Gleichförmigkeit und Varianz in der Geschichte des Schulwissens werden können. Der Vergleich bezieht sich einerseits auf unterschiedliche Schularten im Bildungssystem (Tab. 1), ferner auf unterschiedliche Epochen der Bildungsgeschichte (Tab. 2) sowie schließlich auf Schulwissen in zeitgleichen, aber politisch unterschiedlich kontrollierten Gesellschaften (Tab. 3 und 4).

Tab. 1: Struktur des Schulwissens I: Gelehrtenbildung und Elementarschule im 19. Jh.
a) Preußisches Gymnasium 1856 [23]
b) Preußische Volksschule 1872 (mehrklassig) [24]

Gymnasium, Preußen 1856

	VI	V	IV	III	II	I
Religion	3	3	2	2	2	2
Deutsch	2	2	2	2	2	3
Lateinisch	10	10	10	10	10	8
Griechisch	–	–	6	6	6	6
Französisch	–	3	2	2	2	2
Geschichte und Geographie	2	2	3	3	3	3
Mathematik und Rechnen	4	3	3	3	4	4
Physik	–	–	–	–	1	2
Naturkunde	(2)	(2)	–	2	–	–
Zeichnen	2	2	2	–	–	–
Schreiben	3	3	–	–	–	–
	28	30	30	30	30	30

Mehrklassige Volksschule, Preußen 1872

Lehrgegenstände	Unterstufe	Mittelstufe	Oberstufe
Religion	4	4	4
Deutsch	11	8	8
Rechnen	4	4	4
Raumlehre	–	–	2
Zeichnen	–	2	2
Realien	–	6	6 (8)
Singen	1	2	2
Turnen und (Handarbeit)	2	2	2
Zusammen	22	28	30 (32)

23 Vgl. JEISMANN, K.-E./LUNDGREEN, P. (Hrsg.): Handbuch der deutschen Bildungsgeschichte. Bd. III. München 1987, S. 173.

24 Vgl. BERG, CH. (Hrsg.): Handbuch der deutschen Bildungsgeschichte. Bd. IV. München 1991, S. 220.

Tab. 2: Struktur des Schulwissens II: 19. Jh. vs. 20. Jh.
a) Preußische Mittelschule (um 1890) [25]
b) Mittelstufe des Schulwesens in Hessen (1950, i.d.F. von 1976) [26]

Lehrgegenstände	**Klasse (absteigend von I bis VI)**					
	I	II	III	IV	V	VI
Religion	2	2	2	3	3	3
Deutsch, inkl. Lesen und Schreiben	4	6	8	12	12	12
Rechnen	3	3	3	5	5	5
Raumlehre	3	2	2	–	–	–
Naturbeschreibung	2	2	2	–	–	–
Physik (Chemie)	3	2	–	–	–	–
Geographie	2	2	2	2	–	–
Geschichte	2	2	2	–	–	–
Französisch	5	5	5	–	–	–
Zeichnen	2	2	2	2	–	–
Gesang	2	2	2	2	2	2
Turnen	2	2	2	2	2	2
Zusammen	32	32	32	28	24	24

Unterrichtsfächer bzw. Lernbereiche	Klassen 5	6	7	8	9	10	Summe
Pflichtunterricht							
Gesellschaftslehre	3	3	4	4	4	4	22
Naturwissenschaften	3	3	4	4	4	4	22
Deutsch	4	4	4	4	4	4	24
1. Fremdsprache	5	5	4	3	3	3	23
Mathematik	4	4	4	4	4	3	23
Sport	3	3	3	3	2	2	16
Religion	2	2	2	2	2	2	12
Polytechnik/Arbeitslehre	2	2					4
Kunst	2	2	2	2	2	2	16
Musik	2	2					
Wahlpflichtunterricht (Verstärkung und/oder Ergänzung von Unterrichtsfächern des Pflichtunterrichts)			5	6	7	8	26
Summe	30	30	32	32	32	32	

25 BERG 1991, S. 220.
26 Amtsblatt des Hessischen Kultusministers 1976, S. 301.

Tab. 3: Struktur des Schulwissens III: BRD/DDR nach 1945
a) Lehrplan POS (DDR) 1965 [27]
b) Hessische Mittelstufe [28]

Fach **Klasse**	1/1.H.	1/2.H.	2	3	4	5	6	7	8	9	10
Deutsche Sprache und Literatur	11	10	12	14	14	7	6	5	5	4	3
Russisch						6	5	3	3	3	3
Mathematik	5	5	6	6	6	6	6	6	4	5	4
Physik							3	2	2	3	3
Astronomie											1
Chemie								2	3*	2	2
Biologie						2	2	1	2	2	2
Geographie						2	2	2	2	1	2
Werkunterricht	1	1	1	1	2	2	2				
Schulgartenunterricht		1	1	1	1						
Polytechn. Unterricht								4	4	5	5
davon ESP								(1)	(1)	(2)	(2)
Techn. Zeichnen								(1)	(1)		
Prod. Arbeit								(2)	(2)	(3)	(3)
Geschichte						1	2	2	2	2	2
Staatsbürgerkunde								1	1	1	2
Kunsterziehung	1	1	1	1	2	1	1	1	1	1	
Musik	1	1	1	2	1	1	1	1	1	1	1
Sport	2	2	2	2	3	3	3	2	2	2	2
	21	21	24	27	29	31	33	32	32	32	32
fakultativer Unterricht											
Nadelarbeit					1	1					
2. Fremdsprache								3	3	3	2
fakultative Kurse										2	2
	21	21	24	27	30	32	33	35	35	37	36

* Bis zum Schuljahr 1988/89 hat Chemie in Klasse 8 vier statt drei Stunden pro Woche.

27 Vgl. Akademie der Pädagogischen Wissenschaften der DDR: Allgemeinbildung und Lehrplanwerk. 2. durchgesehene Aufl. Berlin (Ost) 1988.

28 Vgl. gegenüberliegende Seite

Tab. 4: Vergleich der Unterrichtsstunden in Klasse 1–10 in Hamburg, Hessen, Bayern und der DDR[29]

Fächer	Hamburg	Hessen	Bayern	DDR
Deutsch:	1 576	1 698	1 621	2 853
Mathematik:	1 458	1 660	1 467	1 926
Naturwissenschaften:[1]	512 [7]	1 312 [8]	309 [12]	36
Biologie:	473		309	392
Physik:	197		386	464
Chemie:	197		193	357
Gesellschaftslehre:[2]	709	849	39 [13]	
Geschichte:			386	392
Erdkunde/Geographie:			347	392
Staatsbürgerkunde:[3]				178
1. Fremdsprache:	867	888	849 [14]	820
2. Fremdsprache:[4]	355	618		392
Polytechnik:				642
Kunst/Musik:	788	1 197 [9]	1 235	1 070 [10]
Arbeitslehre u. ä.:	276	154	618 [15]	
Sport:	1 024	1 081	1 390	820
Religion/Ethik:	394	772	888	
Wahlmöglichkeiten:[5]	236	386		
Nadelarbeit:				71
Freie Arbeit/Förderunt.:[11]		309	193	
Schulgartenunterricht:[3]				143
Gesamtunterricht:[6]	630		1 312	
Gesamt:★	9 692	10 924	11 541	10 950

Anmerkungen:

★ Differenzen durch Rundung
1 In Hessen schreibt die Stundentafel nur die Gesamtzahl der naturwissenschaftlichen Unterrichtsstunden vor.
2 In Hessen beinhaltet das Fach Gesellschaftslehre die Einzelfächer Geschichte, Erdkunde und Sozialkunde.
3 Nur in der DDR.
4 In Hamburg und Hessen als Wahlmöglichkeit, in der DDR fakultativ.
5 In Hamburg und Hessen ohne 2. Fremdsprache, die in diesen Ländern im Wahlangebot enthalten sind, hier jedoch getrennt berechnet wurden. In Bayern werden in der Realschule verschiedene (beruflichorientierte) Wahlpflichtfächergruppen mit festem Stundenrahmen angeboten. Darüber hinaus gibt es im Pflichtbereich keine Wahlmöglichkeiten.
6 In Hamburg ist der Unterricht in der 1. Klasse nicht in einzelne Fächer (außer Sport) getrennt. In Bayern ist der Unterricht in Klasse 1 und 2 weitgehend nicht differenziert.
7 512 Stunden Sachunterricht bis Klasse 4.
8 Davon 463 Std. Sachkunde in Klasse 1 bis 4.
9 Davon 116 Std. Werken/Textiles Gestalten bis Klasse 4.
10 Davon 321 Std. Werkunterricht bis Klasse 6.
11 In Hessen in den Klassen 1 bis 4 Freie Arbeit mit eingeschränkten Wahlmöglichkeiten der Schüler, in Bayern Förderunterricht.
12 In Bayern in Klasse 3 und 4: Sach- und Heimatunterricht.
13 In Bayern: Sozialkunde.
14 In Bayern: Englisch.
15 In Bayern: Wirtschaftslehre, Erziehungskunde, Hauswirtschaft, Maschinenschreiben und Technisches Zeichnen.

29 Vgl. Mitter, W.: Grundfragen und Überblick. In: Vergleich von Bildung und Erziehung in der Bundesrepublik Deutschland und in der Deutschen Demokratischen Republik. Wissenschaftliche Kommission unter Leitung von O. Anweiler. Materialien zur Lage der Nation. Köln 1990, S. 192.

Fragt man nach der Logik in der Ordnung des Schulwissens, wie es diese Stundentafeln repräsentieren, dann stößt man auf eindeutige und angesichts der Kontinuität über mehrere Epochen anscheinend auch nicht beliebige oder nur zufällige Gemeinsamkeiten und Unterschiede:

- Gemeinsam ist den Stundentafeltypen, dass sie eine thematische und zeitliche Ordnung des Schulwissens repräsentieren: Thematisch bieten sie Schulfächer, zeitlich eine Ordnung in der Abfolge der Fächer und ihrer Anteile an der gesamten Lernzeit (den Unterrichtsstunden pro Woche) über das Schuljahr und die gesamte Schulzeit hinweg; verschieden ist die Gesamt-Lernzeit und die Zahl der Fächer, die je Schultyp insgesamt vorgegeben werden.
- Gemeinsam ist den Stundentafeln (und den mit ihnen verbundenen Lehrplänen, Richtlinien etc.) wiederum, dass sie ein relativ abgegrenztes Revier von Themen und einen relativ konstanten Umfang an Zeit vorgeben: Die Zahl der Fächer beträgt kaum mehr als 13 bis 15, die Stundenzahl pro Woche ca. 30 bis maximal 35, und zwar (in Deutschland[30]) unterschiedslos und relativ unabhängig von historischer Zeit und Schultyp.[31]
- In den Titeln der Schulfächer dominieren dagegen historisch die Differenzen, aktuell eher die Gemeinsamkeiten. Die Beschreibungsbegriffe auch für thematisch offenbar verwandte Inhalte sind zunächst verschieden, sieht man z. B. Rechnen hier, Mathematik dort, Schreiben und Lesen hier, Deutsch(unterricht) dort. Eine nähere Betrachtung auch weiterer Stundentafeln führt deshalb auch schon zu systematischen Hypothesen über die Prinzipien der Differenz, z. B., dass sich über die Nähe oder Distanz zu Wissenschaften die Unterschiede im Schulwissen systematisieren lassen.
- Die Stundentafeln definieren aber offenbar nicht nur gleiche oder vergleichbare Inhalte mit anderen Begriffen, etwa Rechnen vs. Mathematik, sie bestimmen auch eine unterschiedliche Gesamtheit von Inhalten; eine Punkt-zu-Punkt-Übersetzung ist auch dann nicht möglich, wenn man die Differenz der Bezeichnungen ignoriert. Trennungslinien ziehen neben den Unterschieden in der Bezeichnung vor allem die Sprachen, Fremdsprachen oder so unvergleichbare und singuläre Elemente wie Rhetorik oder alte Sprachen hier, Handarbeit und Nähen oder Arbeits-

30 Im Ausland und unter den dort ja nicht selten vorkommenden Bedingungen der Ganztagsschule sehen die Zeitbudgets anders aus, aber die Struktur der Inhalte bleibt dennoch systematisch vergleichbar.

31 Und nur am Rande: Relative Konstanz gilt auch für die von den Lehrern erwartete Lehrzeit, denn ca. 24 Stunden gelten für die höheren Schulen seit dem frühen 19. Jh., eine etwa 15 % höhere Stundenzahl – ca. 26–28 Stunden – für die Volksschulen.

lehre/Polytechnik dort, aber bis zur Mitte des 20. Jhs. keine Fremdsprache.
- Festhalten darf man schließlich, dass eine vollständige thematische Innovation nahezu gar nicht vorkommt. Ein vermeintlich so fremdes Fach wie die Rhetorik wird innerhalb der Geschichte bzw. Sozialkunde fortgesetzt (verliert nur den Aspekt der Redekunst); wirklich neu ist wohl nur die Einführung der polytechnischen Bildung bzw. der Arbeitslehre im Bereich der Elementarbildung sowie ein durch neue Technologien erzeugtes Fach wie die Informatik im höheren Bildungswesen.

In der Lehrplan-Forschung sind für die hier genannten Unterschiede und Gemeinsamkeiten selbstverständlich auch schon Erklärungen verfügbar. Sie heben zunächst die erstaunliche und weltweit zu beobachtende Gleichförmigkeit der Kernstruktur des Lehrplans in den Pflichtschulen hervor, die Tatsache also, dass sich bestimmte Fächer bzw. Fächergruppen in allen modernen Bildungssystemen finden: das muttersprachlich-literarische Fächerspektrum, das mathematisch-naturwissenschaftliche Fächerspektrum, die Fächer des historischen und sozialwissenschaftlichen Lernbereichs sowie Kunst, Musik, Sport und Leibesübungen.[32] Bildungstheoretiker haben für die unübersehbare Kontinuität des damit kodifizierten Kanons an Lehrgegenständen keine sehr guten Erklärungen, Bildungssoziologen dagegen schon. Sie erkennen darin die Geltung von Traditionen und Konventionen, den Niederschlag von Weltmodellen in der Prägung des Wissens sowie die Universalisierung und Standardisierung der Curricula, paradoxerweise begleitet von einer weitgehenden „Nichtbeachtung inhaltlicher Fragen", die den Unterricht dann im Einzelnen charakterisieren.[33]

Unsere Überlegungen gehen zunächst von der Funktion der Schularten aus: Die Stundentafeln der Elementarschulen (und die ihnen entsprechenden Ziele, Lehrpläne etc.) beziehen sich auf die Erwartungen volkstümlicher, elementarer Bildung, auf die basalen Kulturtechniken, auf den Kanon der Grundbildung, auf ein Konzept des Lernenden, das als unmittelbare Vorbereitung auf ein Leben gilt oder, früher, auf Indoktrination zielt (und deswegen kritisiert werden kann). Dagegen dokumentieren die Stundentafeln der höheren Schulen (und die ihnen entsprechenden Ziele, Lehrpläne etc.) den Kreis der gelehrten Tradition und Bildung, die Erwartungen nicht des unmittelbar sich anschließenden Lebens, sondern weiterer Studien, z. B. auf Universitäten, mithin fortgeschrittene oder erweiterte Allgemeinbil-

32 Vgl. GORTER, R. J. (Ed.): Views on Core Curriculum. Enschede (National Institute for Curriculum Development) 1986.

33 Exemplarisch für diese Interpretation ist MEYER, J. W.: Die kulturellen Inhalte des Bildungswesens. In: LESCHINSKY, A. (Hrsg.): Die Institutionalisierung von Lehren und Lernen. Weinheim/Basel 1996, S. 23–34 (mit weiterer Literatur).

dung, und als Kompetenz des Lernenden kritische Distanz statt Indoktrination. Im historischen Prozess nähern sich die Stundentafeln zwar an, systematische Differenzen bleiben aber bestehen.

Historiker können zeigen, dass sich diese Differenzen bis in die Einzelheiten des Lehrgangs und der Themen, der Lernorganisation und der Arbeitsformen, der Standards der Leistungserbringung und Bewertung, der angezielten Kompetenzen und Fähigkeiten der Lehrenden und Lernenden hinein erweitern (vgl. Kap. 3). Schulwissen folgt dem gesellschaftlichen Status der Schule, den Zielsetzungen der sich daran anschließenden Lern- oder Arbeitsprozesse, dem sozialen Ort und den Erwartungen des Schulpublikums. Der „Lehrplan des Abendlandes", von dem der Pädagoge Josef Dolch geschrieben hat,[34] folgt – in dieser Perspektive – jedenfalls nicht einer pädagogischen oder bildungstheoretischen Logik, sondern dem Kampf der gesellschaftlichen Mächte, politischen Erwartungen und professionellen Traditionen. Die Qualifikationen, die in den Inhalten des Schulwissens möglich werden, unterscheiden sich daher elementar.

Von „Kultur" endlich, im Sinne der funktionalen Fragestellung, die Helmut Fend vorgeschlagen hat, kann man nur im Plural sprechen, insofern nämlich, als das komplexe Gefüge des Schulwissens Ausdruck der unterschiedlichen Lebensformen ist, die gesellschaftlich existieren und je für sich über Schulen tradiert werden sollen: der „hohen", gelehrten, verwissenschaftlichten, bürgerlichen – und gesellschaftsweit dominierenden – Kultur der Eliten hier, der „niederen", volkstümlichen, proletarischen – und gesellschaftsweit eher wenig anerkannten – Kultur des Volkes dort.

Schließt aber dieser kontinuierliche Befund über die Schichten, Traditionen und Funktionen schulischer Inhalte eine pädagogische Logik des Lehrplans schon aus, verweist der Befund wirklich nur auf Lehrplanpolitik? Unsere These heißt, dass die bisher genutzten und in der Kritik des Schulwissens dominierenden Analysemuster nicht ausreichen. Zwar historisch und sozial erklärungskräftig, sind sie für den Pädagogen doch kaum tauglich, allenfalls sind ihnen politisch brauchbare Kampfbegriffe zu entnehmen. Jedenfalls reichen sie nicht aus, die gesellschaftliche Funktion des Schulwissens präzise zu bestimmen und die dabei erwarteten Fertigkeiten und Fähigkeiten, Haltungen und Gesinnungen der Lernenden systematisch zu diskutieren.

---

34 DOLCH, J.: Lehrplan des Abendlands. Zweieinhalb Jahrtausende seiner Geschichte. 3. Aufl. Darmstadt 1971 (u. ö.).

Lehrplantheorie muss, mit anderen Worten, mehr bieten als den Verweis auf Lehrplanpolitik oder „Lehrplanschneiderei".[35] Sie hat selbstständige Fragen: Worin besteht, oberhalb der manifesten Differenzen nach Schularten und gesellschaftlicher Schichtung, die pädagogische Logik dieser Art von Schulwissen? Ist sie nur von Politik oder Ökonomie bestimmt, der Kultur zuzurechnen oder in ihrer eigenen Leistung funktional zu erkennen?

4.2 Struktur des Schulwissens II – Eigenlogik der Schulkultur

Versucht man die damit aufgeworfenen Fragen innerhalb der Theorie der Schule zu behandeln, dann sind sie mit der Diskussion der Inhalte allein nicht geklärt und im Verweis auf die „Sicherung der überlieferten Kultur" (Fend) noch zu allgemein bestimmt. „Kultur" meint mehr als das überlieferte und für überlieferungswürdig geltende Wissen; Kultur meint auch mehr als die Gesamtheit der großen Werke der Künste, der Literatur oder der gelehrten Traditionen. Nicht nur anthropologisch, sondern inzwischen auch gesellschaftswissenschaftlich und historisch umfasst der Begriff der Kultur alle Varianten von Lebenspraxis. Die Kultur im alten Sinne wird damit zu einer „Subkultur" unter anderen und der Begriff verliert seinen abwertenden Beiklang. Nun ist die Hütte eine „kulturelle Objektivation" wie der Dom, eine alte Fabrik gilt als Industriedenkmal und die Verhaltensregeln einer Gangsterbande interessieren nicht minder als vormals die der höfischen Gesellschaft.[36]

Die Qualifikationsfunktion der Schule, so unsere These, ist deshalb auch erst von diesem weiten und komplexen Kulturbegriff aus in ihrem ganzen Umfang zu erkennen. Daraus ergibt sich eine ebenso weite, offene und komplexe Bestimmung dessen, was die Qualifikationsfunktion von – allgemeinbildenden – Schulen bedeutet. Für die Klärung dieser Fragen kann man dann zwar von Wissen und Inhalten ausgehen, darf bei ihnen aber nicht stehen bleiben.

Bereits bei der Betrachtung der Stundentafeln lassen sich die hier angesprochenen autonomen Aspekte des Schulwissens, und d. h. ihre genuine

---

35 Das hielt bekanntlich der Pädagoge Eduard Spranger für den alltäglich erwartbaren Fall der Lehrplanpolitik, vgl. Sprangers Bemerkung von 1950 über die preußische Lehrplanreform von 1924, die sich mit dem Namen Hans Richert verbindet: „... dass diese Reform die erste seit hundert Jahren gewesen ist, die aus einem Bildungsgedanken hervorging und die man rühmen kann, weil eine Idee hinter ihr gestanden hat und nicht bloß das, was ich ‚Lehrplanschneiderei' zu nennen pflege" (zit. nach FÜHR/MITTER in MÜLLER, S. F.: Die höhere Schule Preußens in der Weimarer Republik. Weinheim/Basel 1977, S. X).

36 Ein entsprechender Kulturbegriff wird z. B. von WILLIAMS, R.: Gesellschaftstheorie als Begriffsgeschichte. Studien zur historischen Semantik von „Kultur". München 1972 entfaltet.

Leistung für Gesellschaft und Kultur entdecken. Die Unterscheidung von Lehrplänen nach den hierarchisch angeordneten Stufen des Bildungswesens ist nämlich erkennbar begleitet von einer Differenz zwar unterschiedlicher, aber nicht unbedingt ungleichwertiger Qualifikationen und Kompetenzen. Diese wiederum sind in ihrer Dynamik nicht allein vom System der Produktion aus, ökonomisch also zu erklären, und auch nicht nur politisch, aus der Absicht der Herrschaftssicherung.

Das Eigenrecht der Schule und die Legitimität ihres Wissens, auf die wir hier aufmerksam werden, muss man gar nicht gegen die Schule einklagen, sie können vielmehr in der Praxis von Schulen empirisch aufgewiesen werden: Systematisch sind sie als Antwort auf die Frage (wieder-)entdeckt worden, woher die Inhalte der „grundlegenden Bildung für Alle" in modernen Gesellschaften kommen und wie diese Inhalte bestimmt werden.

Zu einem kontrovers diskutierten Thema wurde diese Frage zunächst mit der Entdeckung des Zusammenhangs von Bildung und Wirtschaftswachstum, von Schulstruktur und ökonomischer Ordnung einer Gesellschaft. Das geschah spätestens nach 1965, als nahezu gleichzeitig die Wirtschaftswissenschaften und kritische Gesellschaftswissenschaften die ökonomische Bedeutung von Bildungsprozessen herausarbeiteten. Die Unterscheidung von „niederer" und „höherer" Bildung ließ sich in diesen Theorien zunächst anscheinend vollständig und hinreichend als Konsequenz der Differenz von Kopf- und Handarbeit erklären oder aus der Logik einer Gesellschaft, deren Struktur „letztlich" in der kapitalistischen Wirtschaftsweise begründet sei. Ein Eigenrecht von Schule oder schulischen Inhalten kam in diesen Erklärungen nicht vor – oder nur als naive pädagogische Illusion.

Eine Zeit lang schien es nahe liegend, die Gestalt von Schule deshalb primär ökonomisch zu erklären – oder aber die ökonomische Determination idealistisch abzuwehren. Als These vom „Widerspruch von Bildung und Herrschaft", von „Bildung und Ökonomie" überlebt diese abwehrende Kritik gelegentlich bis heute.[37]

Dann aber waren es die Ökonomen und kritischen Soziologen selbst, die den dabei unterstellten engen Zusammenhang von Lernen und Ökonomie oder den Primat der Wirtschaft problematisierten. Betrachtete man nämlich die Entwicklung der Schule etwas näher, dann ging der Wandel von Inhalten und Strukturen selbst in kapitalistischen Gesellschaften keineswegs dem Wirtschaftswachstum parallel und war auch nicht allein ökonomisch zu erklären. Notwendig und unentbehrlich für den Aufbau und die Dynamik moderner Volkswirtschaften war zwar eine allgemein gesicherte und ver-

37 In der Nachfolge H. J. Heydorns, u. a. bei GRUSCHKA, A.: Bürgerliche Kälte und Pädagogik. Wetzlar 1994 oder SÜNKER, H.: Bildungstheorie und Erziehungspraxis. Bielefeld 1984.

breitete „Sockelqualifikation“[38] aller Beschäftigten. Für das Wirtschaftswachstum vordringlicher war aber die Verfügbarkeit über spezielle Bildung oder die Sicherung von fachlicher Kompetenz. In diesen Analysen wurde sogar – sehr plausibel – die These vertreten, dass das Bildungswesen im ökonomischen Sinne „tendenziell unterdeterminiert“ sei, frei für andere Erwartungen und Zielsetzungen, z. B. der Politik oder der Kultur,[39] aber auch freigesetzt zu „Autonomie“.

Welche Konsequenzen haben diese Befunde für die Klärung der Qualifikationsfunktion der Schule? Zunächst sieht man die Struktur des Schulwissens differenzierter: Zu den Elementen der Sockelqualifikation zählen in den Stundentafeln der Elementarschulen bzw. in den Curricula der Grundbildung vor allem die Kulturtechniken – Lesen, Schreiben und Rechnen. Die übrigen Fächer in den Schulen der Grundbildung kann man vor dem Hintergrund dieser Überlegungen zugleich als Hinweise auf diejenigen Bereiche des Lernens verstehen, die nicht ökonomisch determiniert sind (ohne deshalb in ihren Folgen für Arbeit und Konsum bedeutungslos zu sein).

Es sind (wenn man erst einmal die Fremdsprachen ausblendet) vor allem zwei Gruppen von Fächern, die dann unterschieden werden können: die Religion und Fächer wie Staatsbürgerkunde, historisch-politische Disziplinen oder Turnen auf der einen Seite, die „Realien“, also Geographie oder Geschichte, die Naturwissenschaften und zum Teil die Sozialwissenschaften auf der anderen Seite. Religion und Staatsbürgerkunde, gelegentlich auch das Turnen oder die Geschichte, bilden offenbar eine Fächergruppe, deren primäre Funktion in der sozialen Integration besteht, generell in der Durchsetzung eines spezifischen Wertekanons, wie das in demokratischen Gesellschaften bis heute gilt, oder in der Verbreitung einer obrigkeitlichen Anschauung der Welt, wie das für indoktrinierende Absichten im Kaiserreich und den Diktaturen nach 1933 typisch ist.

Diese Elemente des Schulwissens verweisen auf den politisch-gesellschaftlichen Bereich und dokumentieren die moralisch-politischen Zielsetzungen, die innerhalb einer Gesellschaft als verpflichtend gelten und durch Schulen durchgesetzt werden sollen. Auf der Ebene der Intentionen und Inhalte ist das eindeutig, doch darf man diesen Inhalten zugleich die politisch erwartete und von älteren Theorien unterstellte Leistung zuschreiben? Lehrpläne dokumentieren Intentionen, doch längst noch nicht Wirkungen!

38 OFFE, C.: Bildungssystem, Beschäftigungssystem und Bildungspolitik – Ansätze zu einer gesamtgesellschaftlichen Funktionsbestimmung des Bildungssystems. In: ROTH, H./ FRIEDRICH, D. (Hrsg.): Bildungsforschung. T. 1. Stuttgart 1975, S. 215–252 (Gutachten und Studien der Bildungskommission des Bildungsrates, Bd. 50).

39 Von der freilich Offe nicht sprach; er nannte nur Politik und Sozialstruktur als Referenzsysteme.

Sehr viel aufschlussreicher für die autonome Leistung der Schule und in ihrer Funktion zugleich interpretationsbedürftiger sind die sog. Realien. Sie übersteigen offenbar das Minimum an Inhalten, das von der Sockelqualifikation aus nahe gelegt wird und gefordert ist, und sie lassen sich auch nicht der Disziplinierung, der Indoktrination und der gesellschaftlichen Integration zurechnen. Worin besteht dann ihre Leistung? Führen sie hin zur spezifischen Funktion der Schule?

Für die liberalen und bildungsbewussten Pädagogen der Volks- und Elementarbildung, die bereits im 19. Jh. die Lehrpläne der Schulen über die Kulturtechniken hinaus erweitern (wollten), stand das ganz außer Frage. Für sie müssen die Realien (und dann auch die modernen Fremdsprachen) eingeführt werden, um die Lernenden für die „Cultur", d. h. für die kompetente Teilhabe am erreichten Entwicklungsstand der Gesellschaft, zu befähigen. Mit dem komplexen Gefüge des Lehrplans sollen deshalb „der Jugend" Kompetenzen vermittelt werden, dass sie – über die Beschränkungen von Stand und Herkunft hinaus – „tüchtig werde einzutreten in das, was sie vorfindet, aber auch tüchtig in die sich darbietenden Verbesserungen mit Kraft einzugehen".[40]

In dieser Weise die Inhalte der Schule von der Kultur[41] aus zu denken und die Funktion der öffentlichen Schule und ihres Unterricht zu konzipieren, zeigt noch deutlich die Verbindung von gesellschaftlicher Funktionszuschreibung mit pädagogischer Fortschrittshoffnung. Konservative Kritiker sehen solche Erweiterungen des Lehrplans deshalb auch immer mit Argwohn; sie plädieren für eine Begrenzung der Inhalte zumindest der Volksbildung auf das Niveau der Sockelqualifikation und auf die Elemente der Indoktrination. Wie intensiv dieser Widerstand auch immer war, letztlich blieb er erfolglos. Seit dem ausgehenden 19. Jh. zeigen die Inhalte auch in den Schulen der Grundbildung einen zunehmenden Prozess der Ausdifferenzierung von Fächern, erst die Berücksichtigung der „Realien", dann – Mitte des 20. Jhs. – der Naturwissenschaften und einer Fremdsprache – vormals Privilegien sicherndes Schulwissen, das nur Schulen boten, die auf gelehrte Studien vorbereiteten.

Hinzu kommt: Die Erwartung einer verständigen Teilhabe an der Kultur, ja selbst die Indoktrinations- und Kontrollabsicht, war offenkundig nicht realisierbar, ohne auch das Minimum des obligatorisch zu Lernenden an den Stand der gesellschaftlichen Entwicklung anzupassen und über die nackten

40 SCHLEIERMACHER, F. D. E.: Die Vorlesungen aus dem Jahre 1826. In: Pädagogische Schriften, Bd. I. Bonn 1966, S. 31.

41 D. h. nun: von *einer* Kultur aus, aber nicht von einer gegenwärtigen, sondern einer künftigen, die eine gemeinsame für alle Gruppen der Gesellschaft oder gar für alle Menschen weltweit sein kann und soll, also Kultur der Menschheit.

Kulturtechniken hinaus zu erweitern. Allgemeinbildung, so der bekannte Titel für diese curricularen Ambitionen, ist deshalb langfristig in allmählicher Angleichung der Ziele und Inhalte des Wissens aller gegeben. Es wird dann die Qualifikation schulisch definiert, die gesellschaftlich universalisiert wird.

Bezeichnet also das die Funktion der Schule – ihre Unabhängigkeit gegenüber Ökonomie oder Politik? Schon eher – obwohl bei Pädagogen wie auch in der Öffentlichkeit immer neu und kritisch diskutiert wird, ob die mit Schulen faktisch gegebene Form der Universalisierung von Kenntnissen und Fertigkeiten, Fähigkeiten und Haltungen wirklich auf der Höhe der Zeit und systematisch hinreichend begründet ist. Was „allgemeine Bildung" bedeuten kann, das ist dabei jedoch immer unklarer und kontroverser geworden. Der Kanon der Fächer gilt inzwischen als überholt oder nicht begründbar; Konzepte von Allgemeinbildung sind nicht im Konsens verfügbar; wie Grundbildung und Spezialisierung zu definieren sind und wo die Grenze zwischen ihnen im Lehrplan verläuft, ist inhaltlich kaum mehr zu beschreiben. Schließlich schreiben sich inzwischen alle Schulfächer und selbst die beruflichen Ausbildungsgänge auch etwas Allgemeinbildendes zu. So müssen denn die unterschiedlichen Institutionen sowie ihre Prüfungen und Zeugnisse durch faktische Geltung ersetzen, was die Theorie des Lehrplans systematisch offenkundig nicht mehr zu leisten vermag.

Deshalb wird es nahe liegend, Antworten auf diese Fragen nicht mehr allein vom Lehrplan aus zu suchen, sondern das Schulwissen innerhalb einer Theorie der Schule genauer zu untersuchen. Für diese Entwicklung steht dann der Begriff Curriculum.[42]

4.3 Schule als Ort der Kanonisierung von Prämissen der Teilhabe an Kultur

Angesichts der Vielfalt der Phänomene und Kontroversen grenzen wir uns zunächst von verkürzten Lösungen ab und führen eine begriffliche Unterscheidung ein, mit der wir dann systematisch argumentieren.

Verkürzt scheint uns an der Debatte über allgemeine Bildung und die spezifische Funktion von Schule die Fixierung auf die Inhaltsfrage, weil

---

42 Der Begriff wird in mindestens fünf Varianten gebraucht, von denen die letzten drei hier relevant sind: (1) Gleichbedeutend mit Lehrplan; (2) *Ein* Curriculum für einen Teil eines Faches und wenige Wochen (z. B. Einführung in das Kartenverständnis) mit allem Zubehör, das man für den Unterricht benötigt, und abschließendem Test; (3) *Das* (offizielle) Curriculum: Instrumentierung des gesamten Lehrplans im Sinne von (2); (4) im Gegensatz zu (3) das „heimliche" Curriculum, vgl. Abschnitt 5.1; (5) *Mein* Curriculum – alles, was ich in der und durch die Schule gelernt habe, vgl. „curriculum vitae" (Fußnote 20 in diesem Kapitel). Vgl. DIEDERICH, J.: Didaktisches Denken. Weinheim/München 1988, S. 119 f.

damit die Komplexität schulischer Praxis unterboten wird. Fortschrittsorientierte Pädagogen, aber auch konservative Kritiker wussten demgegenüber schon, dass Inhalte immer mit Lernzielen und Lernformen verknüpft sind, dass Schule erst in dieser Komplexität wirksam wird und auch von daher gestaltet – oder kontrolliert – werden muss. Die Qualifikationsfunktion der Schule kann deshalb auch nicht allein in den Fächern gesucht und etwa über diejenigen Inhalte identifiziert werden, die sich keinem anderen gesellschaftlichen System zurechnen lassen – quasi als Restgröße. Sie muss vielmehr der Schulwirklichkeit selbst abgewonnen werden; im Gebrauch des Schulwissens liegt dann seine qualifizierende Funktion.

Aber selbst wenn man nur die Inhalte beachtet, zeigen nicht schon die Fächer die pädagogisch bedeutsame Struktur des Schulwissens. Das lässt sich aufweisen, wenn man entgegen einem undifferenzierten Begriffsgebrauch, der sorglos Lehrplan und Curriculum, Inhalte und Themen oder Lernziele und Aufgaben gleichsetzt, zunächst einmal zwischen all diesem und dem Kanon präzise unterscheidet.[43] Präzisiert werden soll hier nur die Unterscheidung zwischen *Lehrplan* und *Kanon*. Dabei steht der Begriff des Lehrplans für die historische ausgeprägte und je variabel kodifizierte Gestalt des Schulwissens, vor allem seine Gliederung in Schulfächer, der Begriff des Kanons dagegen für die relativ (d. h. hier: im Vergleich zu Lehrplänen) invarianten Prinzipien und Regeln, denen die Konstitution der Lehrpläne folgt.

Begriffliche Festsetzungen wie diese wirken immer etwas willkürlich – verglichen mit sorglosem Sprachgebrauch, aber sie sind deshalb nicht beliebig, sondern einer Begründung fähig und können sich als zweckmäßig erweisen – oder nicht. Im Rahmen dieser Theorie der Schule soll die Unterscheidung Problemdimensionen sichtbar machen, die man nicht sieht, wenn man sich das Schulwissen von vornherein nur als ein in Fächer gegliedertes Wissen vorstellt. Wird gefragt, wie die Schule zugleich an der Konstitution der Persönlichkeit und an der Reproduktion der Gesellschaft mitwirken kann, halten wir die Unterscheidung von Kanon und Lehrplan (etc.) nicht nur für hilfreich, sondern für unentbehrlich. Erst so lässt sich die Besonderheit der Schule für die Konstitution des Wissens in ihrer internen und externen Relation erkennen.

43 In der Didaktik ist dann die Hierarchie von „Horizonten der Unterrichtsplanung" zu entwickeln: Von den Rahmenplänen und bereits dort genannten Unterrichtseinheiten (Themen) ausgehend, über die Verknüpfung von Zielen und Inhalten in (Teil-)themen für Unterrichtsstunden (oder Abschnitte in ihnen), bis zur Zerlegung des Schulwissens in einzelne Aufgaben, die Lehrziele unterschiedlichen Anspruchsniveaus repräsentieren, weil ihre Bearbeitung verschiedene Tätigkeiten und geistige Operationen verlangt, die schließlich nach einzelnen Leistungsanforderungen zu unterscheiden sind, vgl. DIEDERICH 1988, S. 113–119.

Von einer Aufklärung der internen Leistung der Schule kann man sprechen, weil die Verwendung des Kanonbegriffs dazu führt, die Prinzipien der Gliederung des Schulwissens nicht nur innerhalb der Fächer (etwa in Lehrgängen) oder gar in den flüchtigen Themen des Schulunterrichts zu sehen. In der Curriculumtheorie wurde nach Gliederungsprinzipien anfangs vor allem in den Wissenschaften gesucht und die Gliederung des Schulwissens dann parallel zu den „Strukturen der (Wissenschafts-)Disziplinen" entwickelt.[44]

Ein Beispiel, an dem sich der Sinn dieser Strategie bis heute demonstrieren – aber auch problematisieren – lässt, bietet die gegenwärtige gymnasiale Oberstufe. Die Fächer des Lehrplans werden hier nach Fächergruppen geordnet, die der Nachbarschaft von Disziplinen entsprechen (sollen).

Das hat zu drei Fächergruppen („Aufgabenfeldern") geführt: das sprachlich-literarische, das mathematisch-naturwissenschaftliche und das historisch-gesellschaftswissenschaftliche; diesen Fächergruppen werden die einzelnen Fächer des Unterrichts zugeordnet, die Lernanforderungen lassen sich dann als „Propädeutik", als Einführung in die Wissenschaften verstehen. Man kann darüber streiten, ob damit alle Wissenschaftsdisziplinen, Lernerwartungen und Wissensbereiche berücksichtigt sind – z. B. ein eigenes Aufgabenfeld für ästhetische Disziplinen vermissen. Doch bleibt das so oder so eine Ordnung des Schulwissens nach dem Prinzip der Wissenschaftspropädeutik.

Diese Interpretation erweist sich aber dann als unzureichend, wenn die Apologeten der Oberstufe die Kompetenzen demonstrieren sollen, die ihre Absolventen erwerben; denn in der Ausdrucksweise von Schulfächern und parallel zu Fachwissen und Fachkompetenzen leistet die Oberstufe dann immer zu wenig oder das Falsche.[45] Es ist deshalb notwendig das Denken in Fachkompetenzen zu überschreiten und die Praxis der Oberstufe insgesamt als Referenzobjekt für Begründungen zu wählen. Das führt dann zu Analysen, in denen das Schulwissen als Teil einer institutionell geprägten Form verstanden wird, in der die Lernenden durch handelnd-konstruktive Teilhabe für den Umgang mit der Welt kompetent werden sollen. Wissen-

---

44 Mittlerweile klassisch: BRUNER, J. S.: Der Prozess der Erziehung. Düsseldorf 1970, bes. S. 35–39; für EIN Curriculum vgl. DERS.: Entwurf einer Unterrichtstheorie. Düsseldorf 1974, S. 75–110. Allerdings hat das Prinzip deutlich Schiffbruch erlitten, als versucht wurde, mit „Mengenlehre" bereits zu Beginn der Grundschule ein „tieferes Verständnis" von Mathematik zu stiften. Im Scheitern wird damit die Differenz der Strukturen von Wissenschaften und schulischem Kanon bestätigt. Ausführlicher für Mathematik vgl. jetzt HEYMANN, H. W.: Allgemeinbildung und Mathematik. Weinheim/Basel 1996.

45 In den unterschiedlichen Versuchen einer Reform der gymnasialen Oberstufe kann man die Leistungsfähigkeit der diversen Begründungstrategien gut beobachten, vgl. die Übersicht im Abschlussbericht der Expertenkommission der KMK „Weiterentwicklung der Prinzipien der gymnasialen Oberstufe und des Abiturs". Kiel/Bonn 1995.

schaften sind dann selbst nur „Medien“ – Mittler, die weitere „Horizonte“ des Weltverstehens eröffnen.[46] Sie sind zwar unentbehrlich, weil wir in einer vielfach wissenschaftlich bestimmten Zivilisation leben; sie müssen aber im Lernen selbst noch überboten und problematisiert werden, weil die Welt und ihre Aufgaben sich nicht säuberlich den Grenzen fügen, die Wissenschaften sich selbstdefinitorisch setzen. Zwar mag das Stichwort Interdisziplinarität als ein erster Schritt zur Problematisierung allzu starrer Auffassungen von den Grenzen einzelner Schulfächer dienlich sein, aber das ist hier nicht gemeint und wäre noch zu wenig verlangt. Statt zu wissenschaftlichen Disziplinen führt die Frage nach tragfähigen Begründungen für die Unterscheidung von Aufgabenfeldern auf Probleme der Konstitution des Wissens in allen Lebensbereichen, also auch den vor- und außerwissenschaftlichen – zu denen auch die Schule zählt. Fächer werden so zum Ausgangspunkt, aber nicht zum Zielpunkt des Lernens. Das Prinzip, mit dem der Geltungsanspruch der Wissenschaften problematisiert werden kann, ist dann nicht fachimmanent (z. B. wissenschafts-historisch), wissenschafts-theoretisch oder forschungs-strategisch (Interdisziplinarität) bestimmt, sondern von den Kompetenzerwartungen aus, mit denen die Lernenden konfrontiert werden.

Gefragt wird z. B. nach der Bedeutung der Wissenschaften für andere Lebensbereiche und speziell der Wissenschaftspropädeutik für das Weltverständnis von Heranwachsenden. Zwar mag das gesuchte Prinzip seinerseits wieder umstritten sein, dass es aber eines Prinzips „oberhalb der Schulfächer“ und jenseits der Wissenschaften bedarf, um einen Lehrplan zu konstituieren und die interne Ordnung des Schulwissens zu erzeugen, ist „logisch“, d. h. hier begriffstechnisch unbestreitbar. Es ist damit eine Ordnung, die zwar Fächer fordert und als Lernanlässe voraussetzt, aber ihre Grenzen und ihre Ähnlichkeiten betrachtet, um über sie „verfügen“ zu können. Administrativ kommt das in der Zuordnung der Fächer zu Aufgabenfeldern zum Ausdruck. Für das Lehren und das Lernen der Heranwachsenden bedeutet es aber zugleich, dass ihnen eine Orientierungsebene „oberhalb“ der Fächer angeboten wird, von der aus auch sie über die Fächer verfügen. Das genau wird nämlich von ihnen verlangt, wenn sie Kurse aus Fächern in Aufgabenfeldern wählen dürfen und kombinieren sollen.

Die Gliederung des Curriculums in Aufgabenfelder setzt die Schulfächer der Reflexion aus; sie erfüllt die Bedingungen für das gesuchte Prinzip – es soll das Lernen zugleich ermöglichen und begrenzen.

Diese Differenz von Kanon und Prinzip auf der einen Seite, den Fächern, Themen und Lernanlässen auf der anderen bestimmte im Übrigen schon

46 Das ist der Vorschlag von Theodor Wilhelm, der freilich noch die Sozialform der Schule (vgl. Kap. 5) als Bedingung der Möglichkeit solchen Lernens eher ausblendet.

die Lehrplanideen Wilhelm von Humboldts. Er ordnete, „philosophisch genommen", nicht nur die Arten des Unterrichts, sondern auch die Inhalte der Schule in strikt begrenzender Weise: nach „historischen, philologischen und mathematischen Kenntnissen" (vgl. Kap. 2).

Unschwer kann man darin das bildungstheoretische Grundproblem der Relation von Mensch und Welt erkennen; denn die Unterscheidung der „Kenntnisse", die Humboldt gibt, lässt sich als Bündelung der überhaupt denkbaren Formen des Weltverhältnisses nur kompetenztheoretisch schlüssig denken: Das historische Prinzip beschreibt das Verhältnis von Mensch und Welt als geschichtlich gewordenes und von Menschen gestaltetes; das mathematische Prinzip – weil nun die Naturwissenschaften eingeschlossen sind – die Relation von Mensch und Natur als eine, die der Mensch nicht nur modellieren und quantifizieren, sondern auch gestalten kann; das philologische Prinzip im Lehrplan fixiert, das jede Relation durch Sprachlichkeit geprägt ist und die Beziehungen der Menschen von der eigenen und ggf. fremden Kulturen vorgeprägt sind.

Allen Weltverhältnissen gemeinsam schließlich ist die Form der Kommunikation, nämlich der Zugang zur Welt durch prinzipienfundierte Sinnstrukturen – Weltbilder – und durch Kompetenzen, die Formen des Umgangs mit Welt bestimmen – historische, mathematische, philologische – d. h. durchweg reflexive „Umgangsformen".

Diese Überlegung eröffnet auch den Blick auf die externe Dimension des Kanons, seine Leistung jenseits der internen Ordnung des Wissens. Der Kanon hat zugleich Bedeutung für die Eröffnung und Begrenzung von Entscheidungs- und Handlungsmöglichkeiten. Geleitet vom Begriff des Kanons kann man dann sagen, dass die Schule nicht allein Kenntnisse universalisiert, sondern auch einen bestimmten Habitus sozialisiert, d. h. einen Stil prägt und – im günstigen Fall – auch kultiviert, in dem die Lernenden lernen, die Welt reflexiv aufzufassen und begründet zu gestalten.

Löst man sich in der Erläuterung der kulturellen Funktion der Schule von der Fixierung auf Inhalte, wird mithin die Schule selbst als ein Medium der Kanonisierung von Regeln der Weltauffassung interpretierbar:[47] Schule erzeugt insofern, systematisch und abstrakt gedacht, selbst eine Kultur, d. h. einen eigenen Lebensstil und ein Bewusstsein für Differenzen; sie befördert

---

47 Bourdieu, P.: Die feinen Unterschiede. (Paris 1979) Frankfurt a. M. 1982 hat das zur Charakterisierung des gesellschaftlichen Lebens überhaupt analysiert; wir nutzen den Begriff des Kultivierungsstils, um die spezifische Leistung der Institution Schule hervorzuheben und eine gegenüber Ökonomie oder Politik unterscheidbare kulturelle Funktion der Schule zu beschreiben. Vgl. für den Kontext der Diskussion über allgemeine Bildung und den Begriff des Kanons auch Tenorth, H.-E.: Alle alles zu lehren. Darmstadt 1994, bes. S. 127 f.

eine Wahrnehmung der feinen Unterschiede in der Kultur und prägt Sensibilität für den eigenen Platz innerhalb des sozialen Gefüges.

Systematisch gedacht und relativ zu den Leistungen, die man von der allgemeinbildenden Schule erwarten darf: Es geht bei der Schule als Institution zunächst um eine Initiation in die (alltägliche) Kultur und zugleich um den Beginn einer Hinführung zu komplexeren Formen und Leistungen der Teilhabe an Kultur, d. h. um die Grundlegung von Möglichkeiten der Teilhabe und zugleich um eine Propädeutik des kognitiven, sozialen und emotionalen Umgangs mit Themen und Problemen, die gesellschaftlich als legitim und bedeutsam gelten. Nicht ohne Grund wird deshalb das Versagen der Schule vor allem an gewaltbereiten Jugendlichen diskutiert; zeigt doch dieses Verhalten, dass sie dem Prinzip schulisch erwarteter Problembearbeitung – im Modus des Lernens und der Lernbereitschaft – nicht entsprechen.

Schule als Institution arbeitet an der Aufgabe der allgemeinen Bildung also nicht nur in der Dimension der Inhalte und der Vermittlung des Wissens, sie soll – so ist die Erwartung – in der Arbeit am Wissen Einstellungen und Verhaltensweisen erzeugen, Normen und Haltungen vermitteln, Erwartungen und Selbsteinschätzungen fördern. Die Praxis der Schule ist damit selbst eine Kultur, die Form, in der sich die curricular aufbewahrte Kultur selbst lehrbar und lernbar gemacht hat. Von der Unterscheidung zwischen Kanon und Lehrplan geleitet, darf man insofern sagen, dass die primäre Leistung der Schule darin besteht, in ihrer Arbeit gegenwärtig zu halten, was kulturell anerkannt ist, und auszuschließen, was auf Anerkennung nicht rechnen kann. Die schulische Wirklichkeit ist deshalb dem Versuch gleichzusetzen, im Prozess des Heranwachsens die Geltung einer Kultur durch Lernprozesse zu beglaubigen und in der Verbreitung von Prämissen der Kommunikation – also der Bewertung von und Teilhabe an Kultur – auf Dauer zu stellen.

Schule wird damit selbst ein Ort der Kultivierung des Menschen und der Disziplinierung der Imagination, oder – und in der emphatischen und zugleich klaren Sprache der frühen Aufklärer: Die kulturelle Funktion von Schule in der Gesellschaft ist nichts anderes als die Arbeit an dem Projekt, das der französische Philosoph Diderot die „Zivilisierung des Menschen" durch Unterricht nannte. Bereits Diderot hatte in seinem Unterrichtsplan dabei sowohl die intellektuelle als auch die moralische und ästhetische Bildung des Menschen im Blick.

Angesichts der Diskrepanz zwischen den großen Hoffnungen der Aufklärer und eher enttäuschenden Erfahrungen seither muss man sich fragen, wie realisierbar sein kann, was so groß konzipiert ist. Die Möglichkeit, dass die Pädagogik an diesem Problem der Tradierung, Erneuerung und Beglaubigung von Kultur besser oder schlechter arbeiten kann, macht die kontinuierliche inhaltliche Aufgabe der Schule aus, den Kanon gegenwärtig zu halten und seine Prinzipien reflexiv werden zu lassen.

Was da alles möglich ist, das kann man in der Analyse der historisch ausgeprägten Funktionen der Schule erkennen (für die Möglichkeiten der Veränderung und Verbesserung von Schule vgl. Teil III). In funktionaler Interpretation kann man nun auch den feineren Strukturen des Lehrplans – unterhalb der Fächer und ihrem Gefüge – noch eine Interpretation abgewinnen, die aus der Binnensicht nicht selten unbeachtet bleibt. Mit dem Hinweis auf diese übersehenen Aspekte des Schulwissens schließen wir die Diskussion der Qualifikationsfunktion der Schule ab.

Funktional interpretiert, gewinnen die variierenden Lehrpläne, Fächer und Themen, in denen sich der Kanon konkretisiert, nämlich noch eine weitere wichtige Bedeutung. Sie sind die paradoxe Form, in der sich ein und dasselbe Prinzip in variabler Gestalt präsentieren kann. Einerseits geeignet, allen Erwartungen an Aktualisierung, Innovation und Modernisierung zu entsprechen, hält der Kanon andererseits doch die prinzipiellen Unterscheidungen fest – über Jahrhunderte und sogar über Kontinente hinweg.:

In der pädagogischen Binnenperspektive werden die Fächer als dominierende Form der Binnengliederung des schulischen Curriculums dagegen eher als Einengung und Gefängnis denn als Perspektiven eröffnender und somit befreiender Handlungsrahmen betrachtet und diskutiert.[48] Das Zeitschema, das sie vorgeben, wird als Parzellierung und Zerstückelung sinnvoller Lernzeiten kritisiert; die fachliche Gliederung des Wissens wird als ungerechtfertigte Portionierung des Wissens gedeutet, die sinnvolle Zusammenhänge eher zerstört als für den Lernprozess aufbereitet.[49]

Als problematisch lässt sich die damit verbundene Ordnung des Wissens und des Lernens offenbar vor allem deswegen verstehen, weil sie die Einführung in „Wissen und Welt“ in einer Weise leistet, dass eher die Unterwerfung unter die schulische Wissensordnung als ihre Problematisierung befördert wird, eher die fachliche Spezialisierung als die Bildung der Persönlichkeit zu autonomem Handeln. Die Lernenden werden eingeführt in ein Wissen, so lauten die Befürchtungen, das nicht die wirklichen Probleme des Lebens, sondern ihre nach Wissenschaften parzellierte Form darbietet; und sie verinnerlichen dabei zugleich Regeln und Normen der

---

48 Theoretische Überlegungen dazu liefern unter anderem BERNSTEIN, B. U. A.: Über Klassifikation und Rahmung pädagogisch vermittelten Wissens. In: BERNSTEIN, B.: Beiträge zu einer Theorie des pädagogischen Prozesses. Frankfurt a. M. 1977, S. 125–161.

49 Eine Fülle von kritischen Bemerkungen dieser Art findet sich in den Schriften von Horst Rumpf: RUMPF, H.: Schulwissen. Göttingen 1971; Unterricht und Identität. München 1976; vgl. auch Anhang 6, S. 220.

Analyse und Bewertung von sozialen Problemen, die selbst noch fachimmanent sind, aber nicht den Lebensproblemen der Menschen folgen.[50]

Wie immer es um solche Befürchtungen steht – mangels empirischer Forschung kann man hier nur die Bedenken vortragen, ohne sie prüfen zu können – die Anschlussarbeit des Pädagogen wird sichtbar: Seine Aufgabe besteht offenbar darin, in der Konstruktion des Lehrgangs die zeitliche und sachliche Ordnung des Wissens, seine Sequenzierung und innere Logik so zu gestalten, dass die Prinzipien der gesellschaftlichen Ordnung des Wissens und die Präferenzregeln seiner Bewertung nicht nur verinnerlicht, sondern zugleich reflexiv prüfbar werden. Erkennbar kehrt man damit zur alten Erwartung der Bildungstheorie zurück, in der zugleich die Einführung in die Kultur und die reflexive Vergegenwärtigung der Prinzipien der Kultur als Leistung des Lernprozesses erwartet wurden. Bildungstheorie wäre damit die Instanz, der gegenüber sich die pädagogische Kultur von Schule bewähren müsste; aber Schule wäre auch der einzige Ort in der Gesellschaft, vom den man erwarten darf, dass er solche Kompetenzen generalisieren könnte. Die Kritik des Schulwissens führt also nur zur Konstruktion neuer Erwartungen an die Schule, nicht zu ihrer Abschaffung. Sie hat aber auch – unter dem Leitbegriff Qualifikation – gegenüber der Bildungstheorie und in kritischer Abgrenzung von ihr das Wissen darüber erweitert, wie die große Aufgabe der Schule in die vielen kleinen Aufgaben für Schüler zerlegt werden kann, aus denen der Unterrichtsalltag dann besteht (vgl. 8.3).

5 Schulklasse als Ort der Integration

Seit dem Ursprung der modernen Schule ist den Pädagogen bewusst, dass es für den Alltag der pädagogischen Arbeit eine qualitative Differenz bedeutet, ob der Lehrer – z. B. als Hauslehrer – ein einzelnes Kind oder – wie in der Schule – eine ganze Gruppe unterrichtet. Bereits in der Pädagogik der Aufklärung wird diese Differenz als Konflikt bewusst und in den einschlägigen Konsequenzen thematisiert.[51] Es dauerte nahezu bis ins 20. Jh., bis das Phänomen der Lerngruppe in der Pädagogik nicht nur ignoriert oder allein als Belastung gesehen, sondern theoretisch produktiv erschlossen wurde.[52]

50 Hier findet die Diskussion über Schlüsselprobleme ihren Ansatzpunkt, vgl. Klafki, W.: Neue Studien zur Bildungstheorie und Didaktik. 2. erw. Auflage. Weinheim/Basel 1991, bes. S. 43 ff.

51 Das geschieht unter dem Stichwort „Haufen“, vgl. Anhang 5.

52 Dann bezeichnet das Wort „Haufen“ nur noch Gruppierungen in speziellen Situationen, vgl. Anhang 5, S. 216.

Diese Arbeiten sind zwar durch den Begriff der „Gemeinschaft" inspiriert, der polemisch gegen den Begriff der Gesellschaft ausgespielt wird, um eine Abgrenzung gegenüber Verfallsformen der Gesellung („Vermassung")[53] zu gewinnen. Aber wenn demgegenüber (und gegen Banden, Horden und Cliquen) die Gruppe als spezifische Gesellungsform Jugendlicher angesehen wird und die ihr eigentümlichen Erziehungswirkungen praktisch genutzt oder zur Geltung gebracht werden sollen, wird damit (zumindest implizit) theoretisch anerkannt, dass der „Haufen" nicht nur Objekt von Erziehung sein muss, sondern Subjekt von Erziehung sein kann.[54]

So werden pädagogische Möglichkeiten der Gemeinschaftsbildung, d. h. auch Probleme der „Außenseiter" behandelt, und auch der Begriff „Haufen" taucht wieder auf, aber nun, der neuen Diskussionslage entsprechend, nicht mehr als Verlegenheitstitel für eine praktisch erlebte Schwierigkeit, sondern theoretisch deutlich bestimmt (vgl. Anhang 5).

In der Gegenwart sind für die theoretische Analyse der Schulklasse nicht diese in der pädagogischen Tradition entstandenen Arbeiten aus dem deutschen Sprachgebiet bedeutsam geworden oder relevant geblieben,[55] sondern eher Untersuchungen der Nachkriegszeit, die schon an die internationale (vor allem US-amerikanische) Sozialpsychologie anschlossen. Die Schulklasse wird dort als ein „Gruppe" unter anderen gesehen, die sich zwar von sog. Primärgruppen (Familie, Freundschafts- und Nachbarschaftsgruppen) in manchen Merkmalen unterscheidet – ihr hervorstechendes Merkmal ist die Altershomogenität (vgl. 5.2) – jedoch trotz ihrer Größe noch die wesentlichen Kriterien für sog. Kleingruppen erfüllt: Jeder kennt jeden, alle sind mit allen durch häufige Interaktionen verbunden, die obendrein meist von der gleichen Thematik geprägt sind. Vor allem aber ist die Schulklasse über lange Zeit stabil und unterscheidet sich darin von sog. temporären Gruppen, deren Zustandekommen und Bestand vom einzelnen Anlass abhängt.

Zwar haben manchmal Untergruppierungen innerhalb der Schulklasse (Tischgruppen, Cliquen) eine noch höhere Potenz (Bedeutung der Gruppe

53 Vgl. RIESMAN, D.: Die einsame Masse. Reinbek 1958.

54 Dabei wird in der Regel die Sozialdimension der Schulklasse in den Mittelpunkt der Überlegungen gerückt, aber neben dem Problem der „moralischen" auch schon das der „intellektuellen Niveausenkung" in der „Masse" diskutiert; vgl. z. B. HOSP-WALLNER, H.: Über Masse und Gruppe und die durch sie bedingten Verhaltensweisen in Schulklassen. München 1930, S. 62 ff. (Schriften zur Erziehungswissenschaft, hrsg. von DOLCH, J., Bd. 2).

55 In der Schulpraxis wirken die Traditionen fort. Sie werden allerdings selten mit theoretischer Neugier rezipiert, sondern meist pragmatisch und nur emphatisch reformorientiert genutzt, und damit nicht selten unter Wert (wie sich am Beispiel der Petersen-Rezeption im Kontext mancher Versuche „offenen Unterrichts" leicht zeigen ließe).

für ihre Mitglieder), Kontrolle (über das Verhalten ihrer Mitglieder) und Intimität (zusätzliche Stützung der Gruppenbeziehung durch persönliche Bindungen). Aber auch Schulklassen unterscheiden sich oft durch Betonung der „Wir/Die"-Differenz voneinander, unterstreichen ihre Homogenität durch Berufung auf ihren „Klassengeist" und haben dann eine dementsprechend geringe Permeabilität, d. h. reduzierte Bereitschaft, neue Mitglieder in die Klassen„gemeinschaft" aufzunehmen – denn die könnten die gewohnte Binnenstruktur der Klasse stören. Das sind Stratifizierungen (Statushierarchien oder sogar „Hackordnungen"), die sich auch in Schulklassen ausbilden, jedoch ist bei ihnen die Polarisation (die Konzentration auf ein einziges Gruppenziel) selten so ausgeprägt wie bei manchen außerschulischen Jugendgruppen (z. B. Straßenbanden).[56]

Sozialpsychologische Forschungen gelten dann z. B. der Binnenstruktur von Schulklassen oder dem „erzieherischen Handeln" von Lehrern; für Theorien der Schule sind das aber Einzelfragen und Spezialprobleme.[57] Sie knüpfen vielmehr an modernere soziologische Theorietraditionen an, die Schulklassen unter dem Gesichtspunkt beschreiben, worin sie sich von vorhergehenden und nachfolgenden Gruppen (vor allem der Familie und Gesellungsformen außerhalb und nach der Schulzeit) prinzipiell unterscheiden. Es sollen Struktur und Funktion der Schulklasse als einer Sozialisationsinstanz beschrieben werden, durch die Unterricht und Schule als Lernumgebungen spezielle Beiträge zur allgemeinen Sozialisation leisten.[58]

Die zentrale These dieser Arbeiten ist, dass es die Struktur der Schulklasse ist, die erzieht. Zeigen und plausibel machen wollen die Autoren, wie sie das tut – wie sie bewirkt, dass Normen „verinnerlicht" werden, die für alle modernen Gesellschaften, nicht nur die amerikanische, charakteristisch sind.[59]

---

56 KRUSE, L.: Die Kleingruppe als Gegenstand der Sozialpsychologie. In: GRAUMANN, C. F. (Hrsg.): Handbuch der Psychologie. Bd. 7/II. Sozialpsychologie. Göttingen 1972, S. 1539–1593, bes. S. 1585.

57 KROGER, H.-P.: Soziometrie in der Schule. Weinheim 1976. HOFER, M.: Sozialpsychologie erzieherischen Handelns. Göttingen 1986.

58 Für diese Fragestellung sind die Arbeiten des amerikanischen Soziologen Talcott Parsons und in seiner Nachfolge die von Robert Dreeben u. a. schulebildend geworden; an sie knüpft auch die Theorie der Schule von Helmut Fend an; vgl. die Literaturhinweise im „Wegweiser".

59 Dass nicht nur Personen erziehen, sondern auch oder vor allem Umstände, hatte im Übrigen schon Siegfried Bernfeld betont und den pädagogischen Ambitionen seiner Zeit entgegengehalten: „Die Schule – als Institution – erzieht. Sie ist zum wenigsten *einer* der Erzieher der Generation; einer jener Erzieher, die – zum Hohne allen Lehren der großen und kleinen Erzieher, zum Hohne allen Lehr- und Erziehungsprogrammen, allen Tagungen, Erlässen, Predigten – aus jeder Generation eben das machen, was sie heute ist, immer wieder ist, und gerade nach jenen Forderungen und Versprechungen ganz und gar nicht sein dürfte", vgl. Sisyphos oder die Grenzen der Erziehung (1925). Frankfurt a. M. 1967,

Für eine Theorie der Schule – und angesichts der problematischen deutschen Erfahrungen mit einem obrigkeitlichen Staat und einer Schule der Untertanen – ist es wohl geboten, gegen überschwängliche Programmatik wie pädagogischen Fatalismus gleichermaßen Distanz zu wahren. Sie muss zunächst die Wirkungsweise des sozialen Systems „Schulklasse" in ihrer Feinmechanik betrachten und als Konsequenz der pädagogischen Situation und Arbeit erklären. Erst dann kann man, von Fall zu Fall, prüfen, wie die Schule zwischen Allmacht und Ohnmacht zu beurteilen ist: Ob sich alte Befürchtungen bestätigen, dass die Schule als Institution allem Pädagogischen im Wege stehe, ob die Heranwachsenden sie nur über sich ergehen lassen – folgenlos auf lange Sicht, oder ob das Aufwachsen in Schulklassen als pädagogischer Gemeinschaft zu den schönsten Hoffnungen berechtigt.

Wir gehen in unserer Darstellung deshalb von dem Sprachgebrauch in Schulen aus und führen in das Theoretische von alltäglichen Beobachtungen her ein. Demnach haben Lehrer drei Möglichkeiten, die Lernbereitschaft sicherzustellen, ohne die der Unterricht nicht beginnen und weitergeführt werden kann. Diese „Konstitutionsbedingungen" des Unterrichts sind Disziplin, Leistung und Motivation. Mit der alphabetischen Reihenfolge der Begriffe sind zwei Hinweise verbunden: auf ein logisches Voraussetzungsverhältnis und auf einen säkularen Trend.

Für etwas „motiviert" zu sein impliziert eine gewisse Anstrengungsbereitschaft und schließt andere Möglichkeiten der Selbstverwirklichung aus, verlangt also Selbstdisziplinierung.

Manche Schüler ahnen das und fürchten es als „Motivationsfalle": Wer sich im Unterricht für etwas interessiert zeigt, geht das Risiko ein, dass Misserfolg nur noch mit mangelnder Fähigkeit oder Anstrengung bzw. fehlender Selbstdiszplin erklärt werden kann. Also schützt man sich am besten vor Enttäuschungen, indem man von vornherein Desinteresse am Unterricht bekundet oder vortäuscht.

Der säkulare Trend besteht darin, bei jeglicher Vergesellschaftung von Menschen immer seltener auf äußerliche Disziplin oder die stückweise Entlohnung einzelner Leistungen zu vertrauen und stattdessen eher an „innere" Disziplin, an den Stolz auf die eigene Tüchtigkeit und die Identifizierung mit übernommenen Aufgaben zu appellieren. Die heutige Schule ist davon nicht ausgenommen, sondern soll das einüben.

S. 28. Doch steht seine Kritik an der Schule und allen anderen „heimlichen Erziehern" in diametralem Gegensatz zu dem Optimismus der amerikanischen Soziologen, die mit ihrer Schule und ihrer Gesellschaft ganz zufrieden zu sein scheinen.

5.1 Disziplin als Konstitutionsbedingung von Unterricht

Was in der schulpädagogischen Literatur als vordidaktisches Handlungsproblem der Lehrer beschrieben wird, nämlich so viel Disziplin herzustellen, dass der Unterricht beginnen und ohne große Störungen gehalten werden kann, sehen Soziologen von der anderen Seite. Sie versetzen sich in die Lage der Schüler und schildern, welche Anforderungen damit an sie gestellt werden und was sie dabei lernen.[60]

> »Es ist erstaunlich, wie viel Zeit Schüler wartend verbringen. In der Grundschule stellen sich Schüler häufig in Reihen auf, wenn sie auf den Pausenhof gehen oder das Haus verlassen, und oft müssen sie warten, bis die Reihe gerade steht, um gehen zu dürfen. Bei der Stillarbeit warten sie, bis der Lehrer an ihren Platz kommt, um die Arbeit anzuschauen. Bei Klassenarbeiten warten schnelle Schüler, bis die langsameren ihre Arbeit abgeschlossen haben. Im Klassengespräch warten die Schüler, während ihre Kameraden dem Lehrer antworten. Wenn Filme oder Dias vorgeführt werden sollen, gibt es Wartezeiten, bis der Raum verdunkelt und das Gerät bereit ist … Wie viele von uns können sich erinnern, wie wir in Tausenden von Schultagen unruhig auf das Verrinnen von Minuten warteten, bis die Pausenglocke uns befreite!« (S. 17)

Ähnlich müssen Schüler, so Jackson, damit zu leben lernen, dass sie oft zurückgewiesen und unterbrochen werden:

> »Nicht jeder, der sprechen möchte, kann aufgerufen werden, nicht jede Schülerfrage kann befriedigend beantwortet, nicht jeder Bitte kann entsprochen werden. Einzeln betrachtet erscheinen die meisten dieser Zurückweisungen unwesentlich. In der Häufung steigert sich ihre Bedeutung. Leben in der Schule heißt auch: Lernen, auf Wünsche zu verzichten, nicht auf ihre Erfüllung zu warten.« (S. 18 f.)

Zusammenfassend macht Jackson auf Anforderungen aufmerksam, die alle Institutionen stellen – in dieser generellen Perspektive sind dann Schulen mit Kliniken und sogar geschlossenen Anstalten vergleichbar, wenn auch nicht identisch, sie haben z. B. eine andere Aufenthaltsdauer:

> »Das einfache Wort Geduld bezeichnet die Quintessenz dessen, was in einem institutionellen Lebenszusammenhang nötig ist. Fehlt diese Eigenschaft, kann das Leben in unseren Gefängnissen, Krankenhäusern, Verwaltungsbüros und Schulen unerträglich werden. Doch des Guten kann zu viel sein. Und die Bedingungen, unter denen Geduld sich entwickelt, können ggf. zur Entwicklung von Resignation führen – einer viel weniger löblichen

60 Die folgenden Zitate aus JACKSON, PH. W.: Die Welt des Schülers. In: EDELSTEIN, W./HOPF, D. (Hrsg.): Bedingungen des Bildungsprozesses. Stuttgart 1973, S. 13–27 sind auch zu finden bei ZINNECKER, J.: Der heimliche Lehrplan. Weinheim 1975, S. 20–34.

Eigenschaft ... Während der Geduldige an seinen eigenen Plänen festhält und dergestalt ein Gefühl der Unversehrtheit behält, verliert dies der Resignierte. Resignation impliziert einen Akt psychischer Kapitulation, in dem die eigenen Wünsche, Pläne und Interessen preisgegeben werden: Das Handeln entspricht den Wünschen, Plänen und Interessen anderer. Der Resignierte hat nicht nur die Hoffnung, sondern viele andere Verknüpfungen zwischen seinen Motiven und seinem Handeln aufgegeben, Resignation impliziert eine Beschränkung des Selbstgefühls, einen Verlust des Engagements am Geschehen.« (S. 20)

An diesem Punkt führt Jackson die entscheidende begriffliche Unterscheidung in seine Analyse der Schule ein, die zwischen dem offiziellen und einem „geheimen" Curriculum. Das eine ist manifest, in Lehrplänen und Schulbüchern dokumentiert; das andere ist latent, in allen Praktiken der Kommunikation und Interaktion als unausgesprochene Erwartung gegenwärtig. Jackson bezeichnet aber auch gleich eine Nahtstelle der beiden Curricula:

»Das System von Lohn und Strafe in der Schule bezieht sich auf beide. In der Tat beziehen sich viele Belohnungen und Strafen, die angeblich für Erfolg und Misserfolg im Bereich schulischer Leistungen verteilt werden, enger auf die Beherrschung des geheimen Curriculums. Beispiel sei das übliche Lehrerverhalten, einen Schüler für seine Bemühung zu beurteilen. Was heißt es, wenn sich ein Schüler in den Augen der Lehrer bemüht? Es heißt im Wesentlichen, dass er den Verhaltenserwartungen der Institution gehorcht. Er macht die Hausaufgaben – wenngleich sie falsch sind. Er meldet sich im Klassengespräch – obschon er normalerweise eine unrichtige Antwort gibt. Er steckt die Nase in sein Buch während der Stillarbeit – obwohl er nicht oft umblättert. In anderen Worten: Er ist ein vorbildlicher, wenn auch nicht notwendig ein guter Schüler ... Es mag zynisch erscheinen, auf diese Weise über pädagogische Sachverhalte zu reden. Es könnte als Kritik an den Lehrern oder als Versuch missverstanden werden, Tugenden wie Sauberkeit, Pünktlichkeit oder Höflichkeit in Frage zu stellen. Nichts dergleichen ist beabsichtigt. Es geht einfach darum, dass, in Schulen wie Gefängnissen, gute Führung lohnt.« (S. 22 f.)

Man erkennt die Differenz – und zugleich, dass dieses „heimliche" Curriculum den Akteuren keineswegs verborgen[61] bleibt. Die von Jackson geschilderten Mechanismen werden stündlich und täglich erfahren, voller

61 Wie „hidden curriculum" übersetzt wird, verrät „heimliche" Annahmen von Theorien und Autoren. „Heimlich" hat den Beiklang, als würde hier irgendwer irgendwem etwas verheimlichen, als wären Machenschaften böser Mächte im Spiel. Vom „verborgenen" Lehrplan kann man im Anschluss an Marx sprechen und an Mechanismen „hinter dem Rücken" der Akteure denken, vgl. Fußnote 1 zu Teil II. Analog zum Verhältnis von Sprache und Sprechen könnte (noch vorsichtiger) zwischen „explizit" und „implizit" unterschieden werden: Regeln der Sprache werden beim Sprechen befolgt, ob bewusst oder nicht (und ob gewusst oder nicht).

Furcht oder Hoffnung vorausgeahnt, voller Aufregung erlebt und mit Geduld oder resignierend ertragen, sofern nicht mit Rebellion beantwortet.[62]

Dass es beim impliziten Curriculum vor allem um Wohlverhalten und weniger um Leistungen geht, sieht Jackson belegt durch

> »die Vorkommnisse, die zu Disziplinarmaßnahmen in der Klasse führen. Weil Schüler falsche Antworten geben? Oder weil sie trotz unentwegter Bemühung die Geheimnisse des Dividierens nicht begreifen? Das wäre unüblich. Ein Schüler wird eher getadelt, wenn er zu spät kommt oder lärmt oder dem Lehrer nicht zuhört oder in der Reihe nicht still steht. Missachtung der institutionellen Regeln und Routinen rufen Strafreaktionen des Lehrers häufiger hervor als das Versagen in der Leistung« (S. 22 f.).

Das kann zwar auch persönliche Gründe haben,[63] entspricht aber zuerst und vor allem der „Logik des Unterrichts“: Die gleichzeitige Anwesenheit vieler Schüler und nur eines Lehrers verlangt viele Rücksichtnahmen und macht den Unterricht anfällig für Störungen, die ansteckend wirken und sich ausbreiten könnten. Wichtiger als das eher Lehrtechnische[64] daran ist allerdings, dass jedes Verhalten für alle sichtbar ist. Würden Lehrer mangelnde Bemühungen bei einem Schüler durchgehen lassen, müssten sie fürchten, dass ihr Unterricht bald von vielen nicht mehr richtig ernst genommen wird. So sind die Disziplin, das Bemühen um Leistung und sachbezogene Motive wie das Interesse am Unterricht, situativ ganz eng miteinander verflochten. Das ist in Erinnerung zu halten, wenn diese Konstitutionsbedingungen des Unterrichts theoretisch unterschieden und in der Darstellung getrennt betrachtet werden.

5.2 Leistung als Konstitutionsbedingung von Unterricht

Eine Möglichkeit grobe Disziplinarmaßnahmen durch subtilere Drohungen zu ersetzen, wird von Lehrern, selbst Hochschullehrern, nach wie vor benutzt, nämlich angebliche Folgen mangelnder Disziplin für (Schul-)lei-

62 Wie immer „hidden curriculum“ übersetzt wird, falsch wäre auf jeden Fall die Vorstellung, es könne abgeschafft werden. Wer um das implizite Curriculum weiß, steht allerdings vor der Wahl es einfach weiter wirken zu lassen oder es zu „kultivieren“ und den Schülern seine Wirkungen zu erklären – oder nicht. Für die paradoxen Probleme sehr aufschlussreich MARTIN, J. R.: What shall we do with a hidden curriculum when we find one? In: Curriculum Inquiry 6 (1976) 1, S. 135–151.

63 Nichts kränkt Lehrer mehr, als wenn Schüler, denen sie bessere Leistungen zutrauen, ihrem Unterricht wenig Beachtung schenken, vgl. HÖHN, E.: Der schlechte Schüler. München 1967, S. 56.

64 KOUNIN, J. S.: Techniken der Klassenführung. Stuttgart 1976.

stungen auszumalen.[65] Der Hinweis wird meist vage gehalten, denn die Kausalität ist nicht einsichtig. In naher Zukunft bleibt zwischen der Ermahnung und der Leistungskontrolle meist noch einige Zeit für kompensatorische Bemühungen. Und was gar „ihre Zukunft“ angeht, wissen Schüler, wenigstens die älteren, dass selbst gute Schulleistungen keinen Ausbildungs- oder Arbeitsplatz garantieren.

Zwar schließen mangelhafte Schulleistungen von bestimmten Ausbildungsgängen aus und erschweren den Zugang zu anderen, aber Lebensleistung und Schulbildung sind doch in so vielen Fällen „entkoppelt“, dass die Behauptung, wir lebten in einer „Leistungsgesellschaft“, fortlaufend an Glaubwürdigkeit verliert. Schon die Lehrer, die man hat, werden nicht nach Leistung, sondern nach Laufbahn, Alter und Familienstand bezahlt; in volkswirtschaftlicher Perspektive bilden sie damit durchaus keine Ausnahme. Das lehren folgende Beobachtungen im Wirtschaftssystem:

1. Diffusion des Entscheidungssubjekts: Immer seltener werden unternehmerische Entscheidungen von den Kapitaleignern selbst oder überhaupt von einzelnen Personen getroffen, immer häufiger von Gremien, deren Mitglieder selten für die damit verbundenen Risiken einstehen.

2. Staatsinterventionismus: Politik setzt dem Markt nicht nur Rahmenbedingungen, sondern sie greift oft selbst in das Wirtschaftsgeschehen ein, z. B. mit Subventionen.

3. Sozialstaat: Zunahme des nicht durch Arbeit erworbenen Einkommens, vor allem Verkürzung der Zeit der Erwerbstätigkeit (wegen „Verlängerung von Jugend und Alter“) und Transferleistungen wie Krankengeld, Arbeitslosen-, Sozialhilfe.

4. Rückgang der direkt an die Produktivität gekoppelten Entlohnung (z. B. Akkordarbeit und Stücklohn) selbst im produzierenden Gewerbe. Das alles stärkt den Verdacht, das „Leistungsprinzip“, das ursprünglich Einkommen, Karrieren und gesellschaftliche Positionen (stärker als in formierten Gesellschaften) von individuellen Leistungen (als von der Herkunft) abhängig machen sollte, habe inzwischen vorwiegend ideologische Funktionen: Es stütze Privilegien von Unternehmern, unterdrücke zum Kapitalismus alternative Ordnungsvorstellungen und wirke letztlich entpolitisierend. Es habe

65 Schon Unaufmerksamkeit kann in dieser Weise gerügt werden: „Wenn du nicht besser aufpasst ...“ Doch worauf passt der Schüler künftig auf? Vermutlich darauf, sich nicht noch einmal beim Spielen erwischen zu lassen (vgl. DIEDERICH, J.: Didaktisches Denken 1988, S. 90–95 im Anschluss an MARKOWITZ, J.: Verhalten im Systemkontext. Zum Begriff des sozialen Epigramms. Diskutiert am Beispiel des Schulunterrichts. Frankfurt a. M. 1986).

»an der affirmativen Konsolidierung spätkapitalistischer und wohl auch anderer hochindustrialisierter Gesellschaftssysteme einen Anteil, den kein – vergleichsweise rationales – ideologisches System übernehmen könnte«.[66]

Die faktische und die ideologische Geltung des Leistungsprinzips sind sektoral und temporal schwankend gewichtet, Prinzipien dieser Tragweite treten ja nicht über Nacht völlig außer Kraft; aber Massenmedien berichten oft genug über hochdodierte Nichtsnutze. So fragt sich schließlich, ob das Leistungsprinzip denn wenigstens in der Schule faktisch gilt, also Schulerfolg vorwiegend vom individuellen Leistungsvermögen der Heranwachsenden abhängt und kaum von Faktoren, die Anlass für Ideologieverdacht bieten können. Darüber wird noch ausführlich zu reden sein (vgl. 6.3).

Zuvor wird hier beschrieben, wie das Leistungsprinzip im Unterricht „internalisiert" wird. Erklärungsbedürftig ist dabei vor allem, dass schlechte Schüler schließlich glauben, Erfolg oder Misserfolg hänge von jedem selbst ab. Dass gute Schüler davon überzeugt sind, liegt nahe – ist allerdings bei genauerem Hinsehen auch nicht selbstverständlich und muss komplizierter erklärt werden (vgl. 5.3).

»Eine Schulklasse ist ein öffentlicher Ort mit kollektiver und sichtbarer Mitgliedschaft. Seine nicht-erwachsenen Mitglieder gleichen sich in einer entscheidenden Hinsicht, nämlich ihrem Alter. Das Alter ist entscheidend, weil es einen (wenn auch ungenauen) Index für die Entwicklungsreife und implizit für die Befähigung des Schülers darstellt ...
Die homogene Alterszusammensetzung der Klasse ist in zweierlei Hinsicht bedeutsam:
(1) Sie bietet der Schulklasse einen vorgegebenen Vergleichsstandard, einen Fixpunkt zur Bewertung jener Fähigkeiten des Schülers, die unmittelbar für die Aktivitäten, die er verrichtet, relevant sind. Jeder Schüler kann also mit allen anderen verglichen werden und kann sich selbst mit ihnen vergleichen, weil diese Vergleiche im allgemeinen Standard verankert sind.
(2) Sie bietet jedem Schüler die Erfahrung mit anderen im gleichen Boot zu sitzen, was die Charakteristika ihrer sozialen Umwelt und die Behandlung durch den Lehrer betrifft.
Da viele schulische Aktivitäten öffentliche Beurteilung erfahren, wird der Schüler mit Botschaften bombardiert, die ihm sagen, wie gut oder wie schlecht er abgeschnitten hat und (in einfacher Schlussfolgerung) wie gut oder wie schlecht er ist. Wenn er schon dem Lehrer nicht glaubt, dann braucht er bloß auf die Leistungen der anderen zu sehen, die im gleichen Alter und in der gleichen Situation stehen. Die Schule appelliert also an seine Selbstachtung ... Wenn das Kind sich zu Hause fragt, ob es geliebt wird, so fragt der Schüler sich, ob er ein wertvoller Mensch ist. In beiden Situationen findet er eine Antwort, indem er beobachtet, wie andere ihn behandeln.«[67]

66 OFFE, C.: Leistungsprinzip und industrielle Arbeit. Frankfurt a. M. 1970, S. 19.
67 DREEBEN, R.: Was wir in der Schule lernen. (1968) Frankfurt a. M. 1989, S. 39 f.

Die trotz Altershomogenität leistungsheterogene Zusammensetzung der Schulklasse, die Lehrer oft beklagen, hat also ihre eigene Funktionalität: Sie erlaubt die Erfahrung der eigenen Leistung allein durch die Beobachtung der Leistung der anderen, ja erzwingt geradezu den Vergleich.

Die permanente Präsenz der Differenz von besser und schlechter entlastet einerseits den Lehrer vom kontinuierlichen und expliziten Bewerten und Kommentieren der Schülerleistungen, stellt es andererseits jedoch genau deswegen Schülern frei, Erfolg und Versagen auf unterschiedliche Weise geistig und seelisch zu verarbeiten.

Denn die Suggestivität der unterrichtlichen Interaktion, die Sozialisation als den „steten Tropfen" erscheinen lässt, der den Stein höhlt, ist nur in einer Hinsicht unausweichlich: Schüler müssen sich „irgendwie" mit dem Strom der Ereignisse auseinandersetzen. Zwar sind die Schlussfolgerungen, an die Dreeben denkt, nahe liegend; aber er formuliert vorsichtig, der Schüler finde *eine* Antwort, wenn er beobachtet, wie andere ihn behandeln – nämlich wie *andere* Schüler und der Lehrer ihn sehen.

Das zu wissen ist nötig, aber es erklärt die „Reproduktion von Normen" und den „Aufbau der Persönlichkeit" nur, sofern die Normen stabil bleiben und letztlich internalisiert werden, auch wenn das nicht ohne Konflikte abgeht.[68]

Das mag das Normale sein, aber eine Erklärung mit Vollständigkeitsanspruch muss auch das andere einschließen: die Bedeutung der Sozialisation für den Wandel von Normen, für die Umwertung von Werten, für Anpassung und Widerstand, die demgegenüber gefordert oder geboten sind, und für die Beibehaltung oder Entstehung eines so oder so „abweichenden Verhaltens".[69] Dadurch werden die theoretischen Modelle für Sozialisationsprozesse komplizierter. Sie schließen nun ein, dass die „kognitive Verarbeitung" von Ereignissen und Situationen Heranwachsende in Konflikte bringt und Entscheidungen von ihnen verlangt, sobald es unmöglich wird, mehreren

---

68 In der soziologischen Tradition, die an Parsons anschließt, wird, meist in ideologiekritischer Absicht gegenüber pädagogischem Überschwang, das schlichte Funktionieren der Sozialisation betont, das „angepasste" Menschen hervorbringe.
Fend jedoch sieht das schon früh anders, als „Doppelfunktion des Sozialisationsprozesses: Reproduktion der Gesellschaft und Aufbau der Persönlichkeit" (vgl. FEND, H.: Gesellschaftliche Bedingungen schulischer Sozialisation. Weinheim/Basel 1974, bes. S. 11–22) durch „Konformität und Selbstbestimmung" (ders., Weinheim/Basel 1971). Eine Persönlichkeit ist an gesellschaftliche Anforderungen gerade dann optimal angepasst, wenn sie sich nicht in jeder Hinsicht und in jeder Situation völlig angepasst verhält; ein „überangepasstes" Verhalten verrät „Mangel an Persönlichkeit", vgl. MOLLENHAUER, K: Anpassung. In: Zeitschrift für Pädagogik 7 (1961), S. 347–362.

69 Für die Theorie ist es zunächst gleichgültig, wie Wandel und Abweichung in verschiedenen Kontexten bewertet werden, als bedrohlich oder verheißungsvoll, kriminell oder kreativ. Erklärungsbedürftig sind jeweils beide Fälle.

konkurrierenden Ansprüchen, Normen und Werten gleichzeitig gerecht zu werden. Die modernsten kognitiven Theorien sehen darin sogar den Normalfall.[70] Gegen den Einwand, sie überschätzten die Zahl der Situationen, in denen Heranwachsende dazu kommen, das Geschehen kognitiv zu verarbeiten, lassen sie sich am besten verteidigen, wenn Vergangenheit und Zukunft einbezogen werden.[71]

Den nächsten Abschnitt beginnen wir mit einem Beispiel für schulbezogene Kognitionen dieser Art.

5.3 Motivation als Konstitutionsbedingung von Unterricht

»Versetzen wir uns in einen Schüler, der sich mehr für Deutsch als für andere Fächer interessiert und an einem schönen Sommernachmittag überlegt, ob er jetzt oder am Abend seinen Hausaufsatz schreiben soll.

Das gestellte Thema reizt ihn, aber er sieht noch nicht recht, ob und wie er damit fertig wird. Er wird sich schon anstrengen müssen. Andererseits ist er eher zuversichtlich und stellt sich schon vor, wie er von dem erzielten Ergebnis angetan sein wird; wenn es nur schon vorläge! Er erinnert sich an die Befriedigung, die er nach dem letzten Aufsatz empfunden hat. Der wurde auch gut benotet.

Aber die Anerkennung des Lehrers war ihm fast weniger wichtig als der Eindruck, den dies auf eine bestimmte Mitschülerin machte. Seine Gedanken kehren darauf zurück, dass ihm der Aufsatz schon in ein paar Stunden gelungen sein könnte und wie er dann mit sich zufrieden wäre. Andererseits macht es aber bei diesem Wetter mehr Spaß, auszugehen und mit Freunden zusammen zu sein. Vielleicht könnte er den Aufsatz noch heute Abend spät machen, wenn ihm sein älterer Bruder dabei hülfe. Der hat gute Ideen. Aber dann wäre es hinterher nicht ganz sein eigener Aufsatz, und eine gute Note, mit der er auf jeden Fall rechnet, würde ihm nicht so viel Spaß machen. Dann fällt ihm ein, dass diese Note vielleicht schon die Abiturnote beeinflussen könnte. Endlich entschließt er sich und fängt an den Aufsatz zu schreiben.

Nach einigen Stunden angestrengter Arbeit ist er fertig. Er liest seinen Aufsatz durch und findet ihn eigentlich nicht so gut, wie er erwartet hatte. Er ist unzufrieden mit sich und legt

---

70 Vgl. 5.3 – je öfter ich Wahlen treffe, desto mehr beeinflusse ich meine Sozialisation und werde damit auch ein „Werk meiner selbst“, vgl. PESTALOZZI, J. H.: Meine Nachforschungen über den Gang der Natur in der Entwicklung des Menschengeschlechts (1779). Sämtl. Werke, ed. A. BUCHENAU, E. SPRANGER, H. STETTBACHER, Bd. 12, Berlin 1938.

71 Dann ist es Reflexion, das rückblickende oder das vorausschauende Bedenken von Ereignissen, Reaktionen und Situationen, wodurch sich jeder selbst sozialisiert. Markante Beispiele bieten die Mittel, zu denen Heranwachsende greifen, um sich von ihren Eltern abzugrenzen (seit eh und je Kleidung und Haartracht) oder/und den Peers anzugleichen (Musikgeschmack), also sichtbare Versuche einer Selbstdefinition, und die Zeit, die dafür aufgewandt wird, sich Gedanken über seine erste Liebe zu machen. Für ersteres ist die Schule eine wichtige Bühne, zu letzterem bietet langweiliger Unterricht Gelegenheit.

die Arbeit beiseite, nachdem er sich vorgenommen hat daran abends noch einmal zu arbeiten.«[72]

So etwa denken sich moderne kognitive Theorien Schüler, die den Unterricht nicht nur über sich ergehen oder an sich vorbeiplätschern lassen, die dort nicht nur das vom offiziellen Lehrplan genannte Wissen und in Klassenarbeiten geprüfte Können erwerben, sondern ihn in jeder Hinsicht nutzen, möglichst viel über sich selbst und andere Anwesende, Lehrer wie Mitschüler, über Menschen unter Menschen, also über „Soziales" zu lernen.

Diese Theorie konzipiert das Leistungsmotiv nicht als ein vorwiegend extrinsisches Motiv (das nur auf äußere Belohnungen und „weitere Folgen" anspräche), sondern als ein im Kern intrinsisches Motiv, nämlich die mehr oder minder ausgeprägte Neigung, sich selbst an Tüchtigkeitsmaßstäben zu messen, die man für sich als verbindlich anerkennt. Von Leistung wird deshalb nur gesprochen, wenn Handlungen prinzipiell gelingen oder misslingen können, also riskant sind.

Das soll betonen, dass Situationen nur dann als leistungsthematisch erlebt werden, wenn außer der jeweiligen Fähigkeit auch Anstrengung zum Erfolg der Handlung nötig ist. Was (gemessen an der Einschätzung der eigenen Fähigkeit) als zu leicht (ohne Anstrengung realisierbar) oder zu schwer (auch bei größter Anstrengung nicht realisierbar) angesehen werde, sei kein Anreiz für das Leistungsmotiv.[73]

Diese Leistungsmotivationstheorie ist also von den beiden „internalen" Kausaldeterminanten aus konzipiert und akzentuiert dabei Anstrengung als den Faktor, der sich am leichtesten ändern und beeinflussen lässt, jedenfalls relativ schneller als Fähigkeiten (oder gar Begabung, vgl. 3.2 und 6.3).

---

72 HECKHAUSEN, H.: Motive und ihre Entstehung. In: WEINERT, F. E. U. A. (Hrsg.): Pädagogische Psychologie (Funkkolleg). Frankfurt a. M. 1974, S. 133–171, bes. S. 151.

73 Die vollständige begriffliche Unterscheidung stammt aus Forschungen zur Kausalattribution, in denen untersucht wurde, welchen Ursachen Erfolg und Misserfolg „zugeschrieben" werden. Die genannten Ursachen ließen sich durch die Re-Kombination zweier Unterscheidungen in ein Vierfelderschema bringen. Die Ursachen können (räumlich) außerhalb oder in der Person und (zeitlich) als relativ überdauernd oder eher fluktuierend gesehen werden.

Tab. 4: Konzeptualisierung der Kausalattribution

Zeitabhängigkeit (Stabilität)	Personabhängigkeit (räumlich)	
	internal	external
stabil	Begabung/Fähigkeit	Aufgabenschwierigkeit
variabel	Anstrengung	Glück/Pech
(Nach WEINER, B.: Theorien der Motivation. Stuttgart 1976, S. 221)		

Ferner werden zwei Grundausprägungen des Motivs unterschieden: Orientierung an der Hoffnung auf Erfolg oder an der Furcht vor Misserfolg. Sie gelten wie alle Motive als relativ überdauernde Persönlichkeitsmerkmale, d. h. praktisch: höchstens langfristig änderbar.

Zu dem, was umgangssprachlich Motivieren oder Motivation genannt wird, kommt es nach dieser Theorie, wenn eine Situation zu einem Motiv passende Anreize enthält. Da jedem Menschen viele Motive zugedacht werden und Situationen entsprechend viele potentielle Anreize, wird der Motivkonflikt als Normalfall angesehen.

Während beim Leistungsmotiv strittig ist, ob es als rein intrinsisches Motiv konzipiert werden kann – immerhin spielen in dem von Heckhausen entworfenen Abwägungsprozess auch die „weiteren Folgen" mit, die durchweg extrinsisch sind, da sie mit der Erprobung der eigenen Tüchtigkeit nichts zu tun haben, scheint eine andere Gruppe von Motiven den Ehrentitel[74] „intrinsisch" ohne Einschränkungen zu verdienen. Unter „Neugier" lässt sich vieles, vom Explorationsverhalten bei Tieren über das bei Kindern beliebte Ergreifen, Untersuchen und ggf. Zerlegen von Gegenständen bis zum wissenschaftlichen Erkenntnisinteresse, unter dem Gesichtspunkt zusammenfassen, dass alle Gehirne Neues, Unbekanntes und Rätselhaftes als „Anreiz" suchen, dass sich der Erregungszustand des Nervensystems angesichts der Anreize erhöht und dass auf die Lösung der Rätsel mit positiven Emotionen reagiert wird.[75] Nahrung für die Neugier ist denn auch der beste Speck, den Lehrer in die Motivationsfalle legen können – denn gerade schlauen Schülern fällt es schwer dieser Verlockung zu widerstehen.

Wie viele verschiedene Motive zweckmäßigerweise zu unterscheiden und wie sie zu systematisieren seien, ist trotz oder vielmehr wegen intensiver Forschung eine offene Frage. Schon eine Klärung des Begriffs „Lernmotivation" überschreitet die Grenzen des außerwissenschaftlichen Auflösungsvermögens.[76]

So ist abschließend zu erwägen, ob eine Theorie der Schule nicht besser an Theorien anschließen sollte, die den Motivationsbegriff entweder für entbehrlich oder sogar für ein „irreführendes Konstrukt" halten.[77] Das Argument, mit dem es der Motivationsbegriff zu tun bekommt, besagt in beiden Theorien dies: Da Menschen, sofern sie nicht gerade schlafen,

74 Dass extrinsische Motive gemeinhin als weniger respektabel angesehen werden, gilt uns als ein Beleg für den säkularen Trend, von dem wir am Anfang des Kapitels sprachen.

75 BERLYNE, D. E.: Konflikt, Erregung, Neugier. Stuttgart 1974.

76 KNÖRZER, W.: Lernmotivation. Weinheim 1976.

77 MILLER, G. A./GALANTER, E./PRIBRAM, K. H.: Strategien des Handelns. Stuttgart 1973; KELLY, G. A.: Der Motivationsbegriff als irreführendes Konstrukt. In: THOMAE, H. (Hrsg.): Die Motivation menschlichen Handelns. Köln 1965, S. 498–509.

dauernd irgendwie tätig sind, müsse nur erklärt werden, dass sie eine gerade laufende Tätigkeit zugunsten einer anderen aufgeben. Die Theorien unterscheiden sich zwar darin, wie sie das, was bei Menschen „sowieso dauernd beobachtbar ist", bezeichnen, als Handeln, Tätigkeit oder einfach als Verhalten, aber das ist hier ohne Belang. Der Unterschied zum Motivationsbegriff besteht darin, dass Entscheidungs- und Erklärungsbedarf (praktisch und theoretisch) nur für die Fälle gesehen wird, in denen Menschen ihre „Pläne" oder ihre „Bilder" von sich und der Welt (Miller u. a.) bzw. ihre persönlichen Konstrukte (Kelly) ändern. Wenn eine Theorie der Schule den gewohnten Gang der Dinge als das sieht, was sie vor allem anderen erklären muss, ist vom Motivationsbegriff also keine nennenswerte Hilfe zu erwarten.

Ganz anders stellt sich die Lage dar, wenn die Theorie beschreiben will, wie die in der Schule Beschäftigten ihre Tätigkeit verstehen und sich das Unterrichtsgeschehen erklären. Insofern ist dann der Motivationsbegriff ein gutes Beispiel für „subjektive", oft nur „implizite" Theorien als Teil des Berufswissens von Lehrern.[78]

Deshalb beenden wir diesen Abschnitt mit der Warnung vor einem allzu unbefangenen Gebrauch des Motivationsbegriffs und vor einem häufigen Missverständnis: Das „Entscheiden im Parlament der Motive" ist nur bildlich gemeint! Zwar sind kognitive Theorien behavioristischen überlegen, weil sie Menschen als Lebewesen auffassen, die sich **auch** selbst steuern, die auf „Reize" nicht nur „reagieren" und die nicht nur von Trieben getrieben sind. Doch sollte sich niemand durch sie zu dem Fehlschluss verleiten lassen, dem Menschen seien alle seine Kognitionen jederzeit bewusst.[79]

Das Beispiel, mit dem Heckhausen uns an unsere eigenen Kognitionen in ähnlichen Situationen erinnern will, ist demnach als eine Studie zu lesen, die systematisch und in Zeitlupe zu rekonstruieren sucht, was im Gehirn wohl viel rascher und sprunghafter geschieht. Es ist ein Lehrstück wie in der Schule, eben ein Modell vom Reflektieren, nur eines der Bilder, wie sie der Geist sich ständig vom Gehirn und sich selber macht.

---

78 BROMME, R.: Der Lehrer als Experte. Zur Psychologie des professionellen Wissens. Bern/Göttingen/Toronto 1992; HOFER, M.: Die Schülerpersönlichkeit im Urteil des Lehrers. Weinheim 1969; DERS.: Sozialpsychologie erzieherischen Handelns. Göttingen/Toronto/Zürich 1986.

79 Da muss dann doch deutlicher zwischen „mind and brain" (Geist und Gehirn) unterschieden werden; und dann wird fraglich, ob der Geist viel von dem weiß, was im Gehirn passiert. Traditionelle philosophische Vorstellungen vom „Bewusstsein" erhalten nämlich immer häufiger Konkurrenz von neueren Theorien, die einzelwissenschaftliche Forschung berücksichtigen, vgl. z. B. ROTH, G.: Das konstruktive Gehirn. Neurobiologische Grundlagen von Wahrnehmung und Erkenntnis. In: SCHMIDT, S. J. (Hrsg.): Kognition und Gesellschaft. Frankfurt a. M. 1992, S. 277–336.

5.4 Erziehung durch Bildung als Programm

Beschreibungen der Schulklasse als Ort, an dem ein großer Teil der schulischen Sozialisation stattfindet, betonen je nach der Tradition, in der sie stehen, Unterschiedliches. Doch gelten Schulklassen allen Theorien als ein Terrain für vielfältigste Prozesse „sozialen Lernens". Gedacht wird an außerunterrichtliche Folgen der Mitgliedschaft in einer Schulklasse (z. B. eine Erweiterung oder Einschränkung der Möglichkeiten, Freunde und Interessen zu wählen), an die „biographische Organisation von Identität im szenischen Arrangement der Schule",[80] an Unterschiede, die in dieser Hinsicht zwischen den Schulformen bestehen,[81] oder – mit sozialpädagogischer Zielrichtung – an die Definition und Entstehung „abweichenden" Verhaltens und das Phänomen der „dropouts".[82]

In jedem Fall geht es um Auswirkungen, (Haupt-, Neben- oder Wechselwirkungen), von denen im offiziellen Lehrplan der Schule zunächst keine Rede war; „Schulbildung" wird für Schulfächer attestiert, „Schulerfolg", wenn die Fachnoten ausreichen.

Einzig in den „Kopfnoten" für Betragen, Fleiß, Aufmerksamkeit und Ordnung (o. ä.) fand lange Zeit Niederschlag, was man in der Schule sonst noch für das Leben lernt: Ob und wie oft man beim Mogeln erwischt wurde, sich von Eltern oder Geschwistern bei Aufsätzen helfen ließ, seine Hausaufgaben bei Mitschülern abschrieb. In die Fachnoten, die für den weiteren Bildungsgang ausschlaggebend sind, ging das nur indirekt und meist sehr unvollständig ein.

Wie viele Kräfte und Stunden andererseits das implizite Curriculum dem expliziten entzog, wenn jemand um Anschluss in der neuen Klasse kämpfen musste, sich um Freundschaften bemühte, in der Schülervertretung mitwirken wollte und die Schule „nach außen vertreten" durfte oder musste – kurz: wie erfolgreich Schüler sich an den Kontext Schulklasse und Erwartungen der Schule angepasst hatten und ob ihnen das schwer oder leicht gefallen war, wurde und wird nicht als „Bildungsweg" attestiert. Selbst wer sich dem Anpassungsdruck oft entzieht und in eine Art innerer Emigration ausweicht, wird dafür schlimmstenfalls mit Nichtbeachtung bestraft. Es kann sogar sein, dass offener Protest, wenn er Anstand und Sitte nicht allzu offenkundig verletzt, von Lehrern und Mitschülern als ein Zeichen von Charakterstärke und Individualität gewürdigt und honoriert wird.

Das Selbstverständnis einer solchen Schule, die in erster Linie „Unterrichtsanstalt" sein will, erkennt man daran, dass sie aus dem allgemeinen

80 WELLENDORF, F.: Schulische Sozialisation und Identität. Weinheim 1973.
81 TILLMANN, K.-J.: Unterricht als soziales Erfahrungsfeld. Frankfurt a. M. 1975.
82 FATKE, R.: Schulumwelt und Schülerverhalten. München 1977.

Auftrag „Bildung und Erziehung" das spezielle Programm „Erziehung *durch* Bildung" macht, frei nach dem Motto: Wer gebildet ist, wird sich desto eher auch kultiviert benehmen (vgl. 4.3).

Diese These lässt sich nicht nur unter Hinweis auf die Schulzeugnisse plausibel machen, sie wird nicht nur durch die Beschreibungen des Geschehens in Schulklassen und Schülerköpfen gestützt, wie es sich für Soziologen oder Psychologen darstellt. Der beste und jüngste Beleg ist, dass das „soziale Lernen", wie es unvermeidlicherweise in jeder Gruppe dauernd stattfindet, nun für die Schulklasse in das offizielle Curriculum übernommen wird. Die Programmformel „Erziehender Unterricht" umfasst dann neben allen Erziehungsbemühungen, die der Sicherung von Konstitutionsbedingungen gelten, und zusätzlich zu der Hoffnung, dass der Umgang mit Kulturgütern die Schüler nicht nur bilden, sondern auch kultivieren wird, die Entwicklung einer Kultur des Klassenzimmers und die Pflege des Unterrichtsklimas. Wie die Absicht, Schüler zu bilden, es verbietet, irgendeinen Aspekt des Geschehens in der Schulklasse unreflektiert zu lassen, so duldet die Absicht, sie zu erziehen, keine Einschränkung der Normierungsversuche, ob es sich nun um Schulen, um den Unterricht oder um Menschen handelt (vgl. Teil III).

Grenzen gezogen werden den Allmachtsphantasien der Pädagogen einerseits von Schülern, die ihre Intimsphäre (und die ihrer Familie) hartnäckig gegen zudringliche Neugier verteidigen, sei das Interesse der Lehrer auch von Empathie getragen oder als Diagnostik gerechtfertigt. Andererseits verhindert die Bildungspolitik eine übermäßige Pädagogisierung der Schule durch Begrenzung der Ressourcen (Mindestgrößen für Schulklassen) und durch die Schulstruktur als Rahmenbedingung für die Zusammensetzung der Schülerschaft und damit der Schulklassen. Doch ungeachtet der feineren Unterschiede, die damit verstärkt oder erzeugt werden, bleibt die Schulklasse der zentrale Ort für den paradox erscheinenden Prozess, durch den Heranwachsende einander gleichzeitig gleicher und ungleicher gemacht werden, bis sie sozialisierte Subjekte sind, anpassungsfähige Unangepasste.

6 Schulaufbau als Rahmen für Selektion

Die Frage, welcher Schulaufbau (vgl. Kap. 3) welchem anderen worin mehr oder weniger über- oder unterlegen sei, lässt sich rückblickend nüchterner behandeln als zur Zeit der heftigen bildungspolitischen Auseinandersetzungen in der Ära der „großen Bildungsreform" zwischen 1959 und 1981. Von einer Ära der Bildungspolitik zu sprechen ist gerechtfertigt, obwohl inzwischen wissenschaftlich kaum mehr bestritten wird, dass die dramatischen Veränderungen des Schulwesens in dieser Epoche nicht allein und nicht einmal in erster Linie bildungspolitischen Initiativen zuzuschreiben sind, sondern auch oder vor allem als Reaktionen der Politik und der Schulen auf ganz konkrete Handlungserfordernisse verstanden werden müssen.[83]

Die Vorschläge zur „Vereinheitlichung" des Schulaufbaus und zur (inneren) „Umgestaltung" der Unterrichtsorganisation in den Klassen 5 und 6 fast aller Schulen, die den Beginn der Ära markierten,[84] rührten nämlich an zentrale Normen und Werte demokratischer Gesellschaften und machten Bildungspolitik in dieser Zeit zu einem entscheidenden Politikbereich, nicht nur bei mehreren Landtagswahlen, sondern sogar in der Bundespolitik.[85] Ein Jahrzehnt später wird das Grundgesetz geändert (12.5.1969)[86] und von der Bildungskommission des Deutschen Bildungsrates der „Strukturplan für das Bildungswesen" verabschiedet (13.2.1970).[87]

Seitdem und bis heute sind es noch immer vier Hauptthemen der „großen" Bildungsreform, an denen sich die Geister politisch scheiden: Dauer der gemeinsamen Schulzeit (genauer – des gemeinsamen Unterrichts), Durchlässigkeit der Bildungsgänge, Angleichung von Bildungschan-

---

83 Der Anhang 3 zeigt an drei Entwicklungen, was zu dieser Interpretation zwingt und schultheoretisch das Bedeutsame an ihr ist.

84 Im „Rahmenplan zur Umgestaltung und Vereinheitlichung des allgemeinbildenden öffentlichen Schulwesens", den der Deutsche Ausschuss für das Erziehungs- und Bildungswesen am 14.2.59 verabschiedete, wurde erstmals die Ausdehnung der gemeinsamen Schulzeit über das 4. Schuljahr hinaus für fast alle Heranwachsenden empfohlen („Förderstufe").
Fast alle: Der Kompromiss zwischen den Befürwortern einer sechsjährigen Grundschuldauer und ihren Gegnern sah eine „Studienschule" als Ausnahme vor, die nach wie vor an das 4. Schuljahr der Grundschule anschließen sollte (gedacht war vor allem an altsprachliche Gymnasien).
„Gemeinsame Schulzeit": Der Kompromiss unterschied zwischen gemeinsamem Unterricht im Klassenverband (Kernunterricht) wie in der Grundschule und nach Leistungen differenzierten Kursen in Deutsch, Mathematik und der 1. Fremdsprache. Vgl. 6.2 zur näheren Ausgestaltung der Kern-Kurs-Systeme.

85 Ablösung der CDU-geführten Bundesregierungen (1949–1966) zuerst durch eine große Koalition (Dezember 1966), danach SPD/FDP-Koalitionen (Oktober 1969 bis Oktober 1982); die große Koalition ermöglichte die Verfassungsänderung vom 12.5.1969. Die beiden Markenzeichen der ersten sozialliberalen Koalition waren außenpolitisch die Deutschlandpolitik, innenpolitisch die Bildungspolitik.

86 Es wurde ein Abschnitt „VIIIa: Gemeinschaftsaufgaben" eingefügt. Das waren zuvor Aufgaben der Länder, bei deren Erfüllung der Bund nun „mitwirken" und durch „Mitfinanzierung" Einfluss nehmen konnte, darunter im neu eingefügten Art. 91 b auch in der Bildungsplanung.

87 Der Deutsche Bildungsrat trat 1965 an die Stelle des Deutschen Ausschusses. Seit seine zweite Amtsperiode 1975 ausgelaufen ist, hat nur noch die Bund-Länder-Kommission für Bildungsplanung Koordinationsaufgaben zwischen Bund und Ländern die auch das allgemeinbildende Schulwesen betreffen. Das Koordinationsgremium der Länder, die Ständige Konferenz der Kultusminister (KMK), hat so ihr ursprüngliches Gewicht zurückgewonnen.

cen und das Verhältnis von „äußerer" und „innerer" Schulreform. Hinzu kommt in der zweiten Hälfte der Bildungsreform die Frage nach „Profil" und „Klima" der einzelnen Schule. Damit werden die politischen Kontroversen – inzwischen in viele Einzelfragen zerlegt und zu einem ganzen Bündel von Problemen geworden – zurückgereicht an „die Basis". Dort kamen sie her und dort sind sie am besten aufgehoben (vgl. 7.4),[88] denn dort werden aus Problemen Aufgaben gemacht, denen sich die Schule stellen kann – oder nicht, wenn sie als zu kompliziert angesehen werden.

In der Gestaltung von Bildungsorganisationen kommt ja zum Ausdruck, welche Rolle sich der Staat in der öffentlichen Erziehung gegenüber dem Schulpublikum anmaßt, in welches Verhältnis er generell Freiheit und Gleichheit setzt. Bei Heranwachsenden ist die speziellere Frage, in welchem Maß soziale Herkunft und Anstrengungen der Familie den Lebenslauf beeinflussen sollen oder aber (ergänzend, ersetzend, jedoch nicht immer erwünscht und manchmal störend) Angebote öffentlicher Einrichtungen, die im Falle der Schule verbindlich sind.

Eine Theorie der Schule sieht diese politischen Probleme, darf sich aber nicht damit begnügen, die Fragen und Antworten der Politiker und die Argumente der öffentlichen Auseinandersetzung nur zu systematisieren und damit zu wiederholen oder kritisch zu analysieren, um vielleicht die einen zu destruieren und andere emphatisch zu überbieten. Vielmehr muss sie **zuvor** prüfen, was man über das Umstrittene überhaupt wissen kann, welche Rationalität den politischen Argumenten für die Gestaltung des Bildungswesens demnach zukommt. **Danach** ist zu erörtern, ob die Konflikte über Normen und Werte in der Gesellschaft und die Konkurrenz der Zielorientierungen in der Bildungspolitik pädagogische Probleme bergen, deren Bearbeitung – nicht unbedingt Lösung – Schulen zur Aufgabe gemacht werden kann.

Ein zentrales Problem für die Theorie der Schule ist mit den politischen Konfliktlinien ohne Zweifel umrissen: In der Schule nimmt der gesellschaftliche Konflikt zwischen Gleichheit und Freiheit die spezielle Gestalt des Problems an, wie die Integration der Heranwachsenden und ihre Individualisierung in das jeweils richtige Verhältnis gesetzt werden können (vgl. Kap. 5). Wie man den „Haufen" behandeln kann, damit aus ihm eine Schulklasse wird, ist die eine Frage; eine andere – dem vorausliegende – ist, welche Schüler überhaupt das Reservoir bilden, aus dem eine Schule ihre Klassen bilden kann. Das ist die Frage, die in diesem Kapitel behandelt wird.

---

88 Das letzte bildungspolitische Dokument, dem für alle Bundesländer Bedeutung zukam, ist – wiederum ein Jahrzehnt später – der „Entwurf für ein Landesschulgesetz" des Deutschen Juristentages. Es zieht aus den Erfahrungen mit der „großen Bildungsreform" genau diese „kleine" Konsequenz.

Die Heftigkeit des bildungspolitischen Streits deutet darauf hin, dass alle an ihm Beteiligten glaubten (hofften oder befürchteten), mit einer politischen Entscheidung über die Struktur des Schulwesens und den Schulaufbau sei für jedes Bundesland alles Wesentliche geregelt; für die einzelne Schule gebe es kaum noch Alternativen zu jener Gewichtung von Gleichheit und Freiheit bzw. Integration und Individualisierung, die in der Gesetzgebung – der Mehrheitsentscheidung im Landtag – Ausdruck gefunden hatte. Der geringe Spielraum für die Gestaltung einzelner Schulen konnte zwar kontrovers beurteilt werden, als beruhigend von der Mehrheit, als beunruhigend von der Minderheit; aber dass die Entscheidung die große Aufregung kaum wert gewesen sein könnte, lag außerhalb des Vorstellungsvermögens der meisten Kontrahenten.

Genau das interessiert eine Theorie der Schule, nämlich nachzuzeichnen, wie die Hauptthemen der bildungspolitischen Auseinandersetzung, auf der Ebene der „großen Politik“ in Diskussionen oder durch Kompromisse in einzelne Bestimmungen oder Entscheidungsmöglichkeiten zerlegt, allmählich zu Problemen wurden, deren Bearbeitung auf der Ebene der Schulen viele Effekte erzeugte, mit denen keiner der Kontrahenten gerechnet hatte.

6.1 „Gemeinsame Schulzeit“: Schulen und ihr Publikum – Lehren aus der Landschulreform

Der wirksamste Widerstand gegen eine möglichst ausgedehnte gemeinsame Schulzeit für alle Heranwachsenden erwächst aus der Befürchtung, dass die Schulklasse wirklich im Kleinen so sein könnte wie die Gesellschaft im Großen und Ganzen: heterogen, was die soziale Herkunft und die Lernvoraussetzungen angeht, pluralistisch bezüglich der Normen und Werte, von denen ihre Mitglieder überzeugt sind, und entsprechend konfliktreich im Zusammenleben – kurz: nichts für Sensible oder für Zeitgenossen, die sich nach Harmonie und Einheit sehnen.

In der Diskussion über die Landschulreform, die erste große Schulreform nach dem 2. Weltkrieg,[89] wurden Vorbehalte dieser Art noch unbefangen ausgesprochen. Die geläufigsten Einwände gegen eine Zentralisierung der kleinen „Dorfschulen“ verknüpften Klagen über den drohenden Verlust vertrauter Lebensumstände mit der Warnung vor Gefahren: Die drohende Trennung von Wohnort und Schulort – von Schule und Kirche, angeblich den beiden „Mittelpunkten der Dorfkultur“, eine zu befürchtende „Ent-

89 In den alten Bundesländern lag der Höhepunkt Mitte der 50er Jahre; in der SBZ bzw. DDR wurde die Zentralisierung der kleinen Landschulen früher, radikaler und umfassender durchgeführt – parallel zur Bodenreform und deutlicher in der Absicht, traditionelle ländliche Milieus aufzubrechen.

fremdung der Jugend von der Heimat" – schon klagten ländliche Berufe über Nachwuchsmangel – und tradierte Feindschaften zwischen Nachbardörfern sprachen dagegen, die „dorfeigene" Schule aufzugeben.

Diese wurde als klein und überschaubar, im Dorf verwurzelt und darum in ihrer „**Erziehung**skraft" unübertrefflich gegen jene „fabrik-ähnlichen" **Unterrichts**anstalten ausgespielt, die meist auf der grünen Wiese, d. h. selten im Ortskern einer Nachbargemeinde, errichtet wurden. Dort könnte man die Lehrer nicht mehr zwanglos wie im Dorf treffen, sondern müsste sie förmlich in ihrer Sprechstunde aufsuchen. Die Lehrer andererseits könnten die Kinder aus verschiedenen Orten nie und nimmer so gut kennen lernen, wie das für die Erziehung nötig ist – sähen sie in ihnen doch nur Schüler, die am Vormittag und auch dann nur in wenigen Stunden zu unterrichten seien – ganz zu schweigen von der gesundheitlichen oder gar sittlichen Gefährdung der Kinder bei Fahrten im Schulbus.[90]

So schwierig es heute sein kann den Elternbeirat einer Grundschule davon zu überzeugen, dass letztlich nur die Kinder „ausländischer Mitbürger" den Erhalt der Schule im Stadtteil sichern, so anstrengend konnte es damals sein, evangelische und katholische Christen an einen Tisch zu bringen und ihnen den Beschluss zur Gründung einer „Dörfergemeinschaftsschule" abzuringen. Das Schlagwort, Schulpolitik sei immer auch Gesellschaftspolitik, erhielt und erhält so „vor Ort" sehr handgreiflichen Sinn.

Eine Theorie der Schule sieht daran, dass es das Schulpublikum „vor Ort" ist, von dem die Schule abhängig ist – und zwar im Guten wie im Bösen. Das Publikum bringt der Schule die spezifische Klientel, seine Kinder – ihre Kinder, verlangt aber auch, dass seine Hoffnungen erfüllt, seine Befürchtungen geteilt, seine Probleme gesehen werden. Meist den Vorgaben der Schule relativ vertrauensvoll begegnend und gutwillig folgend, wird dieses Publikum zu einer eigenen Macht, wenn die Schule das Milieu nicht respektiert, nicht achtet, was Brauch ist, gar die Eltern durch die Kinder umerziehen will.

Vorbehalte gegen Schulreformen können dann, zur Kritik an der örtlichen Schule umgemünzt, unter Berufung auf das Elternrecht vorgetragen werden und damit den Einwand unterlaufen, dass sie rein parteipolitisch motiviert seien. Eltern gelten, bemerkt die Theorie daran, als vergleichsweise neutrale Instanz, als überparteiliche Partei in Schuldingen – und das nicht erst neuerdings. Seit der Staat Schulen einrichtet, konkurriert er mit dem Elternhaus, und seit die Grundschule obligatorisch ist, schärfer und vermehrt, weil für die Eltern das Ausweichen auf Privatschulen schwieriger

---

90 DIEDERICH, J.: Die Landschulreform im Spiegel der pädagogischen Zeitschriften. Weinheim 1967.

geworden ist.[91] Gemeinsames Lernen wird auch dort erzwungen, wo Eltern getrennte Erziehung bevorzugen würden.[92]

Vorbehalte dieser Art werden gegenwärtig kaum noch öffentlich ausgesprochen. Zwar befürchten Eltern immer, ihr Kind könne ausgerechnet in der Schule in schlechte Gesellschaft geraten, aber die Flucht aus Schulen, die von Kindern jeglicher Herkunft besucht werden können, setzt richtig erst nach Abschluss der Grundschule ein – und dann aus vielen Gründen. Für manche Eltern ist es nun höchste Zeit ihr Kind diesem Milieu zu entziehen. Doch können sie das verschweigen, denn nun befinden sie sich in Gesellschaft der vielen, denen es wirklich nur darum geht, „ihr Kind länger auf bessere Schulen" zu schicken, wie ein Slogan der Bildungswerbung lautete.

Die Zahlen zur Bildungsbeteiligung im Anhang 3 nähren allerdings den Verdacht, dass auch die besseren Schulen, sogar Gymnasien, nicht mehr durchweg das Milieu bieten könnten, das Eltern dort erwarten. Eltern, die bei der Schulwahl nostalgischen Erinnerungen an ihre eigene Schulzeit das größte Gewicht beimessen, sehen sich deshalb öfter zu der Frage genötigt, ob sie zu ihrer Schulzeit möglicherweise auch nicht immer reine Engel waren. Deshalb werden für Kinder, die reine Engel bleiben sollen, bei den weiterführenden Schulen dann die in „freier Trägerschaft" den staatlichen vorgezogen. Dort wenigstens – in Deutschland heißt das bis heute überwiegend „in kirchlicher Obhut" – werden doch die Engel noch unter sich sein![93]

Weil sich aber niemand dabei ertappen lassen möchte, dass es ihm vor allem darum geht, sein Kind von den „Schmuddelkindern" fernzuhalten, bleibt meist im Dunklen, ob das Schulmilieu-Fluchtmotiv an der Entscheidung beteiligt ist, Kinder möglichst frühzeitig auf vermeintlich bessere Schulen zu schicken.

---

91 Es gibt seitdem für Eltern nur zwei legale Wege, ihr Kind von Anfang an vor der bedrohlichen „gemeinsamen Schulzeit für alle" zu bewahren: Sie müssen es in ein Internat geben oder in einer Schule „besonderer pädagogischer Prägung", z. B. einer Waldorfschule, anmelden. Ersteres ist so teuer, letztere sind so rar, dass beide Alternativen höchstens in einigen Städten und für schmale Bevölkerungsgruppen eine nennenswerte Rolle spielen. Wenn aber zu erläutern ist, inwiefern es eine „gemeinsame Schulzeit" von Anfang an nur für „fast alle" Kinder gibt, muss es erwähnt werden.

92 WAGNER-WINTERHAGER, L.: Schule und Eltern in der Weimarer Republik. Untersuchungen zur Wirksamkeit der Elternbeiräte in Preußen und der Elternräte in Hamburg 1918–1922. Weinheim/Basel 1979.

93 Selbstverständlich gibt es auch andere Motive, in den Augen vieler Eltern ehrenwertere, sein Kind frühzeitig dem Hauptstrom der Heranwachsenden zu entziehen: Bei überzeugten Anthroposophen oder praktizierenden Katholiken und bei Kindern, die in Musik oder für Eiskunstlauf talentiert sind. Hängt es gar von einer Traumnote im Abitur ab, dass die Arztpraxis oder Apotheke in der Familie weitervererbt werden kann, haben Eltern keine andere Wahl, als den Bildungsgang ihrer Kinder schon vor deren Geburt zu planen.

Die emphatische pädagogische Idee, dass die Schule gemeinsam mit ihrem Publikum eine „Schulgemeinde" bildet, die als solche erzieherische Leistungen vollbringt, als ein kleiner Staat im Staate und als Demokratie in nuce (vgl. Anhang 4), findet in der Realität keine Bestätigung.[94] Eine gemeinsame Schulzeit schafft weder Gleichheit noch Gemeinsamkeit der Lebensverhältnisse.

In Deutschland lässt sich andererseits erkennen, dass die Dominanz des Staates im Bildungswesen Grundbedingungen der Gleichheit sichert – in der Finanzierung der Schule, in der Ausbildung der Lehrer und in den Lehrplänen. Wer also das Schulpublikum vorrangig unter dem Gesichtspunkt seiner Autonomieforderungen sieht und gegen den Zugriff des Staates schützen will, idealisiert homogene Milieus und verkennt die Dialektik von Zentralisierung und Regionalisierung, über die schon die Landschulreform belehren kann.

6.2 „Durchlässigkeit" oder frühe Selektion? – Lehren aus „Kern-Kurs-Systemen"

Kern-Kurs-Systeme verbinden gemeinsamen „Kern"- und (vorwiegend nach Leistung) differenzierten Unterricht in Kursen zu einer Organisationsform des Schulunterrichts, die einen Kompromiss zwischen Gleichheit und Freiheit darstellt. Wie Tab. 2 im Anhang 3 zeigt, haben die Kern-Kurs-Systeme kaum etwas daran geändert, dass für rund 90 % der Schüler die Entscheidung über ihre weitere Schullaufbahn am Ende des 4. – spätestens des 6. Schuljahres – fällt. Trotzdem verdienen sie schultheoretische Aufmerksamkeit, weil sich an ihnen studieren lässt, wie der Kompromiss „kleingearbeitet" – in einzelne Probleme zerlegt – wird, die Konferenzen und einzelnen Lehrern überantwortet werden.

Mit dem Begriff Durchlässigkeit wird die Frage gestellt, ob eine frühe Entscheidung über die weitere Schulaufbahn wirklich „unabweisbar" ist, ob es nicht gelingen kann, die Entscheidung noch einige Zeit offenzuhalten, in Orientierungsstufen (bzw. Förderstufen) im 5. und 6. Schuljahr und in integrierten Gesamtschulen bis zum Ende des 10. Schuljahres – wenigstens für einige Schüler. Dass alle Schulen[95] (außer Sonderschulen) „nach unten"

94 Wenn Beispiele dafür gegeben werden, zeigt sich bei näherem Hinsehen bald, dass dort „die Welt noch in Ordnung" (die Schule noch im Dorf) ist. Theoretisch heißt das, dass eine Trennung der Effekte danach, ob sie der Gemeinde oder der Schulgemeinde zuzuschreiben sind, nicht möglich ist. Entsprechendes gilt für „sozial homogene" Einzugsbereiche von Grundschulen und bei einer „ideologisch homogenen" Elternschaft weiterführender Schulen.

95 Bzw. Schulzweige, wenn die Schulformen in Schulzentren und additiven oder kooperativen Gesamtschulen vereinigt sind.

durchlässig sind, gilt als so selbstverständlich, dass bei der Forderung nach „mehr Durchlässigkeit" nur noch an Aufstiegsmöglichkeiten gedacht wird.

Strittig sind – politisch und schultheoretisch – bei der näheren Ausgestaltung eines Kern-Kurs-Systems vor allem die Entscheidungen über drei Rahmenbedingungen:

(1) Über die Anzahl der Leistungsniveaus (früher bis zu sechs, nun zwei oder drei);

(2) über die Zeitpunkte, zu denen Fächer aus dem gemeinsamen Unterricht ausgegliedert werden, also der Beginn der „äußeren" Leistungsdifferenzierung (sofort am Anfang des 5. Schuljahres oder später) – und ob die Leistungsdifferenzierung in allen Fächern gleichzeitig beginnen soll oder gegebenenfalls in Deutsch später als in Mathematik und in der 1. Fremdsprache;

(3) über die „Einstufung" der Schüler (später „Umstufung", d. h. Auf- **oder** Abstufung) auf dem gleichen Leistungsniveau in allen drei Fächern (streaming) oder auf verschiedenem Niveau je nach Fach (setting). Umstufungen können am Ende jedes Schulhalbjahres vorgenommen werden; „Stützkurse" sollen Abstufung zu vermeiden helfen, „Liftkurse" Aufstufung begünstigen.[96]

Entsprechend können die Auffassungen darüber divergieren, ob der verbleibende gemeinsame Unterricht möglichst von nur einem Lehrer, der zugleich Klassenlehrer ist, erteilt werden soll oder von verschiedenen Fachlehrern.[97]

Kontrovers sind diese Auffassungen nicht nur zwischen verschiedenen Bundesländern und in Förder- oder Orientierungsstufen, deren Schüler anschließend Schulen oder Schulzweige mit traditioneller Gliederung besuchen, sondern auch in mancher integrierten Gesamtschule, obwohl sie weniger Rücksichten auf anschließende Schulen nehmen müsste, weil sie ihre Schüler bis Klasse 10 oder sogar bis zum Abitur behält.[98]

Kern-Kurs-Systeme zerlegen also die Entscheidung über die weitere Schullaufbahn in viele einzelne Entscheidungen, die ggf. von Halbjahr zu Halbjahr revidiert werden können. Sie werben mit dem Versprechen des

96 An integrierten Gesamtschulen setzt mit dem 7. Schuljahr eine weitere Form „äußerer" Differenzierung ein. Meist werden als „Wahlpflichtbereich" eine 2. Fremdsprache, Naturwissenschaften und Arbeitslehre/Polytechnik angeboten, wobei die Ähnlichkeit mit dem Fächerangebot von Gymnasien, Realschulen und Hauptschulen kaum zu verkennen ist. Trotzdem wird betont, dass die Entscheidung für eines der drei Wahlpflichtfächer die weitere Schullaufbahn noch nicht festlege, einzig und allein diese Schule sei wirklich bis zum 10. Schuljahr durchlässig.

97 Das sind im Extremfall schon im 5. Schuljahr weitere sechs Lehrer, womit in dieser Hinsicht „gymnasiale" Verhältnisse erreicht oder sogar übertroffen werden.

98 Steht die Gesamtschule allerdings in Konkurrenz mit benachbarten Gymnasien, ist sie in ihrer „Profilbildung" nicht frei (vgl. 7.5).

immer noch möglichen Aufstiegs; Skeptiker sehen aber die Kehrseite, dass auch der Abstieg von einem Kursniveau in ein niedrigeres alle sechs Monate möglich ist. Während ein Kind beim „direkten" Übergang auf eine Realschule oder ein Gymnasium die angestrebte Schullaufbahn sofort erreicht und dort selbst bei knapp ausreichenden Leistungen erst einmal sicher ist, muss es hier weiterhin im gemeinsamen Unterricht und eventuell sogar in den Kursen mit anderen konkurrieren, die es andernfalls längst hinter sich gelassen hätte. In dieser Perspektive können Kern-Kurs-Systeme als „Schrecken ohne Ende" erscheinen und gemieden werden, zumal inzwischen in den Schulen des Strukturtyps II das „Ende mit Schrecken", das Sitzenbleiben, selten geworden ist und auch sie noch am Ende des 10. Schuljahres „nach oben" durchlässig sind;[99] die zahlenmäßige Bedeutung dieser Durchlässigkeit ist aber gering.

Bis zu diesem Punkt war nur von Entscheidungen die Rede, die unterrichtsorganisatorische Fragen regeln. Selbstverständlich ist damit nur die eine Seite des „Kleinarbeitens" angesprochen. Auf der anderen Seite, der didaktischen, entspricht dem das Zerlegen der Anforderungen im Kursunterricht in benachbarte Anspruchniveaus, sodass die Aufstufung kein leeres Versprechen bleibt. Diese Probleme und die Versuche sie zu lösen werden sichtbar, wenn man von der anderen Seite her fragt, was an den Bemühungen der Kern-Kurs-Systeme um mehr Durchlässigkeit kritisiert wird.

Das ist zuerst und vor allem, dass der „Klassenverband" bezüglich der Schülerleistungen viel heterogener zusammengesetzt sei als die Klassen an anderen weiterführenden Schulen oder die hier in Aussicht gestellten Leistungskurse.[100] Wer sein Kind „länger auf bessere Schulen" schicken will, hat ferner kaum Verständnis dafür, wenn hier die Kurseinteilung nicht in allen Fächern von Anfang an für „unabweisbar" gehalten wird. Wozu gibt es das Gutachten der Grundschule zum Übergang auf die weiterführende Schule und die Zeugnisnoten aus der Grundschulzeit, wenn die Lehrer hier sagen, sie wollten sich auch ein eigenes Urteil bilden und dabei berücksichtigen, wie die Kinder mit den Anforderungen der neuen Schule und Klasse zurechtkämen? Wenn das System ohnehin vorsehe, dass die Einstufung nach jedem Schulhalbjahr überprüft wird, sei doch Gelegenheit, eventuelle Irr-

99 Das wird z. B. ermöglicht durch die Einführung qualifizierter Abschlüsse nach Klasse 10, die zum Besuch der Klasse 11 berechtigen, durch „Realschulabgängerklassen" als Aufnahmeklassen an Gymnasien und durch neue Qualifikationsmöglichkeiten an beruflichen Schulen.

100 Es sei daran erinnert, dass dem „gemeinsamen Unterricht" in anderem Zusammenhang Vorzüge zugeschrieben werden, und vorab gesagt, dass die Überlegenheit des Unterrichts in den (vermeintlich!) leistungshomogenen Kursen umstritten ist, vgl. S. 124.

tümer bei der Ersteinstufung durch Umstufung zu korrigieren; Zweifelsfälle seien selten und kein Grund, viele andere ein ganzes Halbjahr auf den Beginn der Leistungsdifferenzierung warten zu lassen. Nun wird es schwierig, eine an „mehr Durchlässigkeit“ orientierte Konzeption gegen die Opponenten und Skeptiker durchzuhalten; denn die Argumente, die jetzt vorzubringen wären, sind mit dem Makel behaftet, dass sie weitere Probleme von Kern-Kurs-Systemen zur Sprache bringen.

Es sei nicht leicht, für alle oder wenigstens die benachbarten Kurse ein gemeinsames „Fundamentum“ so zu planen (und einzuhalten), dass Schüler aus niedrigeren Kursen auf dieser Grundlage nach einem Halbjahr noch Anschluss an den nächst höheren Kurs finden können. „Lift“- und „Stützkurse“ seien in der Tat mit zusätzlicher Anwesenheit in der Schule verbunden, das trenne oder belaste bisweilen Freundschaften.

Andererseits sei es schwer, das „Additum“, das die höheren Kurse den niedrigeren voraus hätten, so auszulegen, dass sich im nächsten Halbjahr daraus nicht doch Vorteile gegenüber aufgestuften Schülern für die ergäben, die dem Kurs bereits länger angehörten. Dieses Argument ist besonders problematisch, weil diese Rücksichtnahme der allgemeinen Maxime widerspricht, dass Unterricht immer den „Transfer“ auf benachbarte Gebiete begünstigen solle. Für Gegner der Konzeption ist das „die Krönung“ einer Argumentation, durch die sie nur bestätigt sehen können, dass es aus just diesen Gründen vernünftig sei, die Schüler so schnell wie möglich zu trennen, statt die „natürlichen“ Leistungsunterschiede, wie sie sich in der Auseinanderentwicklung der Kurse zeigten, sobald dazu Gelegenheit sei, im gemeinsamen Unterricht der Klasse „künstlich zu nivellieren“.

Der bevorzugte Ausweg aus dieser vertrackten Lage ist es, auch bei Schultheoretikern, das Thema zu wechseln oder das Bezugssystem zu ändern. Nun wird – gegen die eigenen älteren Programme[101] – betont, dass die Schule nicht nur „Leistung“ in diesem „engen Sinn“, sondern auch ihre Erziehungsaufgaben vor Augen haben müsse, und dass eine „Fixierung auf bloßen Wissenserwerb“ dem Selbstverständnis der Schule widerspreche. Diese Wendung nahm auch die schulpolitische Diskussion, als die Leistungsvergleiche zwischen Gesamtschulen und dem „traditionellen System“ und statistische Erhebungen über Durchlässigkeit und Chancengleichheit für die Befürworter von Kern-Kurs-Systemen ernüchternde Befunde erbrachten.[102]

---

101 Vgl. z. B. SANDER, TH./ROLFF, H. G./WINKLER, G.: Die demokratische Leistungsschule. Hannover 1967.

102 Vgl. Anhang 7.

6.3 „Chancengleichheit" zwischen Start und Ziel – Lehren aus dem Vergleich der Schulsysteme

Solange Unterschiede in „Begabung" und „Neigung" alleine als Erklärung für unterschiedliche Schulleistungen akzeptiert werden, scheint das Leistungsprinzip in der Schule zu gelten. Beginnt jedoch aufzufallen, dass der Schulerfolg von weiteren Faktoren abhängen könnte, die nicht den Heranwachsenden „als Person" zuzurechnen sind, sondern Unterschieden zwischen den Bedingungen, unter denen sie aufwachsen, z. B. der Entfernung zwischen Wohnort und Schulort, regen sich Zweifel an der faktischen Geltung des Leistungsprinzips. Die Frage kommt auf, ob überhaupt die wichtigste Voraussetzung für seine Geltung erfüllt sei, nämlich Gleichheit der Start-Chancen. Da kann jeder sehen, dass es ungerecht wäre, wenn die Erfüllung der Anforderungen der Schule den einen durch äußere Bedingungen erschwert, anderen hingegen erleichtert würde. Dass es in der Schule und zuvor schon beim Zugang zu Schulen gerecht zugehe, ist aber doch wohl das Mindeste, was man erwarten kann – oder?

Gerechtigkeit zu fordern ist aber leichter als sie herzustellen; das wissen Geschwister schon von den Verhandlungen über Taschengelderhöhungen in der Familie. Zwei „Rechtspositionen" stehen sich da schroff gegenüber: „Inflationsausgleich" und „Alterszuschlag". Ältere Geschwister finden es ungerecht, dass jüngere mehr Taschengeld bekommen sollen als sie „damals" in deren jetzigem Alter, wollen aber, dass ihre mit dem Alter zunehmenden Bedürfnisse anerkannt werden. Jüngere finden das „unlogisch": Wer für sich selbst einen Alterszuschlag, also ungleiche Behandlung, erwarte, dürfe nicht nun, sobald es um die Wünsche anderer gehe, für Gleichbehandlung plädieren und am Inflationsausgleich Anstoß nehmen.

Haben sich Eltern (oder Lehrer) auf das Prinzip der „relativen Gleichbehandlung" eingelassen, können sie nur noch selten etwas tun oder lassen, ohne dass sich jemand ungerecht behandelt fühlt. Nur eines wäre noch viel ungerechter: „absolute" Gleichbehandlung, also das Taschengeld weder dem Alter noch der Geldentwertung anzupassen. Auf den Unterricht übertragen, würde absolute Gleichbehandlung bedeuten, dass weder das Bemühen um Unterrichtserfolg (vgl. 5.2) berücksichtigt wird noch unterschiedliche Lernvoraussetzungen. Dann würden sich nicht nur manche manchmal, sondern alle dauernd ungerecht behandelt fühlen.

Zu den Daueraufgaben von Eltern mehrerer Kinder und von Lehrern zählt deshalb, immer wieder zu erläutern, was sie im vorliegenden Fall unter „relativer Gleichbehandlung" verstehen, welche Umstände sie berücksichtigen und wie sie die Differenzierungskriterien gewichten. Kinder und Schüler lernen dabei, dass absolute Gerechtigkeit höchstens im Himmel zu erwarten ist, dass soziale Institutionen wie die Schule Gerechtigkeit üben, indem sie die unvermeidlichen Ungerechtigkeiten möglichst gerecht verteilen, aber auch, dass Erwachsene sich in dem Geschick unterscheiden, mit dem sie Ungerechtigkeiten minimieren und gleich verteilen.[103]

Wer Chancengleichheit fordert,[104] erweitert den Verantwortungsbereich der Schulpolitik. Der Staat soll nicht mehr nur für alle Schüler „formal“ das gleiche Angebot bereitstellen, sondern außerdem dafür Sorge tragen, dass alle es gleichermaßen nutzen können, im Extremfall mit dem gleichen Ergebnis. In bildungspolitisch radikaler Wendung wird die Gleicheitsforderung nämlich nicht nur für den Beginn des Lernprozesses, sondern auch für das Ziel erhoben – sodass letztlich der Zugang zu den Universitäten – warum nicht ein abgeschlossenes Hochschulstudium? – zum Indikator für die Realisierung von Chancengleichheit wird. Während solche Forderungen bildungsökonomisch und schultheoretisch relativ plausibel als Paradox abgewehrt werden können,[105] bleibt trotzdem die Frage dringlich, wie lange die Schule und zuvor die Bildungspolitik wenigstens die Gleichheit der Startchancen sichern kann.[106] Der Staat soll dann z. B. weiterführende Schulen nicht nur in Städten anbieten, sondern auch auf dem Land bauen.[107]

Die Forderung, gleiche Startchancen herzustellen, will absolute durch relative Gleichbehandlung, d. h. durch ungleiche Behandlung ungleicher Voraussetzungen, ersetzt sehen. Diese Forderung zielt auf „Chancenausgleich“, d. h. auf die Beseitigung von „Bildungsdisparitäten“ durch den „Abbau von Bildungsbarrieren“. Konsequenterweise muss die Gegenseite für „Chancengerechtigkeit“ plädieren: Als gerecht könne es nur gelten, wenn jedes Kind „seine Chance“ erhalte, also ein schulisches Angebot, das seiner „Begabung“ und „Neigung“ die notwendigen Lernanreize biete. Damit wird die „Angebotsseite“ genau so problematisiert wie zuvor die „Nachfrageseite“; also kann der Staat (wie im Beispiel die Eltern) nun nicht mehr gerecht verfahren, sondern nur noch mehr oder minder ungerecht.

---

103 PRANGE, K.: Bauformen des Unterrichts. Bad Heilbrunn 1983, Kap. 15 und 16; RAWLS, J.: Eine Theorie der Gerechtigkeit. Frankfurt a. M. 1979, S. 27–34 (Gerechtigkeit als Fairneß).

104 Genauer ist zu unterscheiden zwischen gleichen Chancen zu Beginn (Startchancen), „gerechter Behandlung“ im Verlauf einer Periode, sodass sich die beim Start vorhandenen Dispariäten nicht vergrößern (bedingte Chancengleichheit) oder an ihrem Ende (z. B. der Grundschule), d. h. zugleich der Startchancen am Anfang der nächsten Periode (zu Beginn der weiterführenden Schule).

105 Wenn erst dann von Chancengleichheit gesprochen werden darf, wenn alle dasselbe erreicht haben, ist zugleich das Privileg, an dem man erfolgreichen Aufstieg messen kann, verschwunden.

106 HECKHAUSEN, H.: Gleichheit der Bildungschancen als zehnfaches Dilemma. In DERS.: Leistung und Chancengleichheit. Göttingen 1974, S. 126–151.

107 Oder die Fahrtkosten an Eltern erstatten, die ihr Kind sonst nicht auf eine weiterführende Schule in der Stadt schicken könnten – u. a. m.

Während Befürworter der Landschulreform noch ganz unbefangen sagen konnten, man müsse ländliche „Begabungsreserven" erschließen, „Begabung" (auch unterschiedliche) somit als etwas „von Natur aus" Vorhandenes ansahen, nahm bereits der Deutsche Ausschuss bei der Begründung der Förderstufe die in der Psychologie geläufige Unterscheidung von Intelligenz und Begabung auf.[108] Diese sog. „Dynamisierung" des Begabungsbegriffs schärft den Blick für weitere Faktoren, die den Schulerfolg beeinflussen und nicht den Heranwachsenden als Verdienst oder Verschulden zugerechnet werden dürfen. Diese Faktoren, im Falle der „bedingten Chancengleichheit" das in der Schule organisierte Lernen, sind dann als Bedingungen anzusehen, unter denen man aufwächst, und müssen genau so behandelt werden wie die Länge des Schulwegs – dies vor allem, wenn sie viel gravierendere Auswirkungen haben. Nimmt die Schulpolitik diese Herausforderung an, wird aus ihr, nun in ganz anderem Sinne, Gesellschaftspolitik. Die Schule wird haftbar für die Versäumnisse von Staat und Gesellschaft bei der Einlösung der im Grundgesetz für die Bundesrepublik Deutschland gegebenen Gleichheitsversprechen.

Alle westlichen Industriestaaten haben spätestens seit den 1960er Jahren ihre Bildungspolitik mit dieser Erwartung und die Schule mit den entsprechenden Aufgaben belastet. Rückblickend ist allerdings zweifelhaft (vgl. Anhang 3), ob es überwiegend der Schulpolitik zu danken ist, wenn Bildungsbenachteiligungen der Katholiken, der Landkinder und der Mädchen[109] mittlerweile fast völlig verschwunden sind. Dass sich hingegen bei „Arbeiterkindern" nicht viel geändert hat und das wenige vielleicht nur, weil „Kinder ausländischer Mitbürger" inzwischen gesondert gezählt werden,[110] spricht gegen die Annahme, soziale Ungleichheit sei durch Bildungspolitik zu beseitigen oder auch nur nennenswert zu beeinflussen. Bestärkt werden die Zweifel durch internationale Erfahrungen. Wissenschaftlich betrachtet, ist es so, dass das Bildungswesen nicht Gleichheit herstellt, sondern die Unterschiede manchmal sogar vergrößert und zumindest ihre Fortdauer rechtfertigt; denn sie erscheinen jetzt als Ergebnis der individuellen Lernprozesse in einem Bildungssystem, das sich anstrengt, die Lernenden bis zur Grenze ihrer Leistungsmöglichkeiten zu fördern.[111]

---

108 Während der Begriff Intelligenz dort (durch Tests) gut definiert sei und genau das zu bezeichnen suche, was die gegen Beeinflussungen relativ stabile Voraussetzung für Denken und Lernen ausmache, werde Begabung eher in der Umgangssprache und dort häufig im Plural gebraucht, um verschiedene Spezialbegabungen zu unterscheiden, von denen gedacht werde, dass man sie wecken und fördern könne, weil sie sich nur in Auseinandersetzung mit Herausforderungen der Umwelt, und dann allmählich, entwickelten.

109 Vgl. dazu jedoch Anhang 5.

110 BMBW (Hrsg.): Arbeiterkinder im Bildungssystem. Bad Honnef 1981, bes. S. 41–48.

Bedeutsamer als alle Veränderungen der **relativen** Chancen, die das Schulsystem Kindern aus den verschiedenen Bevölkerungsgruppen geboten hat und bietet, ist jedoch die **absolute** Ver**drei**fachung der **tatsächlichen** Abschlüsse an weiterführenden Schulen in der Epoche zwischen 1950 und 1990. Sie resultierte aus der Expansion der Realschulen und Gymnasien und eröffnete mehr Heranwachsenden aus allen Bevölkerungsgruppen eine anspruchsvollere Bildung als irgendeiner Elterngeneration zuvor.[112]

Die Ungleichheit, könnte man abschließend sagen, wurde zwar nicht abgebaut, aber für zwei Drittel der Bevölkerung wird sie erst nach der früher so genannten mittleren Reife wirksam, dem Abschluss der 10. Klasse; erst dann sind ihre Startchancen bei der weiteren Ausbildung nicht mehr gleich.

6.4 „Äußere“ und „innere“ Schulreform – Lehren aus der Zeit bildungspolitischer Kämpfe

Außer im Kurssystem der gymnasialen Oberstufe und den Kern-Kurs-Systemen der Gesamtschulen und Orientierungs- oder Förderstufen überwiegt der gemeinsame Unterricht für alle Schüler einer Schule. Er wird, soweit die Schülerzahl nicht zu gering ist, nach Jahrgängen getrennt erteilt.[113] Unterschiedliches Leistungsvermögen der Schüler, das ihre Trennung „unabweisbar“ machen würde (vgl. 6.2), gilt hier nicht als Teilungsgrund.

Leistungsunterschiede in Jahrgangsklassen werden entweder als willkommen angesehen, weil Schüler sich wechselseitig anregen und voneinander lernen können, oder es wird angeraten, mit „innerer“ Differenzierung auf sie zu reagieren.[114]

---

111 BOURDIEU, P./PASSERON, J.-C.: Die Illusion der Chancengleichheit. Stuttgart 1971; DESSAI, E.: Chancengleichheit durch Schulreform. Frankfurt a. M. 1974; MÜLLER, W./HAUN, D.: Bildungsungleichheit im sozialen Wandel. In: Kölner Zeitschrift für Soziologie und Sozialpsychologie 46 (1994), S. 1–42 vs. BLOSSFELD, H.-P./SHAVIT, Y.: Dauerhafte Ungleichheiten … In: Zeitschrift für Pädagogik 39 (1993), S. 25–52.

112 Vgl. Tab. 8, S. 206.

113 Ausnahmen vom Unterricht in Jahrgangsklassen sind der nach Konfessionen getrennte Religionsunterricht (bzw. Ethik o. ä. als Ersatzfach), der Sportunterricht, der früher fast ausnahmslos nach Geschlechtern getrennt erteilt wurde, und manche Fächer zeitweilig für Unterricht, bei dem eine bestimmte Größe der Lerngruppe nicht überschritten werden darf: vor allem Experimentalunterricht, bei dem Schüler gefährdet sein könnten und sorgsamer Aufsicht bedürfen.

114 Das Gemeinsame dieser Maßnahmen ist, dass sich Schüler im gleichen Raum und beim gleichen Lehrer zeitweilig allein (Individualisierung), paarweise (unter anderem Helfersystem) oder in kleinen Gruppen mit Aufgaben beschäftigen, die sie vom Thema her interessieren oder die ihrem Leistungsvermögen angemessen sind. Für Komplikationen und Zielkonflikte vgl. Kap. 8 bzw. DIEDERICH, J.: Differenzierung im Unterricht. In: Westermanns Pädagogische Beiträge 31 (1979) 1, S. 20–25.

Mit diesem „Entweder-Oder" ist der Widerspruch von Gleichheit und Freiheit, von Integration und Individualisierung nun von der Ebene der Schule auf die des Unterrichts verlagert. An die Stelle der „äußeren" Reform des Schulaufbaus tritt die „innere" Reform des Unterrichts. Schultheoretisch fällt dabei zunächst dies auf: Auf dieser Ebene gilt nicht mehr Gleichheit als erstrebenswerter, sondern Freiheit. „Innere Differenzierung" wird als modern und fortschrittlich angesehen, der für alle gleiche „Frontalunterricht" als antiquiert und konservativ, wenn nicht reaktionär (vgl. Kap. 8).

Das Dilemma aller Differenzierungsmaßnahmen, in der Unvereinbarkeit konkurrierender Erwartungen begründet, wird sogar schon in der Grundschule sichtbar: Unterschiede, die als Kriterium für die Einteilung von Lerngruppen benutzt werden, kommen im Zuge der ihnen angemessenen Tätigkeit verstärkt zur Geltung und werden immer größer.[115] Bedenkt man, dass „offener Unterricht", der für die Grundschule als modern gilt, mehr als anderer erwartet, dass Schüler ihn als „Lerngelegenheit" für sich nutzen,[116] wird aus der bildungspolitisch und pädagogisch bemerkenswerten Umbewertung von Freiheit und Gleichheit auf der Ebene des Unterrichts ein Problem der Schultheorie: Was eigentlich ist das Gemeinsame am „gemeinsamen Unterricht", das die einen ihn fordern, die anderen ihn fürchten lässt (vgl. Kap. 8)?

Mehr Gemeinsamkeit (oder gar: Einheit) für das Lernen in der Schule zu fordern, ist vielleicht in bildungspolitischen Programmen werbewirksam, erzeugt aber Probleme, die für Schulen und im Unterricht die Gestalt von Zielkonflikten bei der Aufgabenstellung annehmen. Forschung über die Effekte von Differenzierungsmaßnahmen lässt es geraten sein, die Kinder, die Lehrer und die Schulen nicht zu überfordern.[117] Dann besagt die Formel „gemeinsamer Unterricht" nur das, was in 6.1 „gemeinsame Schulzeit" genannt wurde, das Beisammensein in einem Raum, immerhin allerdings mit den im 5. Kap. beschriebenen Effekten.

Die Unterscheidung von „innerer" und „äußerer" Schulreform erzeugt politische Polarisierungen,[118] deren Analyse schließlich zur Beantwortung der Frage führt, worin wir denn die Aufgabe einer Schultheorie sehen.

---

115 Schon Maßnahmen, die zur Steigerung der Chancengleichheit ergriffen werden, betonen Unterschiede, die sie abbauen wollen, verfeinern die Unterscheidungen und verbessern damit die Anschlussmöglichkeiten für weitere Selektion.

116 Vgl. 5.3: Wer es nicht versteht, sich selbst zu motivieren, fällt hier unangenehm auf. Je öfter „offener" Unterricht praktiziert wird und je weniger lehrerzentriert bzw. je mehr schülerorientiert, desto höhere Ansprüche werden an die Selbstständigkeit der Schüler gestellt.

117 ROEDER, P. M./TREUMANN, K.: Dimensionen der Schulleistung. 2 Bde. Stuttgart 1974. TREIBER, B./WEINERT, F. E.: Gute Schulleistungen für alle? Münster 1985.

118 FURCK, C.-L.: Innere oder äußere Schulreform? Kritische Betrachtungen. In: Zeitschrift für Pädagogik 13 (1967), S. 99–115.

Während Gegner struktureller Reformen sie als „nur äußerlich“ zu verdächtigen suchten, sahen die Befürworter darin einen Weg, für die „innere“ Schulreform überhaupt erst die notwendigen Rahmenbedingungen zu schaffen.[119] Wer auf die „unübertreffliche Erziehungskraft“ der Dorfschule pochte, musste mit der Frage rechnen, wie es Kindern ergehe, die mit „ihrem“ Lehrer, unter Umständen dem einzigen in ihrer gesamten Schulzeit, nicht zurecht kämen und nie Aussicht auf einen Lehrerwechsel hätten. Die Frage akzeptiert zwar das pädagogische Theorem, Erziehung setze zum Gelingen eine positive emotionale Beziehung voraus, aber konfrontiert es zugleich mit dem schultheoretischen Argument, es sei an Schulen mit wechselnden Fachlehrern wahrscheinlicher, dass jedes Kind ab und zu einen Lehrer findet, zu dem es Vertrauen fassen kann – wenigstens einen pro Schuljahr, und wenn nicht in diesem Jahr, dann vielleicht im nächsten.

Das Argument führt eine durch organisatorische Bedingungen beeinflussbare Voraussetzung dessen ein, was auf der Ebene der Interaktion zwischen Schüler und Lehrer als pädagogisch unstrittiges „Axiom“ unproblematisiert blieb, wechselt aber die Referenz: Wenn nicht jeder Schüler zu jedem Lehrer Vertrauen haben kann, weil das eine sehr an die Personen gebundene, gar intime Beziehung ist – wie für die Dorfschule behauptet wurde, kann die Frage nicht mehr sein, wie Lehrer das Vertrauen aller Schüler gewinnen können, sondern es muss bedacht werden, was noch möglich ist, wenn das als unwahrscheinlich gilt. Muss die Schule es dann dem Zufall überlassen, wie auf dem Dorf, oder kann sie dem Zufall bessere Chancen geben, wie in der Stadt?

Das Beispiel aus einer politischen Kontroverse deckt nicht nur auf, was für die Heftigkeit der Auseinandersetzungen, die Stabilität oder gar Unlösbarkeit mancher Konflikte verantwortlich sein könnte.[120] Mit der Unterscheidung der beiden Referenzen, Interaktion und Organisation, kann auch theoretisch gefasst werden, was durchgängig den „Nachfrage“- und den „Angebots“-Standpunkt kennzeichnet. Der Staat definiert in der Regel das Angebot – und befolgt das Gleichheitsgebot, wenn er es vereinheitlicht, zumindest auf einem bestimmten Niveau vergleichbar zu machen sucht, um

119 Für die Zentralisierung der wenig gegliederten Landschulen sprachen ökonomische und „kompensatorische“ Argumente: Jahrgangsklassen mit Fachunterricht (vor allem in einer Fremdsprache, aber auch in naturwissenschaftlichen und „musischen“ Fächern, für die an Zentralschulen Fachräume und Turnhallen gebaut werden konnten) und Austauschbarkeit der Lehrer (weniger Unterrichtsausfall bei Krankheit, wechselnde Lehrer statt eines Lehrers für alle Fächer und die ganze Schulzeit). Die Befürworter versprachen sich davon die „Modernisierung“ der Schule und eine Angleichung der Bildungschancen zwischen Land und Stadt.

120 Kommunikationsstrategisch „schlägt“ die Rückfrage ja den Kontrahenten „mit seinem eigenen Argument“, was leicht dazu führen kann, dass das Gespräch überhaupt abgebrochen oder nur sehr gereizt fortgesetzt wird.

eine Mindest-Qualität der Schule zu sichern. Dann geht es um Strukturprobleme und „äußere“ Schulreform. Die nachfragenden Eltern und ihre Kinder erwarten nicht eine „gleichmacherische“ Mindestversorgung, sondern das für sie „Beste“: Förderung jeglicher Begabung und individuelle Betreuung, ein nützliches und lokal passendes Bildungsangebot (zumindest in der Grundschule), Respekt der Schule gegenüber der Gemeinde oder dem anderweitig definierten Milieu und zuerst, nicht zuletzt, einen Lehrer, dem ihr Kind und sie vertrauen[121] können – sie alle.

Lösungen gibt es für solche Konflikte nicht; sie können nur in Einzelfragen zerlegt, dadurch begrenzt und kontinuierlich bearbeitet werden. Aber Nüchternheit ließ sich damals und lässt sich heute immer noch politisch schlecht verkaufen.

Wenn Schul-Theoretiker demgegenüber Pflichten haben und Verantwortung tragen, dann wohl als erste die, immer auf das andere aufmerksam zu machen, das auch denkbar, möglich oder sogar wirklich ist, auf Gegenbeispiele wie das, das am Ende dieses Abschnitts steht.

Das Argument, „äußere“ Reformen schüfen jene Voraussetzungen, ohne die „innere“ Reformen unmöglich sind, lässt sich so wenden, dass es der inneren Reform zumindest „einen Fuß in der Tür“ verschafft. Dann heißt es, über Möglichkeiten und Schwierigkeiten der Integration behinderter Kinder in Grundschulklassen oder auch darüber hinaus lasse sich wenig sagen, solange nicht Versuche mit einer solchen Reform zugelassen würden.

Mit dieser Strategie wurden Reformgegnern die ersten Gesamtschulen abgetrotzt: Schulversuche mit wissenschaftlicher Begleitung zuzulassen, sei das Mindeste, was ein Opponent zugestehen müsse, wenn er unvoreingenommen sei. Nun, zur Frage der Integration von Behinderten, ist das damals beliebte Gegenargument, man dürfe Kinder nicht zu „Versuchskaninchen“ machen, nicht mehr zu hören – nicht einmal von den Sonderschulen, obwohl sie dadurch ihr Klientel verlieren. Die bildungspolitische Kompromissformel, „äußere Reformen ersetzen nicht die Arbeit an inneren; innere Reformen in ‚falschen‘ Strukturen laufen leer“, können „Anbieter“ und „Nachfrager“ zwar als „vertrauensbildend“ oder „friedensstiftend“ interpretieren; der Schultheorie ist allerdings mit Kontroversen mehr gedient.[122]

121 Die Enttäuschung liegt dann darin, dass „Vertrauen“ zu einem sozialtechnologischen Begriff wird, der nicht mehr die Voraussetzung der Intimität hat, vgl. LUHMANN, N.: Vertrauen. Ein Mechanismus zur Reduktion sozialer Komplexität. 2. erw. Aufl. Stuttgart 1973, bes. S. 50–66 vs. S. 24–30 und 40–50.

122 Dass die Sonderschulen – im Unterschied zur Hauptschule – bisher keinen nennenswerten „Schülerschwund“ zu beklagen haben (vgl. Tab. 9, S. 207), ist ein Phänomen, dessen Erklärung die Schul-Theoretiker zu entzweien geeignet ist, vgl. RADTKE, O: Interkulturelle Erziehung. In: Zeitschrift für Pädagogik 41 (1995), S. 853–864 und die Replik von AUERNHEIMER, G. in Heft 3/1996 der Zeitschrift für Pädagogik, S. 425–430.

Teil III
Wie das Schulwesen sich steuern lässt

Kann die Theorie der Schule mehr als „immer auch das andere zeigen“, das Paradoxe als das Normale auszeichnen und an die Differenz von Intention und Wirkung erinnern? Kann sie auch „konstruktiv“ sein, Gestaltungsvorschläge machen und zeigen, wie sich Schulen modifizieren und reformieren lassen?

Theorien der Schule können das nicht nur, sie tun es unablässig, direkt oder indirekt. Sich mit einer Theorie der Schule zu beschäftigen, nicht mit einer Theorie des Schulsystems oder des Unterrichts, hat nämlich zur stillschweigenden Voraussetzung, dass der einzelnen Schule bestimmte Wirkungen zuerkannt werden müssen, die weder vom Schulsystem generell noch vom Unterricht allein ausgehen. Mindestens müssen Wirkungen, deren Ursachen im Schulsystem oder im Unterricht zu suchen sind, durch die Schule als „dazwischenliegendes Bedingungsgefüge“ so stark modifiziert werden, dass sich von einer Eigenlogik der Schule sprechen lässt. Diese Eigenlogik zu zeigen bedeutet deshalb auch die permanente Einladung, den deskriptiven Aussagen eine entsprechende Theorie der Intervention folgen zu lassen. Wie kann eine solche Gestaltungstheorie aussehen?

Was die einzelne Schule im Schulsystem angeht, hat sich in den vorhergehenden Kapiteln schon angedeutet, dass in diesem System eine Vielfalt herrscht, die es verbietet, ernstlich mit der Determination des Geschehens in Schulen durch die ihnen gesetzten Rahmenbedingungen zu rechnen. Damit wird der einzelnen Schule im Sinne des Wortes nur ein Rahmen vorgegeben – und für eine Theorie der Schule ergibt sich die Frage, wie Schulen mit Ermessensspielräumen umgehen, die ihnen zugestanden sind. Werden sie „nach unten“, an die Lehrer, weitergegeben oder werden sie dazu genutzt, so etwas wie eine Innenpolitik oder sogar Außenpolitik zu entwickeln und der Schule damit ein „Profil“ zu geben?

Wo das geschieht, ist mehr als Eigenlogik im Spiel, nämlich der Versuch, in der Eigenlogik die theoretische Grundlage relativ autonomen Entscheidens zu sehen, die zufällige Vielfalt in gewollte Besonderheiten zu überführen und die notorische Unterbestimmtheit durch nähere Bestimmungen zu verringern.

Wo das geschieht, ist allerdings die Kehrseite, dass Ermessenspielräume, die andernorts einzelne Lehrer haben, durch die Schulleitung und die Selbstverwaltungs- und Mitwirkungsgremien der Schule eingeschränkt werden. Das ist der gute Sinn von „Bürokratie", hier wie anderswo. Die Normierungen sollen die Schule normalisieren, sie von einzelnen Personen, deren Stärken und Schwächen, aber auch Launen unabhängig machen, die Austauschbarkeit des Personals garantieren und Willkür minimieren, damit die Schule verlässlich wird – soweit das geht. Denn auch eine maximal „verwaltete Schule" kann das Ermessen wiederum nur begrenzen, ausschließen lässt es sich nicht; dafür sorgen die Eigenlogik des Unterrichts und der Eigensinn der an ihm beteiligten Personen, der Lehrer wie der Schüler.

Für eine traditionelle Theorie der Organisation, die in festen Verbindungen von Zielen und Mitteln, Vorgaben und Steuerungsimperativen denkt, sind Organisationen wie die Schule ein Greuel. Aber die meisten Theoretiker der Organisation sind heute nicht mehr nur traditionell orientiert. Sie können sich Organisationen anderer Art vorstellen – und demonstrieren deren Existenz unter anderem mit Schulen. Hier sind die Elemente nicht strikt verknüpft und hierarchisch von oben her gesteuert, sondern relativ lose verkoppelt. Was in traditioneller Perspektive wie Chaos aussieht, hat hier guten Sinn, ist Indiz für Aufgaben, die sich im Rahmen strenger Normierungen gar nicht richtig erkennen und vernünftig bearbeiten ließen, weil zu viele Ziele angesteuert werden müssen und zu oft Ziele, die in einem Spannungsverhältnis zueinander stehen. Schulen sind beispielhaft für solche besonderen Organisationen[1] – und ihnen entspricht deshalb auch ein besonderer Interventionstypus.

Was kann man dann tun? Wie lässt sich eine Realität gestalten, die in solchen Spannungen und Konflikten lebt? Nur „locker gefügt", von außen normiert, aber von innen gestaltet, systemisch gebaut, aber durch Interaktionen realisiert, in Strukturen wie dem Klassenzimmer organisiert, aber je neu situativ verwirklicht – eine Wirklichkeit also, die von den Merkmalen der Organisation und der Interaktion zugleich geprägt ist. Strikte Steuerung, die Punkt-zu-Punkt-Zurechnung von Zielen zu Mitteln verbietet sich. Aber sie ist nicht etwa nur ausgeschlossen, weil es um Menschen geht (also normativ verboten), sondern manchmal gar nicht möglich und, falls doch, nicht effizient, weil sie mehr Probleme erzeugt als löst. Deshalb bleibt es immer bei Normierungsversuchen, gehe es nun um Schulen, den Unterricht oder Menschen.

---

1 TERHART, E.: Organisation und Erziehung. In: Zeitschrift für Pädagogik 32 (1986), S. 205–223; WEICK, K. E.: Educational Organizations as loosely coupled Systems. In: Administrative Science Quarterly 21 (1976), S. 1–19; DERS.: Der Prozess des Organisierens. Frankfurt a. M. 1985.

Normierungen wollen Wahrscheinlichkeiten von Zuständen, Prozessen oder Ereignissen in Richtung der Normen verändern, von denen der Versuch, ob er gelingt oder nicht, geleitet ist. Versuche gelten nicht nur dann als gelungen, wenn sie Erwünschtes erreichen, sondern auch, wenn sie *Unerwünschtes ausschließen*, es seltener oder wenigstens unwahrscheinlicher machen. D. h. jedoch nicht, dass damit das Erwünschte automatisch häufiger werden müsste. Was jeweils als erwünscht oder unerwünscht gilt, kann eine *deskriptive* (nur *be*schreibende) Theorie der Schule als *kontingent* behandeln, d. h. als veränderlich von Zeit zu Zeit und Ort zu Ort.[2]

Die Strategien der klassischen Pädagogen, im Erziehungsgeschäft zunächst nur zu beobachten, Zeit zu verlieren, nicht zu gewinnen, Geduld als pädagogische Tugend zu üben, zuerst Natur und „Umgebung" (Dewey) zur Geltung kommen zu lassen und nicht immer sofort den menschlichen Akteur, weil dann die Fehlerquote geringer wird und der Umgang mit der Welt erträglicher, alle diese alten Regeln haben einen systematischen Sinn. Sie besagen, dass die Erziehung generell und die in der Schule im Besonderen durch „blinden Aktionismus" eher belastet als gefördert wird, und raten dringend von zu viel handlungsbezogener Emphase ab. Regeln wie diese, aber auch die modernen Theorien elastischer Organisation, sehen in der Not des Alltags die Tugend der Behutsamkeit. Die übrigen Tugenden des Pädagogen sind von Bedeutung, aber doch nur als Teil eines Systems, das die Fehler erträglich macht, die beim Entscheiden und Handeln unvermeidlich sind.

7 Versuche, Schulen zu normieren

In der Frage, auf welche Weise normiert werden soll, konkurrieren – und verzahnen sich oft – zwei Prinzipien: Das erste baut auf Konsens und Interaktion, auf bereits vorhandene oder doch herstellbare gemeinsame Überzeugungen, Normen und Werte. Das andere rechnet eher mit Dissens

2 Normative Theorien, die glauben, Aufgabe einer Theorie der Schule sei es, außer dem Nachdenken über die Schule auch noch das Entscheiden und Handeln zu normieren, haben es viel schwerer. Sie müssen sich dazu äußern, was nach ihren Maßstäben eine gute Schule, guten Unterricht, die gute Lehrerin bzw. den guten Lehrer oder gar den guten Schüler ausmacht. Das überlässt eine Theorie wie die hier vorgetragene deren Eigenlogik bzw. Eigensinn. Allerdings ist auf zwei Merkwürdigkeiten normativer Theorien in diesem Zusammenhang hinzuweisen: Sie fordern oft mehr Autonomie für Schulen und für Lehrer (statt oder), und sie versuchen gleichzeitig diese Autonomie durch ihre eigenen Normierungen einzuschränken. Aber auch das bleibt, sei zur Beruhigung aller Betroffenen gesagt, beim Versuch.

und sieht vor, anderweitig nicht ausräumbare Konflikte durch Beschlüsse zuständiger Gremien zu entscheiden, vertraut also auf Organisation.

Zwar stellt sich vorab die Frage, ob es nicht Kriterien für die Qualität von Schulen gibt, die jeglichem Meinungsstreit enthoben sind; aber die politischen Auseinandersetzungen, von denen im 6. Kap. die Rede war, ließen schon ahnen, dass damit kaum zu rechnen ist (7.1).

Wie im Falle der einzelnen Schule oftmals nicht mehr als ein Minimalkonsens durchzuhalten ist, gelingt den Bundesländern selten mehr als die Sicherung von Mindeststandards für alle Schulen – und auch das nicht immer in jeder Hinsicht. Doch können sich Schulen selbst dann erheblich voneinander unterscheiden, wenn sie unter den gleichen „Rahmenbedingungen“ arbeiten (7.2).

Das führt auf die Frage, ob Schulen in privater Trägerschaft, die öffentlichen Schulen manchmal als Vorbild vorgehalten werden, dank größerer Ermessensspielräume überlegen sein können oder weil in homogenerem Milieu häufiger Konsens in prinzipiellen Fragen gegeben ist (7.3).

Ein Gutachten des Deutschen Juristentages hat die Frage aufgeworfen, ob nicht im Schulsystem überhaupt weniger inhaltlich normiert und mehr in das Ermessen der einzelnen Schule gestellt werden sollte. Damit würde, wie eingangs des 6. Kap. gesagt, prinzipieller Dissens „an die Basis“ zur Bearbeitung zurückgereicht (7.4).

Die Schlussthese des Kapitels lautet, es sei gar keine Frage, welcher der beiden Möglichkeiten, Schulen zu normieren, man den Vorzug geben müsse. Wer hofft, an jeglicher Schule in prinzipiellen Fragen regelmäßig zur Mehrheit zu gehören, mag ja auf Konsens und Interaktion vertrauen. Doch wer das für unwahrscheinlich hält, muss es begrüßen, dass die Schulverfassung mit Verfahrensregeln für den Schutz von Minderheiten sorgt.

7.1 Die Qualität von Schulen bestimmen

Versuche, die Qualität von Schulen durch die Angabe positiver Merkmale zu bestimmen, werfen drei verschiedene Fragen auf:

1. Welches sind die entscheidenden Vorzüge „guter Schulen“? Nicht alle Unterschiede zwischen „guten Schulen“ und anderen werden gleichermaßen als Kriterien für „Qualität“ geeignet sein.

2. Gut für wen? Nicht alle, die sich zur Qualität von Schulen generell oder speziell einer Schule äußern, werden dasselbe „gut“ finden.[3]

3 Selbst wenn sie in den meisten Grundüberzeugungen, Werten und Normen übereinstimmen, werden sie, ihren Rollen gemäß, unterschiedliche Kriterien bevorzugen: Wer z. B. an einer Schule zugleich Mitglied des Kollegiums, der Elternschaft und möglicherweise noch eines Vereins ist, der dort Räume nutzt, hat oft „drei Seelen in seiner Brust“.

3. Was kann unternommen werden, um die (wie immer zu bestimmende) „Qualität" einer Schule zu sichern oder zu verbessern? Welche Maßnahmen müssen vorgeschlagen und diskutiert, beschlossen und vielleicht vor der Durchführung genehmigt werden? Wie kann man das, was wünschenswert wäre, mit dem verbinden, was realisierbar ist?

In diesem Abschnitt wird nur die erste Frage behandelt, die nach den Vorzügen „guter Schulen". Gäbe es für Schulen Qualitätsstandards, die niemand problematisieren kann, in welcher Rolle auch immer er an der Schule Anteil nimmt, wären dem Pluralismus, der ansonsten gemäß der zweiten Frage verarbeitet werden muss, Grenzen gesetzt. Was die einzelne Schule betrifft, ist meist ein „Minimalkonsens" der intern respektierte Rahmen für alles Weitere; aber aus wissenschaftlicher Sicht kann dieser durchaus problematisch sein.

Normative Theorien kritisieren, dass der „kleinste gemeinsame Nenner" weit von dem entfernt ist, was sie unter Schulqualität verstehen, deskriptive Theorien, wenn er gerade das nicht einschließt, was Qualitätsunterschiede ausmacht. Das gibt der Frage nach den Vorzügen „guter" Schulen eine empirische Wendung: Statt Interessierte allgemein zu fragen, welche Merkmale von Schulen ihrer Meinung nach qualitätsbestimmend sind, kann ihnen die Frage vorgelegt werden, was ihnen speziell an einer (dieser, ihrer) Schule ge- oder missfällt.[4]

Für die Schulforschung können aus den Antworten Items konstruiert werden, die Schülern, Lehrern oder Eltern mit der Bitte vorgelegt werden, auf einer (oft fünfstufigen) Skala mehr oder minder große Zustimmung oder Ablehnung zu markieren. Mit ähnlichen Items lassen sich dann mehrere Aspekte der gleichen „Merkmalsdimension" erfassen. Solche Schätzskalen (rating-scales) oder Fragebogen mit Vorgaben, auf die ggf. nur mit ja oder nein zu antworten ist, werden eingesetzt, um verschiedene Schulen vergleichbar zu machen; sie gelten als sozialwissenschaftliche „Messinstrumente".[5]

4 Die Antworten der Befragten lassen sich dann unter drei Fragestellungen auswerten: Erstens wird die Schule mehr oder minder gelobt oder kritisiert (von den einen mehr und von anderen minder). Zweitens loben (bzw. kritisieren) manche dieses, andere jenes mehr oder minder. Das zeigt Ausrichtung und Gewichtung der Merkmale, aus denen ihr Qualitätsstandard aufgebaut ist. Drittens werden manche Merkmale öfter, andere seltener genannt; dabei ist nun gleichgültig, mit welcher Ausrichtung und Gewichtung oder von wem bestimmte Merkmale oft genannt werden. Betrifft der „Minimalkonsens" diese Merkmale nicht, kann er in zweifacher Hinsicht nur der „kleinste gemeinsame Nenner" sein (dies nun auch nach dem Maßstab einer „bloß deskriptiven" Theorie der Schule): Entweder schöpft er gegebene Konsensmöglichkeiten nicht aus (dann gibt es nur stillschweigende Übereinstimmung; Selbstverständlichkeiten, die – an dieser Schule – niemand bezweifelt). Oder es wird sichtbar, worüber zu streiten alle Beteiligten lohnend finden müssten; aber der offene Streit wird vermieden.

Bevor berichtet wird, was vor allem „gute“ Schulen von „schlechten“ unterscheidet, muss betont werden, dass es bis jetzt nur darum geht, ob sie in den Augen der Befragten mehr oder minder „gut“ sind. Die Qualität einer Schule könnte ja auch darin gesehen werden, dass sie bei Leistungsvergleichen besser abschneidet, dass sie durchlässiger ist als andere Schulen oder Chancenungleichheit besonders deutlich mindert (vgl. Kap. 6). Dann müssten es sich die Selbsteinschätzungen, von denen nun zu sprechen ist, gefallen lassen, mit einem Außenkriterium verglichen zu werden; auf „objektivere Daten“ dieser Art stützt sich Anhang 7.

In einer speziellen Teilauswertung der bereits am Ende von 6.2 erwähnten Untersuchungen hat Fend mittels eines „Extremgruppenvergleichs“ für fünf Dimensionen solche Items gegenübergestellt, die wenig bzw. stark zwischen neun guten und acht schlechten Schulen differenzieren, die er aus 35 Schulen ausgewählt hat.[6]

Die folgende Tabelle 5 enthält nur Beispiele für Items, die besonders starke Unterschiede sichtbar machen. Die Prozentsätze der Lehrer, die dem Item an guten Schulen (X) bzw. schlechten (Y) zustimmten, (d. h. „stimmt genau“ oder „eher richtig als falsch“ ankreuzten), sind das „Maß“ für die Unterschiede zwischen den Schulen.

Was immer man von der Ehrlichkeit der Antworten hält (erstaunlicherweise wollen selbst an den „schlechten“ Schulen ⅔ der Kollegen in den letzten drei Monaten zumindest einen Hinweis auf Fachliteratur erhalten haben), wie immer man die Antworten deutet (hier denken wohl viele Lehrer, ihre Kollegen hätten die Hinweise bitter nötig), jedenfalls zeigt selbst ein Vergleich zwischen extremen Varianten, dass keine Schule in jeder Hinsicht und dauernd gut oder schlecht ist. Das gilt jedenfalls dann, wenn man diese Indikatoren für soziale Beziehungen zum Maßstab der Qualität von Schule macht.[7]

---

5 „Gemessen“ (als Zahlenwert ausgedrückt) wird zwar nur, was die Befragten „schätzen“, also ihre mehr oder minder spontane Meinung bzw. ihre mehr oder minder reflektierte Einstellung zu Merkmalen von Schulen, die andernorts als „Indikatoren für Schulqualität“ galten. Trotzdem ist das flotte Ankreuzen ziemlich wirklichkeitsnah, weil in den Situationen, um deren Merkmale es geht, ebenfalls wenig Zeit zum Überlegen bleibt.

6 Als „gut“ eingestuft wurde eine Schule, wenn sie bei den fünf Dimensionen mindestens viermal im oberen und nie im unteren Drittel der für jede Dimension gebildeten Rangreihe aller 35 Schulen lag, als schlecht, wenn sie mehr als dreimal im unteren und nie im oberen Drittel lag. Vgl. Fend, H.: „Gute Schulen – schlechte Schulen“. Die einzelne Schule als Handlungseinheit. In: Die deutsche Schule (1986), H. 3, S. 275–292 (S. 280–287).

7 Vergleiche der Schülerleistungen an verschiedenen Schulen ergeben aber auch keine größeren Unterschiede, vgl. Anhang 7.

Tab. 5: Gute Schulen/schlechte Schulen im Lehrerurteil

	Der **Schulleiter:**	**X**	**Y**
a)	„tendiert dazu, Neuerungsvorschläge unter Hinweis auf eigene Praxiserfahrung zurückzuweisen“	7 %	25 %
b)	„besitzt immer einen guten Überblick darüber, was an der Schule vorgeht“	61 %	23%
c)	„wirkt manchmal ein wenig resignativ angesichts der Probleme dieser Schule“	15 %	52 %
	Als großes oder sehr großes **Problem** gelten:	**X**	**Y**
d)	Konflikte zwischen Mitgliedern des Kollegiums“	8 %	33 %
e)	„mangelhafte Organisation des Schulbetriebs“	6 %	30 %
f)	„zu häufiger Wechsel von Lehrern an die bzw. von der Schule“	10 %	48 %
g)	„zu viele aggressive Schüler“	15 %	56 %
	Trennscharfe Indikatoren für Unterschiede im **Umgang mit den Schülern** sind:	**X**	**Y**
h)	„es kommt hier selten vor, dass Schüler angeschrien werden“	45 %	15 %
i)	„in Lehrergesprächen werden häufig abfällige Bemerkungen über Schüler gemacht“	10 %	54 %
	Das **Schulleben** zeigt dann:	**X**	**Y**
j)	„für viele Lehrer dieser Schule sind Klassenfahrten oder Klassenfeste nur ein notwendiges Übel, das man eben hinter sich zu bringen hat“	9 %	44 %
k)	„viele Schüler halten sich gerne auch dann in der Schule auf, wenn sie gerade unterrichtsfrei haben“	62 %	13 %
	Unterschiede in **Kooperation und Integration** im Lehrerkollegium zeigen sich deutlich daran:	**X**	**Y**
l)	„von Kollegen habe ich in den letzten drei Monaten keinen einzigen Hinweis auf Fachliteratur erhalten“	13 %	33 %
m)	„bei Veranstaltungen außerhalb des Unterrichts beteiligen sich viele Kollegen“	51 %	16 %

Normative Theorien könnten die Daten, sofern sie Zahlen nicht prinzipiell ignorieren, auf zweierlei Weise nutzen. Praktisch könnten sie Schulen darin bestärken, nicht von angeblich großen Vorbildern, sondern vor allem von sich selbst zu lernen. Diese Münchhausen-Strategie beachtet Unterschiede zwischen den Umständen, unter denen etwas gut lief oder schief ging, und sucht künftig günstige Umstände zu nutzen oder zu schaffen und ungünstige zu meiden oder zu ändern.

Theoretisch belehren können die Daten darüber, dass sich die guten von den schlechten Schulen in der Wahrnehmung der befragten Lehrer in vieler Hinsicht kaum unterscheiden, ganz zu schweigen von den anderen 18 Schulen, die in den Vergleich der Extremgruppen gar nicht erst einbezogen wurden. So spielte die Größe der Schule wider das Erwarten normativer Theorien keine nennenswerte Rolle und auch dieses Item nicht: „Ruhe und Ordnung sind hier den meisten Lehrern sehr wichtig"; 44 % bzw. 46 % Zustimmung!

Als Zwischenergebnis ist festzuhalten, dass es relativ einfache und alltägliche Beobachtungen sind, die sich als Indikatoren für qualitative Differenzen eignen. Vor allem aber handelt es sich um Merkmale auf Dimensionen, die aus dem Verhalten der Beteiligten abgeleitet sind, also von den Akteuren selbst beeinflusst werden können. Ihre Gestaltungsmöglichkeiten sind durch die „Rahmenbedingungen" – sowohl materielle, als auch juristische oder etwa politische Vorgaben – nicht so begrenzt, wie es Klagen der Lehrer über den vermeintlichen Immobilimus der Schule häufig unterstellen. Letztlich verweisen die Indikatoren auf eine Autonomie der einzelnen Schule, die sie schon jetzt hat – wenn sie sich die Ordnung ihrer Sozialbeziehungen zur Aufgabe macht.

7.2 Die Vielfalt von Schulen begrenzen

Während dieser Vergleich an Schulen, die als relativ schlecht beurteilt wurden, Nachdenklichkeit auslösen könnte, kann er von Schulaufsicht und Schulverwaltung als Erfolgsmeldung interpretiert werden. Wenn sich gute und schlechte Schulen selbst im Extremgruppenvergleich nur in einigen Aspekten und auch in diesen nicht dramatisch voneinander unterscheiden, ist es gelungen der Vielfalt von Schulen untere Grenzen[8] zu setzen, ist wohl ein Mindestmaß an Schulkultur landesweit garantiert.

Doch zeigt sich darin offenbar auch eine andere Bedeutung der Begriffe Normierung und Qualität. So wie der Länderfinanzausgleich eine gewisse Angleichung der Lebensverhältnisse in den ärmeren Bundesländern an die in reicheren anstrebt, hat der kommunale Finanzausgleich innerhalb der Bundesländer die Aufgabe, die Chancenungleichheit zwischen den Regionen zu mildern. Er soll Landkreisen und Gemeinden, die in der Regel

8 Die anderen 18 Schulen sind durchschnittlich, bieten also (nach dem Urteil der Lehrer) schon mehr als das Mindestmaß an Schulkultur. Wie dieselben Schulen von den Schülern gesehen werden, wird in Anhang 7 berichtet.

Schulträger sind, helfen, ihrer Pflicht zur „Errichtung und Unterhaltung" von Schulen nachzukommen.[9]

Bei der Ausstattung mit Lehrpersonal geht es um mehr, nicht die Garantie eines Minimums, sondern gleiche, d. h. durchschnittliche Lehrerversorgung aller Schulen innerhalb jedes Bundeslandes. Doch schaffen die einheitlichen Richtlinien nur eine „relative Gerechtigkeit"; denn in die Berechnung des Lehrerbedarfs gehen Unterscheidungen ein, die schon auf der Ebene des Schulsystems getroffen wurden.[10]

In den Stundentafeln kommt, bundesweit, wiederum Vielfalt zu ihrem Recht: Innerhalb eines Rahmens, den die Bundesländer durch Vereinbarungen in der KMK[11] festlegen, nutzen sie die ihnen verbliebenen Spielräume, ihren bildungspolitischen Intentionen durch die Verteilung der Unterrichtsstunden auf Klassenstufen und Schulfächer Ausdruck zu geben und damit Schulformen oder Schulstufen und ihre Unterschiede sinnfällig zu definieren.[12]

Einen noch deutlicheren Ausdruck findet der Bildungsföderalismus in der Lehrerausbildung; dort sind die Studienanforderungen (was die Fächerkombinationen und Semesterwochenstunden je nach Lehramt angeht) so unterschiedlich, dass die Bundesländer Lehrerexamen oft nicht gegenseitig anerkennen. In diesem Fall sind es also wieder Mindestanforderungen, mit denen der Vielfalt eine untere Grenze gezogen wird.

Theoretisch genommen, verknüpfen diese Versuche, die Vielfalt von Schulen zu begrenzen, zwei Prinzipien. Einmal werden trotz aller Bemühungen um Vereinheitlichung[13] immer Ermessensspielräume offen gehalten. Zum anderen soll die Festlegung von Untergrenzen Mindeststandards garantieren, deren Einhaltung notfalls subventioniert wird. Definitiv ausgeschlossen werden sollen nur „die schlimmsten Fälle"; dagegen werden weitergehenden Bemühungen keine oberen Grenzen gesetzt.[14]

---

9 Beim Schulbau sind sogar reiche Städte auf Landeszuschüsse angewiesen; ärmere Schulträger haben Schwierigkeiten, bei der Ausstattung der Schulen mit „sächlichen Mitteln" (dazu zählen auch die Kosten für Hausmeister und Sekretärin) Mindeststandards zu genügen.

10 Der „Unterrichtsbedarf" der Schule wird aus den für die Schulstufen und ggf. auch Schulformen unterschiedlichen Anforderungen des Lehrplans (Stundentafeln) und der Anzahl der Schüler pro Jahrgang errechnet, seine „Abdeckung" aus der Pflichtstundenzahl der Lehrkräfte, die nach Lehrämtern unterschiedlich ist.

11 Z. B. Vereinbarung über einen Stundenrahmen für Schüler der Jahrgangsstufen 7 bis 10 in den allgemeinbildenden Schulen (Beschluss der Kultusministerkonferenz vom 16.6.1978); vgl.auch die Hinweise auf Vereinbarungen zur Neugestaltung der gymnasialen Oberstufe in Kap. 4.

12 Vgl. für die Differenzen in Lehrplänen die Hinweise in Kap. 4.

13 Der „Zentralismus" innerhalb der Bundesländer desavouiert dabei ihre Kritik an „zentralistischen Bestrebungen" auf Bundesebene (vgl. 7.4).

14 In allgemeineren Zusammenhängen nennt man letzteres das „sozialstaatliche" Prinzip.

Aber auch diese Versuche, Schulen zu normieren, bleiben Versuche. Sichtbar wird das, wenn man beobachtet, wie die Schule nutzen kann, was in ihr Ermessen gestellt ist.[15]

Jedes Jahr muss die Schule entscheiden, wie viele Schulklassen pro Jahrgang bei gegebener Schülerzahl gebildet werden können und sollten – z. B. drei große oder vier kleinere, wenn andere Bedingungen diese Wahlmöglichkeit lassen. Von außen gesetzt ist hier eine Höchstbesuchsziffer für die maximale Größe der Schulklassen, intern begrenzt die Raumausstattung der Schule das Ermessen. Spielraum hat die Schule, weil das Problem, mit der verfügbaren Unterrichtskapazität die Stundentafel optimal „abzudecken", ihr überlassen ist.[16] Der Versuch der Bundesländer, ihren speziellen bildungspolitischen Intentionen mittels der Stundentafeln als einem Instrument zur Vereinheitlichung des Unterrichtsangebots Ausdruck zu verleihen, stößt so „vor Ort" auf Schwierigkeiten: Dann ist in den Stundenplänen der Kinder nicht mehr wiederzuerkennen, was landesweit intendiert war.[17]

Der Gesamtstundenplan der Schule, der aus der Unterrichtsverteilung entwickelt wird, weist den Unterrichtsstunden günstige oder ungünstigere Positionen im Tages- bzw. Wochenablauf zu; Ungerechtigkeiten für einzelne Klassen und Lehrer sind da kaum zu vermeiden. An ihm ist außerdem abzulesen, wie die Schule die nur global vorgeschriebenen Pausenzeiten auf den Schultag verteilt hat; manche Schulen sehen darin einen Ausdruck ihrer Schulkultur.

Auf der Ebene der einzelnen Schule werden nicht nur die prinzipiellen Auffassungsunterschiede in schulpolitisch kontroversen Fragen ausgetragen oder ausgehalten, sondern auch die nicht minder grundsätzlichen Überzeugungen vom Wert einzelner Schulfächer und ihrer Unterrichtstraditionen zu Kriterien für die Beurteilung der Schulqualität (vgl. Kap. 8).

7.3 Die Normalität zur Ausnahme machen

Freie Schulen sind nicht so frei, private selten so privat, alternative kaum so alternativ wie die Bezeichnungen das zu versprechen scheinen. Denn fast alle Schulträger nehmen nicht nur das Recht in Anspruch eine solche

15 Die Verteilung der Entscheidungskompetenzen und spezielle Probleme des Entscheidungsverfahrens werden erst in 7.4 und 7.5 behandelt.

16 Genereller Lehrermangel oder fachspezifischer (für viele Schulen längst „Normalität") kann dazu zwingen, bei der „Unterrichtsverteilung", die jeder Schulklasse bestimmte Lehrkräfte mit einer Anzahl von Stunden (meist) für bestimmte Unterrichtsfächer zuordnet, in einigen Fällen von dem abzuweichen, was die Stundentafeln eigentlich vorschreiben.

17 Vom Unterricht, der gemäß diesem Plan erteilt wird, sofern er nicht ausfällt, und allem, was er bei Schülern möglicherweise bewirkt, handeln die Kap. 5, 8 und 9.

Schule[18] zu errichten (Art. 7 Abs. 4 Satz 1 GG), sondern beantragen auch die Genehmigung als Ersatz[19] für öffentliche Schulen und gehen Verpflichtungen ein, wenn sie die Vorausetzungen erfüllen, die das Grundgesetz in den folgenden Sätzen nennt:

»Die Genehmigung ist zu erteilen, wenn die privaten Schulen in ihren Lehrzielen und Einrichtungen sowie in der wissenschaftlichen Ausbildung ihrer Lehrkräfte nicht hinter den öffentlichen Schulen zurückstehen und eine Sonderung der Schüler nach den Besitzverhältnissen der Eltern nicht gefördert wird. Die Genehmigung ist zu versagen, wenn die wirtschaftliche und rechtliche Stellung der Lehrkräfte nicht genügend gesichert ist.«

Die Normierung legt also drei Untergrenzen fest -für die Lernziele, für die Kompetenzen der Lehrer und für die Bedingungen des Zugangs zu Schulen. Das sind die klassischen Objekte einer liberalen Steuerung des Bildungswesens, wie schon bei Wilhelm von Humboldt, der ja vergleichbar verfuhr, ohne Vorsorge für eine weitergehende Vereinheitlichung der allgemeinen Bildung zu treffen. Bei Humboldt erhielten die Schulen damit das Privileg das Abitur zu verleihen, alles Weitere mussten und durften die Schule und das Schulpublikum selbst regeln, in freiem Wettbewerb um die Schüler.

Gegenwärtig hat die Genehmigung als Ersatzschule außer der Anerkennung ihrer Zeugnisse vor allem zur Konsequenz, dass die Schule subventioniert, in einigen Bundesländern sogar fast vollständig aus Landesmitteln finanziert wird.[20] Viel schwieriger ist zu kontrollieren, ob „die Sonderung nach den Besitzverhältnissen der Eltern" nicht gefördert wird. Das Kriterium ist ein Paradebeispiel für einen unpraktikablen Normierungsversuch.[21] Auch die anderen drei Kriterien stellen nur für Neuanträge auf Genehmigung einer Schule als Ersatzschule ernstliche Hindernisse dar und das auch nur, wenn der Antragsteller ausnahmsweise eine private Bürgerinitiative ohne nennenswerte finanzielle Ausstattung ist und nicht, wie z. B. Kirchen, eine mächtige Organisation.

Nur in zwei Hinsichten greift die Normierung wirklich als ein Steuerungsinstrument auch gegenüber bestehenden Ersatzschulen (sofern sie

18 Einzig sachgerecht ist deshalb auch die etwas umständliche Bezeichnung „Schulen in nicht-staatlicher Trägerschaft" als Oberbegriff für diese Schulen.

19 Von diesen „Ersatzschulen" sind die „Ergänzungsschulen" zu unterscheiden, deren Zertifikate den Zeugnissen staatlicher Schulen nicht automatisch gleichgestellt sind.

20 Das hat aber auch die Kehrseite, dass sie wie öffentliche Schulen in kommunaler Trägerschaft „am goldenen Zügel geführt" werden können.

21 Eigentlich müssten die Voraussetzungen für die Genehmigung ja jährlich überprüft werden; nur hätte das keine Konsequenzen, zumindest keine für die vorhergehenden Schülerjahrgänge, denn man kann die Schule nicht einfach schließen, wenn sie das Kriterium in einem Jahr einmal nicht erfüllt. Die Normierung orientiert sich aber nicht nur an einem Maßstab, der sich von Jahr zu Jahr ändern kann; obendrein verbietet der Datenschutz seine Anwendung.

nicht traditionsreich oder „gut etabliert" sind): Zum einen könnte die Anerkennung dort erreichbarer Abschlüsse strittig werden, wenn sie in ihren Lehrzielen hinter den öffentlichen Schulen allzu offenkundig zurückstehen.[22] Zum anderen kann das Kriterium der „besonderen pädagogischen Prägung" angewendet werden, um zu entscheiden, ob die Schule weiter vollständig aus öffentlichen Mitteln finanziert oder nur noch subventioniert wird.[23]

Völlig unwirksam ist also auch dieser Versuch, Schulen zu normieren, nicht. Nur ob er regelmäßig die „Sonderung der Schüler nach den Besitzverhältnissen der Eltern" verhindert, ist zweifelhaft.

> »So stammen beispielsweise nach Erhebungen der Pädagogischen Forschungsstelle des Bundes der Freien Waldorfschulen nur 5 % der Schüler an Waldorf- bzw. Rudolf-Steiner-Schulen aus Arbeiterfamilien, jeder dritte Schüler hat einen Vater mit abgeschlossenem Universitätsstudium und jeder zweite einen Vater mit freiberuflicher oder unternehmerischer Tätigkeit.«[24]

Das ist selbst dann ein eklatanter (aber folgenloser) Verstoß gegen das Kriterium, wenn man die Verteilung in der Gesamtbevölkerung für Arbeiter mit 35 % niedrig und für Akademiker und Selbstständige mit je 10 % hoch ansetzt.[25]

Die folgende Tabelle zeigt die Verteilung der Schüler auf Schulen in privater Trägerschaft:[26]

Tab. 6: Schüler auf Schulen in privater Trägerschaft

Katholische Schulen	286 396	58,75 %
Evangelische Schulen	91 200	18,71 %
Rudolf-Steiner-Schulen und Freie Waldorfschulen	50 850	10,43 %
Schulen in freier Trägerschaft	55 200	11,32 %
Landerziehungsheime	3 850	0,79 %
Zusammen	487 496	100,00 %

22 Das schränkt z. B. für Waldorfschulen, je näher das Abitur rückt, die Möglichkeiten ein, alternativ zu bleiben.

23 So kann z. B. die Differenz zwischen 100 und 85 % an Schulen in bischöflicher Trägerschaft eine überraschende Innovationsbereitschaft auslösen.

24 ARBEITSGRUPPE BILDUNGSBERICHT AM MAX-PLANCK-INSTITUT FÜR BILDUNGSFORSCHUNG: Das Bildungswesen in der Bundesrepublik Deutschland. Reinbek 1994, S. 125.

25 Unter den 13- bis 14-jährigen fiel der Anteil der Arbeiterkinder zwischen 1972 und 1988 von 47,4 % auf 38,2 %. Akademiker und Selbstständige sind dort nicht gesondert ausgewiesen. Der Anteil der Gleichaltrigen aus Beamtenfamilien stieg im gleichen Zeitraum von 8,1 % auf 9,1 %, vgl. ROLFF, H. G. U. A. (Hrsg.): Jahrbuch der Schulentwicklung. Bd. 6. München 1990, S. 61.

26 ARBEITSGRUPPE ... 1994, S. 234 (nach „Handbuch Freie Schulen" 1988).

Davon besuchten 407 800 Schüler allgemeinbildende Schulen, rund 6 % von insgesamt 6 707 400 Schülern im Schuljahr 1989/90.[27] Allerdings sind es an Sonderschulen (17 %) und Gymnasien (12 %) im Bundesdurchschnitt überproportional viele.[28]

So fragwürdig die überregionalen Zahlenangaben auch sein mögen, in einer Hinsicht sprechen sie doch eine deutliche Sprache. Wenn von Schulen in nicht-staatlicher Trägerschaft die Rede ist, handelt es sich vor allem um katholische und evangelische Schulen, an denen die vormaligen Engel bei den Eltern und die künftigen bei den Schülern unter sich zu sein und zu bleiben hoffen dürfen.

Für eine Schultheorie ergibt sich daraus ein auf den ersten Blick paradoxer Befund. Einerseits sind Unterschiede zwischen den Rahmenbedingungen der staatlichen und der „Ersatzschulen" eher geringfügig; andererseits können diese kleinen Unterschiede für Eltern ausreichen, sich überhaupt nicht vor eine Wahl gestellt zu sehen, wenn der Übergang ihres Kindes von der Grundschule zu einer weiterführenden ansteht. Bezweifelt man, dass bei der Mehrzahl der Eltern religiöse und weltanschauliche Bindungen die Schulwahl bestimmen oder gar das Motiv den Ausschlag gibt, ihr Kind vor dem bedrohlichen Milieu durchschnittlicher staatlicher Schulen zu bewahren, so muss man sich der Annahme zuwenden, dass bereits geringfügige Unterschiede in den Rahmenbedingungen ganz erhebliche Unterschiede in Schulleben und Unterricht ermöglichen. Dann wäre auch das Argument plausibel, dass Schulen in nicht-staatlicher Trägerschaft kaum als Vorbild für staatliche geeignet seien, weil sie „ganz andere Möglichkeiten" hätten. Vielleicht kommt es also letztlich vor allem auf den Ruf an, den eine Schule – vielleicht unberechtigterweise – im Umfeld genießt, auf ein gut entwickeltes Selbst- oder Sendungsbewusstsein, das „ungeahnte Kräfte" mobilisiert. Was Schulen so unterscheidet, dass Eltern sich gar nicht vor eine Wahl gestellt sehen, wäre dann, ob es ihnen gelingt, aus der Eigenlogik jeder Schule den „Geist unserer Schule" zu machen, jenen „Eigengeist", der wie bei Kleingruppen eine „Wir/Die-Polarisierung" erlaubt – mag das nun einer charismatischen Person, der kollektiven Schulleitung oder dem Lehrerkollegium gelingen.

„Eigengeist" zu entwickeln wäre dann allerdings kein Privileg der Schulen in nicht-staatlicher Trägerschaft, sondern könnte jeder Schule in den Sinn kommen, sofern irgendein Anlass (oder ein Anreiz, gar ein finanzieller)

27 Der Bundesminister für Bildung und Wissenschaft (Hrsg.): Grund- und Strukturdaten 1989/90, S. 50.

28 Betrachtet man die Länderebene, Regionen oder Kommunen, erreichen die Schulen in nicht-staatlicher Trägerschaft Anteile, mit denen sie für die allgemeinbildenden Schulen am Ort eine erhebliche Konkurrenz darstellen und bisweilen sogar deren Bestand gefährden.

dafür besteht oder gegeben wird, „anders als alle anderen" sein zu sollen oder zu wollen.

Dieser Logik folgten Schulpolitiker zu Zeiten der großen Bildungsreform. Schulversuche waren nicht nur ein Mittel, „überhaupt erstmal einen Fuß in die Tür zu bekommmen", sondern beauftragten Schulen zugleich offiziell, von der Normalität abzuweichen. Rückblicke auf die Zeit der „großen" Bildungsreform erwähnen oft, welche Bedeutung einer anfänglichen Begeisterung für die Reform in der Anlaufzeit von Förderstufen und Gesamtschulen zukam. Und Fend schließt, was die Lehrerbefragung angeht, denn auch mit diesen Worten:

> »Alle diese Ergebnisse zusammen ergeben doch ein relativ deutliches Bild guter und schlechter Schulen. Wichtig erscheint uns der generelle Trend, dass es in guten Schulen nicht nur darum geht, in Harmonie und Friedfertigkeit zusammenzuleben, sondern es stehen an vielen Stellen eher Indikatoren im Vordergrund, die darauf verweisen, dass die Problembearbeitung und Zielerreichung im unterrichtlichen und außerunterrichtlichen Bereich in guten Schulen aktiver, pädagogischer, schülerzentrierter ist. Dabei bilden Ordnungs- und Disziplinerwartungen, hohe Leistungsforderungen keine Aspekte, die etwa gute und schlechte Schulen unterscheiden, sondern dies scheinen eher allgemein akzeptierte Standards zu sein. Gute und schlechte Schulen unterscheiden sich aber sehr stark im Stil des Umgangs mit den Schülern und in der Annahme der pädagogischen Herausforderung, die viele Schülerschaften heute bedeuten.«[29]

Die Normalität zur Ausnahme zu machen ist eine Botschaft mit drei Lesarten: (1) Zunächst werden wenige Schulen aus der Menge aller herausgehoben, dann wird (2) allen Schulen anheim gestellt, sich ein „Profil" zu geben, bis schließlich (3) das vormals Normale zur anachronistischen Ausnahme wird. Der reformpädagogische Versuch, Schulen zu normieren, besteht also darin, von ihnen das zu verlangen, was die Moderne von allen Menschen fordert: „Subjekt" zu sein, einzigartig nicht nur als genetische Bedingungskonstellation, sondern unverwechselbar aus eigener Anstrengung.

Die Profil-Metapher symbolisiert die erwünschte Analogiebildung trefflich, weil sie das gleichsam Natürlich-Besondere (Profile von Gebirgszügen bis zu Gesichtszügen) mit dem Bemühen um Individualität und „Identität" verknüpft, das „Züge" am Gegebenen absichtsvoll hervorhebt oder korrigiert – von Kleidung, Make-up und Schmuck als Mitteln der äußerlichen Darstellung bis zu „Charakterzügen", an denen die anderen das auf Dauer gestellte Wollen einer „Persönlichkeit" ablesen.[30]

---

29 FEND, H.: „Gute Schulen – schlechte Schulen". Die einzelne Schule als Handlungseinheit. In: Die deutsche Schule (1986), H. 3, S. 287.

Diese Schulreformstrategie ermuntert Schulen also nicht nur (in Analogie zum Leistungsmotiv), sich beim Umgang mit Herausforderungen gleichsam individualistisch an Tüchtigkeitsmaßstäben eigener Wahl zu orientieren, sondern auch, diese Maßstäbe Eltern und Schülern zu zeigen, um ihnen das Verstehen „ihrer" Schule zu erleichtern.

Im Lichte dieser Erfahrungen kann man sagen, dass Schulen im Wesentlichen über den Bildungs-„markt" gesteuert werden können, indem man dem Spiel von Angebot und Nachfrage Raum gibt. Schultheoretisch ist das eine durchaus plausible Stragie, Anreiz zu Verbesserungen zu geben und unmittelbar dort zu belohnen, wo der Einsatz erbracht wird. Bildungspolitisch kann diese Strategie ebenfalls reizvoll sein – zur Leistungsteigerung im Bildungswesen, das freilich auch in einem Sinn, der den beteiligten Schulen wenig reizvoll erscheinen dürfte: zur Kostensenkung.

7.4 Nur Wesentliches gesetzlich regeln

In der Frage, wie normiert werden soll, sind die beiden einleitend genannten Prinzipien abzuwägen: „Organisation" und „Interaktion". Das Maximum an Normierung wäre demnach eine von Schulaufsicht und Schulleitung durch und durch verwaltete Schule; das Minimum bestünde darin, dass das Schulrecht Verfahren für die Regelung von Konflikten vorgibt. Unsere abschließende Frage ist, ob es für die „Schule im Rechtsstaat" darüber hinaus weiteren Regelungsbedarf gibt.[31]

Aus den bildungspolitischen Auseinandersetzungen ergab sich für die Schulrechtskommission die Frage,

> »wie dem Rechtsstaatsprinzip, dem Demokratiegebot und den Grundrechten sowie insbesondere dem Parlaments- und Gesetzesvorbehalt bei der Setzung von Bildungs- und Erziehungszielen und deren Umsetzung in Curricula, bei dem Aufbau und der Organisation des öffentlichen Schulwesens sowie im Schulalltag von Gesetzes wegen entsprochen werden kann« (S. 28).

Es wird also, wenn auch in Fachsprache und Frageform, bemängelt, das geltende Schulrecht sei in mehrfacher Hinsicht nicht mit dem verträglich, was „im Rechtsstaat" erwartet werden müsse.

Der Übergang vom aufgeklärten Absolutismus zur konstitutionellen Monarchie ab der Mitte des 19. Jhs. machte unter anderem Eingriffe des

30 Ob jemand einen guten oder schlechten Charakter hat, das beurteilen dann die anderen nach ihren Maßstäben. Von Nachteil ist nur, gar keinen zu haben, d. h. den Eindruck zu erwecken, man wüsste überhaupt nicht, was man will.

31 Deutscher Juristentag: Schule im Rechtsstaat, Bd. 1. Entwurf für ein Landesschulgesetz. Bericht der Kommission Schulrecht des Deutschen Juristentages. München 1981. Zu den Zitaten im Text jeweils nur die Seitenzahl.

Staates in Freiheit und Eigentum der Bürger vom Vorhandensein einer gesetzlichen Grundlage abhängig („Gesetzesvorbehalt“), also von der Zustimmung der Parlamente zu Regelungen für das „allgemeine Gewaltverhältnis“. Die Schule blieb dagegen eine „Veranstaltung des Staates“; der Schulbesuch galt noch bis in die Mitte des 20. Jhs. als Eintritt und Einwilligung in ein „besonderes Gewaltverhältnis“ und „setzte den Betroffenen einer unmittelbaren obrigkeitlichen Verwaltung aus, für die eine förmliche gesetzliche Grundlage entbehrlich erschien.“ Für die Schule als „Anstalt“[32] galt gewohntermaßen weiter ein „umfassendes administratives Bestimmungsrecht“ und ihre „Zwecke“ wurden noch im Rechtsstaat „von der Schulverwaltung im Wege einer weitverstandenen ‚Schulaufsicht‘ definiert und konkretisiert“ (S. 25). Das alles verbirgt sich hinter dem einen Satz, mit dem das Grundgesetz schlicht, aber auch lapidar sagt: „Das gesamte Schulwesen steht unter der Aufsicht des Staates“ (Art. 7 GG).

Problematisch daran ist vor allem, dass Rechte der Legislative und der Exekutive nicht so klar getrennt werden, wie das die „Gewaltenteilung“ verlangt, und dass das Verwaltungshandeln ohne gesetzliche Grundlage in Grundrechte der Betroffenen eingreift. Doch schließt sich der Juristentag auch öffentlicher Kritik an der (wie er betont fälschlicherweise so genannten) „Verrechtlichung“ an und rügt die ausgeuferte „Bürokratisierung“,[33] also insgesamt folgendes Missverhältnis:

> »Im Übrigen fehlt es fast durchgängig an Konkretisierungen auf Gesetzesebene, während auf der Verwaltungsebene eine Überfülle von umso detaillierteren Regelungen erlassen wurde, die durch umfangreiche Loseblattwerke nur unvollkommen erfasst werden konnten und sich immer mehr zu einem undurchdringlichen Gestrüpp auswuchsen« (S. 26).

Der „Entwurf für ein Landesschulgesetz“ soll zeigen, wie dem abgeholfen werden kann. Seine Pointe liegt darin, den Begriff „wesentlich“ gleichsam dialektisch zu verwenden: Zwar muss das Wesentliche gesetzlich geregelt sein (statt durch behördliche Verfügungen oder gar nur Weisungen der Schulaufsicht). Doch bedarf andererseits auch nur das Wesentliche überhaupt einer Regelung; viel „Gestrüpp“ soll entbehrlich werden.

Der Juristentag beantwortet die Frage, ob im Schulsystem möglichst viel „inhaltlich“ normiert oder möglichst viel in das Ermessen (vor allem einzelner Schulen) gestellt werden sollte, zu Gunsten des „bloß formalen“

32 Als „Bestand von Mitteln, sächlichen und persönlichen, welche in der Hand eines Trägers öffentlicher Verwaltung einem besonderen öffentlichen Zweck dauernd zu dienen bestimmt sind“ (DJT-SchulGE, S. 25).

33 Die Juristen betonen also einen Unterschied, der vor allem von Schulkritikern gar nicht gesehen oder verkannt wird – mit der fatalen Konsequenz, dass sie Verrechtlichung attackieren, aber Bürokratisierung meinen und ohne Not am Recht sparen, wo sie doch die Verwaltung mindern wollten.

Rahmens, wo immer das der „historische Hintergrund“ zuzulassen scheint.[34] Als „wesentlich“, weil in Grundrechte von Schülern, Lehrern und Eltern eingreifend, gelten ihm durch Gesetz festzulegende Bestimmungen

- für das „Recht auf schulische Bildung und [den] Auftrag der Schule“,
- über die Ermächtigung der Kultusminister zum Erlass von Lehrplänen und zur Einführung von Schulbüchern,
- über den Schulaufbau, Versuchsschulen und Schulversuche,
- über die Schulpflicht und das Schulverhältnis (Leistungsbewertung, Übergänge und Abschlüsse, Schülerzeitungen und -gruppen sowie Ordnungsmaßnahmen),
- für die Stellung der Lehrer, der Schulleitung und der Schulverwaltung,
- über die Schulverfassung (vgl. 7.5) sowie Schulträgerschaft, Schulfinanzierung und zum Schluss „Schulen in freier Trägerschaft“ – so der Vorschlag für die künftige Bezeichnung.

Dass er die andere Bedeutung von „wesentlich“ dauernd im Blick behält, zeigt sich, wo er Konsequenzen aus seinen Vorschlägen zu bedenken gibt. So beeinflusse jede rechtliche Regelung der Lehrziele für öffentliche Schulen den „Genehmigungsanspruch“ der „Schulen in freier Trägerschaft“ – zumindest ihre Chancen, als Ersatzschule genehmigt zu werden (vgl. 7.3):

> »Je mehr die Lernziele der öffentlichen Schulen … in Rechtsvorschriften konkretisiert und geregelt werden, um so entscheidender wird die Frage, ob diese Rechtsvorschriften auch für die Schulen in freier Trägerschaft gelten sollen. Die Kommission ist der Auffassung, dass eine solche Bindung der Schulen in freier Trägerschaft an die staatlichen Rechtsvorschriften dem Sinn der Privatschulfreiheit des Art. 7 Abs. 4 GG widersprechen und dass sie zu einer vom Verfassungsgeber nicht gewollten Gleichartigkeit von Schulen in öffentlicher und Schulen in freier Trägerschaft führen würde.« – Letztere seien deshalb »von einer Bindung an Fächerkataloge und Lehrpläne freizuhalten« (S. 41 f.).

Andererseits wird die Hoffnung, dass aus der verwalteten Schule, sobald sie vom Gestrüpp administrativer Regelungen weitgehend befreit ist, ein unbürokratisches Gebilde werde, mit folgendem Hinweis gedämpft:

> »Zur Bürokratisierung gehören auch die häufig komplizierten und langwierigen Willensbildungsprozesse in Schulangelegenheiten. Institutionalisierte demokratische Willensbildung mit zahlreichen Beteiligungspflichten sind andererseits nur um den Preis eines gewissen

---

34 Die Devise lautet also: Nur so viele Gesetze, wie unbedingt nötig – und so wenig Verwaltung wie irgend möglich. Das bedeutet allgemeiner: wenig „Rahmen“, viel „Ermessen“ und verlagert die Gewichtung der Prinzipien „Organisation“ oder „Interaktion“ von der Landesebene in die Sphäre der einzelnen Schule. Je nach Umständen kann dort mehr oder minder auf Konsens und „Interaktion“ gesetzt oder auf Konflikte mit „Organisation“ geantwortet werden.

> Zeitaufwandes möglich. Entscheidungen etwa über schulische Personal- und Baufragen auf kommunaler Ebene lassen diese Problematik besonders deutlich werden: Eine Schulkonferenz, der Schulträger mit einer Vielzahl kommunaler Gremien, die staatliche Schulverwaltung, ggf. die Personalräte und andere notwendig Beteiligte können nur innerhalb bestimmter, sich häufig summierender Fristen tätig werden. Es gehört daher auch zur Entbürokratisierung der Schule, die Dauer der Entscheidungsprozesse auf ein vernünftiges Maß zurückzuführen.
> Dem Einwand, erst durch die gerichtliche Kontrolle werde das Schulwesen in unzuträglicher Weise verrechtlicht, dürfte eine Verwechslung von Ursache und Wirkung zu Grunde liegen. Denn in Wahrheit geht es darum, dass im Schulwesen rechtsstaatliche Entwicklungen nachgeholt werden mussten und weiter nachgeholt werden müssen, die durch das Grundgesetz schon 1949 geboten waren: Der parlamentarische Gesetzgeber wird also lediglich aufgerufen seiner bisher vernachlässigten Pflicht zur Ausgestaltung des Schulverhältnisses nachzukommen« (S. 37).

Was lernen Schultheoretiker von Juristen? Zunächst eine wichtige Differenz, die von Verrechtlichung und Bürokratisierung – und dass es nicht unbedingt „die Juristen“ sind, die Reformen verhindern; dann eine Lektion in Demokratie: Die möglichst breite Beteiligung aller Interessierten kostet Zeit; schließlich einen Gestaltungsweg: Gesetze können Räume für Innovation eröffnen, aber nicht Reformen abschließend regeln. Derart belehrt macht Schulkritik dann wieder Sinn, weil sie an die Möglichkeiten der Gestaltung von Schulen anschließt.

7.5 Die Schule in Verantwortung ziehen

Andererseits ist die Erwartung, Schulverwaltung und Schulaufsicht sollten möglichst vieles bis ins letzte Detail regeln, wohl unausrottbar. Ein Blick in die oben genannten Loseblattsammlungen lässt ahnen, warum. Besonders eindrucksvoll ist die Sammlung der „schul- und prüfungsrechtlichen Entscheidungen“, liegt doch jedem Gerichtsurteil ein Streitfall zu Grunde, zu dem es trotz der angeblichen „Überregulation“ kommen konnte, oder eine Klage gegen eine solche Vorschrift. Sollten die Papiermengen, die hier bedruckt wurden, ein Beleg dafür sein, dass die Schule für viele Menschen sehr bedeutend ist, so bedeutend, dass sie selbst wegen Kleinigkeiten die Gerichte bemühen? Oder ist die Schule so kompliziert, dass selbst Regelungen, die bis ins letzte Detail gehen, Rechtsstreit nicht ausschließen können? Fehlt deshalb Schulen manchmal der Mut autonom zu entscheiden? Sind sie es vielleicht, die um präzisere Vorschriften und genaueste Weisungen gebeten haben? Das wäre eine Erklärung dafür, dass nicht alle Schulen begeistert zugreifen, wenn nun sie Entscheidungen treffen „dürfen“, die sie bisher von der „Obrigkeit“ verlangen konnten, aber auch dafür, dass bisher kein Bundesland, auch keines der fünf neuen Länder, den Entwurf für ein Landesschulgesetz übernommen hat.

Dabei geht es nicht nur um den Zeitaufwand, den der Deutsche Juristentag anspricht, oder um den zweifelhaften Wert vieler Konferenzen für die Lehrerfortbildung und das Schulklima. Sondern es geht um die Verlagerung der „Verantwortung" von der administrativen oder gar politischen Ebene auf die Ebene der Schule. Verantwortung, die bisher so verteilt war, dass Verantwortliche schwer auszumachen waren,[35] kann nun besser zugerechnet werden: zwar nicht durchweg bestimmten Personen, doch Gremien und Fraktionen, deren Mitglieder persönlich bekannt sind.

Eine deskriptive Theorie der Schule bucht das zunächst als einen Beleg für die Eigenlogik der Institution. Wo Kritiker dieser Entwicklung eine Flucht des Staates aus der Verantwortung sehen, konstatiert sie sein Eingeständnis, dass er das tatsächliche Geschehen an Schulen ohnehin kaum beaufsichtigen, zwar Mängel verwalten, aber den richtigen Weg nur global weisen konnte.[36]

Normative Theorien, die mehr Autonomie für Schule und Lehrer gefordert haben, werden zunächst begrüßen, dass die bisher nur als Gewohnheitsrecht respektierte „pädagogische Freiheit" des Lehrers nun im „Entwurf für ein Landesschulgesetz" gesetzlich geregelt und nicht mehr eng auf „Methodenfreiheit" beschränkt ist: „Die für die Unterrichts- und Erziehungsarbeit des Lehrers erforderliche pädagogische Freiheit darf durch Rechtsvorschriften und Konferenzbeschlüsse nicht unnötig oder unzumutbar eingeengt werden" (S. 98 – § 66 Abs. 2 Satz 2). Besorgnissen, das könne zu weit gehen, tritt der Juristentag in einer Weise entgegen, dass Verantwortlichkeiten klar werden – und sie finden sich als Aufgabe der Schule selbst und als Handlungsmöglichkeit ihres Publikums definiert:

> »Die Kommission geht im Übrigen davon aus, dass hinsichtlich der Beachtung der erwähnten ‚Regeln der pädagogischen Kunst' die Bindung des Lehrers an Rechtsvorschriften und seine Einbindung in das System gemeinsamer pädagogischer Beratung und Grundsatzentscheidungen durch die Kollegialorgane der Lehrer eine ausreichende Begrenzung des zugemessenen notwendigen Freiraums ist. Die Beschränkung der Konferenzen auf Grundsatzentscheidungen im Bereich von Unterricht und Erziehung ist dabei notwendig, um die Wahrnehmung eigener Verantwortung zu ermöglichen und abzusichern. Im Übrigen

35 Also ähnlich, wie Offe es für das Wirtschaftssystem beschrieben hat.

36 Wer es versteht, Wörter beim Wort zu nehmen, bemerkte bereits früher, wie aus den „Lehrplänen" zuerst „Bildungspläne", dann „Rahmenrichtlinien" oder sogar (wie in Berlin) „Vorläufige Rahmenpläne" wurden: Der Rahmen schließt aus, was nicht sein soll; ansonsten kann, wer vom Geschehen „weit weg" ist, nur noch grob die Richtung vorgeben.

ist nach Ansicht der Kommission pädagogische Freiheit im Sinne eigener Verantwortung des Lehrers nur gewährleistet, wenn das Risiko, dass der Lehrer Fehler begeht, innerhalb des zugemessenen Freiraums auch hingenommen wird, zumal in Gestalt der Schulkonferenz bzw. der Schüler- und der Elternvertretungen Instanzen für die Interessenartikulation der Betroffenen geschaffen werden. Damit stehen Wege zur Erörterung offen, die bei grundsätzlicher Anerkennung der Primärverantwortung des Lehrers im Falle etwa eines gravierenden pädagogischen ‚Kunstfehlers' – aber auch bei unbegründeter Besorgnis solcher Fehler im subjektiven Urteil der Betroffenen – schließlich auch grundsätzliche Konferenzbeschlüsse oder ggf. dienstaufsichtliche Eingriffe herbeiführen können, soweit nicht die Zusammenarbeit der Beteiligten zu einvernehmlicher Konfliktbeilegung oder auch zur Selbstkorrektur eingesehenen Fehlverhaltens führt. Durch die rechtliche Regelung des Bildungsauftrags der Schule und von Grundsätzen für seine Verwirklichung sowie durch die gesetzlichen Statusregelungen für Schüler, Eltern und Lehrer im Rahmen des Schulverhältnisses hat sich ferner die Rechtsnatur der Schule gewandelt. Sie ist nicht mehr Anstalt im Sinne des traditionellen Anstaltsrechts, ohne dass sie jedoch zu einer mitgliedschaftlich strukturierten Körperschaft des öffentlichen Rechts geworden wäre» (S. 44 f.).

Das Zitat steht exemplarisch für andere Passagen, in denen der Juristentag ebenfalls den systemischen Zusammenhang der von ihm vorgeschlagenen Bestimmungen erläutert. Dabei wird der grundlegende Begriff in einer Art präzisiert, die auch schultheoretisch in mehrfacher Hinsicht nützlich ist:

(1) Begrifflich: „Autonomie" (wörtlich: Eigengesetzlichkeit, deskriptiv: Eigenlogik, normativ: Eigengeist oder Selbstbestimmung) ist immer nur „relative" Autonomie, eine Gestaltungsfreiheit, deren Bereich durch einen Rahmen abgesteckt wird – hier: die gesetzliche Funktionsbeschreibung der Schule und sonstige Rechtsvorschriften.

(2) Prozessbezogen: Autonomie wird nur in der Erwartung zugestanden, dass die Gestaltungsfreiheit sich an Regeln hält, hier: Regeln der pädagogischen Kunst, was den Lehrer angeht, und, wie gleich gezeigt wird, Verfahrensregeln, was Gremien der Schule betrifft.

(3) Sozial: Die Kollegialorgane begrenzen individuelle Gestaltungsspielräume – und das nicht erst durch ihre Beschlüsse, sondern schon in ihren Beratungen, wenn dort andere, ebenfalls auf ihre Autonomie Bedachte ihre Interessen artikulieren.

(4) Institutionell: Von der alten „Anstalt" unterscheidet sich die hier entworfene Schule schließlich dadurch, dass der Ausgleich unterschiedlicher Interessen weitestgehend „schulöffentlich" gesucht werden soll. Eine unscheinbare, jedoch zum Schutz von Minderheiten unerlässliche Vorschrift sorgt dafür, dass aus der geschlossenen Anstalt eine offene Gesellschaft gemacht werden kann: „Auf Antrag von einem Fünftel der Mitglieder hat der jeweilige Vorsitzende das Gremium unverzüglich einzuberufen" (S. 103 – § 74 Abs. 3). Je mehr die Schule „Demokratie wagt", wird der Schulleiter von sich aus öffentliche Beratungen herbeiführen und damit die ganze Schule in Verantwortung ziehen.

Der Juristentag klärt aber nicht nur Begriffe und Beziehungen, er nimmt auch die Wirklichkeit zur Kenntnis. In erfreulicher Offenheit spricht er an, dass mehr Autonomie für Lehrer (und mehr Demokratie in der Schule, darf man hinzufügen) die Bereitschaft zu dem Risiko einschließt dass Fehler gemacht werden. Wofür sollten Lehrer und Schulen eigentlich „verantwortlich" sein, wenn nicht zuerst für das, was im Lichte normativer Theorien als Fehler gilt?

Eine deskriptive Theorie hingegen kennt auch Fälle, in denen man es „nur falsch machen" kann. Sie schätzt die Kunst, Ungerechtigkeiten gerecht zu verteilen, und hält insbesondere „Freiheit" nicht für etwas, das gefordert werden müsste – weder für Institutionen noch Personen. Vielmehr zeigt sich die immer schon vorhandene Freiheit darin, dass sie auf Neues so oder anders reagieren können – als Entscheidungs- und Handlungsfreiheit gegenüber Entwicklungen und in Situationen, die Normierungen nicht hinreichend vorhersehbar und berechenbar machen konnten.

Was Normierungen jedoch leisten, ist, dass sie durch „Rahmenbedingungen" Bereiche abgrenzen (Ermessensspielräume als Gestaltungsbereiche) und durch Regeln (Verfahrensregeln, Kunstregeln) Willkür vielfach ausschließen. „Unverantwortlich" handeln dann Gremien oder Personen, die Regeln oder Grenzen verletzen. Für Schäden, die dadurch entstehen, sind sie haftbar zu machen. Im Übrigen kann nur verlangt werden, dass nach bestem Wissen und Gewissen entschieden und gehandelt wird. Das Risiko, dass Reaktionen auf Entwicklungen und in Situationen nachträglich sachlich als falsch, zeitlich als übereilt oder verspätet und sozial als ungerecht beurteilt werden könnten, muss als Preis der Entscheidungs- und Handlungsfreiheit gesehen und getragen werden.

Eine deskriptive Theorie der Schule sieht also in Versuchen, den Schulen „erweiterte Verantwortung" zuzutrauen und zuzumuten,[37] eine Reaktion auf die Erfahrungen während und mit der Bildungsreform, in der mehr Vielfalt und Dynamik sichtbar wurde, als sich „zentralistisch" ordnen und steuern lässt. Sie kann gleichzeitig aber auch erklären, warum schulrechtliche Konsequenzen aus dieser Einsicht so zögerlich und mit größter Behutsamkeit gezogen werden.[38]

---

37 Vgl. z. B. GEWERKSCHAFT ERZIEHUNG UND WISSENSCHAFT, LANDESVERBAND HESSEN (Hrsg.): Das neue hessische Schulgesetz – Mehr Demokratie für die Schule? o. O., o. J. (1991). SENATSVERWALTUNG FÜR SCHULE, BERUFSBILDUNG UND SPORT, BERLIN: Schule in erweiterter Verantwortung. Konzeption zur Stärkung der Entscheidungkompetenz der Einzelschule. Berlin 1995.

38 Vgl. ROEDER, P. M.: Der föderale Bildungsrat. In: Zeitschrift für Pädagogik 43 (1997) (i. Dr.).

8 Versuche, Unterricht zu normieren

Wer sich die Normierungen in Erinnerung ruft, die den Rahmen für die „pädagogische Freiheit" des Lehrers bilden, wird sich schnell fragen, worüber denn in der Schule noch „Grundsatzentscheidungen" zu treffen sind und ob, nachdem das geschehen ist, für den Lehrer schließlich nicht doch nur die „Methodenfreiheit" übrigbleibt, die ihm außer den Schülern[39] sowieso niemand nehmen kann. Sind die wesentlichen Vorentscheidungen nicht schon im Lehrplan (vgl. Kap. 4), mit der Einteilung der Schüler in Jahrgangsklassen (vgl. Kap. 5) und der Lage der Schule in einem bestimmten Milieu bzw. durch die Schulwahl der Eltern oder vorhergehende Selektion der Schülerschaft (vgl. Kap. 6) gefallen? Wäre es so, gäbe es für alle weiteren Versuche, Unterricht zu normieren, keine schultheoretische Erklärung; insbesondere wäre dann unverständlich, warum es in Lehrerkollegien und in der Lehrerausbildung zu prinzipellen Meinungsverschiedenheiten über „guten Unterricht" kommen kann.[40]

Alle Versuche, Unterricht in einem pädagogischen Sinne zu normieren, sind durch einen mehr oder minder großen Einfluss dreier Traditionslinien gekennzeichnet: eine herbartianische, die eine oder andere reformpädagogische und fachliche bzw. fachdidaktische Traditionen. Mischungen aus ihnen geben „harten" und „weichen" Schulfächern ihr Profil, wirken sich auf die Leistungsfähigkeit der Schule und ihrer Schüler aus und prägen in den Augen der Schüler mit dem Unterrichtsklima zugleich das Schulklima (vgl. Anhang 7).

Glaubt man der gängigen Schulkritik, dominiert in den Schulen noch immer die herbartianische Tradition. Das ist in den Augen der Kritiker vor allem der Unterricht im Klassenverband. Alle reformpädagogischen Traditionen setzen sich von diesem, wie er dort heißt, „Frontalunterricht", ab. Die Schüler sollen nicht nur mit dem Kopf lernen, sondern auch mit Herz und Hand, nicht nur im Klassenverband, sondern auch in Kleingruppen, zu zweit oder allein; Unterricht soll mehr oder in anderem Sinne als in der alten „Lernschule" im Dienste der Erziehung stehen. Doch nicht nur an der Verbreitung ihrer Unterrichtskonzeptionen sind die Einflüsse der Reformpädagogik abzulesen. Sie haben Profile und Anforderungen aller Schulfächer

39 Über Unterrichtsmethoden entscheiden Lehrer auch unter der Leitfrage, „ob man das mit dieser Klasse machen kann" – wenn nicht, wirft das alle vorhergehenden Pläne über den Haufen. Aus Sicht der Schultheorie sollte deshalb diese Frage als erste und nicht als letzte gestellt werden, wie von der bildungstheoretischen Didaktik empfohlen wird.

40 Hinge der Unterricht dermaßen von den Umständen ab, unter denen er erteilt wird, ginge es selbst in prinzipiellen Auseinandersetzungen nur um Nebensächlichkeiten, weil die Lehrer doch – angeblich – gegen die Umstände im Grunde machtlos wären.

verändert, prägen ganze Schulstufen – vor allem die Grundschule – und haben an allen Schulen die herbartianische „Schulzucht" außer Kraft gesetzt.[41]

Gemessen an schulpädagogischen Stilisierungen, mit denen versucht wird, „guten" Unterricht von anderem unterscheidbar zu machen, ist jedoch konzeptionstreuer und ideenkonformer Unterricht rar; allerhand Mischformen überwiegen – und zufällige sind die Regel, wohlbedachte eher die Ausnahme (vgl. 8.4).

Heißt deshalb die schultheoretische Botschaft, dass Unterricht nicht zu steuern ist, letztlich beliebig bleibt, dem „Schlendrian" des Praktikers überlassen? In der schultheoretischen und sogar der schulpädagogischen Literatur finden sich solche Botschaften – dass weder der Theorie noch der Praxis der Erziehung ein „System" eigen sei, sondern nur die Mischung des Heterogenen, „Eklektik", wie der Schulmann August Herrmann Niemeyer schon an der Wende zum 19. Jh. sagte.

Unsere Frage ist, ob sich über die Gestaltung von Unterricht, speziell Schulunterricht, angesichts dieser Traditionen noch etwas sagen lässt, was die Integrationsfunktion des Klassenunterrichts (vgl. Kap.5) in wechselnde Erscheinungsformen zu zerlegen gestattet und Alternativen im schulisch organisierten Lehren und Erziehen sichtbar macht. Abhandlungen zur Unterrichtsmethodik breiten ein so vielfältiges Repertoire aus, dass eine Theorie der Schule daran nicht achtlos vorbeigehen kann.[42] Irritierend ist allerdings, dass dem Repertoire die Systematik mangelt, jedenfalls fehlt es an einer, die an Schultheorien anschlussfähig wäre. Das Kapitel schließt deshalb mit einem Hinweis auf eine „Didaktik für Lehrer", die sich diesem Problem gestellt hat und es im Anschluss an die herbartianische Tradition bearbeitet.[43] Wer darin ein Lektürehemmnis sieht, soll hier wenigstens die Problemstellung erläutert finden, zu der die anderen Traditionen ihre Lösungsvorschläge erst noch zu entwickeln hätten. Eine vollständige Aufklärung über Unterrichtsmethoden können wir damit nicht ersetzen, aber wir hoffen die Anschlussstellen zu zeigen, an denen die schulisch erzeugten Handlungsprobleme des Lehrers beginnen.

---

41 Daran erinnern aber in alten Schulgebäuden noch Knöpfe auf dem Treppengeländer, die der Freude am Herunterrutschen Grenzen setzen und Lehrern Ermahnungen ersparen, vgl. DIEDERICH, J.: Bemessene Zeit als Bedingung pädagogischen Handelns. In: LUHMANN, N./SCHORR, K.-E. (Hrsg.): Zwischen Technologie und Selbstreferenz. Fragen an die Pädagogik. Frankfurt 1982, S. 51–86. Für die entsprechende Lehrerausbildung vgl. das Beispiel in: OSTERMANN, W./WEGENER, L.: Lehrbuch der Pädagogik. Teil V: Schulkunde. 2. Aufl. Oldenburg 1915, S. 100–102.

42 Einen Einblick in Probleme und Lösungen geben ADL-AMINI, B./SCHULZE, TH./TERHART, E. (Hrsg.): Unterrichtsmethode in Theorie und Forschung. Weinheim/Basel 1993.

43 PRANGE, K.: Bauformen des Unterrichts. Bad Heilbrunn 1983.

8.1 Unterricht in herbartianischer Tradition

Für Johann Friedrich Herbart (1776–1841),[44] dessen akademischen Schülern (den Herbartianern) die Tradition ihren Namen verdankt, war Unterricht erstens „Ergänzung von Umgang und Erfahrung", und zwar nur künstliche Ergänzung („Kerzenlicht") im Vergleich zum Lernen außerhalb der Schule („Tageslicht"). Herbart machte also den gleichen Unterschied zwischen Schule und Leben wie später Reformpädagogen. Theoretisch wichtiger daran ist aber, dass Unterricht immer auf etwas angewiesen ist, das vorschulisches und außerunterrichtliches Lernen schon bewirkt haben. Heute spricht man von den „Lernvoraussetzungen", an die das Ergänzen anknüpfen kann und muss, d. h. ohne die Unterricht gar nicht möglich wäre; das herausragende Beispiel ist die Umgangssprache als Medium des Unterrichts.

Zweitens soll der Unterricht laut Herbart die „Vorstellungen" ordnen, denn „trübe Massen häuft im Gemüth des Kindes ununterbrochen die Erfahrung" (S. 50), und den „Gedankenkreis" erweitern, denn „unendliche Zeiten und Räume verhüllen uns eine unendlich größere *mögliche* Erfahrung" (S. 58). Die beiden Arten von Zufälligkeiten, dass Erfahrungen im Leben nicht systematisch, sondern gelegentlich gemacht werden, und dies abhängig davon, wann und wo man aufwächst, machen Unterricht für Herbart zu einer unentbehrlichen Ergänzung von „Erfahrung und Umgang". Er soll die Mängel des vorschulischen und außerunterrichtlichen Lernens ausgleichen, in heutigen Worten: Herbart denkt dem Unterricht eine „kompensatorische" Funktion gegenüber dem Leben zu. Hier liegt denn auch der Gegensatz zum reformpädagogischen Denken, darin nämlich, dass Herbart im Leben nicht uneingeschränkt den besten aller Lehrmeister sieht.

Herbarts Formulierungen für die Leitvorstellungen des Unterrichts lassen sich problemlos in zeitgemäße Begriffe übersetzen: „Vielseitigkeit des Interesse" kann als Ziel der Bildung und „Charakterstärke der Sittlichkeit" als Ziel der Erziehung gelesen werden. Zu beachten ist aber, dass Unterricht auch neue Interessen stiften und nicht nur an die anknüpfen soll, welche die Heranwachsenden zum Unterricht mitbringen, und dass Herbart von Vielseitigkeit spricht, weil der Versuch, allseitig zu sein, „Flattersinn" begünstigen könnte (S. 47 f.).

Das Ärgernis, das die herbartianische Tradition erregt, liegt angesichts dieser klaren und plausiblen Problemexposition also weniger in Herbarts

44 Die Zitate aus HERBART, J. F.: Allgemeine Pädagogik [1806]; Seitenangaben nach „Kleine pädagogische Texte". Bd. 25 (ed. Nohl), Weinheim 1952 (= photomechanische Wiedergabe des Abdrucks aus der Werkausgabe von Hartenstein, Bd. X, Leipzig 1851).

Denken über die Voraussetzungen des Unterrichts oder über die Vorstellungen, von denen Unterricht seiner Ansicht nach geleitet sein sollte, sondern dazwischen, dort, wo es darum geht, wie Unterricht „gemacht werden" kann. Seine Unterscheidung der „eigentlichen Erziehung" von „Zucht" und „Regierung der Kinder" und seine Lehre von der zeitlichen „Artikulation" des Unterrichts scheinen nur zu jenem Unterricht im Klassenverband zu passen, der Reformpädagogen als „lehrerzentriert" gilt und das Hauptangriffsziel ihrer Kritik darstellt.

Gedacht ist dabei an Unterricht, der durch folgende Merkmale charakterisiert und quantitativ beschrieben werden kann. Als Unterrichtsgeschehen gilt alles, aber auch nur, was von allen Anwesenden wahrgenommen werden kann und eigens „thematisiert" wird. Der Lehrer entscheidet Schritt für Schritt, ob „Themen" eingeführt, aufgegriffen, beibehalten oder aufgegeben werden. Der Unterricht kann dabei durchaus mehrere Themen haben, d. h. im Wechsel aufgreifen; der Lehrer zeigt das, indem er darüber befindet, ob (und zu welchem Thema ggf.) ein Beitrag „passt'. „Thema" kann jegliches Vorkommnis werden, nicht nur, was den Unterricht als gemeinsamen „Gedankengang" planmäßig weiterbringt, sondern auch, was relativ dazu als Abweichung, Umweg oder Überraschung erscheint.[45] Als gelungen gilt dieser Unterricht, solange der Lehrer bestimmt, worauf sich die intentionale[46] Aufmerksamkeit der Schüler bezieht – aller Schüler! Da das selbst bei einem extrem „lehrerzentrierten" Unterricht nicht durchgängig der Fall ist, bezeichnet auch der Begriff Frontalunterricht eine „Idealisierung" – so sollte es der Idee nach sein.

Unerheblich ist für diese Charakterisierung offenbar, ob der Lehrer vor einer Klasse steht, die in Reihen vor ihm sitzt. Wichtig ist nur die Betonung von „alle". Dieser Unterricht will, nicht nur für die jeweilige Situation, sondern für viele daran anschließende, sicherstellen, dass sich jeder, Schüler wie Lehrer, auf etwas beziehen kann, was alle „erfahren" haben.

Der Sinn dieses Unterrichts liegt also nicht etwa nur darin, die Definitionsmacht des Lehrers über das Unterrichtsgeschehen zu sichern und ihm dessen Kontrolle zu erleichtern,[47] sondern ebenso darin, gemeinsame Erfahrungen zu stiften und das Lernen, soweit möglich, klassenintern öffentlich zu machen, damit Schüler, die gerade nicht aktiv am Unterricht

45 Selbst „Störungen" können bisweilen „umfunktioniert", d. h. für den Unterricht „fruchtbar gemacht" werden.

46 Zur Unterscheidung von intentionaler Aufmerksamkeit und attentionaler als ihrem Rahmen und ihrer Voraussetzung vgl. MARKOWITZ, J.: Verhalten im Systemkontext. Frankfurt a. M. 1986.

47 Beides leisten reformpädagogische Unterrichtsmodelle kaum weniger effizient, aber unauffälliger.

teilnehmen, doch durch Beobachtung ihrer jeweils aktiven Mitschüler lernen können.[48]

8.2 Unterricht in reformpädagogischer Tradition

Gemeinsam ist allen reformpädagogischen Traditionen, dass sie in kritischer Distanz zu dem stehen, was „in der Praxis" aus der Idee eines die Vorstellungen ordnenden und erweiternden Unterrichts geworden war. Die Differenzen zwischen einer Idee, ihrer Schematisierung unter schulischen Rahmenbedingungen zum Zwecke der Lehrbarkeit und der Unterrichtspraxis als einer „Anwendung", die mehr oder minder schemagetreu und ideenkonform ausfallen kann, sind auch bei der Beurteilung reformpädagogischer Traditionen zu beachten.[49]

Reformpädagogische Unterrichtskonzeptionen, die nach wie vor als Alternative zum Unterricht im Klassenverband gelten, sind vor allem Arbeits-, Gruppen- und Projektunterricht. Die Ideen, an denen sie sich orientieren, hatten aber schon vor der Entstehung der Reformpädagogik am Ende des 19. Jhs. den Rang von Grundsätzen, die Lehrer immer (also auch beim Unterricht im Klassenverband) beachten sollten; sie galten als „Unterrichtsprinzipien" (vgl. 9.1). Das Neue an den reformpädagogischen Konzeptionen ist allerdings, dass sie aus Nöten der alten Schule Tugenden der neuen machen wollen: Aus der Stillbeschäftigung und dem Abteilungsunterricht, den beiden Grundübeln der wenig gegliederten oder gar einklassigen Landschule in den Augen der Befürworter der Landschulreform, werden für die Jahrgangsklassen der Stadtschule der Arbeits- und der Gruppenunterricht. Man muss nur „sinnlose Beschäftigung" durch „sinnvolle Arbeit" ersetzen und „Abteilungen" als „Gruppen" auffassen, also die richtigen pädagogischen Ideen Pate stehen lassen.

„Selbsttätigkeit" gilt dann als aktives Lernen im Unterschied zu passivem (rezeptivem) durch „bloße Belehrung". Eigene Erfahrung steht in Kontrast zu Erfahrungen „aus zweiter Hand" und unmittelbares Erleben zu Erinnerungen an Erlebnisse.

---

48 Das ist der Sinn des „fragend-entwickelnden" Unterrichts; der Streit um die Lehrerfrage ist exemplarisch für weitere Auseinandersetzungen, an denen Missverständnisse ursächlich beteiligt sind, vgl. BLOCH, K. H.: Der Streit um die Lehrerfrage im Unterricht in der Pädagogik der Neuzeit. Wuppertal 1969.

49 Kritik sollte immer deutlich unterscheiden, ob sie einer Idee grundsätzlich gilt, einer aus der Idee entwickelten Schematisierung (Unterrichtskonzeption) oder einem der mehr oder minder gelungenen Versuche, im Rahmen der Konzeption (oder notfalls gegen sie) der Idee gemäß zu unterrichten. Dass eine Idee sich der Schematisierung widersetzt und deshalb nur begrenzt lehrbar ist oder oft missverstanden wird, spricht zwar praktisch gegen sie, nicht aber theoretisch. Auch sind Unterrichtstraditionen nicht geringerer Aufmerksamkeit wert, wenn Unterricht, der auf ihnen beruht, selten praktiziert wird.

Während Einzelarbeit (Stillarbeit) gegenüber dem angeblich für alle gleichen und insofern „nivellierenden" Klassenunterricht nur den Vorteil der Individualisierung hat, bringen Partnerarbeit (ggf. als Helfersystem) und Gruppenunterricht das Lernen der Schüler mit- und voneinander (statt vom Lehrer) ins Spiel. Mit der Idee, der eine Konzeption ihren Namen ursprünglich verdankt, werden so weitere Ideen verknüpft; und aus der Arbeitsschule[50] wird Gruppen-Arbeit im Klein-Gruppen-Unterricht [51]

Doch hat die freizügige Akkumulation der Ideen ihren Preis, den sich Reformpädagogen nicht immer eingestehen: jede Idee lebt auf Kosten der anderen; hier „Arbeit" auf Kosten von „Gruppe". Wird nämlich Gruppenunterricht als ein Weg gesehen, auf dem die Klasse „mehr Stoff bewältigen kann", treten andere Aspekte der ursprünglichen Idee in den Hintergrund. Nun geht es nicht mehr in erster Linie darum, dass jeder Schüler wählen darf, was seinem Leistungsvermögen am besten entspricht oder was ihn am meisten interessiert (Differenzierung nach Eignung oder Neigung), noch um „methodische Bildung". Denn wenn Schüler die Arbeitsmethoden erst erlernen müssten, würde das den Rationalisierungseffekt beeinträchtigen, der bei Arbeitsteilung aus der Spezialisierung resultiert.[52] Vor allem aber wird die Hauptsache an der ursprünglichen Idee zur Nebensache degradiert, dass Schüler nämlich erst lernen müssen miteinander auszukommen und dass sie einander womöglich wirksamer erziehen, als Lehrer das können.[53]

Wer also hofft oder andere glauben macht, man könne allen Ideen gleichzeitig dienen, folglich seien Mischkonzeptionen am besten geeignet, viele reformpädagogische Ziele gleichzeitig zu verfolgen, sollte sich von Peter Petersen (1884–1952), dem ersten Erziehungswissenschaftler unter deutschen Reformpädagogen, über die Erziehung in der und durch die Gruppe eines Besseren belehren lassen.

---

50 Zur Einführung in die Kontroverse um die beiden wichtigsten Varianten des Begriffs am besten geeignet sind die Texte von Gaudig und Kerschensteiner in: GEISSLER, G. (Hrsg.): Das Problem der Unterrichtsmethode in der pädagogischen Bewegung. Weinheim 1952 u. ö.; ferner: REBLE, A. (Hrsg.) Die Arbeitsschule. Bad Heilbrunn 1979.

51 MEYER, E.: Gruppenunterricht. Worms 1954; DIETRICH, G.: Bildungswirkungen des Gruppenunterrichts. München 1969; MEYER, H.: UnterrichtsMethoden. Frankfurt a. M. 1987. Bd. 2, S. 238–277.

52 Vgl. DIEDERICH, J.: Studienhilfe: Differenzierung im Unterricht. In: Westermanns Pädagogische Beiträge 31 (1979) 1, S. 20–25.

53 Petersen unterschied zwar, systematisch vorrangig, Gespräch, Spiel, Arbeit und Feier als „vier Urformen des Lernens und Sich-Bildens", doch war für ihn „Gruppe" der Leitbegriff, mit dem er seine „Erziehungsschule" in der Schul- und Unterrichtsorganisation von der herkömmlichen Unterrichtsanstalt abhob, vgl. PETERSEN, P.: „Die vier Urformen des Lernens und Sich-Bildens" und „Zehn Vorteile der Gruppe". In: Der kleine Jena-Plan [1927], 56./60. Aufl. Weinheim 1980, S. 55–57 bzw. S. 38 ff.

Projektunterricht geht auf das Prinzip der „Lebensnähe" zurück und stellt Gruppenarbeit obendrein in den Dienst von Vorhaben, die bestenfalls ein „Produkt" erzeugen, das „gesellschaftlich nützlich" ist. Leitende Idee ist der „Ernstfall", der auf die Probe der Anwendung stellt, was im Unterricht gelernt wurde, und Probleme aufgibt, deren Bearbeitung weiteres Lernen notwendig macht.[54]

Praktisch stößt Projektunterricht typischerweise an zwei Grenzen, die reformpädagogische Literatur problematisieren will – die des Schulfaches und der Unterrichtsstunde, d. h. schultheoretisch: auf die beiden wichtigsten strukturellen Bedingungen des Schulunterrichts – die thematische Bindung des Wissens und die Knappheit der Zeit.

Vorhaben innerhalb des Fachunterrichts verlangen von den Schülern außerunterrichtliche Vorarbeiten (Beobachtungen und Erkundungen, Sammeln und Ordnen von Bildern und Materialien oder Befragung von Experten) zu Themen wie „Haustiere", „Die ersten Lampen" oder „Stadtteilsanierung". Fächerübergreifende Vorhaben bis hin zur Vorbereitung schulischer Veranstaltungen (z. B. Aufführung eines selbstverfassten Theaterstücks) sprengen dann endgültig den Zeitrahmen der Schule, erfordern die Kooperation mehrerer Lehrer und beziehen oft sogar Eltern mit ein. Aus Projektunterricht werden „Projektwochen", in denen der Stundenplan außer Kraft gesetzt wird.

Denn auch diese Konzeption macht aus vormaliger Not eine neue Tugend. Musste die Landschule darauf Rücksicht nehmen, dass die älteren Schüler als Arbeitskraft benötigt wurden, ändert nun die radikalste Variante der Arbeitsschulbewegung die Sichtweise: Für „Produktionsschulen" ist Kinderarbeit nicht mehr ein unvermeidliches Übel, sondern die beste aller Bildungsmöglichkeiten. Dann gilt auf der einen Seite als pädagogische Forderung, „... dass jede produktive Arbeit mit Bildung verbunden wird"; aber das ist doch nur sinnvoll, weil Marx – anders als die Pädagogen seiner Zeit, die Kinderarbeit nur beklagen können – zugleich weiß, dass „jedes Kind ohne Unterschied vom neunten Jahre an ... ein produktiver Arbeiter werden (sollte)."[55]

Die „Öffnung der Schule" zu ihrer „Umwelt" hin zeigt im Umkehrschluss, welche Risiken die Schule normalerweise auszuschließen sucht. In der Projektwoche macht sie sich mehr als sonst von Wünschen der Schüler

54 Zur Entmythologisierung der Geschichte des Projektunterrichts vgl. KNOLL, M.: 300 Jahre Lernen am Projekt. Zur Revision unseres Geschichtsbildes. In: Pädagogik 1993, H. 7/8, S. 58–63 (nebst nachfolgenden Betroffenheitsbekundungen).

55 MARX, K.: Instruktionen an die Delegierten des provisorischen Generalrats ... [1866] – freilich mit der bezeichnenden Einschränkung, dass diese Forderung erst „in einem rationellen Zustande der Gesellschaft" gelte, während Kinderarbeit im Kapitalismus „eine abscheuliche" ist, vgl. unter anderem in: MEW, Bd. 16, S. 192–195.

und Liebhabereien der Lehrer abhängig, von Eintracht im Kollegium, dem Wohlwollen des Hausmeisters, der Mithilfe von Eltern und bei einigem Geschick sogar von Firmenspenden; selbst das Wetter kann auf einmal wichtig werden. Allgemeiner folgt: Je mehr schief gehen kann, desto größer ist die Lebensnähe.

8.3 Der Wandel fachdidaktischer Traditionen

Die Bedeutung reformpädagogischer Ideen und Unterrichtskonzeptionen für eine Theorie der Schule liegt nicht in ihrer Verbreitung oder in der Emphase, die sie immer neu wecken. Vielmehr ist sie darin zu sehen, dass sie – als Ausnahmen von der Regel – das risikomindernde Regelwerk des normalen Schulbetriebs, des Unterrichts im Klassenverband und in Schulfächern, kontrastiv verdeutlichen: Hier weiß man als Schüler immer, „was als nächstes kommt". Je stärker die herbartianische Tradition, desto weniger muss man im emphatischen Sinne selbsttätig sein oder gar mit anderen kooperieren, desto seltener mit Überraschungen rechnen – gelegentliche Langeweile ist dann vielleicht kein zu hoher Preis für dieses beruhigende Gefühl.

Aber in den meisten Fächern gehören die ruhigen Zeiten für Schüler leider der Vergangenheit an; und schuld daran ist der beispiellose Siegeszug, in dem reformpädagogische Ideen die „Lernschule" überrollt und durchdrungen haben. Weil das eine unübliche Sicht der Dinge ist, schildern wir, was sich für „dumme aber brave" Schüler geändert hat, und demonstrieren daran, wie „dieselben" Inhalte mit neuen Zielen kombiniert wurden.

Statt Abschreiben und Auswendiglernen oder höchstens Nacherzählen wird in Deutsch immer häufiger eigene Phantasie verlangt, soll man Erlebnisse preisgeben, sich in andere Personen versetzen und deren Stimmungen schildern, Bilder beschreiben und Berichte anfertigen, alles ‚in eigenen Worten", also mit hohem Risiko.

Nichts ist es mehr mit der Schönschrift, die man üben konnte, dem Ausmalen von Vorlagen und dem perspektivischen Zeichnen mit Zirkel und Lineal; auch wer ungelenk ist, muss den Pinsel nach eigenen Ideen führen, so er sie hat.

Selbst das Rechnen heißt jetzt von Anfang an Mathematik, weil es außer Aufgaben auch Probleme gibt und eigene Lösungswege mehr zählen als das doppelte Unterstreichen des Ergebnisses, das früher auch dann einen guten Eindruck machte, wenn man sich verrechnet hatte.

Geschichte und Religion, früher eine sichere Bank für das Auswendiglernen von Daten und Versen, verlangen nun historische Zusammenhänge zu verstehen oder Glaubenszweifel nachzuvollziehen.

In Erdkunde – nun Geographie – sichert topographisches Wissen allein kaum noch eine ausreichende Note im Zeugnis; und aus Staatsbürgerkunde (die es vor 1919 gar nicht als eigenständiges Fach gab) wurde ein Fach, das mit dem Anspruch politischer Bildung auftritt und sogar Fächergrenzen ignoriert, wenn es mit Erdkunde und Geschichte zu Gemeinschafts- oder Weltkunde verbunden wird.

Dass Biologie, Chemie und Physik inzwischen auch im vormals „niederen" Schulwesen nicht mehr als „Realien", sondern als drei getrennte Fächer gelehrt werden, ist im Vergleich dazu ein Segen, aber selbst das gefährdet der reformpädagogische Vorschlag, in der Mittelstufe Naturwissenschaften als „integrierten Unterricht" zu erteilen.[56]

Unter den Fremdsprachen ist Latein die einzige, die nicht von Anfang an frei gesprochen werden soll, nur dort ist eine gute Note noch mit Vokabel- und Grammatikkenntnissen zu erreichen, nur dort kann man noch zu den meisten Texten die Übersetzung kaufen.

Zuletzt blieb nicht einmal das Fach verschont, das früher Leibesübungen hieß, aber außer Muskeln auch den Charakter stärken sollte. Nun zielt es auch auf den Geist, wenn man im Leistungskurs in der gymnasialen Oberstufe an „Sporttheorie" nicht mehr vorbeikommt.

Kurz und übel: Fast nirgends kann man in der Schule noch Dummheit durch Fleiß kompensieren – schlechte Zeiten für schwache Schüler!

Alle diese Entwicklungen benachteiligen aber auch brave Kinder – und d. h. immer noch oft: Mädchen gegenüber Jungen. In vielen Unterrichtssituationen reformpädagogischen Stils sind nicht die stillen, höflichen und zurückhaltenden Kinder im Vorteil, sondern durchsetzungsfähige und selbstbewusste oder sogar aufdringliche – vom Schulhof ganz zu schweigen.

Das alles hat die Reformpädagogik an der alten „Lernschule" verändert – und zwar allenthalben, nicht nur an progressiven Schulen. Doch kommt, was allgemein als pädagogischer Fortschritt gilt, nicht allen Heranwachsenden gleichermaßen zugute.

Die besten Chancen eröffnet konsequente Erziehung zur Selbstständigkeit im Vorschulalter, dann bringt das Kind schon in die Grundschule einen Vorsprung mit, der in dem Maße zu Buche schlägt, in dem der Grundschulunterricht Selbstständigkeit voraussetzt. Sie wirkt sich außerdem auf die

56 Die Veröffentlichungen des Instituts für Pädagogik der Naturwissenschaften in Kiel tragen außerdem der Tatsache Rechnung, dass immer mehr Lehrer diesen Unterricht „fachfremd" erteilen müssen, d. h. ohne dafür ausgebildet zu sein (und dies nicht nur in der Grundschule als „Sachunterricht", sondern bis in die Mittelstufe der weiterführenden Schulen hinein), vgl. FREY, K./RIQUARDTS, K. (Hrsg.): Schulbezogene Forschungsarbeiten und Produkte des IPN. Kiel 1984 bzw. IPN-Blätter (vierteljährlich seit 1983).

frühzeitige Entwicklung des Leistungsmotivs günstig aus.[57] In dieser Hinsicht kann also von einer Gleichheit der Startchancen kaum die Rede sein. Die Theorie der Schule beobachtet daran als pikante Konstellation, dass das Leistungsprinzip faktisch desto mehr außer Geltung gerät, je mehr Erziehung und Unterricht auf das Leistungsmotiv und zuvor auf „Selbsttätigkeit" setzen.[58]

Der Wandel in den fachdidaktischen Traditionen kann zusammenfassend als ein Trend beschrieben werden, der zur Entwertung „bloß reproduktiver" Tätigkeiten und zur Aufwertung der „produktiven Aneignung" geführt hat oder sogar eine „kritische Aneignung" der Kultur verlangt. Schultheoretisch interessant daran sind außer dem „Siegeszug" der Reformpädagogik – allgemeiner und vorsichtiger: der Tendenz, die Ziele des Unterrichts zunehmend bildungstheoretisch zu interpretieren, auch die folgenden drei Aspekte des Trends.

(1) Es wurden nicht nur Inhalte ausgetauscht, sondern aus alten Inhalten unter neuer Zielsetzung anspruchsvollere Themen gewonnen.

(2) Mit diesem „Trick" kann die Unterscheidung der „Aneignungsformen" aus der Bildungstheorie in die Unterrichtswirklichkeit übertragen und dort „kleingearbeitet" werden.

(3) An den Leistungen der Schüler wird nicht nur die Leistung der Schule (vgl. Anhang 7), sondern auch die des Unterrichts erkannt.

Zu 1: Inhalte werden ausgetauscht, wenn z. B. das Auswendiglernen von Gedichten, früher von Bibel und Katechismus, seltener verlangt wird, wenn der Rechenunterricht häufiger „Sachaufgaben" stellt und seltener Übungen im Kopfrechnen vorsieht, wenn statt weiterer Übungen im Hochsprung der Unterschied zwischen Straddle und Fosbury-Flop biomechanisch erklärt (und im Abitur geprüft)[59] wird. Hingegen kann man Märchen und Heimatsagen, historische Legenden oder biblische Gleichnisse abschreiben oder aufschreiben lassen. Dasselbe Gedicht kann in Schönschrift abgeschrieben oder (mündlich oder schriftlich) interpretiert werden, bei einer Nacherzählung wird die Verwendung eines Zettels mit Stichworten erlaubt oder nicht, bei Übersetzungen aus einer Fremdsprache darf man das Wörterbuch benutzen oder nicht. Im letzteren Fall kann die Übersetzungsleistung durch

57 HECKHAUSEN, H.: Die Interaktion der Sozialisationsvariablen in der Genese des Leistungsmotivs. In: C. F. GRAUMANN (Hrsg.): Handbuch der Psychologie. Bd. 7/II: Sozialpsychologie. Göttingen 1972, S. 955–1019.

58 Das Leistungsprinzip lebt ja von der Fiktion, dass eigene Fähigkeit und Anstrengung sich auszahlen, und wird in seiner faktischen Geltung immer dann beeinträchtigt, wenn andere Faktoren am Zustandekommen einer Leistung nennenswert beteiligt sind – hier das Elternhaus.

59 KMK: Einheitliche Prüfungsanforderungen ... – Sport. Beschluss vom 1 12.1989. Neuwied 1991, S. 38.

mangelhafte Vokabelkenntnisse stark beeinträchtigt werden, im ersteren Fall legt die Leistungsanforderung den Akzent dagegen auf eine „sinngemäße Übersetzung", die bereits unterschiedliche Fähigkeiten in der Interpretation des Textes erkennen lässt.

Allgemeiner: „Inhalte" führen erst durch eine Aufgabenstellung, die ganz bestimmte Tätigkeiten verlangt – und andere nicht, die Verwendung von Hilfsmitteln zulässt oder verbietet und ggf. durch quantitative Spezifikation des Anspruchsniveaus (Zeitlimits, maximal zulässige Fehlerzahl, Anzahl der zu bearbeitenden Aufgaben u. ä.) zur näheren Bestimmung dessen, was gemeint ist und geprüft wird, wenn von „Qualifikationen" die Rede ist. Und das geschieht nicht erst, wenn „Lernziele", eigentlich Lehrziele, nach allen Regeln der Kunst „operationalisiert" werden,[60] sondern dauernd, ob das Lehrern nun bewusst ist oder nicht.

Zu 2: Die „Einheitlichen Prüfungsanforderungen in der Abiturprüfung" verlangen für alle Fächer die Unterscheidung von drei Anforderungsbereichen, in denen die bildungstheoretische Unterscheidung zu einem Instrument der Leistungsbeurteilung wird.

»1. Im Anforderungsbereich I geht es um die Wiedergabe von Wissen im gelernten Zusammenhang. Für die Prüfungsaufgabe im Deutschen handelt es sich dabei vor allem um die Kenntnis von Fakten und Fachbegriffen, Methoden und Modellen und deren Anwendung in einem vorgegebenen Zusammenhang.
2. Im Anforderungsbereich II geht es um
   – das selbstständige Auswählen, Anordnen, Verarbeiten und Darstellen bekannter Sachverhalte unter vorgegebenen Gesichtspunkten in einem durch Übung bekannten Zusammenhang;
   – die selbstständige Anwendung des Gelernten auf vergleichbare neue Situationen; dabei kann es sich entweder um veränderte Sachzusammenhänge oder um abgewandelte Verfahrensweisen handeln.
3. Die im Anforderungsbereich III geforderte Leistung zeigt sich je nach Art der Aufgabe darin, dass
   – begründete Schlüsse aus der durchgeführten Analyse oder der Problemerörterung gezogen werden,
   – Wertungen vorgenommen und begründet werden,
   – das eigene Vorgehen kritisch beurteilt wird.

Im Unterschied zu dem vorhergehenden Anwendungs(sic!)bereich, in dem auch Urteile ansatzweise vorkommen, sind Urteilsleistungen in diesem Bereich bestimmt durch einen höheren Grad an Selbstständigkeit und Bewusstheit.

60 MAGER, R. F.: Lernziele und programmierter Unterricht. Weinheim 1965. Neuausgabe 1977 u. ö.

Selbstständige Darstellungen, Deutungen, Folgerungen, Begründungen oder Wertungen setzen das planmäßige Verarbeiten vielschichtiger Sachverhalte bzw. komplexer Texte voraus."[61]

Der Text eignet sich zwar kaum als Beispiel für eine vorbildliche Erfüllung der Anforderungen, die er beschreibt – weder in der Präzision der Unterscheidungen noch gar für „gutes Deutsch"; bei aller Unbeholfenheit eignet er sich aber doch zur Illustration der „Anforderungen" – die das „Kleinarbeiten von Qualifikationen" an Lehrer stellt.

Die Unterscheidung der drei Anforderungsbereiche – kurz gesagt: Reproduktion, Transfer und Kritik – arbeitet mit den Dualen bekannt/unbekannt, angewandt auf Einzelnes und Zusammenhänge, unselbstständig/selbstständig, was die „Anwendung" des Gelernten angeht – wobei immerhin zwei Fälle von „Transfer" unterschieden werden, und dem Dual unbegründet/begründet, was Wertungen und Schlüsse angeht, im dritten Anforderungsbereich.

Dass damit das Gemeinte noch nicht völlig zufriedenstellend zum Ausdruck gebracht wurde, zeigen gleich drei Indizien: hilfsweise wird das Dual unkritisch/kritisch eingeführt, aus dem Dual unselbstständig/selbstständig wird eine Skala, auf der die Selbstständigkeit graduell beurteilt werden soll, und drittens wird verlangt, dass Lehrer Grade der Bewusstheit unterscheiden, wobei nicht ganz klar wird, was dem Schüler mehr oder minder bewusst sein könnte.

Die Pointe liegt dann im letzten Absatz. Weil die getroffenen Unterscheidungen vielleicht doch nicht so klar sind, wie man sich das wünscht, muss eine Selbstverständlichkeit bekräftigt werden: das hierarchische Voraussetzungsverhältnis der Anforderungsbereiche II und III. Hingegen sahen die Autoren keinen Bedarf, bei der Unterscheidung der Anforderungsbereiche I und II bzw. I und III ebenfalls Missverständnisse auszuschließen.

Wissenschaftlich ist über die Dimensionen der Schulleistung seit langem viel mehr und Genaueres bekannt;[62] doch ist das kein gerechter Maßstab für die politischen Kompromisse in der KMK.

Zu 3: Von deutschen Schultheoretikern oder gar Schulkritikern noch gar nicht recht bemerkt, hat die Bewertung von Schülerleistungen im Zuge der Curriculum-Entwicklung in anderen Ländern, vor allem den USA und Großbritannien eine Wendung genommen, die es rechtfertigt, das Attribut „kopernikanisch" zu verwenden.

Während es für die vergleichende Schulforschung völlig selbstverständlich war, die Leistung der Schulen auch an den Leistungen ihrer Schüler zu

61 KMK: Einheitliche Prüfungsanforderungen ... – Deutsch. Beschluss vom 1.12.1989. Neuwied 1991, S. 10 f.

62 Roeder, P. M./Treumann, K.: Dimensionen der Schulleistung. 2 Bde. Stuttgart 1974.

messen (vgl. Anhang 7), scheint der Transfer auf den Schulunterricht doch nicht so nahe liegend zu sein, wie das Außenstehende zu erwarten geneigt sein könnten. Dabei ist die in der Curriculum-Diskussion entwickelte Faustregel, dass ein Curriculum erst dann einsatzfähig ist, wenn es garantiert, dass 80 % der Schüler 80 % der in ihm gesetzten Ziele erreichen, doch plakativ und plausibel zugleich.

Die kopernikanische Wendung besteht ganz einfach darin, dass mangelhafte Schülerleistungen nicht mehr (nur) den Schülern, sondern (vor allem) dem Unterricht angekreidet werden. Die Reihung der drei Begriffe Selektion, Diagnostik, Evaluation ist geeignet die Stationen des Weges zu bezeichnen, der nun vorgezeichnet ist.

Leistungen verschiedener Schüler zu vergleichen und die Schüler dementsprechend in eine Rangreihe zu bringen (sozialer Gütemaßstab), die dann nach Regeln für die Skalentransformation auf die (derzeit sechs) Notenstufen abgebildet wird, das ist die weithin gebräuchliche Beurteilungsweise; sie ist auf Selektion angelegt.

Leistungen des gleichen Schülers miteinander zu vergleichen, das verweist innerhalb der Fächer auf Lernfortschritte – beunruhigend geringe oder erfreuliche, im Quervergleich der Fächer jedoch auf ein Leistungsprofil und die Alternative, es „kompensatorisch" zu glätten oder Schüler in ihren Stärken zu bestärken. „Förderdiagnostik" hat diese beiden Möglichkeiten, nach Ursachen für Schwächen oder für Stärken zu suchen; und es ist kein Wunder, dass im Kontext der Sonderschule das erste betont wird,[63] wohl aber erstaunlich, dass in Gymnasien zwar Schüler Taktiken für den Umgang mit der Alternative entwickelt haben, Schulen und Lehrer aber auf das Verhalten der Schüler bei der Kurswahl methodisch hilflos reagieren.

Die kopernikanische Wendung besteht darin, den dritten der möglichen Gütemaßstäbe anzuwenden, nämlich zu fragen, ob (und ggf. in welchem Grad) eine Leistung „den Anforderungen entspricht". Ironischerweise sind mit genau dieser Fomulierung die Notenstufen definiert,[64] aber deshalb muss ja noch niemand auf die Idee kommen, diesen Maßstab, den „sachlichen",[65] auf die Güte des Unterrichts anzuwenden. Wie die Schultheorie sich eine solche Anwendung denkt, zeigt der folgende Abschnitt.

---

63 PROBST, H.: Qualitative Testverfahren in der Entwicklung pädagogisch-diagnostischer Methodik. In: INGENKAMP, K. U. A. (Hrsg.): Empirische Pädagogik 1979–1990. Bd. I. Weinheim 1992, S. 169–181.

64 KMK: Abkommen zur Vereinheitlichung auf dem Gebiete des Schulwesens vom 28.10.1964 (Hamburger Abkommen), § 19 und Beschluss vom 3.10.1968.

65 Zu den drei Gütemaßstäben vgl. HECKHAUSEN, H.: Leistung und Chancengleichheit. Göttingen 1974, S. 49–51; für Verknüpfung mit den Begriffen Selektion, Diagnostik und Evaluation vgl. DIEDERICH, J.: Studienhilfe: Aus Leistungen lernen. In: Westermanns Pädagogische Beiträge 31 (1979), 5, S. 190–194.

8.4 Unterricht in zufälliger und abgestimmter Mischung

Reformpädagogische Unterrichtstraditionen liefern dem Schultheoretiker also beides gleichzeitig: einerseits Hinweise auf die konstitutive Bedeutung struktureller Restriktionen für das Zustandekommen traditionellen Schulunterrichts, Indizien für die Unausweichlichkeit ungewollter Nebenwirkungen und Beispiele für suboptimale Effekte, andererseits aber starke Anhaltspunkte für die Unentbehrlichkeit inspirierender Alternativen und persönlichen Engagements, die beiden Zentren des pädagogischen Ethos.[66]

Umso erstaunlicher ist es, dass die Elemente der Traditionen in der Schulpraxis selten in ihrer funktionalen Äquivalenz gesehen werden – die jeweils andere, wenn auch missliebige Lösung des gleichen Problems zu sein, noch gar in ihrer wechselseitigen Ersetzbarkeit, sodass man sie absichtsvoll kombinieren könnte. Im Gegenteil, sie werden nicht einmal traditionsbewusst genutzt; obwohl doch die Stilisierung des Gegensatzes der Traditionen in der schulpädagogischen Literatur zumindest zu einem aufgeklärten Selbstbewusstsein derer beitragen müsste, die glauben, sich zu einer der Traditionen bekennen zu müssen. Vielmehr treten die Elemente der Traditionen meist in zufälliger Mischung auf: Die Schultische (eine reformpädagogische „Erfindung") werden in Reihen aufgestellt wie vormals Schulbänke, und wo Tischgruppen oder Sitzkreise gebildet und sogar Spiel- oder Lesecken eingerichtet werden, heißt trotzdem noch „vorne", wo der Lehrertisch steht. Der Anhang 8 berichtet über Veränderungen des Unterrichts im Klassenverband und in ihn eingestreute Situationen mit reformpädagogischen Elementen auf der Grundlage von Beobachtungen in 200 Unterrichtsstunden im Kernunterricht von hessischen Förderstufen.

Die Aufgabe, Elemente der Unterrichtsmethodik, die der Idee nach aus unterschiedlichen Traditionen stammen, so zu systematisieren, dass beides berücksichtigt wird, ihre spezifische Herkunft und ihre allgemeine Funktion, ist eine von der Unterrichtstheorie noch kaum gesehene Aufgabe. Eine Ausnahme bildet der Vorschlag, z. B. beim Unterrichtsgespräch zwischen „Lehrgespräch", „Arbeitsgespräch" und „Aussprache" zu unterscheiden und alle anderen „Figuren des Unterrichts" ebenfalls doppelt einzuordnen: Einmal spezifisch gemäß ihrer Zugehörigkeit zu einer Tradition, zum anderen generell gemäß ihrer Stellung im Unterrichtsablauf.[67] In dieser Zusammenschau werden dann außer den Unterschieden auch die Ähnlichkeiten der Elemente erkennbar und Konfigurationen im Unterrichtsverlauf,[68] die es ermöglichen, von einem „Unterrichtsmodell" zum anderen

66 Vgl. 9.3.

67 PRANGE, K.: Bauformen des Unterrichts. Bad Heilbrunn 1983, Übersicht S. 184.

68 PRANGE, K. 1983, Kap. 14; ELIAS, N.: Was ist Soziologie? 5. Aufl. München 1986, S. 141 ff.

überzugehen, von der herbartianischen „Lektion“ z. B. zum „Arbeitsunterricht“ oder von der Aussprache im „Erlebnisunterricht“ zu einer „doktrinalen“ Phase, um einen Ausdruck wie „das ist geil“ zu betrachten und ihm hochsprachliche Alternativen an die Seite zu stellen.

Soweit die praktischen Folgerungen aus einer Theorie dieses Zuschnitts. Schultheoretisch von Belang ist darüber hinaus die Grundannahme, dass jeglicher Unterricht dauernd das Wissen und das Können, aber auch das Wollen (die Motive) der Heranwachsenden gleichzeitig in Anspruch nimmt, unterrichtstheoretisch, dass in jeder Situation jeweils nur einer der drei Aspekte „führend“ sein sollte, während die anderen verdeckt (latent) „mitlaufen“ – jedenfalls in einem theoretisch reflektierten und insofern „guten“ Unterricht. Dementsprechend unterscheidet Prange drei Funktionen des Unterrichts: die doktrinale (Wissen lehren), die mäeutische (ein Können üben) und die ethische (das Wollen beeinflussen), die drei Unterrichtsmodelle definieren, wenn sie längere Zeit dominant sind.[69]

Angesichts der Existenz einer Unterrichtstheorie, in der die Elemente der Unterrichtsmethodik nach ihrer Herkunft aus den Traditionen geordnet werden, verbieten die vom Deutschen Juristentag angesprochenen Regeln der pädagogischen Kunst es eigentlich, dass Lehrer sich rein gefühlsmäßig zu einer einzigen Tradition bekennen. Könnten sie doch wissen, in welcher sie sich gerade bewegen, wenn sie eine Frage stellen: als Verständnisfrage zu einem Text, als Hilfsfrage im Arbeitsprozess oder als Rückfrage, wenn sie ein Kind vielleicht nicht verstanden haben, im Erlebnisunterricht.[70]

9 Versuche, Menschen zu normieren

Trotz der Dominanz der politischen und organisatorischen Bedingungen schulischer Arbeit kann selbstverständlich keine Theorie der Schule davon absehen, dass sich Unterricht und Erziehung letztlich in der Interaktion ereignen. Auch systemorientierte Analysen müssen sich deshalb mit personalen Akteuren beschäftigen (und rechnen sie zur Umwelt des Systems). Eine erziehungswissenschaftliche Theorie hat jedenfalls erst dann ihr Thema erreicht und den Kreis ihrer Fragen vervollständigt, wenn sie auch mit der Tatsache umgehen kann, dass Schule von leibhaftigen Menschen gestaltet wird. Aber der Hinweis auf diese zentrale Tatsache ist noch nicht mit

69 Vgl. die Entwicklung und Interpretation des „didaktischen Dreiecks“ (Prange 1983, S. 21–48 und S. 85–158).

70 Die erste und die letzte Frage sind Prüfungsfragen, nur prüft der Lehrer einmal das Kind und im anderen Fall sich selbst.

theoretischer Erkenntnis gleichzusetzen oder schon als Ermutigung zum Handeln zu interpretieren.

Die Kenntnis der politischen und organisatorischen Bedingungen, die den Rahmen schulischer Arbeit bilden, wird eine Theorie der Schule zunächst vor der Illusion bewahren, allein über die pädagogische Interaktion die schulische Welt erkennen zu wollen. Gegen den direkten Zugriff auf die Akteure stehen nicht nur die Strukturen der Schule, sondern auch die Autonomie der an Schule Beteiligten; und gegen die Illusion, durch die Schule lasse sich zielsicher die Welt verändern, stehen die Erfahrungen über die Wirkungsmöglichkeiten der Institution, auf welche die Akteure reagieren.[71]

Ohne Zweifel, Schule bedeutet etwas im Lebenslauf, sie hat Wirkungen, aber doch in eher paradoxer Weise, zugleich groß und begrenzt, nachhaltig, aber nicht immer in der erwünschten Weise. Um so dringlicher ist die Frage, was die Theorie der Schule zu sagen hat, wenn sie die Gestaltung von Schule angesichts der Tatsache autonomer Beteiligter und eigenlogischer Strukturen reflektiert.

Wir diskutieren in diesem Kapitel die hier gegebenen Möglichkeiten und Erfahrungen, indem wir zuerst auf die Lernenden schauen (9.1), dann auf die Struktur der Schule (9.2), schließlich auf die professionellen Akteure und ihre Kompetenz (9.3). In Bemerkungen zur Funktion von Schultheorie lassen sich dann (9.4) die Antworten auf die Frage bündeln, ob und wie man in der Schule den Versuch wagen darf, nicht nur an Politik zu denken und Strukturen zu gestalten, sondern auch Menschen in der Absicht der Bildung mit dieser Wirklichkeit zu konfrontieren.

9.1 „Kindgemäß“ – die Lernenden als Bedingung von Unterricht

Es überrascht angesichts dieser Aufgabe und Problemlage nicht, dass die pädagogischen Theorien kontinuierlich und vordringlich nach der „Natur“ des Kindes fragten, wenn sie nach Möglichkeiten der Orientierung in der Situation suchten. Herbartianische und reformpädagogische Unterrichtstraditionen, aber auch schon ältere Pädagogiken formulieren „Unterrichtsprinzipien“, in denen dieser Aspekt berücksichtigt ist. Das zeigen z. B. die beiden Prinzipien, die schon Diesterweg (1834) an den Anfang seiner Regeln für den Unterricht gestellt hat:

71 Eine Übersicht über Befunde zur Wirkung der Schule geben wir in Anhang 9.

»Unterrichte naturgemäß! D. h. der Unterricht muss sich an die menschliche Natur und deren Entwicklungsgesetze anschließen ... Unterrichte anschaulich! Diesem Grundsatze räume ich in betreff der Wichtigkeit für den ganzen Jugendunterricht nach dem Prinzip der Naturgemäßheit und wegen desselben die erste Stelle ein.«

Dieser Grundsatz gelte nicht nur für den Elementarunterricht, sondern generell:

»Alles klare und sichere Erkennen der Jugend geht aus Anschauungen und nur aus Anschauungen hervor, sowohl das Erkennen äußerer Dinge als das Erkennen innerer Zustände des Geistes selbst.«[72]

Die starke Rolle der Psychologie in der Ausbildung der Lehrer und im Wissensvorrat der Pädagogen[73] nährt sich genau von dieser Erwartung: „das Erkennen innerer Zustände des Geistes“ möglich zu machen und damit das Lehren auf ein wissenschaftliches Fundament zu stellen. Heute gilt die Hoffnung, in der Entwicklungs- und Kognitionspsychologie fände das Lehren eine sichere Basis (wenn nur die Forschung weit genug getrieben sei). Auch sie führt zu der Forderung, Unterricht habe „kindgemäß“ zu sein, und wird bei der Unterrichtsplanung ebenso wenig vergessen wie in modernen Theorien des Curriculums[74] und der jüngsten Lehr-Lern-Forschung. Die Hoffnung auf die Psychologie ist offensichtlich unverzichtbar, und zwar als Fundierung der Technologie wie als Rahmung des Wissens.

Weder Herbarts Hinweis, die Pädagogik müsse mangelndes Wissen durch „Tact“ ersetzen, noch dem (stärkeren) Argument, dass Pädagogik ja gerade antritt, „Gesetze“ (seien das solche der „menschlichen Natur“ oder eines Milieus) außer Kraft zu setzen, um Menschen zu erziehen und zu bilden, ist dagegen durchschlagender Erfolg beschieden. Noch immer ist sogar die naive Version des Grundsatzes anzutreffen, die „das Kind, wie es ist“ zum Maßstab nimmt. Das geschieht, wenn bei der Forderung, Unterricht habe sich „an den Bedürfnissen und Interessen der Schüler zu orientieren“, nicht klar zwischen gegenwärtigen und künftigen Interessen unterschieden wird.

»Pädagogisch-psychologische Besinnung fordert mehr: sie ist darauf gerichtet, die positiven seelischen Anknüpfungspunkte für Unterricht und Erziehung zu entdecken. D. h. aber, den jungen Menschen nicht nur seinen äußeren Wirklichkeiten, sondern auch seinen inneren Möglichkeiten nach zu erfassen«.[75]

---

72 DIESTERWEG, F. W. A.: Wegweiser zur Bildung für deutsche Lehrer. Neudruck der 4. Aufl. Paderborn 1958, S. 65 ff. sowie für das Folgende S. 86, 102 f.

73 Dem entspricht in der Erziehungswissenschaft die starke Rolle der Anthropologie, also der Lehre vom Menschen.

74 In Übersicht z. B. SPADA, H.: Wissens- und denkpsychologische Beiträge zur Curriculumforschung. In: HAMEYER, U./FREY, K./HAFT, H. (Hrsg.): Handbuch der Curriculumforschung. Weinheim/Basel 1983, S. 645–666.

Wer unter „Kindgemäßheit“ dies versteht, muss den Einwand gewärtigen, er sehe in die Zukunft des Kindes jene Vision hinein, die er sich selbst für die Gesellschaft erhofft.[76]

»Auch der Versuch radikaler Schulreformer, den Lehrgang ganz auf die schöpferischen Kräfte des Kindes zu gründen ..., gibt keine wirkliche Lösung des Problems ... In Wahrheit haben auch die Radikalen durchaus feste Vorstellungen von der aus der angeblich freien schöpferischen Entwicklung der Jugend entstehenden kommenden Kultur. Ihr Lehrplan ist freilich ungeschrieben, damit ist aber die Struktur des Lehrplans nicht aufgehoben, und so enthält er auch ungeschrieben ein bestimmtes Zukunftsideal ... Der Unterschied liegt also nicht darin, dass etwa die preußische Schulreform an sich rückwärts gewandt und unjugendlich, die Pläne der entschiedenen Schulreformer aber jugendgemäß und vorwärts gerichtet seien. Vielmehr sind beide in gleicher Weise auf die Zukunft gerichtet und schöpfen aus dem geistigen Besitz der Gegenwart, sie heben nur verschiedene Bestandteile dieses Besitzes heraus und entwickeln abweichende Zukunftsideale.«

Erich Wenigers Auseinandersetzung mit reformpädagogischen Argumenten, die in den 1920er Jahren im Namen des Kindes die staatlich geplante Schulreform abwehrten, macht das grundlegende Dilemma von Plädoyers dieser Art sichtbar: „Das Kind“ ist nicht als Faktum gegeben, sondern nur als Konstruktion und Entwurf gegenwärtig, und zwar als Konstruktion in mehrfacher Hinsicht: zunächst im Begriff des Kindes, sowohl theoretisch wie moralisch, dann in den psychologischen und anthropologischen Annahmen über die kindliche Natur und ihre Entwicklungsmöglichkeiten, schließlich in der pädagogischen These über die Rolle, die der Erziehung für das Werden des Kindes zukommt.

Es ist deshalb keine „Natur“ des Kindes zu unterstellen, der sich eindeutige Direktiven über den pädagogischen Umgang mit den Heranwachsenden entnehmen ließen. Die Historiker sprechen vielmehr mit guten Gründen von der „Entdeckung der Kindheit“[77] und von der „Erfindung des Jugendlichen“,[78] weil sie zeigen können, dass Annahmen über die vermeintlich „natürliche“ Eigenart der Lebensalter historisch und gesellschaftlich geprägt sind. Diese Bilder des Kindes illustrieren Werthaltungen und Einstellungen, Zukunftsbilder und Erwartungen, die sich in der Pädagogik und in der Gesellschaft mit der heranwachsenden Generation verbinden. In alle diese Konstruktionen und Entwürfe ist die Arbeit der Pädagogik eingelassen;

75 ROTH, H.: Pädagogische Psychologie des Lehrens und Lernens. Hannover 1957, S. 131.

76 WENIGER, E.: Die Theorie des Bildungsinhalts. In: NOHL, H./PALLAT, L. (Hrsg.): Handbuch der Pädagogik. Bd. 3: Allgemeine Didaktik und Erziehungslehre. Langensalza 1930, S. 3–35, Zit. S. 26.

77 Die Epoche der Entdeckung in Europa beschreibt der französische Historiker ARIÈS, PH.: Geschichte der Kindheit. Stuttgart 1975.

78 Das ist z. B. die These von ROTH, L.: Die Erfindung des Jugendlichen. München 1983.

denn sie stellt ja nichts anderes dar als das soziale System, in dem die Gesellschaft das Verhältnis der Generationen regelt. Das „Kind" ist dabei die Formel, mit der nicht nur die – bessere, andere, unbefleckte – Zukunft der Gesellschaft gedacht, sondern auch der Sinn und die Einheit der pädagogischen Arbeit verdichtet wird. Aber es sind Konstruktionen, von denen man in dieser Weise spricht.

Die Arbeit des Pädagogen wird durch die Einsicht in diesen konstruktiven Status der Kindheitsbilder nicht leichter, sondern schwieriger. Pädagogisch muss man dann nämlich von der „Unentschiedenheit" und „Unbestimmtheit" der menschlichen „Natur" sowie von der „Offenheit" der Zukunft ausgehen. Diese Unentschiedenheit gilt,[79] weil es nach der Auflösung religiöser Weltbilder keine anerkannte Anthropologie mehr gibt, in der die Möglichkeiten des Kindes vorweggenommen und erklärt werden könnten. Von der Offenheit der menschlichen und sozialen Entwicklungsmöglichkeiten muss der Pädagoge aber auch deswegen ausgehen, weil keine Sozialphilosophie in der Moderne noch hinreichend begründbar ist,[80] die statt der Natur hilfsweise die gesellschaftliche Herkunft oder den künftigen Beruf oder gar die eigene Ideologie zum Maßstab der (öffentlichen) Erziehung machen könnte. Die Anerkennung des Eigenrechts des Kindes schließlich, die den Forderungen der Kindgemäßheit ethisch zu Grunde liegt, schließt nicht aus, dass es in der Erziehung legitime konkurrierende Erwartungen gibt, der Gesellschaft z. B., der sozialen Milieus oder der Eltern.

Die alleinige Konzentration auf die Forderung, den Unterricht „kindgemäß" zu gestalten und die Schule „vom Kinde aus" zu denken, bleibt hinter solchen anthropologisch-historischen Befunden zurück. Sie verkürzt die Funktion der Schule und bezeichnet allein die Verlegenheit der Pädagogik, sich nüchtern ihres Auftrags zu vergewissern. Denn auch im Blick auf das Kind lässt sich die Doppelseitigkeit der pädagogischen Aufgabe, die Reproduktion der Gesellschaft zugleich mit der Bildung der Persönlichkeit zu leisten, nicht dispensieren. Plausibel an der Forderung, vom Kinde aus die pädagogische Arbeit zu organisieren, ist deshalb primär die Erinnerung an die schlichte Tatsache, dass solche doppelseitigen Aufgaben nicht gelingen können, wenn der Pädagoge in seiner Arbeit neben den gesellschaftlichen Erwartungen die andere Seite, das Kind, ignoriert.

Zieht man schultheoretisch daraus die Konsequenzen, dann ergeben sich „dialektische" Denkfiguren: Die Schule wird zwar zu Recht als „Weg des Kindes"[81] beschrieben, aber dieser Weg ist keine Wanderung durch die

79 So wird der Ausgangspunkt der Erziehungstheorie Schleiermachers formuliert.

80 Rousseau hat in seiner zweiten Preisschrift (Über den Ursprung und die Grundlagen der Ungleichheit unter den Menschen) diese Prämisse moderner Gesellschaften schon 1755 begründet.

pädagogische Idylle, sondern führt vom kindlichen Leben weg zum Erwachsenendasein. Schülerdasein ist Beruf, nicht Berufung, Passage, nicht Sinn des Lebens.[82] Zwar hat dieser Lebensabschnitt wie jeder andere auch einen Sinn in sich selbst und verdient es insofern, ernst genommen zu werden; aber es hieße die Zukunft der Kinder um der Gegenwart willen zu vergessen, würde die Schule das Kinderleben nur fortsetzen, und damit die Kinder um das betrügen, was sie erwarten dürfen: dass sie von der Schule unabhängig werden, indem sie dort lernen, was man in der Familie nicht lernen kann (vgl. 2.2).

Diese Möglichkeit ist aber nur dann gegeben, wenn das Kind – anders als in der Familie – nicht in seiner ganzen Persönlichkeit, sondern nur in einer spezifischen Rolle in der Schule wahrgenommen wird: als Schüler, als lernendes Wesen, das Kompetenzen erwirbt, um selbstständig zu werden. Im Übrigen, vor allem aber im „Kern seiner Persönlichkeit“, verdient das Kind Respekt und Achtung; denn das ist ein Feld, das der Schule nicht gehört, weil der Schülerberuf es nicht umfasst. Der Beruf des Schülers ist nur ein Segment im Leben des Kindes, eingebettet in einen Alltag, der seine eigene Wirklichkeit besitzt, umgeben von pädagogischen Zumutungen, aber dennoch autonom.

9.2 „Schulgemäß“ – Schulische Interaktion als Bedingung von Unterricht

Gleichwohl ist die Kenntnis der kindlichen und jugendlichen Lebensweise, innerhalb wie außerhalb der Schule, je individuell oder kollektiv, für den Pädagogen von großem Nutzen. Eine Theorie der Schule wird die Analyse der Lebenswelt der Lernenden allerdings nur in dem Maße als Bedingung für die Gestaltung ihrer eigenen Realität verwenden, als sie selbst darauf antworten kann. Dieses Wissen dient der Orientierung, noch nicht unmittelbar dem Entscheiden, Planen oder Handeln.

In der Bereitstellung solchen Wissens liegt der unbestreitbare Sinn der Kindheits- und Jugendforschung, wie sie in Pädagogik und Psychologie, Anthropologie und Soziologie inzwischen reichhaltig vorliegt;[83] denn diese Arbeiten klären auch darüber auf, wie Kinder Schule und öffentliche Erziehung erleben. Hier liegt auch der Sinn von Untersuchungen, die Schule selbst als Lebenswelt interpretieren und fragen, wie in schulischer

81 LANGEVELD, M. J.: Die Schule als Weg des Kindes. Braunschweig 1960.

82 WÜNSCHE, K.: Tabus über dem Schülerberuf. In: Zeitschrift für Pädagogik 39 (1993), S. 369–381.

83 Eine Literaturübersicht, die auch zeigt, wie weit der Weg von der Kindheitsforschung zur Schule ist, gibt HONIG, M. S.: Probleme der Konstituierung einer erziehungswissenschaftlichen Kindheitsforschung. In: Zeitschrift für Pädagogik 42 (1996), S. 325–346.

Interaktion und Kommunikation die Welt erzeugt wird, die von den Lernenden als eine ihrer Umwelten erlebt wird.

Beide Arbeitsrichtungen, Kindheitsforschung und die Analyse des Schulalltags, können zeigen, welche Rolle unterschiedlichen Institutionen – von der Familie bis zur Schule – in der pädagogischen Konstruktion des Kindes zukommt. Erwartungsgemäß sind die inzwischen reichhaltig vorliegenden Befunde[84] für die Entfaltung einer erziehungswissenschaftlichen Theorie der Schule in mehrfacher Weise relevant, zugleich aber in ihrem Aussagegehalt ambivalent und deshalb interpretationsbedürftig.

Im Einzelnen folgen diese Untersuchungen nicht selten den Fragen, die auch in schulkritischen Debatten aufgeworfen wurden.[85] Im Duktus der Ergebnisse bestätigen sie freilich die dort üblichen eindeutigen Verurteilungen nicht. Die empirische Schulforschung zeigt vielmehr die Vielfalt der Erscheinungsformen, die der Realität, anders als Konstruktionen systematischer Art, in der Regel eigen ist. Dennoch erleichtert es das Studium des Problems, wenn man die Erforschung des schulischen Alltags als Antwort auf die Thesen liest, die für die frühen und kritischen Analysen der schulischen Kommunikation und Interaktion charakteristisch waren.

Die nachgerade klassisch gewordene Studie dieses Genres, Franz Wellendorfs Untersuchung über „Schulische Sozialisation und Identität“,[86] hatte schon Anfang der 70er Jahre die leitenden Begriffe und Thesen formuliert, die inzwischen in schulkritischen Untersuchungen nahezu unbefragt Geltung haben. Die Generalthese hieß, dass

> »eine ungebrochene Darstellung der persönlichen Identität im szenischen Arrangement der Schule nicht oder nur unzulänglich möglich ist, da in die Inszenierung schulischer Bedeutungsgehalte, wie sie sich in Ritualen der Schule exemplarisch findet, die Triebimpulse und Affekte der Individuen, insofern sie in infantilen Szenen interpretiert sind, als bewusst kommunizierbare Bedeutung nicht eingehen«.[87]

Schule wird in dieser These also an der Erwartung gemessen, sie solle erlauben, eine „relative Kontinuität der in unterschiedlichen lebensgeschichtlichen Szenen [der Familie bzw. der Schule – H. E. T./J. D.] gemach-

---

84 Gute Übersichten liefern ULICH, K.: Schulische Sozialisation. In: HURRELMANN, K./ ULICH, D. (Hrsg.): Neues Handbuch der Sozialisationsforschung. 4. Aufl. Weinheim/Basel 1991, S. 377–396 sowie TILLMANN, K.-J.: Schulische Sozialisationsforschung. In: ROLFF, H. G. (Hrsg.): Zukunftsfelder der Schulforschung. Weinheim 1995, S. 181–210.

85 Vgl. Anhang 7; vor allem die Kritik der Schule als Institution sowie die subjektkritisch gespeisten Einwände gegen die Schule werden aufgenommen.

86 Die erste Auflage erschien Weinheim/Basel 1973; für die psychoanalytisch orientierte Fragestellung war ein Aufsatz von PETER FÜRSTENAU inspirierend: Zur Psychoanalyse der Schule als Institution. In: Das Argument 29, 1964, S. 65–78.

87 WELLENDORF 1973, Neuausg. 1979, S. 49.

ten Erfahrungen herzustellen." Wellendorfs Fazit war, dass Schule diese Kontinuität nicht eröffne, deshalb auch eine „Identitätsbalance" auf neuem Niveau nicht erlaube. Es sei notwendig, so seine Schlussfolgerung, Schule radikal zu ändern, um Identitätsbildung im erwünschten Sinne zu ermöglichen.[88]

Parallel zu Wellendorf und seinen Argumenten vergleichbar können auch andere schulkritische Diagnosen verstanden werden. Das gilt z. B. für die Hinweise auf eine „Sozialpathologie der Schule",[89] mit denen Hartmut von Hentig zu belegen suchte, dass es die Schule ist, die die Kinder „sozial unfähig/gestört/krank" macht, sodass man die Schule selbst als „eine falsche, sozial untaugliche, unnötige, ‚ungesunde' Sozietät" zu betrachten habe. In analoger Stoßrichtung wird noch 1994 als Resultat für die „Geschichte der Schule und ihre Reform" festgehalten, dass in der Schule „eine soziale Stagnation vorherrscht, kein sozialer Wandel eintritt, sondern kollektive Resignation, Ritualisierung und Sklerotisierung des Verhaltens", parallel zu der Tatsache, dass sich „individueller Protest ... aussichtslos verewige".[90] Anders als bei Wellendorf, der die Struktur der Schule radikal zu ändern vorschlug, soll jetzt aber schon ein Wechsel in der Theorie helfen. Die „Pädagogik als Handlungstheorie" erscheint als Weg, der Kontinuität des Übels zu entgehen. Als Kritik schulischer Interaktionsrituale lassen sich schließlich auch die Analysen der Probleme von „Koedukation" verstehen, die in der Schule heute nicht nur geschlechtsspezifisch thematisch sind (vgl. Anhang 5).

Schultheoretisch von Bedeutung sind diese Aussagen, weil sie implizit oder explizit zwei bedeutsame Hypothesen formulieren und eine paradoxe Annahme präsentieren. Die erste Hypothese lautet, dass es die Schule selbst ist, und zwar nach ihrer institutionellen Gestalt, die die Pathologie erzeugt, dass man also auf schulisch erzeugte Deformationen trifft, die zweite Hypothese heißt, dass die Lernenden Objekt und Opfer in diesem Spiel der

---

88 Sein Katalog notwendiger Änderungen reicht weit: „... von der Curriculum-Reform bis zur neuen Lehrerbildung; von der Abschaffung des Jahrgangsklassensystems bis zur flexiblen Differenzierung; von der Abschaffung des bisherigen Zensurensystems bis zur drastischen Reduzierung der Zahl der Schüler pro Lehrer. Besonders wichtig ist dabei die Beseitigung der traditionellen hierarchischen Struktur des Interaktionssystems." (WELLENDORF 1973, S. 262)

89 HENTIG, H. VON: Sozialpathologie der Schule. In: Zum Nachdenken. Heft 67 der Schriftenreihe der hessischen Landeszentrale für politische Bildung. Wiesbaden 1976.

90 COMBE, A./HELSPER, W.: Was geschieht im Klassenzimmer? Weinheim 1994, S. 216. Im Übrigen: Eine „Sklerose" ist eine krankhafte Verhärtung des Gewebes, „Sklerotisierung" also wohl als Prozess krankhafter Verhärtung der Schule zu verstehen. Andere Schulkritiker bevorzugen eine temperaturbezogene Metaphorik und sprechen von zunehmender „Kälte", wenn sie die Schule diskutieren, vgl. GRUSCHKA, A.: Bürgerliche Kälte und Pädagogik. Wetzlar 1994.

schulischen Regeln und Rituale sind, aber nicht Subjekte oder selbstbewusste Akteure. Die paradoxe Annahme ist, dass die Schule als Institution dennoch, und nicht selten in den gleichen Schriften und von den gleichen Autoren, als ein „sozialer Erfahrungsraum“[91] interpretiert wird, von dem man die allerschönsten Effekte erwarten darf. Paradox ist diese Annahme, weil die Mechanismen, die Schule zu einem pathogenen Ort machen sollen, in den reformorientierten Konstruktionen nicht etwa aufgehoben, sondern nur anders genutzt, ja intensiver beansprucht werden. Ohne Rücksicht auf Gruppen, Gemeinschaften oder ein eigenes „Schulleben“ mit besonderen Regeln und Ritualen kommen auch diese Alternativen nicht aus.

Was sagt dazu die empirische Forschung? Bestätigt sie die kritischen Befunde und Hypothesen? Gibt es eine handlungstheoretische Option, die auch mit dem programmatisch-kritischen Paradox leben kann? Empirische Forschung, das zeichnet sie aus, bietet keine eindeutige Antwort auf diese Fragen, sie lässt gegen die Eindeutigkeit der Kritik vielmehr die bunte Vielfalt der Wirklichkeit zur Geltung kommen. Damit wird nicht etwa bestritten, dass es spezifische „Rituale und Zeremonien“ (Wellendorf), Normen und Erwartungen, Strukturen und Praktiken sind, durch die der Alltag der Schule charakterisierbar ist. Aber vergleichbar dem nüchternen Blick, der auf den „heimlichen Lehrplan“ notwendig ist (vgl. Kap. 5), eröffnet die Forschung in der Analyse dieser Realität ein Verständnis für die Reaktionsmöglichkeiten, die mit der Ambivalenz der schulischen Lebenswelt verbunden sind. Dann lässt sich realistischer über die Schule und ihren Alltag nachdenken. Wir prüfen zunächst die Hypothesen und diskutieren dann das Paradox.

(1) Schule als Lebenswelt eigener Art

In der Konzentration auf strukturelle Bedingungen und in der systematischen Interpretation der Rituale und Praktiken, die mit Unterricht verbunden sind und autonome Formen der Identitätsbildung unmöglich machen oder zu erschweren scheinen, blieb die Realität der Schule weitgehend ausgeblendet. In jüngeren Studien dominiert dagegen ein Zugang zur Realität, der nicht vom Blick auf die Strukturen und einer therapeutischen Betrachtungsweise geprägt, sondern von der Perspektive der Lernenden selbst oder vom Einzelfall aus inspiriert ist. Dann entdeckt man den „Alltag

---

91 Die klassische Theorie dafür ist DEWEY, vgl. Anhang 4. Einer seiner großen Anhänger in Deutschland, H. von Hentig, hat Dewey freilich jüngst scharf kritisiert, weil sein Modell von Schule „nicht leisten (kann), was er verspricht; er verspricht Widersprüchliches“, vgl. HENTIG, H. VON: Die Schule neu denken. München 1993, S. 189. Vgl. dazu aber auch Anhang 6 und unsere Hinweise auf das Hentig-Paradoxon.

der Schulkinder“[92] als eine Wirklichkeit, die weitgehend autonom bestimmt ist, die jedenfalls auch gegen viele Zumutungen der Institution konstruiert und gestaltet wird.

Zuerst, das ist die Botschaft dieser Studien, lernen Kinder mit der Schule selbst umzugehen, ihre eigene Identität zu wahren – und das Leiden an der Schule ist nur eine der Formen, in denen sich dieser Umgang artikuliert. In der Gruppe der Gleichaltrigen, das tritt hinzu oder dominiert sogar den schulischen Alltag, entfalten schon die Kinder eine eigene Welt, schließen Freundschaften, lernen für das Leben, entwickeln eine eigene Identität. Die Entstehung solcher „Beziehungsgeflechte“ in der Schule, in und – meist – außerhalb des Unterrichts, ist dabei zwar eng mit den schulischen Normen selbst verknüpft, aber sie stellen keinen Mechanismus der Deformation von Identität dar, sondern sind anscheinend unersetzlich für den Erwerb gesellschaftlicher Handlungsfähigkeit: Der Umgang mit Normen und Sanktionen, das Verhalten in Konfliktsituationen und angesichts von Gewalt, Formen der Hilfe und Unterstützung werden in einem Kontext erworben, der dazu zwingt, unentbehrliche soziale Fähigkeiten auszubilden, z. B. Perspektivenwechsel und Dezentrierung.

Dabei werden auch tradierte pädagogische Annahmen über ein eher problematisches Verhalten – z. B. das Verhalten in Hilfesituationen,[93] in denen keineswegs das altruistische Kind dominiert – zumindest problematisiert; denn solches Verhalten scheint für pädagogisch erwünschte Lernergebnisse höchst funktional zu sein. Bedeutsam ist aber vor allem, dass solche Befunde über pädagogisch unerwünschtes Verhalten nicht etwa „durch schulische Disziplin- und Leistungsanforderungen entstehen .. , denn auch Hilfen in der Kinderwelt offenbaren denselben Problemgehalt.“[94] Sicherlich darf man jetzt nicht „den Eindruck einer bösen Kinderwelt erwecken“, aber Schulkritik macht es sich anscheinend auch zu einfach, wenn sie nur das Bild der „bösen Schule“ zeichnet. Die Theorie der Schule ist jetzt gefordert, in der Zuschreibung von Ursachen für Verhalten zwischen den Effekten der Schule als Organisation und älteren, zuvor erworbenen Verhaltensweisen der Akteure präziser zu unterscheiden. Nicht alles schulisch beobachtbare Verhalten der Lernenden ist den Normen und Strukturen der Schule zurechenbar (vgl. Kap. 5); für die Bildung von Identität bietet die Schule

---

92 KRAPPMANN, L./OSWALD, H.: Alltag der Schulkinder. Beobachtungen von Interaktionen und Sozialbeziehungen. Weinheim/München 1995 stellen wir exemplarisch vor; Hinweise auf vergleichbare Studien gibt auch der Übersichtsartikel von Ulich 1991, eine fallbezogene, mit ethnographischen Methoden arbeitende Analyse von Schule liefert MEHAN, H.: Learning Lessons. Social Organizations in the Classroom. Cambridge/London (Harvard Univ. Pr.) 1979.

93 KRAPPMANN/OSWALD 1995, bes. S. 163 ff.

94 Ebd., S. 169, auch für das folgende Zitat.

mit manchen ihrer gelegentlich fremdartig aussehenden Eigenarten sogar unentbehrliche Voraussetzungen.

(2) Schulische Konstruktion von Kindheit und Jugend – Lernende als Opfer oder als Akteure?

Die Bedeutung von Schule wird auch dann realistischer eingeschätzt und gegenüber dem Bild der übermächtigen Institution relativiert, wenn man die unterschiedlichen Schularten und -typen für die Diskussion über die Effekte des Schullebens berücksichtigt und ihre Stellung im Lebenslauf betrachtet. Das Ergebnis der Studien über die unterschiedlichen Effekte von Hauptschulen oder Gymnasien und über die Bedeutung, die der Schule je nach sozialer Schicht zukommt, scheinen zwar auf den ersten Blick die radikalen schulkritischen Thesen zu bestätigen; eine intensivere Analyse der Befunde zeigt freilich eher, welche Ambivalenz den Umgang mit Schule auf Seiten der Schüler auszeichnet.

Schultheoretisch bedeutsam, ja brisant, sind die hier angesprochen Untersuchungen[95] vor allem, weil man den Alltag der Schüler in seiner gravierenden Differenz erfahren kann. Schüler in Hauptschulen (oder genereller: im System außerhalb der weiterführenden Bildung) sind von zwei Problemen betroffen, die beide gleichermaßen pädagogisch nicht hinnehmbar scheinen: Nicht nur, dass Hauptschulen sich zu Institutionen entwickeln, die eher Sackgassen als verlässliche Perspektiven für den weiteren Lebenslauf eröffnen; im Bewusstsein der Schüler führt die Praxis dieser Schule auch noch dazu, dass die Lernenden die institutionellen Effekte der Schule sich subjektiv zurechnen und als „gerechte" Konsequenz der individuellen – dann als defizitär bewerteten – Fähigkeiten und Anstrengungen verstehen. Die Hauptschüler erscheinen somit als Opfer der Institution in einem zweifachen Sinne, betrogen um die Perspektive im Lebenslauf und zugleich um die Einsicht in die Tatsache, dass es die Institution ist, die sie um ihre Zukunft bringt.

Auch dieser Befund, in dem so eindeutig politische Programmatik, pädagogische Verantwortung und empirische Forschung zu konvergieren scheinen, wird durch andere Untersuchungen zum Schulalltag nicht bestä-

---

95 Wir beziehen uns für das deutsche Forschungsfeld vor allem auf Hauptschulanalysen und auf Studien über das Schulschicksal von Sonderschülern, vgl. neben der frühen, häufig allein schulkritisch verstandenen Studie von WÜNSCHE, K.: Die Wirklichkeit des Hauptschülers. Köln 1972 jetzt unter anderem HURRELMANN, K./WOLF, H.: Schulerfolg und Schulversagen. Fallanalysen von Bildungslaufbahnen. Weinheim/München 1986; PROJEKTGRUPPE JUGENDBÜRO: Die Lebenswelt von Hauptschülern. Ergebnisse einer Untersuchung. München 1975; DIES.: Subkultur und Familie als Orientierungsmuster. München 1977 sowie, für die Sonderschule, unter anderem HILLER, G.-G.: Ausbruch aus dem Bildungskeller. Langenau-Ulm 1989.

tigt. Schüler sind in stärkerem Maße Akteure, als es diese Opferthesen nahe legen. Englische Jugendforscher etwa haben „Spaß am Widerstand" als lustvoll-selbstbestimmte Form des Umgangs von Jugendlichen mit Schule, schulischen Zumutungen und Lernmöglichkeiten entdeckt.[96] Auch, ja anscheinend primär an Lernorten, denen Perspektivlosigkeit institutionell eingeschrieben ist, entwickeln die Lernenden ein selbstbestimmtes Leben und eigene Muster der Konstruktion von Gegenwart und Zukunft. Die Forscher müssen nur nach der Kultur der Schüler statt nach institutionell oder theoretisch definierten Parametern der Bewertung von Schule suchen, um solche Wirklichkeiten zu entdecken. Auch deutsche Untersuchungen, die in ihrer Methodik eher qualitativ und fallbezogen orientiert sind, können auf Hauptschüler verweisen, die souverän ihren Lebenslauf planen, subkulturorientiert und dann gegen die den Schulen inkorpierte Perspektive, oder eher familienorientiert und schulfromm.

Aber diese Befunde bleiben selbstverständlich selbst interpretationsbedürftig. Auch wenn man sie zunächst in kritischer Wendung gegen die Dominanz der Opferperspektive kommentieren kann, lassen sich diese Verhaltensweisen der Jugendlichen auch als konforme und pädagogisch erwartete Verhaltensweisen verstehen. Der scheinbar souveräne Umgang mit der Schule wird dann nicht nur zum Mechanismus der Selbstselektion, sondern auch zum Indiz für die Tatsache, dass sich die Lernenden an die in der Schule kodifizierten Erwartungen der Erwachsenenwelt angepasst haben – und sei es durch Negation. Bevor sich die pädagogische Phantasie an solchen Formen des Umgangs mit Schule über die Wirkungen ihrer Arbeit tröstet, muss man also Wasser in die subversiven Fantasien gießen; denn der Widerstand ist – schulisch gedacht – höchst paradox, weil funktional.[97]

Angesichts solcher Ambivalenz muss man sich eher fragen, ob „Verschulung" als Strategie zur Bearbeitung individueller und sozialer Probleme die richtige Strategie ist, und ob man von der Schule die Kompensation außerschulischer Defizite erwarten darf. Zwar ist zunächst jede Schule ihrer Funktion nach kompensatorisch und die Verlockung verständlich, das gegebene Instrument für eine Vielfalt von Zwecken zu nutzen. Nach einiger Erfahrung mit Schule kann man freilich auch wissen, dass man solche Beanspruchung nicht zu weit treiben kann, ohne die Leistung der Schule selbst zu zerstören. Bildungshistoriker haben jedenfalls deutlich gezeigt, dass

96 Exemplarisch: WILLIS, P.: Spaß am Widerstand. Gegenkultur in der Arbeiterschule. Frankfurt a. M. 1976. Eine Übersicht über die Fragestellung und weitere Forschungsarbeiten gibt PRONDCZYNSKY, A. VON: Die englische Jugendforschung am Beispiel des „Centre for Contemporary Cultural Studies" (CCCS). In: Zeitschrift für Sozialisationsforschung und Erziehungssoziologie 5 (1985), S. 149–155.

97 Zu dieser Logik der pädagogischen Aktion auch BOURDIEU, P./PASSERON, J.-C.: Zur Theorie der symbolischen Gewalt. Frankfurt a. M. 1973.

die Inflationierung von Erziehungsprogrammen zu ihrer eigenen Destruktion beiträgt, wie es auch das unübersehbare „Scheitern" der DDR-Erziehung bestätigt.[98]

Ganz offenkundig wird Schule durch solche Vielfalt von Erwartungen überfordert; deshalb ist auch eine Interpretation nach dem Handlungsmodell von Therapie nicht nur kontrovers, sondern eine Überlastung.[99] Das mag situativ gelegentlich möglich sein und sich als Konsequenz sensibler Wahrnehmung pädagogischer Probleme in Schulen ergeben, auf Dauer verändert sich in therapeutischer Perspektive der Charakter von Schule, wahrscheinlich sogar mit der Konsequenz einer Überwältigung der Lernenden.

In ihrer Leistung stabil und in der Leistungserbringung steigerbar ist Schule nur, wenn sie Schule bleibt, auf das Lernen konzentriert, einem Curriculum verpflichtet, fern der Verführung den ganzen Menschen gezielt verändern zu wollen. Schule repräsentiert eine funktional spezifizierte Lebensform, in der auch Abhängigkeit und Selbstständigkeit eine eigenständige, gelegentlich problematische, gegen Überwältigung aber auch sinnvolle Mischung eingehen. Das gilt z. B. für die Symbiose von rechtlicher Autonomie und ökonomischer Abhängigkeit, sozialer Selbstständigkeit und kognitiver Unmündigkeit, in der Antizipation von Kompetenzen und der gleichzeitigen Entlastung vor Ernstsituationen (etc.).

Schule ist dann nicht das Leben, sie wird zum „Job", den man erledigt, und zu einem Angebot, das man nutzt. Aller reformpädagogischen Appelle ungeachtet, die operativen Konsequenzen dieser Situation sind eher unklar.[100] Die Lehrer werden es richten, das ist eine nahe liegende, aber wahrscheinlich falsche Losung. Sie bedarf jedenfalls selbst der Prüfung.

9.3 „Professionsgemäß" – Pädagogische Kompetenz als Bedingung der Gestaltung von Schule

In der Geschichte und Praxis des Lehrerberufs schwankt die Wahrnehmung seiner Möglichkeiten zwischen Allmachts- und Ohnmachtsfantasien, zwischen Appell oder Ermutigung, ernüchternden Analysen und fataler Skepsis.

98 PETRAT, G.: Sozialgeschichte der Erziehung. München 1987 hat die These von der Selbstdestruktion der Erziehungsabsichten durch Anspruchs-Inflation bereits für das frühe 20. Jh. aufgestellt.

99 Eine aktuelle Zuspitzung hat diese Diskussion in Auseinandersetzung mit Thesen von Herrmann Giesecke gefunden, vgl. Neue Sammlung H. 1/1996 sowie die Ursprungsthesen von GIESECKE, H.: Wozu ist die Schule da? In: Neue Sammlung H. 3/1995 und als Monographie. Stuttgart 1996.

100 SCHWEITZER, F./THIERSCH, H. (Hrsg.): Jugendzeit – Schulzeit. Von den Schwierigkeiten, die Jugendliche und Schule miteinander haben. Weinheim/Basel 1983 zeigen das Problem, können in ihren Lösungen aber nicht (mehr) überzeugen.

Was sagt die Schultheorie? Ist sie fähig ein realistisches, der Institution angemessenes, auf die Aufgabe bezogenes Bild pädagogischer Kompetenz zu entwerfen? Nach unserem Eindruck besteht zu Verzweiflung jedenfalls kein Anlass.

Selbstkritik steht, zu Recht, am Anfang der Analyse pädagogischer Arbeit: „Von allen Fehlern und Untugenden seiner Zöglinge muss der Erzieher den Grund in sich selbst suchen“[101] – mit diesen Worten formuliert der Aufklärungspädagoge Christian Gotthilf Salzmann in seinem „Ameisenbüchlein“ 1806 die grundlegende „Anweisung zu einer vernünftigen Erziehung der Erzieher“. Salzmann nennt diese Formel das „Symbolum“ des Erzieherberufs und er meint damit so etwas wie einen Berufseid, die grundlegende Maxime, der der Erzieher in seinem Beruf folgen soll. Vergleichbar dem Arzt, der den Hippokratischen Eid ablegt, sollte dem Lehrer beim Eintritt in den Beruf das von Salzmann formulierte Bekenntnis abverlangt werden.[102]

Die Funktion dieses Symbolums oder aktueller „Eide“ ist eindeutig: Bei der Suche nach Ursachen von Erfolg und Misserfolg in seiner Arbeit sei der Lehrer gehalten, nicht auf die äußeren Umstände – den Schüler, die Lehrbücher, die Ausstattung der Schulen, die Finanzierung, die Politik (etc.) – zu achten,[103] sondern seine eigene Praxis kritisch zu analysieren. Salzmann räumt zwar selbst ein, dass sein Appell zur „Selbsterkenntnis“ Lasten zusprechen könnte, die niemand zu tragen vermag, aber das Prinzip scheint ihm so wichtig, dass er im Einzelnen erörtert, welchen Regeln der Lehrer in seiner Arbeit zu folgen hat. Andere Schulmänner sind ihm in der Frühzeit des Berufs in dieser Richtung gefolgt und haben weitere Maximen zu formulieren gesucht, in denen sich das Handwerk des Lehrers spiegelt.[104]

---

101 SALZMANN, C. G.: Ameisenbüchlein oder Anweisung zu einer vernünftigen Erziehung der Erzieher (1806). Neudruck, 2. Aufl. Bad Heilbrunn 1964, S. 13.

102 Hartmut von Hentig hat jüngst in ähnlicher Absicht wie Salzmann, wenn auch emphatischer am Kind orientiert, einen „Sokratischen Eid“ vorgeschlagen, den ein jeder Lehrer und Erzieher „bei der Übergabe der Einstellungsurkunde“ ablegen soll, vgl. HENTIG 1993, S. 258/259. Hentig sieht dabei auch Probleme, etwa im Konflikt von Lehrerethos und Lehrerverbänden, von denen Salzmann noch nichts ahnte.

103 Das gilt ja auch als Handwerksregel: Nur der schlechte Meister schimpft auf sein Werkzeug.

104 Leider gibt es weder eine umfassende Sammlung noch eine Analyse dieser professionellen Wissensbestände, nicht selten werden sie sogar ihrer Unwissenschaftlichkeit wegen nur getadelt und kritisiert. Die Entwicklung der Erziehungswissenschaft hat dann vollends dazu geführt, diese Art von Lehrerwissen abzuwerten. Aber dass gute Rezepte nötig und möglich sind, das belegen neben den Verkaufsziffern einschlägiger Bücher (z. B. von JOCHEN GRELL) auch systematische Analysen: DIEDERICH, J.: Pädagogische Rezepte – theoretisch betrachtet. In: OELKERS, J./TENORTH, H.-E. (Hrsg.). Pädagogisches Wissen. Weinheim/Basel 1991, S. 181–192 oder die für das Thema aufmerksame pädagogische Psychologie, unter anderem BROMME, R.: Der Lehrer als Experte. Zur Psychologie des professionellen Wissens. Bern 1992.

Dabei werden Regeln und Prinzipien formuliert, die den Umgang mit dem Schüler, mit dem Lehrstoff, die Praxis im Unterricht und die richtige Ordnung des Lehrerlebens organisieren sollen.

Für die Erörterung der Rolle des Lehrers bilden Salzmanns Symbolum (und die Regeln seiner Nachfolger) sowie die Kodifizierung der professionellen Ethik bis heute wesentliche Bezugspunkte der Reflexion von Berufsproblemen und der Konstruktion des Berufsalltags. Angesichts der Schwierigkeiten des Berufs auf der einen Seite, im Blick auf die Freisetzung des Lehrers zur autonom bestimmten, jedenfalls im Klassenzimmer unbeobachteten Arbeit auf der anderen Seite ist eine professionelle Ethik ja ebenso unentbehrlich wie eine Orientierung des Handelns durch Regeln und Prinzipien.

Der Sinn solcher Tugendkataloge und Wissensbestände erschließt sich dennoch nicht ohne Ambivalenz.[105] Die Beschreibung des idealen Lehrers ist schon nicht immer so, wie man es von einer realistischen Pädagogik erwarten darf: als engagiert, kompetent, enttäuschungsfest und robust. Ob jemand sich noch zutraut, Lehrer werden zu wollen, wenn er z. B. Hentigs Verhaltenskodex liest, das scheint uns eine offene Frage. Wie kann man sich, jetzt von Dietrich aus gefragt, z. B. vergewissern, dass man wirklich in ausreichendem Maße die „mitmenschlichen Gefühlsregungen“ und den „Drang“ besitzt, „besonders mit jüngeren Menschen, Kontakt aufnehmen zu wollen und die Fähigkeit, diesen Kontakt zu gestalten“? Was meint genau „die Fähigkeit zur distributiven Aufmerksamkeit“? Darf man sicher sein, dass alles das in einer normalen Lehrerausbildung gelernt wird? „Ein ruhiges Temperament, Ausgeglichenheit“ – schon das kann man schwerlich lernen (wenn auch vielleicht trainieren und pflegen). Und wie steht es mit der „Empfänglichkeit für Werte oder sittliche Normen“ – wer setzt hier den Maßstab?

Das wichtigste Problem ist sicherlich die Lehrbarkeit der professionellen Tugenden. Die „beruflichen Aufgaben des Lehrers (werden) im Tun, also im Vollzug, während der Ausbildung und der Berufsausübung erlernt“, aber es finden sich auch Hinweise auf Persönlichkeitsmerkmale und eindeutige Warnungen:

> »Wer … kontaktscheu und stark in sich gekehrt ist, oder wer ein Machtmensch ist, dirigistische Züge hat und mit anderen Menschen autoritativ umgeht, oder wer von einer tief sitzenden Lebensangst niedergedrückt wird oder pessimistisch eingestellt ist, oder wer stark erregbar und reizbar ist und leicht ›in Wut gerät‹, – der wird sich im Lehrerberuf schwer tun.«[106]

---

105 Ein diskussionswürdiges Exempel bietet z. B. DIETRICH, T.: Zeit- und Grundfragen der Pädagogik. 3. Aufl. Bad Heilbrunn 1985.

106 Ebd., S. 229.

Was weiß man jenseits solcher Warnungen im Einzelnen über die tatsächlichen Handlungsmöglichkeiten?

Die Forschung über den Beruf des Lehrers ist breit und verzweigt, historisch wie soziologisch und berufspraktisch.[107] Das können wir hier nicht umfassend diskutieren. Für die Theorie der Schule sind – neben den Berufsethiken – vor allem drei Aspekte bedeutsam, in denen sich der berufliche Werdegang und der Alltag des Berufs spiegeln: Die Frage nach der Ausbildung von professioneller Kompetenz (1), die Bedingungen der Sicherung von Autonomie und „Berufsfreudigkeit“ (2) und eine Antwort für das Problem, ob sich statt der klassischen Hinweise auf den „Tact“ ein Set von Fähigkeiten bezeichnen lässt, die den berufsspezifischen Orientierungsproblemen angemessen sind (3). In allen drei Bereichen, die wir exemplarisch hervorheben, darf man Antworten auf die Frage erwarten, ob unter den Bedingungen der Schule als Organisation und angesichts der Schwierigkeiten der Interaktion überhaupt die Möglichkeit der Ausbildung, Sicherung und Steigerung von professioneller Kompetenz[108] des Lehrers möglich ist.

Wir geben den Stand der Forschung zu diesen drei Themenbereichen eher in pointierender Zusammenfassung als in ausgiebiger Diskussion:

(1) Die Entwicklung von Expertise und Meisterschaft innerhalb des Lehrerberufs folgt tatsächlich den Bedingungen, die schon Theo Dietrich nennt: Pädagogische Kompetenz wird „im Tun, also im Vollzug, während der Ausbildung und der Berufsausübung“ erworben.[109] Während die Forschungslage damit eindeutig eine These abwehrt, die angesichts starker Schulkritik auch nicht unplausibel wäre – dass die pädagogische Kompetenz bereits in der Ausbildung für den Beruf erworben werden muss, um für den Beruf gewappnet zu sein – kann man, ärgerlicherweise, nicht präzise angeben, welchen Mechanismen im Einzelnen die Ausbildung von pädagogischer Kompetenz gehorcht. Zwar lässt sich relativ eindeutig beschreiben, welche Stufung der Kompetenz und welche Grade der Meisterschaft sich unterscheiden lassen, man kann auch wissen, wie sich das Versagen im Beruf oder die Verzweiflung angesichts der Aufgabe, das burn out, manifestieren, dennoch gibt es unübersehbar Forschungsdefizite im Einzelnen.[110]

---

107 Übersicht: ULICH, K.: Beruf Lehrer. Weinheim/Basel 1995 sowie ALISCH, L. M. U. A. (Hrsg.): Professionswissen und Professionalisierung. Braunschweig 1990.

108 Die Defizitdiagnosen über den Forschungsstand zum „Kompetenz“-Problem, die bei H. PASCHEN und den weiteren Beiträgen in Heft 2/1995 von „Bildung und Erziehung“ vorgetragen werden, scheinen uns zu stark, die Fragen dort freilich anregend und nützlich.

109 Systematische Überlegungen dazu bei PRANGE, K.: Pädagogik im Leviathan. Bad Heilbrunn 1991, bes. S. 38–60.

110 Übersichten zum Forschungsstand unter anderem bei WEINERT, F. E.: Psychologische Orientierungen in der Pädagogik. In: RÖHRS, H./SCHEUERL, H. (Hrsg.): Richtungsstreit

Empirisch kann man die Differenz von guten und schlechten Lehrern aber demonstrieren, und zwar relativ zu unterschiedlichen Gütekriterien. Misst man die Qualität der Lehrerarbeit am Lernfortschritt der Schüler (und das sollte ein unstrittiger Maßstab sein), dann zählen relativ pragmatische Kriterien und Leistungsdimensionen:

> »Klarheit und Strukturiertheit des Unterrichts, ... Effektivität der Klassenführung, ... Förderung aufgabenbezogener Schüleraktivitäten ..., individualisierende Unterstützung der Lernenden ... Variabilität der Unterrichtsformen.«[111]

Mit diesen Kriterien, nach denen sich gute von schlechten Lehrern unterscheiden lassen, werden zugleich Qualitätsmaßstäbe genannt, die erwerbbar sind. Dagegen werden Kriterien in ihrer Bedeutung abgewertet, die von festen Persönlichkeitsmerkmalen ausgehen, gar auf „ein übergeordnetes ‚charismatisches' Persönlichkeitsmerkmal (wie ‚Enthusiasmus', ‚natürliche Autorität', ‚soziale Zuwendungsfähigkeit')" abheben; und auch der „geborene Erzieher", den die pädagogische Tradition gesucht hat,[112] war empirisch nicht als bedeutsame Variable zu identifizieren. Die empirischen Hinweise auf Qualitätsdifferenzen lassen sich aber sehr gut den Urteilen parallel lesen, die Schüler über gute Lehrer abgeben: Sie zeichnen dabei ein Bild des Lehrers, in dem fachliche Kompetenz und humane Formen des Umgangs eine glückliche Balance eingehen, gleichermaßen fern jeder kumpelhaften Anbiederung oder jobhafter Kühle und Distanz.[113]

(2) Wie, das ist unser zweites Problem, lassen sich solche Qualitätsmerkmale für den Alltag des Berufs erwerben und auf Dauer sichern?

Die Sicherung der „Berufsfreudigkeit" gehört zu den Themen, die in der Geschichte des Lehrerberufs immer virulent waren. Für die Schulaufsicht und die Behörden war sie wichtig, weil sie politischen Unmut und Unruhe bei den Lehrern befürchteten, für die Lehrer, weil sie die Schwierigkeiten ihrer Situation kannten und auf Unterstützung hofften. In der Geschichte

---

in der Erziehungswissenschaft und pädagogische Verständigung. Wilhelm Flitner zur Vollendung seines 100. Lebensjahres am 20. August 1989 gewidmet. Frankfurt a. M./Bern 1989, S. 203–214, bes. S. 207 ff. mit Hinweisen zur Erforschung des „Meisterlehrers" und zur Erforschung von „Modellen des Lehrens" sowie – mit starker Betonung der Wissenskomponente – WEINERT, F. E./HELMKE, A.: Der gute Lehrer: Person, Funktion oder Fiktion. In: LESCHINSKY, A. (Hrsg.): Institutionalisierung des Lehrens und Lernens. Weinheim/Basel 1996, S. 223–233 (mit weiteren Literaturhinweisen).

111 WEINERT/HELMKE 1996, S. 230; S. 231 für das folgende Zitat.

112 Eduard Spranger und Georg Kerschensteiner haben das zu Beginn des 20. Jhs. diskutiert, vgl. KERSCHENSTEINER, G.: Die Seele des Erziehers und das Problem der Lehrerbildung. Mit einem Geleitwort von E. Spranger. 9. Aufl., München/Stuttgart 1965.

113 SPECHT, W./FEND, H. ET. AL.: Erfahrungen mit der Schule. Ein Schülerbericht aus der Schulforschung. Weinheim/Basel 1977, bes. S. 115–126.

des Lehrerberufs werden im Grunde – neben der beruflichen Erstausbildung, die allein wenig hilft[114] – nur zwei Strategien verfolgt, die Berufsfreudigkeit zu sichern: eine Verbesserung des sozialen Status oder/und die Verbesserung der Arbeitsbedingungen.

In der Frühphase des Berufs dominierte angesichts der sozialen Lage der Lehrer zu Recht die erste Strategie. Seit die soziale Lage der Lehrer (in Deutschland) sich soweit verbessert hat, dass sie – national und international gesehen – zu den privilegierten Berufsgruppen rechnen, wird eher die zweite bevorzugt. Auch hier gibt es basale Mechanismen der Gestaltung der Berufssituation – von der Senkung der Klassenfrequenzen bis zur Ausstattung der Schulen – und komplexere – von der Fortbildung bis zu diversen Anreizsystemen; kostentreibend sind die basalen, bedeutsamer die komplexeren.[115]

Bei der Befragung von Lehrern über ihre Berufssituation hat bis heute das Zugeständnis oder die Anerkennung von Autonomie im Berufsvollzug höchste Priorität.[116] Darunter verstehen die Lehrer unterschiedliche Formen der selbstständigen Gestaltung der Schulwirklichkeit, beginnend mit der – verfassungsrechtlich bereits seit 1920 zugestandenen – Methodenfreiheit im Unterricht bis hin zur Beteiligung an der Verwaltung der Schule. Die Verbesserung der Arbeitsbedingungen der Lehrer verweist also zurück auf die Möglichkeiten, eine Organisation zu gestalten (vgl. Kap. 7).

(3) Für das alltägliche Handeln in der Situation, unsere letzte offene Frage, sind aber nicht allein die rechtlichen und administrativen sowie organisatorischen Vorgaben, sondern auch die berufsintern gemachten Erfahrungen bedeutsam. Autonomie ist keine Größe, die strukturell zugeschrieben und dann vorhanden – oder abwesend – ist. Autonomie ist vielmehr ein Produkt der Lehrerbiographie und -praxis selbst; sie wird alltäglich durchgesetzt und erlebt – oder nicht. Die empirische Schulforschung hat dieses Thema als Problem der Ausbildung von Kontrollüberzeugungen erforscht und auch schon in seinen Konsequenzen diskutiert. Auschlaggebend ist die Wahrnehmung von Handlungschancen im Lehrerberuf[117] und ihre Übersetzung in Annahmen über die interne, d. h. selbst-

---

114 Für den Zusammenhang von Ausbildung und Berufspraxis TENORTH, H.-E.: Pädagogik als Wissenschaft und Praxis – Über Pädagogische Ausbildung und pädagogische Kompetenz. In: JÄGER, G./SCHÖNERT, J. (Hrsg.): Wissenschaft und Berufspraxis. Angewandtes Wissen und praxisorientierte Studiengänge in den Sprach-, Literatur-, Kultur- und Medienwissenschaften. Paderborn 1996.

115 WEISS, M.: Der Zusammenhang zwischen Schulausgaben und Schulqualität. In: Zeitschrift für internationale erziehungs- und sozialwissenschaftliche Forschung 12 (1995), S. 335–350 zeigt allerdings, dass die materiellen Aufwendungen für die Sicherung von Schulqualität nicht so bedeutsam sind, wie Pädagogen unterstellen.

116 Schöne Übersicht bei TERHART, E.: Lehrerprofessionalität. In: ROLFF, H. G. (Hrsg.): Zukunftsfelder von Schulforschung. Weinheim 1995, S. 225–266, bes. S. 247 ff.

bestimmte Gestaltung, bzw. externe, d. h. fremdbestimmte Einschränkung der eigenen Arbeit.

Pädagogische Kompetenz, so kann man resümieren, ist keine Chimäre. Sie hat unterscheidbare und erforschbare Dimensionen, sie ist im Kontext schulischer Arbeit realisierbar, man kann Differenzen in ihrer Handhabung erkennen und sichern – und zwar schon jetzt, im real existierenden Schulalltag und mit eindeutigen Konsequenzen in den Leistungen und in den Wahrnehmungen der Lernenden. Diese Dimensionen pädagogisch-professioneller Kompetenz sind auch als Bündel von (erwerbbaren) Fertigkeiten und Fähigkeiten beschreibbar, nicht allein als angeborene Persönlichkeitsmerkmale.

Ihr Fundament findet diese Kompetenz im Berufsalltag; denn die pädagogische Praxis hat selbst „Methode“,[118] eine ihr eigene Logik, die nach immanenten Kriterien beurteilt, erworben und diskutiert werden kann. Allein auf die „Persönlichkeit“ zu setzen und sie gegen die „Methode“ auszuspielen, wie das manchen Traditionen der Reformpädagogik entsprechen mag, ist deshalb angesichts der Forschungen über den Lehrerberuf nicht nur falsch, sondern im Sinne einer Verbesserung der pädagogischen Praxis kontraproduktiv und töricht.

Für eine Theorie der Schule sind diese Befunde zur Professionalität pädagogischer Arbeit insofern bedeutsam, als sie neben der Ebene der Organisation und neben der Referenz auf Unterricht auch den Bezug auf Interaktion in genuiner Weise eröffnen. Die Handlungs-Dimension pädagogischer Arbeit muss nicht im Konflikt zu Organisation und Institution gesehen werden; sie kann, ja muss als komplementäre Größe begriffen werden. Und vor allem: Pädagogische Professionalität ist an Kriterien prüfbar und steigerungsfähig – und zwar an denen ihrer eigenen Theorie.

9.4 „Reflexionsgemäß“ – Schultheorie und die Gestaltbarkeit pädagogischer Welten

Am Ende unserer Überlegungen wirft deshalb die Analyse der schulischen Wirklichkeit unausweichlich die Frage auf, was die Schultheorie denn selbst für die Schule leistet, welchen Beitrag sie jenseits der Beschreibung und der distanzierten Analyse zur reflexiven Gestaltung der Schule zu leisten vermag.

117 BUER, J. VON: Pädagogische Freiheit des Lehrers im unterrichtlichen Alltag: Realität oder Illusion? Frankfurt a. M. 1990.

118 Die geisteswissenschaftliche Schultheorie war deshalb gar nicht so illusionär, wie ihr gelegentlich vorgeworfen wurde, wenn sie diesen Aspekt – neben dem curricularen – für ihre Analyse stark machte, vgl. REICHWEIN, G.: Die Schule als Methode und die Methode in der Schule. In: Pädagogisches Zentralblatt 8 (1928) sowie die Hinweise in Anhang 4.

Eine erziehungswissenschaftliche Theorie der Schule kommt damit an den klassischen Formeln nicht vorbei, mit denen in der Tradition der Disziplin ihre Funktion für die Praxis beschrieben wird: als Wissenschaft, „deren der Erzieher für sich bedarf“, wie Herbart in seiner Allgemeinen Pädagogik sagte, „als Theorie von und für Praxis“, wie es der geisteswissenschaftlichen Tradition entsprach, „als kritische Instanz“, „konstruktive Theorie“ und „reflexion engagée“, wie die aktuellen Übersetzungen der alten Programme lauten.

Nichts davon ist aus der Perspektive einer erziehungswissenschaftlichen Theorie der Schule per se falsch oder überholt; denn auch in der empirischen Schulforschung lebt ja, zumindest implizit, ein praxisbezogener Anspruch fort, der alte positivistische des „savoir pour prévoir“ nämlich, d. h. die Annahme, dass Wissen zur Aufklärung über die Praxis beiträgt. Aber vor der munteren Bekräftigung der alten Sätze, auch vor der raschen Kritik des Positivismus, wird man sich erinnern, dass die Theorie inzwischen auch über sich selbst aufgeklärt ist, über ihre falschen und nicht einlösbaren Ambitionen, über die Differenz von rhetorischem Überschwang und faktischen Möglichkeiten, auch über die Dignität der Praxis, die einer anmaßenden Theorie auch dann nicht unterworfen werden darf, wenn diese Theorie sich selbst kritisch nennt.

Die selbstkritische Begrenzung der Theorie und ihrer Ambitionen führt deshalb nicht in die Abwehr von Erwartungen, die eine explizite Relation von Forschung und Entscheiden auch für die Schule stiften wollen, sondern in eine distanzierte Analyse der Möglichkeiten von Reflexion. Unsere eigenen Ansprüche sind dadurch begrenzt, dass wir die Bedeutsamkeit der Theorie für die Praxis von den strukturellen Bedingungen der Praxis und den Erkenntnismöglichkeiten der Theorie selbst abhängig machen, und erst in diesen Grenzen erläutern, was es heißt, eine Theorie der Schule als Theorie von und für Schule zu formulieren.

Diese Lösung eines alten Problems wollen wir hier nicht wissenschaftstheoretisch erläutern, sondern konkret, mithilfe der Unterscheidungen, die für uns wichtig sind. Wir unterscheiden – in der und für die Schule – *Referenzen*, auf die sich Theorie bezieht, und – innerhalb der Praxis der Theorie – *Wissensformen*, mit denen sich die Differenz und die Einheit des dann notwendigen und verfügbaren Wissens erläutern lässt.

Aufschlussreich sind zunächst die unterschiedlichen Referenzen, auf die sich eine Theorie der Schule bezieht: Der Bedarf der Lehrer an Aufklärung über ihre Realität ist ein anderer als der der Eltern oder der eines Verwaltungsbeamten; Schulforscher können – das ist ihr Privileg – die Schule anders betrachten als die pädagogischen Berufe oder die Lernenden. Während diese unter Zeitdruck arbeiten oder unter existentiellem Druck lernen, können jene vom Handlungszwang entlastet beobachten; sie sind dabei freilich Standards in der Geltung ihrer Aussagen unterworfen, die man beim Pausengespräch der Schüler oder bei der entlastenden Rede im Lehrerzimmer nicht einhalten muss. Politiker, für die eine Theorie der Schule ja auch nicht ganz unnütz sein könnte, sehen – hoffentlich – die Schule in langfristiger Perspektive, auch über die gegenwärtige Generation hinaus, Kinder eher von Tag zu Tag, Eltern meist doch schon für die Dauer von Jahren.

In den Referenzen, für die eine Theorie der Schule geschrieben sein könnte, gibt es also die größten Differenzen. Eine einzige Theorie und Empirie für alle zu erwarten, wäre nicht nur höchst unrealistisch, sondern wahrscheinlich auch höchst unzweckmäßig. Die Orientierung in der Situation verlangt anderes Wissen als die politische Gestaltung des Schulsystems, die Planung schulischer Karrieren fordert andere Dispositionen als die Vorbereitung einer Schulstunde, die Diagnose von Schulschwierigkeiten verlangt andere Überlegungen als die Finanzierung von Schulbauten; bei der Begründung von allgemeinen Lernzielen folgen Politiker anderen Prämissen als Erziehungsphilosophen oder Theologen (und wer Indoktrination will, der wird sich von Wissenschaft so wenig stören lassen wie derjenige, der mithilfe der Schule die Menschheit erlösen möchte – beiden hilft allenfalls eine „wissenschaftliche Weltanschauung", aber das ist als Theorie nicht möglich).

In einer Theorie der Schule sind entsprechend mehrere Wissensformen verfügbar (oder mit ihrer Hilfe begründbar und prüfbar): Orientierungs- und Handlungswissen, Standards für die Evaluation, Wissen über Ressourcen, strategisches Dispositionswissen und taktisches Geschick, diagnostisches Wissen und Beratungskompetenz – und nicht zuletzt Alltagswissen: von Ratschlägen zur Einrichtung der Klassen- und Fachräume über Empfehlungen zum Verhalten in Konferenzen bis zu Rezepten, wie dem trotzdem dauernd drohenden Chaos gelassen zu begegnen sei.

Die Handlungsdimension, der operative Aspekt der Schularbeit, ist nur eine der Dimensionen der Reflexion (und wahrscheinlich eher als reaktive Leistung auf beobachtete Probleme, denn als autarke Möglichkeit der Gestaltung von Wirklichkeit angemessen verstanden). Neben dem Handlungswissen stehen gleichberechtigt Analysen, die über die Mechanismen der Organisation orientierend belehren und gegen den Überschwang der Reformabsichten z. B. die latente Funktionsweise von Lerngruppen erklären.

Eine Theorie der Schule wird die Vielfalt dieser Wissensformen nicht zur Einheitlichkeit verdünnen, sondern diese Vielfalt so aufeinander beziehen, dass für Routinen, Entscheidungen und Handlungen Alternativen sichtbar werden, von denen dann – aufgeklärt über das Funktionieren von Schulen – so oder so Gebrauch gemacht werden kann. Für diese Relationierung gibt es kein Rezept; denn die Wahl des Bezugspunktes ist selbst nicht normierbar, sondern je nach den Referenzen gegeben – für Praktiker anders als für Theoretiker, für Politiker anders als für Schüler. Einheit stiftet nur das Thema – dass es um Schule geht (wie immer man sie dann auffasst), und dass für ihre Analyse Wissen genutzt wird, dass seine eigenen Gütekriterien begründet ausweisen kann.

Nur eine Perspektive kann man deshalb in einer Theorie der Schule nicht einnehmen – dass man Schule als Thema fallen lässt zu Gunsten ungebundener Spekulation. Manche Kritik der Schule sieht so aus, als hielte sie die Negation ihres Themas schon für eine theoretische Leistung. An diesem Punkt argumentieren wir entschieden in der Abgrenzung: Die theoretische Frage, wie möglich ist, was geschieht, hat ihren eigenen Sinn; und ihre praktische Bedeutung hat sie darin, dass sie Umstände aufklärt, unter denen es geschieht – und zeigt, was davon auch anders möglich ist.

Nachwort für Kollegen

Sie wissen so gut wie wir, dass Einleitungen zur Selbsttäuschung einladen, schreibt man sie doch ganz zum Schluss, wenn man weiß, was in dem Buch wirklich steht.[1] Auch wir sind nun „schlauer als zuvor". Deshalb ist dieses Nachwort eine Zusammenfassung, wie sie manche Kollegen als Einleitung erwarten. Wir beschreiben den Stand unserer Überlegungen (nachdem sich im Laufe der Arbeit Vereinfachungen ergeben haben) mithilfe der Begriffe, die wir derzeit für unentbehrlich halten, weil sie am Ende des Klärungsprozesses übrig geblieben sind. Unerschütterlicher Glaube an wissenschaftliche Autoritäten verbietet uns, das Buch nun gleich noch einmal zu schreiben.[2]

Diese Theorie der Schule konzentriert sich auf die Schule als einen Rahmen für das Aufwachsen und beschreibt in drei Teilen, wie dieser Rahmen nach und nach entstanden ist, in welchen Hinsichten und auf welche Weise er als Bedingungsgefüge das Aufwachsen beeinflussen soll und wirksam wird, prüft aber auch, inwieweit es gelingt, ihn und durch ihn das Aufwachsen zu normieren.

Diese Theorie der Schule ist keine Theorie des Lehrens und Lernens.[3]

---

1 Wie in der ersten Anmerkung zur Einleitung für Anfänger sagen wir der Symmetrie halber, wie Kollegen die Anmerkungen nutzen können: „Der Text dieses Bandes ist in sich abgeschlossen und kann ohne diese Anmerkungen gelesen werden. Man wird hier jedoch ... [auch] Hinweise auf Streitfragen von vielleicht mehr speziellem Interesse [finden]", vgl. POPPER, K. R.: Die offene Gesellschaft und ihre Feinde. 2 Bde. 2. Aufl. Bern 1970, S. 269.

2 Auch dies kann man bei Popper lesen: „Kein Buch kann jemals fertig werden: während wir daran arbeiten, lernen wir immer gerade genug, um seine Unzulänglichkeit klar zu sehen, wenn wir es der Öffentlichkeit übergeben", vgl. POPPER 1970, S. 7.

3 Eine einheitliche Lehr-Lern-Theorie wird noch lange auf sich warten lassen. Das Nebeneinander von Theorien des Lehrens und Theorien des Lernens hat nicht viele Gründe, sondern eine Ursache: „Man kann unterrichten, ohne dass Lernen stattfindet, und man kann lernen, ohne unterrichtet zu werden. Das Ziel des Unterrichtens ist es, ein bestimmtes Lernen zu ermöglichen. Aber die Aktivitäten des Unterrichtens sind mit diesem Ziel situativ wie prozessual nur kontingent verbunden", vgl. OELKERS, J.: Erziehen und Unterrichten. Grundbegriffe der Pädagogik in analytischer Sicht. Darmstadt 1985, S. 231; LOSER, F./TERHART, E. (Hrsg.): Theorien des Lehrens. Stuttgart 1977; HILGARD,

Zwar begegnen Erwachsene und Heranwachsende einander dort als Lehrende und Lernende; aber die Schule bietet dafür nur den organisatorischen Rahmen.

Andererseits ist diese Theorie der Schule auch keine Theorie der Bildungsverfassung.[4] Zwar setzen Länderverfassungen und Grundrechte dem Verwaltungshandeln Grenzen (vgl. 7.4); das ist aber der Rahmen des Rahmens. Diese Theorie der Schule ist schließlich keine Theorie des Bildungswesens,[5] obwohl Schulen der wichtigste Streitpunkt für die Bildungspolitik sind, in der um das Setzen des Rahmens und die Ressourcen[6] für das Schulwesen gerungen wird.

In der Schule werden Kinder und Jugendliche wie zuvor schon in Verwandtschaft und Nachbarschaft mit Bedingungen konfrontiert, die vordergründig allein durch ihre Existenz Anpassungsleistungen erzwingen, bei näherem Hinsehen aber zusätzlich verlangen, dass sich die Heranwachsenden mit den Bedingungen auf ihre Weise auseinandersetzen.[7] Das beginnt damit, dass sie intuitiv[8] bestimmte Bedingungskonstellationen bevorzugen

---

E. R./BOWER, G. H.: Theorien des Lernens. 2 Bde. Stuttgart 1971. Darüber sollten weder Anfangserfolge der Lehr-Lern-Forschung hinwegtäuschen, vgl. TREIBER, B./WEINERT, F. E. (Hrsg.): Lehr-Lern-Forschung. Ein Überblick in Einzeldarstellungen (München 1982) noch „Mogelpackungen", die so tun, als lasse sich das Lehren auf Theorien des Lernens gründen, vgl. AEBLI, H.: Zwölf Grundformen des Lehrens. 4. Aufl. Stuttgart 1989; erfreulich skeptisch dagegen GAGE, N. L./BERLINER, D. C.: Pädagogische Psychologie. Bd. 2. 2. Aufl. München 1979, S. 431.

4 Vgl. RICHTER, I.: Bildungsverfassungsrecht. Stuttgart 1973.

5 Vgl. die im Abstand von fünf Jahren erfolgende Berichterstattung über „Das Bildungswesen in der Bundesrepublik Deutschland" in: ARBEITSGRUPPE BILDUNGSBERICHT am Max-Planck-Institut für Bildungsforschung: Das Bildungswesen in der Bundesrepublik Deutschland. Strukturen und Entwicklungen im Überblick. Neuausgabe. Reinbek 1994 und frühere Ausgaben ab 1979 (Kurzfassung) bzw. 1980.

6 Dazu zählen, bildungsökonomisch betrachtet, die Gebäude mit ihrer Ausstattung und die laufenden Personal- und Sachkosten, soziologisch genommen aber auch die Personen, als Schülerschaft oder Lehrerschaft in günstiger oder problematischer Zusammensetzung, vor allem aber die für Lehren und Lernen zugestandene Zeit und das Schulrecht, soweit es den Schulen Ermessensspielräume einräumt, vgl. 7.5 und HECKEL, H./AVENARIUS, H.: Schulrechtskunde. 2. Aufl. Neuwied 1986.

7 Wir folgen hier Mollenhauer, der im Anschluss an Piagets Begriffe Assimilation und Akkomodation betont hat, dass das natürliche Wechselspiel der beiden Anpassungsmöglichkeiten seit der Epoche der Aufklärung in modernen Gesellschaften durch die (paradoxe!) Anforderung kompliziert wird, nicht jederzeit in jeder Hinsicht „angepasst" zu sein, vgl. MOLLENHAUER, K.: Anpassung. In: Zeitschrift für Pädagogik 7 (1961), S. 347–362.

8 Wie das Wort „instinktiv", auf Tiere bezogen, Ausdruck einer Verlegenheit ist, so verweist hier das Wort „intuitiv" zunächst nur auf ein Problem, das wir ausklammern. Beschrieben wird das Zusammenspiel von genetisch determinierten „Reaktionsbereitschaften" und „frühem Lernen" in der Entwicklungspsychologie, vgl. z. B. OERTER, R./MONTADA, L.: Entwicklungspsychologie. 2. Aufl. München/Weinheim 1987, S. 22–44;

und gerne aufsuchen, andere dagegen eher meiden.[9] Sobald allgemeine Schulpflicht besteht, haben Kinder und Jugendliche diese Wahl in der Schule nur noch *innerhalb* eben dieses Rahmens.

Dieser Rahmen hat, das ist für uns das wichtigste systematische Ergebnis unserer Arbeit, eine klare Struktur; und das Bedingungsgefüge Schule lässt sich mit sechs Grundbegriffen beschreiben. Ihren Zusammenhang zeigt die erste Abbildung, eine zweite zeigt, wie wir sie entwickelt bzw. präzisiert haben, d. h. ihre Anwendung[10] in dieser Theorie der Schule.

Wir haben diese Begriffe übrig behalten, weil sie Anschluss an „große Theorien" stiften, aber zugleich Differenzen zu beobachten erlauben. Wir unterscheiden erstens *soziale Gebilde* und auf sie gerichtete *Erwartungen*, zweitens beide nach ihrem Verhältnis zur *Zeit:* Vergangenheit, Gegenwart und Zukunft. Daraus gewinnen wir die folgenden sechs Begriffe.

---

aber auch in der Allgemeinen Psychologie HEBB, D. O.: Einführung in die moderne Psychologie. 6. Aufl. Weinheim 1972, S. 167–201 und in der Erkenntnistheorie POPPER, K. R.: Naturgesetze und theoretische Systeme. In: ALBERT, H. (Hrsg.): Theorie und Realität. Tübingen 1964, S. 87–102.

9 Diese Betrachtungsweise erlaubt es im Übrigen, Zivilisationstheorien, Enkulturationstheorien und Sozialisationstheorien als Varianten des gleichen Modells zu behandeln. Immer wird die „Interaktion" von „gesellschaftlich gegebenen" und „natürlichen" Bedingungen des Aufwachsens untersucht und erklärt, vgl. ELIAS, N.: Über den Prozess der Zivilisation. Soziogenetische und psychogenetische Untersuchungen. 2 Bde. 3. Aufl. Frankfurt a. M. 1977.

10 Der Begriff Anwendung lässt sich rechtfertigen, wenn wir ihn weitherzig auslegen. Er passt dann ebenso zu den Begriffen, die wir von Anfang an als Grundbegriffe hatten und im Zuge der Arbeit beibehalten haben (Organisation, Interaktion, Programmatik), wie zu den anderen, um die wir gerungen haben (Institution hat „Gesellschaft" ersetzt, Reaktivität „Struktur", Selektivität „Selektion" als Oberbegriff für alle Fälle von Komplexitätsreduktion, aus denen sich auf mehr als das Vorhandensein von Erwartungen schließen lässt). Dass sich die Begriffe der Zeitdimension plausibel zuordnen lassen, bestärkt uns in der Annahme einem aussichtsreichen Weg zu folgen.
Dass Interaktion Gegenwart assoziiert ist, muss nicht erläutert werden, wenn man vereinfachend von Reflexionen absieht, die immer alle drei Zeithorizonte verknüpfen können. Institutionen können als „geronnene Vergangenheit" begriffen werden, am plausibelsten die ohne schriftlich fixierte Verfassung; in allen Wissenschaften, nicht nur den Sozialwissenschaften, wird der Begriff Struktur benutzt, um das zu benennen, was sich stabilisiert hat und relativ zu dem von Veränderung und Wandel gesprochen werden kann. Dass Programmatik Gegenwart im Sinne von erwünschter Zukunft beeinflussen will, dürfte keine überraschende Begriffserläuterung sein; nur dass wir Organisation nicht mehr im Sinne von Institution verwenden, sondern uns allein von der Frage leiten lassen, wozu sie dient, nämlich künftige Interaktionen erwartbar zu machen, ist eher „typisch soziologisch" als „typisch pädagogisch", jedoch unvermeidlich, wenn man den Begriff der Vergesellschaftung nicht auf Menschen beschränkt, sondern eine überlebte Abgrenzung der Gesellschafts- von den Naturwissenschaften ignoriert.

Abb. 5: Grundbegriffe einer Theorie der Schule[11]

Zeitbezug	Vergangenheit	Gegenwart	Zukunft
soziale Gebilde	Institution	Interaktion	Organisation
Erwartungen	Reaktivität	Selektivität	Programmatik

In der ersten Perspektive unterscheiden wir mithilfe dieser Begriffe zugleich drei Abstraktionsebenen, auf denen von „Schule" öffentlich gesprochen wird.

Interaktion: Schule als Begegnung von Schülern, Lehrern (und Eltern) im alltäglichen Umgang, in einer Lerngruppe oder Schulklasse, im Klassen- oder Lehrerzimmer, auf dem Schulhof oder bei außerunterrichtlichen Schulveranstaltungen.

Voraussetzung von Interaktion ist Anwesenheit: Anwesende sehen sich von Angesicht zu Angesicht (face-to-face); sie **können**[12] jedes Verhalten als Kommunikation interpretieren.

Organisation: Schule als Gebäude mit Klassen- und Fachräumen, Verkehrsflächen (Fluren usw.) und (anderen) Versammlungsräumen, als Ort, an dem zu bestimmten Zeiten an bestimmten Stellen bestimmte Personen bestimmte Interaktionen vor anderen bevorzugen (sollen). Organisation soll Interaktionen so weit vorhersehbar machen, dass Personen sich vorausschauend darauf einstellen können, an ihnen zu partizipieren.[13]

---

11 Die Reihenfolge der Zeilen hat ausschließlich darstellungstechnische Gründe. Die Geschichte der Theoriebildung verlief umgekehrt: Zuerst wurde Sozialität als wechselseitiges Erwarten beschrieben, vgl. MEAD, G. H.: Geist, Identität und Gesellschaft (1934). Frankfurt a. M. 1973, dann wurde der Handlungsbegriff leitend (Parsons, Habermas, Luhmann anfangs); nun ist die Beschreibung zum Begriff der Erwartung zurückgekehrt, soziale Systeme werden danach unterschieden, wie Erwartungen kommuniziert werden können, vgl. LUHMANN, N.: Soziale Systeme. Frankfurt a. M. 1984. Abweichend von dieser Tradition führen wir Institutionen als einen dritten Typ sozialer Gebilde „unterhalb" von „Gesellschaft" ein und bevorzugen „Gebilde" gegenüber dem theoretisch anspruchsvolleren Oberbegriff „System".
Eine theoretische Innovation sehen wir nur in der Klassifikation der Erwartungen nach ihrem Zeitbezug. Die Anregung dazu stammt von Popper 1964, der den Begriff Reaktionsbereitschaft wählte, um mit diesem theoretischen Äquivalent zu den Begriffen Erwartung und Theorie für den Fall der genetischen Determiniertheit Anschluss an biologische Evolutionstheorien zu finden.

12 Dies ist eine abgeschwächte Version des ersten „Axioms" von WATZLAWICK, P./BEAVIN, J. H./JACKSON, D. D.: Menschliche Kommunikation. 4. Aufl. Bern/Stuttgart/Wien 1974, S. 53.

13 Für die dreifache Bedeutung von „Partizipation" (teilnehmen, teilhaben, Teil sein) und präzise Mikroanalysen vgl. MARKOWITZ, J.: Verhalten im Systemkontext. Frankfurt a. M. 1986.

Voraussetzung dafür ist Mitgliedschaft (nicht allein Anwesenheit): Schüler werden in die Schule **aufgenommen**[14] und aus ihr **entlassen**[15]; beides wird **aktenkundig gemacht**[16]. Wenn Schüler oder Lehrer nicht zur vereinbarten Zeit am vereinbarten Ort anwesend sein können, haben sie ihr Fehlen zu **entschuldigen**; und zwar möglichst im Voraus. Umgekehrt muss die Schule dafür sorgen, dass sie das Versäumte nachholen oder nachlesen können, denn sie „gehören dazu"; deshalb muss Organisation Interaktion ersetzen, wenn sie an der Partizipation gehindert waren.

Institution: Schule als Objekt von Erwartungen, die ihre Mitglieder haben, aber auch Eltern und Abnehmer von Absolventen, bis hin zu regionalem und allgemeinem öffentlichen Interesse an ihr.

Zwar sind diese Erwartungen vielfältig und zum Teil widersprüchlich und niemand kann jede Erwartung aller anderen kennen, aber trotzdem weiß jeder, dass er mit den Erwartungen anderer rechnen muss, wenn er bedenkt, ob sich seine erfüllen werden. Dass das so ist, erfährt man, wenn sich andere anders als erwartet verhalten. Verhielte sich jeder dauernd anders, als die anderen erwarten, wäre die Gesellschaft im Zustand der Anomie.[17] Um zu erklären warum das nicht so ist, wählen wir den Begriff Institution und definieren ihn als das Wissen[18] um das, „was man hier erwarten darf", speziell um das, „was sich hier gehört". Das Wort „hier" ist der Platzhalter, für den wir Schule einsetzen. Die Wörter „man" und „sich" stehen für die „Normalisierung", die Institutionen leisten: Was diesen Erwartungen widerspricht, gilt als abweichendes Verhalten, Störung oder Überraschung.[19]

Auf dieser Ebene ist die doppelte Leistung der Schule, einerseits im Dienste der Gesellschaft, andererseits im Dienste der Heranwachsenden, zu

14 Die Hervorhebungen sollen auf die Amtssprache aufmerksam machen, an der man die Schule als Organisation auf den ersten Blick erkennt.

15 Für beide Ereignisse wird meist ein feierlicher Rahmen geschaffen, um den Übergang zu markieren (WELLENDORF 1973); doch zeigt sich darin bereits die Schule als Institution.

16 Entsprechendes gilt für Lehrer. Sie werden in den Schuldienst eingestellt und einer Schule zugewiesen, an andere Schulen versetzt, ggf. befördert und nach bestenfalls 40 Dienstjahren in den Ruhestand versetzt, sofern sie nicht vorzeitig aus dem Schuldienst ausscheiden.

17 Wir stützen den Begriff Anomie auf den Begriff Verhalten, weil das den Anschluss an allgemeine Lerntheorien und biologische Evolutionstheorien ermöglicht (vgl. DIEDERICH 1988, S. 38–48) und die landesübliche normative Sättigungsbeilage entbehrlich macht (vgl. LUHMANN, N.: Soziale Systeme. 2. Aufl. Frankfurt a. M. 1988, S. 109 f.).

18 Das Wort „Wissen" ist hier im weitesten Sinne zu verstehen, also auch als „instinktives" oder „intuitives" (s. o.), das „habituell" sein kann, ohne dass es bewusst ist. Dem Begriff „Institution" verschaffen wir so Anschluss an die Begriffe „Mentalität" bzw. „Milieu" im Falle psychischer bzw. sozialer Systeme.

19 Unerwartetes kann als destruktiv oder innovativ erlebt und bewertet werden. Zunahme an Toleranz gegenüber Unerwartetem ist ein Kennzeichen für Modernisierung bei Personen und Institutionen.

erörtern. Schule hilft mit, Erwartungen so zu stabilisieren, dass man sich bei anderen und sich selbst auf sie verlassen kann.[20]

In der zweiten Perspektive unterscheiden wir drei Modalitäten, in denen die auf die Schule gerichteten Erwartungen bekannt werden, manifest und artikuliert, sichtbar oder latent:

Programmatik: Pädagogen selbst, aber auch die öffentliche Meinung bis hin zur Schulpolitik, neigen dazu, Erwartungen gegenüber der Schule vorrangig als Aufgaben, Forderungen oder Ziele zu formulieren. Die einschlägige Literatur ist voll der schönsten Hoffnungen, was wohltätige Auswirkungen des Schulbesuches betrifft (vgl. Kap. 4).

Ausformulierte Erwartungen machen Zielkonflikte sichtbar, die daraus entstehen, dass Erwartungen **verschiedener** Instanzen (Personen oder sozialer Gebilde) einander ausschließen oder dass mehrere Erwartungen der **gleichen** Instanz nur im Wechsel und nicht gleichzeitig zu erfüllen sind.[21] Im ersten Fall sprechen wir von normativen, im zweiten Fall von strukturellen Zielkonflikten. Wenn Erstere nicht durch Kompromissfindung oder Prioritätssetzung beigelegt werden können, sind Entscheidungen zu treffen, mit denen Optionen abschließend (bis auf Widerruf) ausgeschlossen werden. Im zweiten Fall ist Letzteres nicht möglich.

Die Vielzahl der Enttäuschungen, die alle, Lernende wie Lehrende, Eltern, regionale und weitere Öffentlichkeit, selbst Schulpolitiker, in der und durch die Schule erfahren, kann nur teilweise dadurch erklärt werden, dass sie eben unterschiedliche oder gar konträre Erwartungen gegenüber der Schule haben. Oft sind Enttäuschungen durch strukturelle Zielkonflikte verursacht. Häufig werden nämlich Ziele und Aufgaben der Schule katalogartig aufgezählt und Forderungen an sie herangetragen, ohne dass die damit erwartbaren Zielkonflikte erkannt, genannt oder gar durch Prioritätensetzung vorentschieden würden.[22]

---

20 In der Literatur zur Theorie der Schule wird nicht immer klar zwischen Organisation(en) und Institution(en) unterschieden. Wir folgen dem in der Soziologie dominanten Sprachgebrauch, vgl. ETZIONI, A.: Soziologie der Organisationen. München 1973, S. 13; LUHMANN, N.: Institutionalisierung – Funktion und Mechanismus im sozialen System der Gesellschaft. In: SCHELSKY, H. (Hrsg.): Zur Theorie der Institution. 2. Aufl. Düsseldorf/Gütersloh 1973, S. 27–41; in der Pädagogik vgl. ROEDER, P. M.: Erziehung und Gesellschaft. Weinheim 1968, S. 6 f.

21 So kann z. B. bei Unterrichtsgesprächen entweder das Ziel maßgebend sein, möglichst alle Schüler zu Wort kommen zu lassen („Stoffsammlung" als typische Situation), oder aber das Ziel, in der Sache zu einer Klärung zu kommen („einen Disput zwischen wenigen Schülern austragen lassen" als typische Situation). Auf mittlere Sicht sorgt dann die richtige Mischung der Situationen für die gewünschte Gewichtung der beiden Ziele.

22 Schulen sollten das seltener beklagen und öfter bedenken, dass ihnen genau daraus die Autonomie erwächst, die sie oft fordern. Entscheidungen, die außerhalb der Schule versäumt, Kompromisse die dort nicht gefunden, Prioritäten, die dort nicht gesetzt wurden, *muss* die Schule nun nicht nur durch eigene ersetzen, sie *darf* es auch.

Selektivität: Bei Entscheidungen, Kompromissen und Prioritätssetzungen werden Erwartungen zur Begründung herangezogen und ausgesprochen; wenn nicht, kann ihre Rekonstruktion durch Reflexion gelingen. Andernfalls wird nur bekannt, **dass** bei der Selektion der Optionen weitere Erwartungen im Spiel waren, nicht aber welche.

Unter Optionen verstehen wir Möglichkeiten, die übrig bleiben, wenn die Schule als der Kontext berücksichtigt wird, in dem die Ziele erreicht und die Forderungen durchgesetzt werden können und sollen. Dabei sprechen wir nicht zuerst oder allein vom „pädagogischen Handeln“ als Mittel der Zielerreichung. Wir wollen damit eine verbreitete aktionistische und personzentrierte Denkweise problematisieren, die ignoriert, dass dem Handeln oft Entscheidungen vorausgehen und dass Strukturen Ergebnisse präformieren, schon weil die wichtigen Entscheidungen von Gremien getroffen werden.

Optionen hat ja nicht nur das Lehrpersonal, sondern auch die Schulleitung, die Elternschaft und die Schülervertretung, die Schulverwaltung und der Gesetzgeber. Sie alle sind kollektive Akteure, deren Einflussnahme missverstanden wäre, wenn man sie als „Handeln“ beschriebe. Vielmehr setzen sie die Bedingungen für die pädagogische Arbeit, eröffnen den Handelnden damit Optionen, setzen dem Handeln aber auch Grenzen, indem sie bestimmte Möglichkeiten auszuschließen suchen.[23]

Reaktivität: Damit beschreiben wir die basale Form, in der Nachrichten über das Geschehen im Geschehen vorliegen und Ereignisse deutbar werden können. In den unsichersten Kenntnisstand über Erwartungen wird versetzt, wer von ihrer Existenz nur durch Reaktionen[24] erfährt, die ihn überraschen – seien das eigene Reaktionen, die anderer Personen oder die sozialer Gebilde; im Vergleich zu völliger Unkenntnis kann aber auch dieses Minimum erstrebenswert sein.[25]

Mit dem Begriff der Reaktivität wenden wir uns gegen ein zu optimistisches oder rationalistisches Fehlverständnis von sozialem Geschehen. Schu-

23 Genau genommen beeinflusst das Setzen und Ändern von Bedingungen nur die Wahrscheinlichkeit, mit der bestimmte Ereignisse eintreten; erwünschte sollen begünstigt, unerwünschte ausgeschlossen werden. Letzterem dienen in der Pädagogik unter anderem Vermeidungstechnologien, vgl. DIEDERICH, J.: Bemessene Zeit als Bedingung pädagogischen Handelns. In: LUHMANN, N./SCHORR, K.-E. (Hrsg.): Zwischen Technologie und Selbstfrequenz. Fragen an die Pädagogik. Frankfurt a. M. 1982, S. 51–86.

24 Von einer Reaktion sprechen wir, wenn von dem (überraschenden) Verhalten angenommen wird, dass es „automatisch“ oder „spontan“, beides heißt ohne Überlegung, eingetreten sei. Obwohl auch das allenfalls der Reagierende selbst wissen kann (z. B. bei gespielter Empörung), erlangen doch die anderen zumindest eine Ahnung davon, dass hier Erwartungen enttäuscht wurden, und können sich fragen, welche.

25 Immerhin ist das der Kenntnisstand, in dem sich Naturwissenschaften gegenüber dem befinden, was sie Natur nennen.

le und Unterricht sind vielleicht vorwiegend damit beschäftigt, ihre Programmatik in Verfahren zu übersetzen und diese routiniert durchzuhalten, aber ungestört bleibt das nicht. Immer wieder kommt irgendetwas dazwischen und verursacht Effekte, die nicht im Programm stehen und die niemand vorhersehen konnte.[26] Mit dem Begriff der Reaktivität reagieren wir auf Problemlagen dieser Art.

Der Begriff der Reaktivität lässt sich am einfachsten am Beispiel der Naturwissenschaften einführen und erläutern, und zwar als Reaktionsbereitschaft, -vermögen oder -fähigkeit. Man mag an die Chemie denken, darf aber auch systemtheoretisch argumentieren, wenn man sich bewusst macht, dass jede „Reaktion" zwei gleichberechtigte Partner, „Reagenzien", voraussetzt. Zu einer Reaktion kommt es nur dann, wenn beide reaktionsbereit und -fähig sind (zusätzlich abhängig von Temperatur, Katalysatoren etc., d. h. Zuständen ihrer Umwelt). Kausalanalytisch gesehen ist immer der eine Stoff „schon da", und der andere wird in seine Nähe gebracht oder ihm hinzugefügt. Wegen dieser zeitlichen Reihenfolge erscheint der zweite Stoff als Akteur, auf den der erste re-agiert. Hochreaktiv sind Stoffe, die auf viele andere oder sehr leicht auf andere reagieren. Genauer müsste es freilich heißen: „reagieren werden, wenn oder sobald man andere Stoffe in ihre Nähe bringt".

Reaktivität ist also ein Dispositionsbegriff. Das einfachste Beispiel dafür ist „löslich". „Zucker ist in Wasser löslich" heißt dann, dass er sich in Wasser auflösen würde, wenn man ihn in Wasser gäbe.[27] Schultheoretisch und pädagogisch findet sich ein ähnlicher Dispositionsbegriff unter dem Stichwort „bildsam": Der Mensch wird dabei als ein Wesen betrachtet, das sich selbsttätig zu seinen Möglichkeiten entwickeln **kann, wenn** es auf eine Welt trifft, die geeignet ist, den Prozess der Bildung anzuregen. Schule lässt sich als eine Welt interpretieren, die solche Bedingungen bietet bzw. bieten kann.

Versteht man Reaktivität in dieser Weise, dann gewinnt diese Kategorie für das Verständnis von Schule zumindest in einem dreifachen Sinne an

---

26 Zwar zwingt das „Schulangebot" Eltern zur Wahl einer weiterführenden Schule im Anschluss an die Grundschulzeit, zwar kann ihre Schulwahl durch bildungspolitische Propaganda (Bildungswerbung) oder die Übergangsempfehlungen der Grundschule beeinflusst werden, aber letztlich lässt sie sich nicht kontrollieren und nur begrenzt steuern. Das Schulwahlverhalten der Eltern bleibt eine selbstständige Größe mit einem unkalkulierbaren Effekt. Vergleichbar sind dem Rückwirkungen, die von einem schrumpfenden Arbeitsmarkt auf die Praxis der Schulen bei der Vergabe von Zeugnissen und Berechtigungen ausgehen.

27 Für den Zusammenhang von Dispositionsbegriffen und irrationalen Konditionalsätzen vgl. STEGMÜLLER, W.: Probleme und Resultate der Wissenschaftstheorie und Analytischen Philosophie. Bd. I: Erklärung, Begründung, Kausalität. 2. Aufl. Berlin/Heidelberg/New York 1983, Kap. 5.

Bedeutung: Theoretisch wird die Frage aufgeworfen, welche Formen und Schwellen der Wahrnehmung die Schule für das Problem der Bildsamkeit bereithält; angesichts der pädagogisch professionellen Arbeit in der Schule verweist der Begriff der Reaktivität ferner auf die Frage, ob und wie intensiv Sensibilität für die pädagogische Aufgabe bei den Beteiligten habitualisiert worden ist; politisch schließlich hält der Begriff der Reaktivität fest, dass es Reizschwellen, Empfindlichkeiten und auch Grenzen der Erwartung und Empörung angesichts der Gestaltung pädagogischer Welten gibt.

Unsere daraus resultierende Leitfrage war und wird weiterhin sein, wie gut die Schule dann dagegen gewappnet ist, zum Spielball des Unerwarteten zu werden.[28] Nimmt sie es in ihre Programmatik auf?[29] Absorbiert sie es in ihren Routinen?[30] Lässt sich die Schule durch ihre eigenen Reaktionen überraschen – und kann sie daraus lernen?[31]

Wie die Schule als Organisation Vorkehrungen für die Verarbeitung von Zielkonflikten und von Widerständen gegen ihre Programmatik oder ihre Verfahren enthält,[32] so sorgt sie andererseits mit der Institutionalisierung von Kritik und Reform selbst für ihren Wandel[33] – und das von Anfang an, wie wir zeigten. So schützt sie sich einerseits vor Zufall und Beliebigkeit, andererseits vor Redundanz und Dogmatismus – mehr oder minder erfolgreich, je nach Umständen.[34]

Die zweite Abbildung zeigt die Beziehung der sechs Begriffe zu den neun Kapiteln, also wie wir sie im Laufe der Arbeit gewonnen bzw. geschärft, sofern nicht beibehalten haben.

28 Die angebliche Reformresistenz, die Schulkritiker enttäuscht, bzw. die Elastizität des Systems, die uns überrascht, bedürfen ja einer gemeinsamen Erklärung.

29 Jeder Reformvorschlag fordert von der Schule in irgendeiner Hinsicht, mehr Unerwartetes zuzulassen.

30 Die demokratischen und bürokratischen Prozesse haben nicht nur hohen Zeitbedarf und sind nicht nur geeignet, Reformambitionen zu entmutigen; sie räumen andererseits auch Zeit für Diskussionen und vor allem Reflexionen ein. Man könnte auch sagen: Sie schützen vor unbedachtem Handeln.

31 Indem Schulkritik die Empörung der Kritisierten zu erregen sucht, gibt sie ihnen Gelegenheit, das ihnen Selbstverständliche bewusst wahrzunehmen, als problematisch und auch anders denkbar oder aber in seiner Funktionalität zu erkennen.

32 Das dient ihrer Stabilisierung und macht sie konservativ.

33 Das macht sie anpassungsfähig und innovativ.

34 Auch die schärfste Schulkritik ist also aus Sicht der Schule noch „funktional" – aus Sicht des Kritikers, der die Abschaffung der Schule fordert, kontra-intentional – sofern auf die Kritik nicht praktisch, z. B. mit Trotz, sondern theoretisch, d. h. mit Reflexion, reagiert wird.

Abb. 6: Schwerpunkte der Kapitel

	Programmatik	**Selektivität**	**Reaktivität**
Organisation	Kapitel 4	Kapitel 3	Kapitel 7
Interaktion	Kapitel 8	Kapitel 5	Kapitel 9
Institution	Kapitel 2	Kapitel 6	Kapitel 1

Unsere Darstellung folgt nicht der impliziten Systematik, sondern der Geschichte und Realität der Schule, in der Absicht, auch Anfängern einen Zugang zum Thema zu eröffnen. Deshalb beginnt jeder Teil (I bis III) mit einer „Vorschau" auf die drei Kapitel, deshalb haben wir den Text für sich lesbar machen wollen und dadurch entlastet, dass wir alle Belege, Hinweise auf weiterführende Überlegungen und zusätzliche Komplikationen in die Anmerkungen verwiesen haben.

Der Sache nach ist unser Argument aber auch verstehbar, ohne die begriffliche Systematik abstrakt diskutieren zu müssen; denn wir wollten die Theorie der Schule deskriptiv entwickeln.

Wir beschreiben in Teil I zunächst, wie das moderne Schulwesen entstand; dabei wird zwar die historische und gesellschaftlich-politische Bedingtheit der Schule betont, aber auch gezeigt, wie Reflexion als Regulativ auftritt und wie das Schulwesen Strukturen ausbildet, die kontinuierlich das Gesicht der modernen Schule prägen.

In Teil II suchen wir hinter den historisch-kontingenten Entwicklungen nach Funktionen der Schule, wie sie für alle modernen Gesellschaften typisch sind, diskutieren dominierende Funktionszuschreibungen und zeigen, wie sich mit ihrer Hilfe das Funktionieren der Schule verstehen lässt.

In Teil III wird die Schule als eine Wirklichkeit beschrieben, die von den Beteiligten gestaltet und deshalb immer auch anders möglich ist, je nach Umständen, Initiativen und Reflexionen. Es ist – so das zentrale Argument – die begrenzte Regierbarkeit der Schule, die sie so erstaunlich anpassungsfähig macht.

Und – selbstverständlich – auch eine Theorie der Schule ist anders möglich. Darum hoffen wir nur in einer Hinsicht auf Konsens – dass unsere Beschreibungen und Erklärungsversuche geeignet sind, theoretisch ertragreiche Kontroversen auszulösen.

Anhang
Themen zum Weiterstudium

Anhang 1: Schulreformen – Politik gegen Widerstände

Kritische Leser werden schon in der Einleitung über manche Formulierung gestolpert sein und sich gefragt haben, warum die Autoren in der Überschrift zu Teil I „entstand" als Verb gewählt haben, wurden doch die Schulen von bestimmten Personen (Landesherren) oder in ihrem Auftrag gegründet und eingerichtet. Sollte man nicht eher sagen, das Schulwesen wurde aufgebaut? Oder muss man im Gegenteil sagen, es habe sich entwickelt?

Wir glauben, dass „aufgebaut" und „entwickelt" unterschiedlichen Beiklang haben und auf zwei konträre Vorstellungen verweisen. „Aufgebaut" betont das Absichtliche und Planvolle – als würden Schulsysteme gebaut wie Häuser, als wären Politiker Architekten von irgendetwas, z. B. der deutschen Einheit. „Entwickelt" betont dagegen das Natürliche und Eigenwillige – das Schulwesen als etwas wie eine Pflanze, die man zwar gießen und düngen, vielleicht auch richten oder beschneiden kann, die aber im Übrigen „von alleine" wächst.

Wir halten „entstand" für ein Verb, mit dem wir vermeiden können, uns von vornherein auf eine der beiden Vorstellungen festzulegen, das aber auch eine Wechselwirkung von Einflussnahme und Eigendynamik zum Ausdruck bringt. Es hält gut in der Schwebe, welches Gewicht in dem Neben- und Gegeneinander verschiedener Absichten bzw. günstiger oder widriger Umstände im Einzelfall der Einflussnahme oder der Eigendynamik zukam.

Aus den gleichen Gründen sprachen wir in der Einleitung von Bedingungen, unter denen das Aufwachsen „sich vollzieht" oder „vonstatten geht". Wir wollten vermeiden, in einer Sache generell oder voreilig zu urteilen, bei der die Umstände von Fall zu Fall anders liegen können und die Wechselwirkungen der Einflussfaktoren miteinander bzw. mit der Eigendynamik des Systems zu letztlich einmaligen Prozessen und Ergebnissen führen – handele es sich bei den Systemen nun um Personen, Unterricht, Schulen, das Bildungssystem, das Wirtschaftssystem oder das politische System. Ihre Zukunft ist immer offen – und war es auch in der Vergangenheit.

Gerade deshalb hängt so viel davon ab, wie die jeweilige Gegenwart genutzt wird. Immer ändern Entscheidungen, Handlungen oder Unterlassungen die Möglichkeiten, die künftig gegeben sind – schränken sie ein oder erweitern sie, eröffnen sie neue Möglichkeiten oder schließen alte aus.

Genau 300 Jahre trennen die erste Schulordnung[1] für ein deutsches Gebiet (Weimar 1619) von der Einführung der allgemeinen Schulpflicht für das ganze Reich (1919). Unsere Leitfrage für diesen Anhang ist, warum das so lange gedauert hat.

Auf der Suche nach Antworten auf diese Frage sind vier Ursachenkomplexe zu unterscheiden. Betrachtet man die Lebensverhältnisse der Landbevölkerung noch in der Mitte dieses Zeitabschnittes, gewinnt man einen Eindruck von den objektiven Schwierigkeiten, die der Absicht entgegenstanden, jedem Heranwachsenden einen Platz auf einer Schulbank zu sichern, als erstem Ursachenkomplex. Rochows Hinweise darauf, dass mit der allgemeinen Einführung der Schulpflicht Befürchtungen verknüpft sein konnten, machen auf innergesellschaftliche Interessenkonflikte als zweiten Ursachenkomplex aufmerksam. Von herausragender Bedeutung ist der dritte, die Rolle des Staates, der einerseits die Errichtung von Schulen betreibt und dabei gegen erhebliche Widerstände ankämpfen muss, der andererseits jedoch den Auftrag und die Ausstattung dieser Schulen nicht nur angesichts objektiven Ressourcenmangels begrenzt. Wie die Rolle des Staates, zumal in ihrem Wechsel im Zeitablauf, zu interpretieren sei, ist nach wie vor ein Streitpunkt für Schulhistoriker. Dass in den Streit um die Gewichtung und Bewertung der Ursachenkomplexe schließlich Eigendynamik und Eigensinn des Systems als vierter Ursachenkomplex eingeführt wurden, zeugt für die Annäherung des historischen Argumentierens an sozialwissenschaftliche Evolutionstheorien.

Wir beginnen mit der Frage, ob der Fatalismus des Landvolks nicht verständlich war – war es nicht tatsächlich von Gott und der Obrigkeit gleichermaßen verlassen? Kennzeichnen doch Massenarmut und Hungerkrisen[2] das letzte Drittel des 18. Jhs. in Deutschland.

Um die Wechselhaftigkeit und Unberechenbarkeit der damaligen Lebensumstände wenigstens an einem Beispiel zu zeigen, bilden wir ein

1 Die Liste der wichtigsten Edikte etc., beginnt mit der Weimarer Schulordnung (1619), der ersten von der Kirchenordnung getrennten Schulordnung auf deutschem Boden, vgl. Froese, L./Krawietz, W. (Hrsg.): Deutsche Schulgesetzgebung. Bd. 1: Brandenburg, Preußen und Deutsches Reich bis 1945. Weinheim/Berlin/Basel 1968, S. 21. Sie endet mit den Schulartikeln der Weimarer Reichsverfassung (1919) und dem Reichsgrundschulgesetz (1920).

2 Vgl. Abel, W.: Massenarmut und Hungerkrisen in Deutschland im letzten Drittel des 18. Jahrhunderts (1972). Auszug in: Herrmann, U. (Hrsg.): Das Pädagogische Jahrhundert. Weinheim/Basel 1981, S. 29–52.

Diagramm ab, das die Entwicklung des Roggenpreises und die Anzahl der Eheschließungen miteinander in Beziehungen setzt, indem es beide auf den Maurerlohn als Bezugsbasis relativiert.

Abb. 7: Roggenpreise, Löhne und Eheschließungen in Göttingen 1764–1800

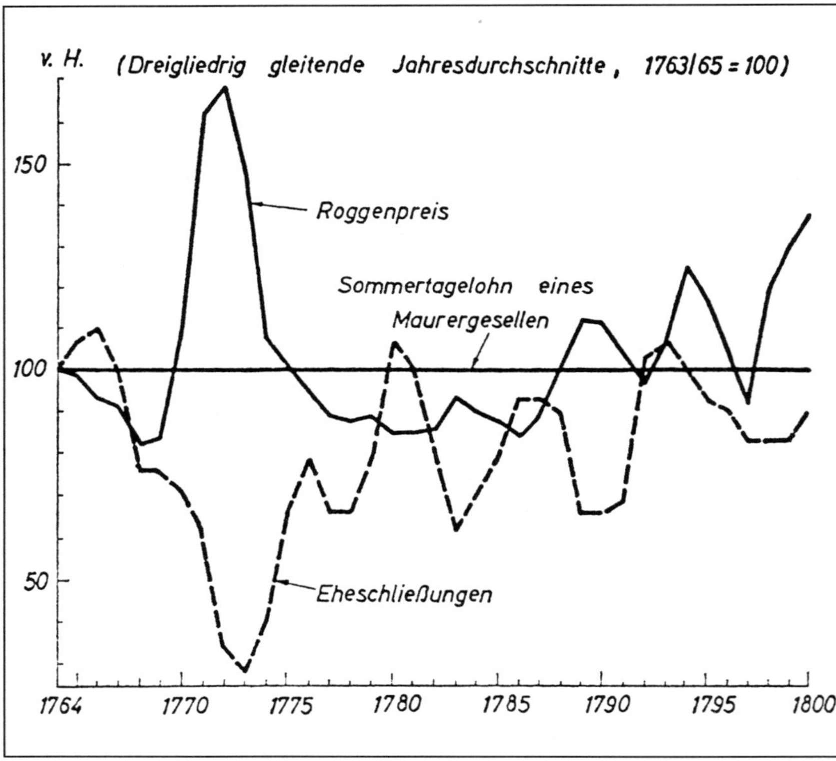

Wie sich der Roggenpreis auf den Brotpreis auswirkt, wird für das Jahr, das Rochow beim Schreiben seines Buches vor Augen hatte, z. B. aus dem Erzgebirge berichtet: „Ein Familienvater brachte in der Woche im Regelfall 1 Taler oder 24 Groschen nach Hause. In den Jahren, die dem Notjahr 1770 vorangingen, kostete ein Sechspfundbrot 2 Groschen, sodass der Bergmann von seinem Lohn in der Woche 12 Brote kaufen konnte. Im Hungerjahr 1770/71 stieg der Brotpreis auf 12 Groschen, während der Lohn unverändert blieb. Der Lohn des Bergmanns reichte also nur für 2 Brote hin."[3]

3 Vgl. ABEL 1981, S. 36, Diagramm S. 49.

Abb. 8: Die Krise 1769–1773 in Köln: Verlauf der Roggenpreise

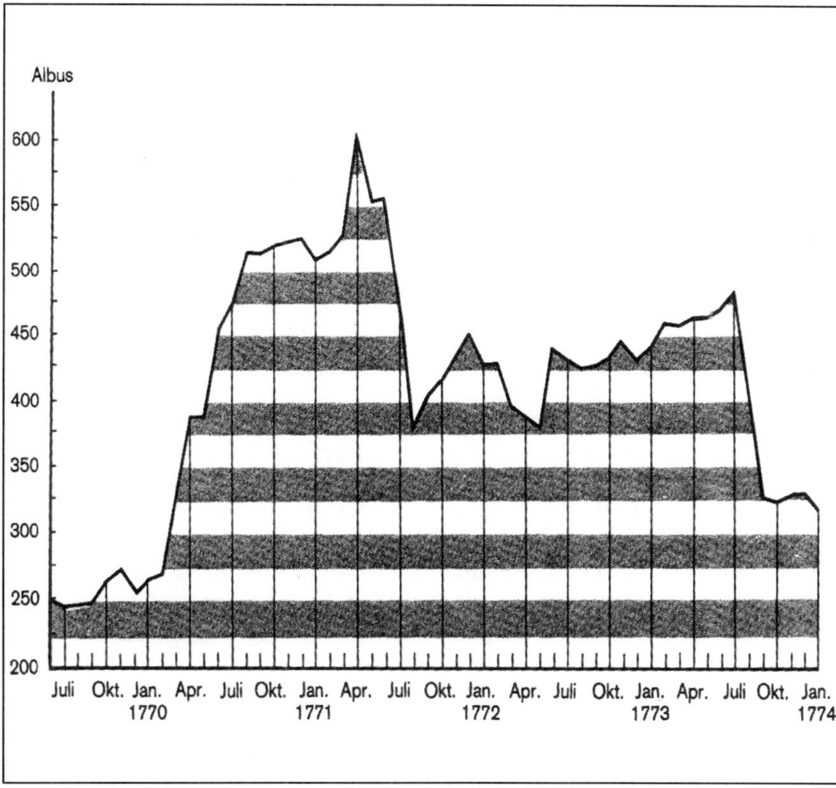

„Im März/April 1771 Höchststand der Nominalpreise im gesamten Verlauf der amtlichen Kölner Preisnotierung von 1531–1787. Die Folge war ein dramatisches Anwachsen der Sterblichkeit und Pauperisierung breiter Schichten.“[4]

4 STÜRMER, M.: Konjunktur, Krise und Kritik. Zur Sozialgeschichte des Handwerks im ausgehenden 18. Jahrhundert. In: HERMANN, U. (Hrsg.): Das Pädagogische Jahrhundert. Weinheim/Basel 1981, S. 53–72; Diagramm S. 67.

Die natürliche Ursache für die gewaltigen Preisschwankungen waren witterungsbedingte Missernten, aus denen jedoch der europaweite Getreidehandel obendrein Profit schlug. Beides traf nicht nur den Teil der Landbevölkerung, der direkt auf Erträge aus der Landwirtschaft oder Lohneinkünfte angewiesen war, sondern indirekt auch Handwerker; nicht umsonst mahnt Rochow zur Vorratshaltung und warnt, sich in Notlagen nicht am Saatgut für das kommende Jahr zu vergreifen.

Wenn der Staat unter diesen Umständen von Gemeinden verlangt, sie sollten Schulen einrichten, muss man deren Armut sehen und außerdem bedenken, dass nicht nur die Gutsherren auf Kinder als billige Arbeitskräfte rechneten, sondern selbstständige Bauern, Pächter, Handwerker und Tagelöhner noch viel mehr auf die Mithilfe ihrer Kinder angewiesen waren. Dass die Schule nicht etwa vom Staat, sondern durch Schulgeld von den Eltern finanziert werden sollte oder (falls diese dazu nicht in der Lage seien) aus der Armenkasse und in der Kirche gesammelten Spenden, war der Gipfel der Zumutung für eine durch Abgaben und Dienste ohnehin am Rande des damaligen Existenzminimums hinvegetierende Bevölkerung. Das Schulgeld sollte pro Kind und Woche sechs Pfennige betragen,[5] das entsprach pro Monat also ungefähr dem Gegenwert eines Brotes in Zeiten ohne Teuerung.

Abkürzend von „dem Staat“ zu sprechen, ist oft problematisch, hier aber noch mehr als heute. Die Herrschaft der Landesherrn im Absolutismus war in den deutschen Ländern unterschiedlich umfassend und sicher, aber immer durch die Stände (Landadel und Stadtbürger) eingeschränkt und durch Rücksichtnahme auf kirchliche Interessen geprägt. So besaß z. B. der König von Preußen Ende des 18. Jhs. in Ostpreußen zwar „im deutschen Departement gut die Hälfte, im litauischen Bezirk sogar 86,5 % der gesamten landwirtschaftlichen Nutzfläche“[6] und war damit dort auch für Schulbau und Schulunterhaltung direkt zuständig. Da aber die Grenzen der Schulbezirke selbst in diesen Gebieten selten mit den Grenzen der Gebietsherrschaft übereinstimmten, war er in Schulfragen schon dort von der Zustimmung der Besitzer der übrigen Nutzfläche abhängig; in anderen Provinzen hatte er deutlich weniger eigenen Landbesitz, war also noch öfter auf den guten Willen anderer Landbesitzer in ihrer Eigenschaft als Träger von Schulen angewiesen.

»Der Absicht, Einfluss auf die vom Adel abhängige Bevölkerung zu gewinnen, musste eine derartige Regelung [Landbesitzer als Schulträger] sicherlich entgegenkommen. Nicht zu

5 So schreibt es jedenfalls das preußische General-Landschulreglement von 1763 in seinem § 7 vor, vgl. NEIGEBAUR, J. D. F. (Hrsg.): Sammlung der auf den öffentlichen Unterricht in den königlich-preußischen Staaten sich beziehenden Gesetze und Verordnungen. Hamm 1826, S. 129.

6 LESCHINSKY, A./ROEDER, P. M.: Schule im historischen Prozess. Stuttgart 1983, S. 84.

übersehen sind aber die Hemmnisse, die sich daraus für den Fortgang und den Gesamterfolg der Schulorganisation ergaben: Denn das Tempo der Entwicklung bestimmte der langsamere adlige Partner, dem ... vielleicht weniger die Geldmittel als jedenfalls die Motive und die Bereitschaft fehlten, wie königliche Instanzen für Schulen zu sorgen oder die abhängige Einwohnerschaft einigermaßen energisch zum Schulbesuch anzuhalten.«[7]

Aber auch um die Anstrengungen des Königs war es nicht gut bestellt. Erst in den Jahren 1771 bis 1776 wendete Friedrich der Große erhebliche Mittel für das Schulwesen in der Kurmark, Pommern und Westpreußen auf. Zuvor investierte er nur dort, wo außenpolitische Motive mitspielten: nämlich bei der Sicherung der Randprovinzen Preußens durch Ansiedlung von Zuwanderern und sprachliche Integration der altansässigen nicht-deutschsprachigen Bevölkerung.[8] Überdies scheint es gewagt in diesem Zusammenhang von einer staatlichen „Politik" zu sprechen, sei das nun Herrschafts-, Sprachen- oder Schulpolitik, wenn man die dafür aufgewendeten Finanzmittel mit denen für andere Zwecke, vor allem das Heer vergleicht. Zwar ändert sich das im Zuge der Expansion des Elementarschulwesens im Laufe des 19. Jhs., aber auch gegen dessen Ende ist der Besuch der Elementarschule noch nicht ausnahmslos gesichert. Die folgende Tabelle zeigt die Entwicklung für drei Gebiete – ganz Preußen, dessen eher rückständige Provinz Posen und zum Vergleich das gegenüber Preußen „fortschrittliche" Königreich Sachsen – und drei Zeitpunkte.

Tab. 7: Besuch der Elementarschule im 19. Jh. (in % der Altersgruppe) [9]

Jahr	Gebiet	Schulpflichtig	Schulbesuch	Anteile (in %)
1816	Preußen	2,2 Mio.	1,3 Mio.	60
	Posen			20
	Sachsen			80
1846	Preußen	3,1 Mio.	550 000	82
	Posen			70
	Sachsen			95
1871	Preußen			92
	Posen[10]			
	Sachsen[10]			

7 Ebd., S. 93.
8 Ebd., S. 113 und S. 81–100.
9 Vgl. ebd., S. 137–144.
10 Hier fehlen die Vergleichsdaten.

Aber auch diese Zahlen täuschen noch darüber hinweg, dass der zeitliche Umfang des Schulbesuchs stark differierte. Einmal hinsichtlich der Dauer der Pflichtschulzeit, ferner aber auch zwischen Stadt und Land, wo zwischen Sommer- und Winterschule mit unterschiedlich langen Schultagen unterschieden wurde, zu schweigen von Wetterlagen, bei denen das Einbringen der Ernte selbstverständlich Vorrang vor dem Schulbesuch hatte.

Anhang 2: Der Schulaufbau als Kristallisationspunkt gesellschaftspolitischer Kontroversen – „Einheits-Schule" als Strukturtypus

Die Strukturprinzipien des Schulsystems sind kontrovers, seit Humboldt und seine Mitarbeiter ein Schulsystem vorgeschlagen haben, das in horizontalem Aufbau für das allgemeine Pflichtschulwesen zunächst vom Primat der Gleichheit in der Bildungsorganisation ausging.

Humboldt muss es bereits um 1810 erleben, seine Mitarbeiter fallen dann nach 1816 erneut mit ihren Schulreformplänen politischen Kontroversen zum Opfer. Diese entzünden sich an der Konkurrenz von horizontal und vertikal gebauten Strukturtypen, von Gleichheit und Differenz, von demokratisch-egalitären und ständisch-differenzierten Prinzipien in der Gestaltung von Bildungsprozessen. Diese Kontroversen dauern bis heute an; sie zeigen wie stark noch traditionales Denken die Schulpolitik bestimmt.[11]

„Einheitsschulen", wie die horizontal gegliederten Strukturtypen wenig präzise in der politisch-pädagogischen Debatte genannt werden, bilden bis heute den Gegenstand heftiger politischer und pädagogischer Kontroversen. Unpräzise ist diese Bezeichnung aber sowohl historisch, für die Geschichte des Schulwesens, als auch systematisch, in der Kennzeichnung des Strukturtypus, der in der Kritik anvisiert wird. Keiner der in Deutschland historisch ausgeprägten oder konzeptionell entworfenen Strukturtypen ist nämlich in den wesentlichen Merkmalen, die Schule kennzeichnen, wirklich radikal

11 Das ist exemplarisch einer Stellungnahme zu entnehmen, die zum Schulgesetzentwurf von einem der bedeutendsten Mitarbeiter Humboldts, Johann Heinrich Süvern, 1819 formuliert wurde. Der Autor der Stellungnahme ist der preußische Ministerialbeamte Ludolph von Beckedorff, die Kontroverse selbst gilt inzwischen als exemplarisch für die Frontlinien der Bildungspolitik in der Moderne, vgl. SCHWEIM, L. (Hrsg.): Schulreform in Preußen 1809–1819. Weinheim 1966, S. 222–244. Für die Aktualisierung der Kontroverse sind besonders aussagekräftig die Beiträge von HERRLITZ, H.-G.: Wilhelm von Humboldt ist nicht mehr gefragt. In: BOHNSACK, F. (Hrsg.): Kooperative Schule. Weinheim/Basel 1978, S. 11–24 sowie FRIEDEBURG, L. VON: Bildungsreform in Deutschland. Geschichte und gesellschaftlicher Widerspruch. Frankfurt a. M. 1989, bes. S. 69–72.

„einheitlich“ konstruiert. In der Regel werden mehr oder minder deutlich und im Bildungsgang früher oder später, an Folgen sichtbar, Unterschiede gemacht – nach der Arbeitsform, nach den Inhalten, nach der Wertigkeit der Lehrgänge oder nach dem Status der Lehrer. Einheitliche Schulen jenseits der Grundschule bzw. jenseits der Sekundarstufe I, also – je nach historischem Zeitpunkt – nach der 4. bzw. 6. oder 8. bzw. 10. Klasse hat es in Deutschland bisher nicht gegeben.

Wir geben für diese These einen historischen Hinweis (1) und betrachten zwei Strukturtypen von Schule, die häufig als Gegenbeispiele angeführt werden: die Schule der DDR (2) und die nach 1965 in der Bundesrepublik eingeführten Gesamtschulen (3).

(1) *Historisch*: Der Begriff der „Einheitsschule“ spielt in der schulpolitischen und pädagogischen Diskussion vor 1914 eine große Rolle. Er wird bis zum Vorabend des Ersten Weltkriegs zum Kampfbegriff der reformorientierten Pädagogen unterschiedlichster Herkunft, aber dann auch in sehr unterschiedlicher Bedeutung gebraucht:[12]

a) Von den Lehrern und dem Publikum der *höheren Schulen* wird die Forderung der Einheitlichkeit des gesamten – niederen und höheren – Schulwesens scharf abgewehrt; dagegen wird mehr Einheitlichkeit *innerhalb* des höheren Schulwesens, z. B. durch einen im Lehrplan einheitlichen Unterbau der Schule in den ersten vier Klassen, durchaus positiv diskutiert, wenn auch nicht realisiert.

b) Publikum und Lehrer der Volksschulen plädieren zwar für die Einheitlichkeit des Bildungswesens,[13] sogar die „nationale Einheitsschule“, sie fordern dabei aber ein in sich sehr differenziertes System: Einheitlich zwar im nationalen Geiste, soll dieses System die Lernenden aber nach Begabungstypen mehrfach sortieren, jedenfalls eindeutig nach dem 10. Lebensjahr und nach dem vierzehnten.[14] Die Einheitlichkeit gilt schon als gewahrt, wenn die „Organisation den Übergang von einem Zweige zu einem anderen dementsprechend begabten Schülern ohne allzu große Opfer (wenn nötig durch Übergangsschulen) ermöglicht.“[15]

12 Eine Übersicht über die Diskussion vermittelt SIENKNECHT, H.: Der Einheitsschulgedanke. Geschichtliche Entwicklung und gegenwärtige Problematik. 2. Aufl. Weinheim/Basel 1970.

13 Die Beschlüsse der Versammlung des liberalen Deutschen Lehrervereins von Kiel 1914 zeigen besonders nachdrücklich diese Konzeption.

14 Differenzierung wird auch hier nicht nur sequentiell gefordert (und „sukzessive Differenzierung“ genannt), sondern auch zeitgleich („simultane Differenzierung“), und auch hier nicht nur nach Interessen, sondern auch nach Begabungen.

15 So formulieren es die „Leitsätze“ zur Begründung der „Nationalen Einheitsschule“, die Georg Kerschensteiner für den DLV in Kiel 1914 vorlegt, vgl. PRETZEL, C. L. A.: Geschichte des Deutschen Lehrervereins in den ersten fünfzig Jahren seines Bestehens. Leipzig 1921, S. 239.

c) Sozialdemokratische und sozialistische Schulpläne der Weimarer Republik berufen sich zwar stark auf den Einheitsgedanken, aber selbst die radikalen und sogar realisierten Pläne und Strukturtypen in Preußen offerieren nach der gemeinsamen Grundschulzeit relativ bald organisatorische und curriculare Differenzen. Die „elastische Einheitsschule als Lebens- und Produktionsschule", die im Umfeld des sozialistischen Bundes entschiedener Schulreformer diskutiert und z. B. in Berlin realisiert wird, hat gerade in ihrem Differenzierungsmodell, einem raffinierten Kern-/Kurssystem, nach 1945 Karriere gemacht.[16]

(2) Auch das Bildungswesen in SBZ und DDR macht von 1946 bis 1990 keine Ausnahme von diesem Prinzip der Gleichzeitigkeit von Einheitlichkeit und Differenzierung. Dort wird zwar zuerst eine sechs-, dann acht-, dann zehnjährige gemeinsame Pflichtschule eingeführt, die sog. „zehnklassige allgemeinbildende polytechnische Oberschule" (POS), aber selbst in der POS wie im gesamten Pflichtschulsystem bleibt Differenzierung unübersehbar, bis zur Widersprüchlichkeit von Praxis und Programm.[17] Die POS bietet bereits intern, organisatorisch, spätestens nach der 8. Klasse, Differenzierungsmöglichkeiten der Lernwege und unterschiedliche Abschlüsse bzw. Zuweisungswege für weiterführende Bildungsgänge bzw. die Berufsausbildung an. Das System musste auch weitere organisatorische Zugeständnisse machen, z. B. in den Spezialschulen und Spezialklassen für besondere Begabungen (in Sprachen, der Mathematik oder im Sport).

Das Bildungssystem der DDR hat auch nicht auf Dauer den sozial egalisierenden Effekt erbracht, den man sich von ihm versprach und den es nach 1945 zu verwirklichen schien. Die Selbstreproduktion der gesellschaftlichen Führungsschichten war nach 1970 relativ hoch, der Aufstieg über Bildung von anderen als nur individuellen Leistungskriterien abhängig, z. B. von der politischen Aktivität in den Jugendorganisationen oder anderen gesellschaftlichen Aktivitäten.[18]

Die DDR-Schule kann daher allenfalls in einem sehr eingeschränkten Sinne, für die Dauer gemeinsamer Lernzeit oder für die staatliche Kontrolle oder die ideologische Prägung der Inhalte, als Einheitsschule gelten.

---

16 Besonders aussagekräftig wird dieses Schulmodell in Berlin-Neukölln und unter der Ägide von Fritz Karsen entworfen, vgl. RADDE, G.: Fritz Karsen. Ein Berliner Schulreformer der Weimarer Zeit. Berlin 1973.

17 WATERKAMP, D.: Das Einheitsprinzip im Bildungswesen der DDR. Köln/Wien 1985.

18 Vgl. für die soziale Reproduktion die Hinweise bei GEISSLER, R.: Bildungschancen und Statusvererbung in der DDR. In: Kölner Zeitschrift für Soziologie und Sozialpsychologie 35 (1983), S. 755–770; als Übersicht zur Schulpolitik und den Wirkungen dieses Systems TENORTH, H.-E./KUDELLA, S./PAETZ, A.: Politisierung im Schulalltag der DDR. Weinheim 1996.

(3) Auch die nach 1970 in der Bundesrepublik nach dem Muster der meisten westlichen Industriestaaten eingeführten *Gesamtschulen* sind keineswegs als Modelle strikter Einheitlichkeit zu interpretieren.[19] Sie verbinden vielmehr die Einheitlichkeit der Schuldauer (für sechs oder zehn Jahre) mit der internen Unterscheidung von Lernwegen nach Inhalten und angestrebten Abschlüssen (vgl. 6.2 und 6.3).

Bildungspolitisch vor allem in den 1960er und 1970er Jahren intensiv diskutiert und mit großen Hoffnungen versehen, haben aber auch diese jüngeren Formen einer stärker einheitlichen Schulorganisation, die in sie gesetzten Erwartungen nicht erfüllen können.[20] Das hängt mit den unerwarteten Effekten schulischer Differenzierung zusammen, die Unterschiede eher stärken als mindern – und damit werden schultheoretisch bedeutsame Phänomene angesprochen, über die wir noch ausführlich sprechen werden (vgl. Kap. 6). In der Konfrontation von Gesamtschulversprechen mit der Kritik des dreigliedrigen Systems sind aber auch Befunde nicht selten ignoriert worden, die für die Charakterisierung der immanenten Möglichkeiten des Strukturtyps II bedeutsam sind.

Das traditionelle Schulsystem hat den Expansionsprozess in der Bildungsbeteiligung mit erheblicher Fähigkeit zum Wandel beantwortet (vgl. Anhang 3). Damit parallel ging ein Funktionswandel der Schulformen: Die Hauptschule verlor nicht nur Schüler; in der Wahrnehmung der Eltern, aber auch in erziehungswissenschaftlichen Analysen und in der bildungspolitischen Programmatik wird sie zu einer Schule ohne legitimierbares Profil und eigene Perspektive. Es überrascht deshalb nicht, dass sich bei der Neuordnung des Bildungswesens in den neuen Bundesländern Systeme etablieren, die nach der Grundschule nur noch zwei Schularten kennen (und die sich gegen die Wiederkehr des alten Klassenschulsystems dadurch sichern, dass sie systematisch Möglichkeiten des Übergangs eröffnen), und dass in den alten Bundesländern, z. B. im Saarland, Hauptschulen vollständig abgeschafft werden. Im Gegenzug kann man davon sprechen, dass angesichts der Übergangszahlen von (lokal) bis zu 60 % eines Altersjahrgangs die Gymnasien sich allmählich „auf dem Weg zur Volksschule“ befinden.

---

19 Gesamtschulen wurden anfangs als „Schulversuch“ eingeführt, bald darauf aber, wenn auch nur in einigen Bundesländern als „Regelschulen“, d. h. ihre Einrichtung bedurfte nun nicht mehr der besonderen Genehmigung, die bei Schulversuchen erforderlich ist, vgl. RASCHERT, J.: Gesamtschule – ein gesellschaftliches Experiment. Stuttgart 1974; zur Einzelschule: BAUMERT, J./RASCHERT, J.: Vom Experiment zur Regelschule. Stuttgart 1978.

20 Eine auch in vergleichender Hinsicht informative Übersicht über die Relation von Versprechen und Praxis integrierter Schulsysteme geben LESCHINSKY, A./MAIER, K. U. (Eds.): The Comprehensive School Experiment revisited: Evidence from Western Europe. Frankfurt a. M. 1990.

Selbstverständlich definiert auch der Strukturtyp II deshalb noch keinen Endpunkt der politischen und pädagogischen Auseinandersetzungen über die Schule. Andere Formen der Ordnung von Bildungsgängen werden – in Deutschland und international – kontinuierlich diskutiert. Die dabei entwickelten Vorstellungen changieren weiterhin zwischen Einheitsschulmodellen und Strukturtypen früher und eindeutiger Differenzierung. Aber die alten Fronten der schulpolitischen Diskussion haben erheblich an Bedeutung verloren. Sie haben sich von Systemfragen weg auf die Möglichkeiten der Gestaltung von Einzelschulen hin verschoben. Damit hat auch die pädagogische Arbeit ihr Eigenrecht gegenüber dem Primat politischer Strukturentscheidungen zurückgewonnen. Diskussionen über „Einheitsschule" taugen deshalb heute allenfalls zur Kodierung politischer Fronten, nicht als Gegenstand schultheoretischer Auseinandersetzungen.

Anhang 3: Die Eigendynamik der Bildungsexpansion

In diesem Anhang erörtern wir Entwicklungen, die für eine erstaunliche Anpassungsfähigkeit des Strukturtyps II sprechen und zeigen, wie durch seine Reaktionen auf die demographische Entwicklung und die Konkurrenzsituation eine interne Dynamik des neuen Systems freigesetzt wurde, die Befürchtungen und Hoffnungen der bildungspolitischen Kontrahenten gleichermaßen irritierte. Die interne Dynamik, ihre Wirkungen im Prozess und dessen zunehmende Autonomie waren zwar erst allmählich zu beobachten – und nicht etwa bei allen Einzeleffekten gleichzeitig oder auch nur gleichsinnig. Schultheoretisch sind aber nicht diese Details wichtig, sondern dass die Entwicklungen anders verliefen als von den Kritikern *und* Verteidigern des Strukturtyps II erwartet. Unsere Beschreibung konzentriert sich auf drei Entwicklungslinien – die Expansion des Bildungswesens, die Verlängerung der Schulzeit und Veränderungen in der Bildungsbeteiligung – und auf den Hinweis auf Folgeprobleme der Expansion.

Zunächst ist rückblickend festzuhalten, dass nur ein einziger Umstand das Schulwesen wirklich zu irgendeiner Reaktion zwang – die demographische Entwicklung. Die Steigerung der Geburtenzahlen von 800 000 pro Jahr (1954) auf mehr als eine Million (1964), der sog. Schülerberg,[21] löste einen

21 Die Anzahl der Geburten sank zwischen 1964 und 1970 wieder von 1 065 400 auf 800 000 (den Ausgangsstand in den Jahren 1950–54), dann aber weiter auf das bisherige Minimum von 576 500 im Jahr 1978 (54 % des Maximums) und stabilisierte sich in den Folgejahren bei rund 600 000 Geburten pro Jahr.
Dieser sog. Pillenknick wurde aber bei den Schülerzahlen nicht voll wirksam, sondern durch längeren Schulbesuch und die Zuwanderung schulpflichtiger Kinder teilweise abgemildert. Vom Maximum mit 12 319 900 Schülern (1975) sank die Zahl der Schüler

hohen Bedarf an Schulräumen aus. Der war vielerorts nur durch Neubauten und dann am billigsten zu decken, wenn es gelang, alle Schulformen unter einem Dach, als integrierte Gesamtschule, oder auf dem gleichen Grundstück, als additive bzw. kooperative Gesamtschule oder Zentralschule bzw. Schulzentrum zu vereinigen.

Rückblickend sieht das so plausibel und einfach aus, dass man sich fragt, warum es überhaupt zu bildungspolitischen Auseinandersetzungen kam.

Schultheoretisch ist von Belang, dass erst der konkrete, von der demographischen Entwicklung ausgehende Handlungsbedarf Reformargumenten anderer Art Aufmerksamkeit verschaffte. Zwar antworteten die Schulreformen auch auf den stetigen Modernisierungsdruck in jeglicher Industriegesellschaft, und speziell in der deutschen Nachkriegsgesellschaft mochten sie als Teil einer überfälligen Demokratisierung gesehen werden;[22] erklärungsbedürftig ist aber, warum sich auch Opponenten diesen Argumenten nicht entzogen, sodass kurzzeitig eine große Koalition auch in Fragen der Bildungsreform entstand und die Bildungspolitik sogar zum Machtwechsel in der Bundesrepublik beitrug.

Der mochte zwar durch die Deutschlandpolitik verursacht und von einer geistigen Aufbruchstimmung begünstigt sein; dass aber der Bildungspolitik in diesem Zusammenhang ein überproportionales Gewicht zukam, sollte zuerst als eine Reaktion und erst in zweiter Linie mit den Initiativen erklärt werden, die bildungspolitisch umstritten waren.

Spricht man nämlich dem Schülerberg den Rang einer Handlungsbedarf auslösenden und insofern „ursächlichen" Bedingung zu, sind die darauf folgenden Entwicklungen als „Antworten" des Schulwesens zu sehen, die aus der quantitativen Expansion eine qualitative Veränderung machten.

Bildungsstatistisch wird die Entwicklung der Bildungsbeteiligung[23] am Anteil der Schüler an der gleichaltrigen Wohnbevölkerung abgelesen. Die folgende Tabelle zeigt diese Daten für vier Zeitpunkte und das Alter in Klasse 7 bis 13.

---

an allgemeinbildenden und beruflichen Schulen bis 1989 nur auf 8 222 812 Schüler, also zwei Drittel des Höchststandes, vgl. WEISHAUPT, H. U. A.: Perspektiven des Bildungswesens der Bundesrepublik Deutschland. Baden-Baden 1988, S. 40; BMBW: Grund- und Strukturdaten 1979, S. 22, 1990/91, S. 54, 58. Gegenwärtig zeichnet sich in den neuen Bundesländern eine noch dramatischere Entwicklung ab – die Halbierung des Einschulungsjahrganges binnen weniger Jahre (1994–1998).

22 Zu Schlagworten wurden die folgenden beiden Buchtitel: PICHT, G.: Die deutsche Bildungskatastrophe. Olten/Freiburg 1964 und DAHRENDORF, R.: Bildung ist Bürgerrecht. Bramsche/Osnabrück 1965.

23 Indirekt war die Verlängerung der Schulbesuchsdauer bereits an der Differenz zwischen der Entwicklung der Geburten und der Schülerzahlen (in Fußnote 20) ablesbar.

Tab. 8: Anteil der Schüler an der gleichaltrigen Wohnbevölkerung

Alter	1960	1970	1980	1994
13 J.	99,4 %	99,5 %	100 %	99,8 %
14 J.	72,0 %	92,5 %	99,2 %	99,1 %
15 J.	32,5 %	50,4 %	79,6 %	93,1 %
16 J.	20,7 %	25,9 %	47,2 %	66,9 %
17 J.	13,7 %	16,1 %	25,8 %	38,8 %
18 J.	8,8 %	11,3 %	19,1 %	27,1 %
19 J.	5,4 %	5,2 %	9,2 %	13,7 %

Der Anstieg bei den 14- und 15-jährigen von 1960 nach 1970 geht zum Teil auf die Einführung des 9. Schuljahres an den Hauptschulen zurück. Alle anderen Veränderungen zeigen aber die Expansion der anderen weiterführenden Schulen an – eine Verdreifachung des Schulbesuchs, der über die Hauptschule hinaus zur Mittleren Reife oder zum Abitur führt, auf ⅔ bzw. ¼ des Jahrgangs, von den Nachkriegskindern zu deren Kindern. Das schultheoretisch Wichtige an diesem Erfolg der Bildungsreform zeigt der nächste Datensatz: Es ist ein Erfolg der Schulen des Strukturtyps II.

Betrachtet man als nächstes die Verteilung der Schüler auf Schulformen und damit die Muster der Bildungsbeteiligung, dann zeigt sich, dass hinter der allgemeine Ausdehnung der Schulzeit auch Egalisierungsprozesse und eine zunehmende Chancengleichheit zu erkennen sind, bereits in der Weimarer Republik, für Mädchen vor allem, aber mehr soziale Chancen und eine höhere Bildungsbeteiligung auch für die vorher ausgeschlossenen sozialen Schichten. Zwar wird dieser Prozess durch den Nationalsozialismus blockiert, sogar rückgängig gemacht: noch 1960 besuchen in der Bundesrepublik 70,1 % der 13-jährigen die Volksschule, 3 % Sonderschulen und nur 11,3 % bzw. 15 % Realschulen und Gymnasien. Aber dann setzt mit der stürmischen Expansion der durchgreifende Wandel ein, der die Zahlenverhältnisse umkehrt. 1994 verteilen sich die 13-jährigen auf dieselben Schulformen mit 31,0 % – 4,8 % – 23,5 % – 31,2 % – nun zuzüglich 9,3 % an Gesamtschulen (darunter 0,6 % an Freien Waldorfschulen). Der Verlierer der Bildungsreform ist die Hauptschule, deren Anteil am Altersjahrgang bei den 13-jährigen auf weniger als die Hälfte schrumpft; Gewinner sind die anderen weiterführenden Schulen des Strukturtyps II, Realschule und Gymnasium; die Gesamtschule hat von der Expansion längst nicht so profitiert wie die Konkurrenten, gegen die sie angetreten war.

Die folgende Tabelle dokumentiert den Verlauf der Expansion getrennt nach Schulformen sowie dem Geschlecht der Schüler und illustriert so zugleich einen Aspekt der Egalisierung von Bildungschancen, die Mädchen als Gewinner der Bildungsreform.[24] Sie zeigt für die gleichen Zeitpunkte wie die Tabelle zur Expansion, welcher Anteil der 13-jährigen[25] eine der allgemeinbildenden Schulen besuchte.

Tab. 9: Verteilung der Schüler auf Schulformen

Schulform	**1960**	**1970**	**1980**	**1994**
Hauptschule	70,1 %	55,3 %	39,2 %	31,0 %
Mädchen	71,7 %	55,6 %	36,2 %	27,4 %
Jungen	68,6 %	55,1 %	41,9 %	34,4 %
Sonderschule	3,0 %	5,2 %	4,9 %	4,8 %
Mädchen	2,5 %	4,3 %	4,0 %	3,6 %
Jungen	3,6 %	6,1 %	5,8 %	6,0 %
Realschule	11,3 %	19,0 %	25,4 %	23,5 %
Mädchen	12,3 %	21,2 %	28,3 %	24,9 %
Jungen	10,2 %	16,9 %	22,7 %	22,2 %
Gymnasium	15,0 %	21,0 %	26,7 %	31,2 %
Mädchen	12,8 %	19,4 %	27,9 %	34,8 %
Jungen	17,1 %	22,4 %	26,7 %	27,2 %
Gesamtschule	–	–	3,8 %	8,7 %
Mädchen	–	–	3,7 %	8,3 %
Jungen	–	–	3,8 %	9,0 %

Schließlich führt die Expansion auch zu einer Erhöhung der „Abiturientenquote“; außerdem wird die Hochschulzugangsberechtigung zunehmend an beruflichen Schulen erworben.

Skeptiker mögen bezweifeln, dass der „Inflation“ höherer Abschlüsse wirklich eine „Explosion“ des Qualifikationsniveaus entspreche. Zweifel dieser Art sind jedoch mit Vorsicht zu behandeln. Die Universitäten beklagen nicht erst neuerdings mangelnde „Studierfähigkeit“ der Abiturienten. Aber diese Klagen wie die anderer Abnehmer von Schulabsolventen beruhen nicht auf der breiten Datenbasis statistischer Erhebungen; eher kommen in ihnen durchaus verständliche Affekte gegen die Bildungsexpansion zum Ausdruck.

Wenn statt 6 % des Altersjahrgangs (1960) nun über 25 % die Studienberechtigung erwerben, ist man selbst an Universitäten nicht mehr „unter sich

24 Vgl. jedoch die Erörterungen im Anhang 5, die dieser pauschalen Feststellung einige Differenzierungen hinzufügen.

25 Bei diesem Jahrgang sind dann auch Schüler berücksichtigt, die nach dem 6. Schuljahr auf eine weiterführende Schule übergegangen sind, vgl. BMBW: Grund- und Strukturdaten 1979, 1982/83, 1995/96.

Tab. 10: „Abiturientenquote" 1960 – 1994 [26]

	1960	1970	1980	1994
Abiturienten	6,1 %	10,3 %	15,2 %	23,8%
Damen	?,? %	8,2 %	14,7 %	25,0%
Herren	?,? %	12,4 %	15,7 %	22,7%
Zuzüglich	–	0,5 %	1,3 %	3,2 %
Damen	–	0,3 %	1,0 %	2,8 %
Herren	–	0,7 %	1,6 %	3,6 %

und seinesgleichen". Diese Klagen sollten kein Anlass für neue Aktivitäten sein, wohl aber für eine nüchterne Würdigung der Fakten.[27]

Dass sie unbegründet sein müssen, zeigt schon ein einfaches Gedankenexperiment. Angenommen, jetzt wäre nur die Hälfte der Abiturienten „richtig studierfähig", dann handelt es sich, bei einer Abiturientenquote von 24 %, um 12 % des Altersjahrgangs – doppelt so viele wie 1960, eine Generation zuvor, insgesamt das Abitur ablegten. Es kann demnach die Expansion nicht nur mit „Niveauverlust" erkauft worden sein.

Angesichts dieser Rückmeldungen aus den Universitäten werden bereits die Folgeprobleme bewusst, die als unerwünschte und bisher ungelöste Konsequenzen der Expansion zu nennen sind. Der Anstieg der Bildungsbeteiligung kann zunächst nicht darüber hinwegtäuschen, dass es auch eindeutige „Verlierer" der Bildungsexpansion gibt. Dazu zählen die Absolventen von Hauptschulen, deren Abschlusszeugnis nicht mehr in den Beruf führt, weil die Eingangsschwellen zur Ausbildung jetzt von Realschulen oder sogar vom Abitur aus definiert werden. Zu den Verlierern zählen auch diejenigen Schüler, deren Erwartungen an Qualifizierung für den Alltag in einer Schule nicht mehr berücksichtigt werden, die einseitig von wissenschaftlichen Kompetenzen aus denkt.[28]

Zu den Folgeproblemen für die pädagogische Arbeit gehört ferner, dass der ungeahnte Erfolg der Gymnasien vor allem die didaktische und methodische Arbeit in der Mittelstufe erschwert. Auf dem Weg zur neuen Schule

---

26 Anteile von Personen mit Hochschulzugangsberechtigung am Altersjahrgang an allgemeinbildenden und beruflichen Schulen (ohne Fachhochschulreife).

27 Vgl. KONFERENZ DER KULTUSMINISTER: Weiterentwicklung der Prinzipien der Gymnasialen Oberstufe und des Abiturs. Abschlussbericht der von der Kultusministerkonferenz eingesetzten Expertenkommission. Bonn 1995. Dort wird nach kritischer Prüfung der Befunde die immanente Verbesserung der Praxis der Oberstufenarbeit, nicht etwa ein radikaler Schritt in Form einer Strukturreform vorgeschlagen.

28 Vgl. KLEMM, K.: Jugendliche ohne Ausbildung – die „Kellerkinder" der Bildungsexpansion. In: Zeitschrift für Pädagogik 37 (1991), S. 887–898; HILLER, G. G.: Ausbruch aus dem Bildungskeller. Langenau/Ulm 1989.

für alle bündeln sich in der gymnasialen Mittelstufe alle Schwierigkeiten, die eine heterogene Schülerschaft, unterschiedliche Leistungserwartungen und universelle Zielsetzungen mit sich bringen. Verschärft werden schließlich diese Probleme durch die Tatsache, dass die Schule mit den Folgen lebensweltlicher Veränderungen konfrontiert wird. Sie sieht sich dann der Erwartung ausgesetzt, angesichts von Gewalt unter Jugendlichen oder der Enttäuschung von Lebenslaufperspektiven einen Sinn zu stiften und Orientierung zu geben, die die Gesellschaft insgesamt nicht mehr bieten kann. Für diese Folgen der Expansion hat die Schule noch keine verlässlichen Lösungen gefunden.

Anhang 4: Theorie der Schule – ein Exempel

In der Reflexionsgeschichte der Pädagogik wird die Schule als eine Wirklichkeit eigener Art selbstverständlich nicht erst mit der sozialwissenschaftlichen Forschung entdeckt, sondern ist programmatisch und analytisch schon lange gegenwärtig. Im 20. Jh. entfaltet sich aber eine Diskussion über die Schule, die sowohl in den Programmen, dann vor allem im Kontext reformpädagogischer Überlegungen, als auch in der Analyse neue Qualität gewinnt. Die Diskussion über „das Wesen der Schule“[29] in Deutschland ist zum Teil stark von kulturkritischen Denkfiguren[30] und einem problematischen Staatsbegriff[31] bestimmt, innerhalb dieser Grenzen aber auf dem Wege, die Welt der Schule nicht allein programmatisch zu sehen.[32]

29 Das ist der Titel von Abschnitt 1 in NOHL, H./PALLAT, L. (Hrsg.): Die Theorie der Schule und der Schulaufbau. Langensalza 1928 (Handbuch der Pädagogik, Bd. 4).

30 Vor allem Texte aus der geisteswissenschaftlichen Debatte wären hier zu nennen, in denen die Opposition von „Gemeinschaft“ und „Gesellschaft“ die Wahrnehmung der Schule prägt. Exemplarisch ist FLITNER, W.: Die drei Phasen der pädagogischen Reformbewegung (1928). Neuabdruck in DERS.: Theorie des pädagogischen Wegs und der Methode. Weinheim 1950, S. 56 ff. Dort kritisiert Flitner die „Schule blosser Gesellschaftlichkeit, fremd vor Gemeinde, Volk, Gemeinschaft und frei von echten glaubensmässigen Wurzeln“ und unterscheidet die „Bildungsgemeinschaft“ und die „Bildungsgesellschaft“, wobei „das erzieherisch Wesentliche“ allein der Gemeinschaft zukomme (S. 66).

31 Das Verhältnis von Staat und Schule wird als Problem sichtbar in den Beiträgen von Band 3 und 4 des Handbuchs der Pädagogik, hrsg. von H. NOHL und L. PALLAT, vgl. Bd. 3: Allgemeine Didaktik und Erziehungslehre. Langensalza 1930; Bd. 4: Die Theorie der Schule und der Schulaufbau. Langensalza 1928. Die immanenten Gefährdungen dieser Schultheorie verdeutlicht mit seiner aktiven Unterstützung des Nationalsozialismus besonders HÖRDT, PH.: Grundformen volkhafter Bildung. Frankfurt a. M. 1932.

32 Vgl. u. a. DEITERS, H.: Die Lebensform der Schule. In: Die Theorie der Schule und der Schulaufbau. Langensalza 1928 (Handbuch der Pädagogik. Bd. 4, S. 3–47); REICHWEIN, G.: Die Schule als Methode und die Methode in der Schule. In: Pädagogisches Zentralblatt 8 (1928); HAGENER, C.: Die Schule als gestaltete Lebenswelt des Kindes. Hamburg 1936.

Die Überlegungen zur Theorie der Schule von John Dewey, die wir auszugsweise dokumentieren, gehören zu beiden Dimensionen dieser Diskussion, der reformpädagogisch-programmatischen[33] und der analytischen. Präziser und schärfer als in der deutschen Debatte vor 1933 kann Dewey – ebenfalls unter Verwendung des Begriffs der „Gemeinschaft" – dabei die „soziale Logik" von Schule herausarbeiten und damit eine Brücke von der Erziehungsphilosophie und der Reformpädagogik zur sozialwissenschaftlichen Theorie der Schule und der Schulklasse (vgl. Kap. 5) nach 1945 schlagen.

John Dewey:

»Die Schule als eine Umgebung besonderer Art[34]

Die Hauptbedeutung der obigen Feststellung über den von selbst und ungewollt ablaufenden Erziehungsvorgang liegt darin, dass sie uns zu einer wichtigen Einsicht führt: dass nämlich die einzige Möglichkeit für die Erwachsenen, diese Art der Erziehung zu beeinflussen, in der Beeinflussung der Umgebung besteht, innerhalb deren die Unreifen handeln und deshalb auch denken und fühlen. Wir erziehen niemals unmittelbar, sondern mittelbar, und zwar durch das Mittel der Umgebung. Worauf es ankommt, ist, ob wir einer **zufälligen** Umgebung das Werk überlassen oder eine **besondere** Umgebung für diesen Zweck schaffen. Nun ist jede Umgebung hinsichtlich ihres erziehlichen Einflusses zufällig, wenn sie nicht im Hinblick darauf planvoll reguliert ist. Ein verständiges Heim unterscheidet sich von einem unverständigen hauptsächlich dadurch, dass die Gewohnheiten des Lebens und des Verkehrs der Mitglieder untereinander ausgewählt oder zum Mindesten gefärbt werden im Gedanken an ihre Bedeutung für die Entwicklung der Kinder. Die Schule aber bleibt natürlich das typische Beispiel einer Umgebung, die ausdrücklich im Hinblick auf die Beeinflussung der geistigen und moralischen Dispositionen ihrer Mitglieder angelegt und eingerichtet ist.
Schulen entstehen, grob gesagt, dann, wenn die sozialen Überlieferungen so verwickelt geworden sind, dass ein beträchtlicher Teil davon niedergeschrieben und durch schriftliche Symbole weitergegeben werden muss. Schriftliche Symbole sind noch künstlicher und konventioneller als gesprochene; sie können nicht in zufälligem Wechselverkehr mit anderen zufällig angeeignet werden. Überdies besteht bei der schriftlichen Niederlegung die Neigung, Stoffe auszuwählen und aufzuzeichnen, die dem alltäglichen Leben verhältnismäßig fremd sind. Die von Generation zu Generation aufgesammelten Leistungen bleiben in den schriftlichen Berichten niedergelegt, auch wenn manche von ihnen zeitweilig

33 Für den gesellschaftlichen und reformpädagogischen Kontext und Anspruch dieser Schultheorie vgl. BOHNSACK, F.: Erziehung zur Demokratie. John Deweys Pädagogik und ihre Bedeutung für die Reform unserer Schule. Ravensburg 1976.

34 Aus: DEWEY, J.: Demokratie und Erziehung. Eine Einleitung in die philosophische Pädagogik (1916). Deutsch von Erich Hylla. Neudruck: Weinheim; Basel 1993, S. 37–42, Hervorhebungen dort.

außer Gebrauch gekommen sind. Sobald daher eine Gemeinschaft in erheblichem Maße von dem abhängig ist, was jenseits ihres eigenen Gebietes und des lebenden Geschlechtes liegt, muss sie sich auf die feste Einrichtung der Schule verlassen, um eine angemessene Weitergabe aller ihrer Hilfsmittel zu sichern. Um ein deutliches Beispiel zu geben: das Leben der alten Griechen und Römer hat unser eigenes tiefgehend beeinflusst; aber die Kanäle, durch die dieser Einfluss wirkt, liegen in unserer gemeinen Erfahrung nicht offen zutage. In ähnlicher Weise haben gegenwärtig lebende, aber räumlich ferne Völker, die Briten, die Deutschen, die Italiener, Bedeutung für unsere eigenen sozialen Angelegenheiten; aber die Natur dieses Hineinwirkens ist ohne ausdrückliche Darstellung und besondere Aufmerksamkeit nicht zu verstehen. [[35] ...]
Diese Form der menschlichen Beziehungen zeigt im Vergleich mit anderen gewöhnlichen Lebensbeziehungen drei besondere Funktionen, die beachtet werden müssen. Erstens: Eine komplizierte Kultur ist zu vielseitig, um auf einmal angeeignet zu werden; sie muss in Portionen zerlegt und in Abschnitten allmählich und gradweise erworben werden. Die Beziehungen innerhalb unseres heutigen sozialen Lebens sind so zahlreich und so vielfältig verwoben, dass ein Kind, selbst wenn es in die günstigste Lage gebracht würde, an vielen auch nur der allerwichtigsten nicht teilnehmen könnte. Wenn es aber an ihnen keinen Teil hätte, würde ihm ihr Sinn nicht übermittelt werden, sie würden **nicht** in sein geistiges Leben eingehen. Das Kind würde den Wald vor Bäumen nicht sehen. Wirtschaft, Politik, Kunst, Wissenschaft, Religion würden alle zugleich seine Aufmerksamkeit beanspruchen – das Ergebnis wäre Verwirrung. Die **erste Aufgabe** des sozialen Organs, das wir Schule nennen, besteht deshalb darin, eine **vereinfachte Umwelt** bereitzustellen. Sie wählt diejenigen Züge aus, die einigermaßen grundlegend sind, und die den Fähigkeiten der Jungen[36] entsprechen. Ferner stellt sie eine fortschreitende Ordnung her, indem sie die zuerst angeeigneten Faktoren als Mittel verwertet, um Einsicht in verwickeltere Gegenstände zu gewinnen. Die **zweite Aufgabe** der Schule besteht darin, den **Einfluss wertloser und wertwidriger Züge** der existierenden Umwelt auf die geistigen Gewohnheiten nach Möglichkeit **auszuschalten.** Sie schafft eine gereinigte Atmosphäre des Handelns. Die Auswahl bezweckt nicht nur eine Vereinfachung, sondern auch ein Ausjäten des Unerwünschten. Jede Gesellschaft ist durchsetzt mit Wertlosem, mit toten Überresten der Vergangenheit und mit positiv Schlechtem. Die Schule hat die Pflicht solche Dinge aus der Umwelt, die sie herstellt, auszuschalten und dadurch zu tun, was sie kann, um ihrem Einfluss in der gewöhnlichen sozialen Umgebung entgegenzuwirken. Indem sie ausschließlich das Beste für ihren Gebrauch aussucht, bemüht sie sich seine Macht zu verstärken. Wenn eine Gesellschaft aufgeklärter

35 Auslassung: „In ganz ähnlicher Weise kann es nicht unseren täglichen Beziehungen überlassen bleiben, den Jungen die Rolle klarzumachen, die fern liegende physische Kräfte und unsichtbare Organisationen in unseren Handlungen spielen. Deshalb wird die Schule als eine besondere Form sozialen Wechselverkehrs eingerichtet, um sich dieser Dinge anzunehmen."

36 Hier nicht als Gegensatz zu „Mädchen", wie es Hyllas Übersetzung nahe legt, sondern im Sinne von Jugend gemeint, denn Dewey schreibt „the young", vgl. DEWEY, J.: Democracy and Education. New York 1922, S. 24.

wird, erkennt sie, dass es ihre Pflicht ist, nicht alle ihre gegenwärtigen Leistungen weiterzugeben, sondern nur diejenigen, die im Sinne einer besseren Gesellschaft der Zukunft wirken. Die Schule ist die wichtigste Einrichtung im Dienste dieser Aufgabe.

Die **dritte Aufgabe** der Schule besteht darin, die **verschiedenen Faktoren in der sozialen Umgebung gegeneinander auszubalancieren** und dafür zu sorgen, dass jeder Einzelne Gelegenheit findet, sich den Beschränkungen derjenigen sozialen Gruppe, in die er hineingeboren ist, zu entziehen und in lebendige Berührung mit einer breiteren Umgebung zu kommen. Begriffe wie ‚Gesellschaft' und ‚Gemeinschaft' sind irreführend, weil sie uns leicht auf den Gedanken bringen, dem einzelnen Wort entspräche ein einzelnes Ding. In Wirklichkeit ist eine moderne Gesellschaft ein Gewebe vieler, mehr oder weniger innig verbundener Gesellschaften. Jeder Haushalt mit seinem nächsten Freundeskreis bildet eine Gesellschaft; die Dorf- oder Straßengruppe von Spielgefährten ist eine Gemeinschaft; jede wirtschaftliche Gruppe, jeder Klub ist eine solche. Über den Rahmen dieser festeren Gruppen hinaus gibt es in einem Lande eine große Mannigfaltigkeit von Rassen, religiösen Gemeinschaften, wirtschaftlichen Gruppen. Innerhalb einer modernen Stadt gibt es – trotzdem sie dem Namen nach eine politische Einheit darstellt – mehr Gemeinschaften, mehr verschiedene Sitten, Überlieferungen, Wünsche und Formen der Herrschaft und Unterordnung als in früheren Zeiten in einem ganzen Erdteil.

[[37] ...] Es gibt auch Gemeinschaften, deren Glieder wenig oder gar keine unmittelbare Berührung miteinander haben, wie z. B. die Künstlerschaft, die Republik der Wissenschaften oder die Klasse der höheren akademischen Berufe, deren Mitglieder über die ganze Erde verstreut sind; sie sind in der Tat Gemeinschaften, denn sie haben gemeinsame Ziele, und das Handeln jedes ihrer Mitglieder wird unmittelbar beeinflusst durch das Wissen um das, was andere Mitglieder tun.

In alter Zeit war die Verschiedenheit der Gruppen im Wesentlichen eine geographische. Es gab viele Gesellschaften, aber innerhalb ihres eigenen Gebietes war jede im Wesentlichen einheitlich. Aber mit der Entwicklung des Handels, des Transportwesens, des Schreib- und Sprechverkehrs, der Auswanderung hat sich dies geändert. [[38] ...] Das Miteinander der Jugend verschiedener Rassen, Religionen und Sitten in der Schule schafft für alle eine weitere und reichere Umwelt. Der gemeinsame Lehrstoff gibt allen den einheitlichen

37 Auslassung: „Jede dieser Gruppen übt einen formenden Einfluss auf die Handlungsdispositionen ihrer Mitglieder aus. Eine Clique, jeder Klub, jede Bande, ein Diebshaushalt, die Gefangenen in einem Gefängnis stellen eine erziehliche Umgebung für diejenigen dar, die in ihre Gesamt- oder Gemeinschaftsbetätigung eintreten – genau ebenso wie eine Kirche, eine Gewerkschaft, ein Geschäftskonzern oder eine politische Partei. Sie alle sind Formen des Zusammenlebens, ganz so wie eine Familie, eine Stadt oder ein Staat."

38 Auslassung: „Länder, wie die Vereinigten Staaten, sind heute aus einer Menge verschiedener Gruppen mit sehr verschiedenen überlieferten Sitten und Gewohnheiten zusammengesetzt. Gerade diese Sachlage hat – wahrscheinlich mehr als alles andere – dazu gezwungen, etwas wie eine einheitliche und wohl ausgewogene Umgebung für die Jungen bereitzustellen. Nur auf diesem Wege kann man den auseinanderstrebenden Kräften, die durch das Nebeneinander verschiedener Gruppen innerhalb derselben politischen Einheit ausgelöst werden, entgegenwirken."

Ausblick auf einen weiteren Gesichtskreis, als ihn die Mitglieder irgendeiner der beteiligten Gruppen besitzen, wenn sie isoliert sind. Die vereinheitlichende Kraft der amerikanischen Schule ist ein beredtes Zeugnis für die Wirksamkeit einer gemeinsamen und wohl ausgewogenen Umgebung.
[39 ...]

Zusammenfassung

Die Haltungen und Dispositionen, die für das ununterbrochene und fortschreitende Leben einer Gesellschaft notwendig sind, können in der Jugend nicht durch direkte Übertragung von Glaubenssätzen, Gefühlen und Erkenntnissen entwickelt werden. Diese Entwicklung vollzieht sich vielmehr durch das Medium der Umwelt. Die Umwelt besteht in der Gesamtsumme aller Bedingungen, die in der Ausübung der für ein lebendes Wesen kennzeichnenden Betätigungen eine Rolle spielen. Die soziale Umwelt besteht aus allen denjenigen Betätigungen der Mitmenschen, die in den Ablauf der Betätigungen irgendeines ihrer Mitglieder verwickelt sind. Sie übt echte Erziehungswirkungen aus in dem Grade, in dem ein Individuum Anteil hat an einer gemeinsamen Betätigung. Indem es in dieser gemeinschaftlichen Betätigung seinen Anteil ausführt, macht es die Zwecke dieser sozialen Umwelt zu den seinigen, wird es mit ihren Methoden und ihrem Verhalten vertraut, erwirbt es notwendige Fertigkeiten und wird von ihren Gefühlen durchdrungen.
Die tiefere und feinere erziehliche Formung der Anlagen erfolgt, ohne bewusste Absicht, in dem Maße, in dem der Jugendliche schrittweise an den Betätigungen der verschiedenen sozialen Gruppen teilnimmt, zu denen er gehört. Wenn jedoch eine Gesellschaft komplizierter wird, so erweist es sich als notwendig, eine besondere soziale Umwelt zu schaffen, die die Aufgabe der Fürsorge für die Fähigkeiten der Unreifen im Besonderen übernimmt.
[40 ...]«

39 Auslassung: „Die Schule hat auch die Aufgabe, innerhalb der Dispositionen des Individuums die verschiedenen Einflüsse der verschiedenen sozialen Umgebungen, in die die Einzelnen eintreten, zu koordinieren. In der Familie gilt ein anderes Gesetz als auf der Straße; ein drittes gilt in der Werkstatt oder dem Laden, ein viertes in der religiösen Gemeinde. Wenn ein Mensch aus einer Gruppe in die andere übergeht, ist er Kräften unterworfen, die einander entgegenwirken, und kommt in die Gefahr, aufgespalten zu werden in ein Wesen, das für die verschiedenen Gelegenheiten verschiedene Normen des Urteilens und wertenden Fühlens besitzt. Diese Gefahr verpflichtet die Schule zum Ausgleich und zur Vereinheitlichung.“

40 Auslassung: „Drei der wichtigeren Aufgaben dieser besonderen Umwelt sind: die Vereinfachung und die Ordnung der einzelnen Faktoren derjenigen Anlagen, deren Entwicklung erwünscht ist; die Reinigung und Idealisierung der existierenden sozialen Gewohnheiten; die Schaffung einer reicheren und besser ausgeglichenen Umwelt als diejenige, unter deren Einfluss die Jugendlichen wahrscheinlich stehen würden, wenn sie sich selbst überlassen blieben.“

Anhang 5: „Koedukation" – Homogenität und Heterogenität als Problem und Aufgabe der Schule

Die Theorie der Schule zeigt: In der Institution und vor den Mechanismen der Schulklasse sind alle Heranwachsenden gleich. Die Institution betrachtet sie als lernbedürftig, die Schulklasse behandelt sie als Objekt der Erziehung, der Lehrer sieht sie als inkompetent, aber bildbar. Die Realität der Schule zeigt: Die scheinbar Gleichen sind verschieden und werden durch die Schule erst zu dem gemacht, was die Institution als gleich unterstellt, zu Lernenden, zu Bildbaren, zum Objekt der Pädagogik.

Für die reformorientierte Betrachtung der Schule steht dann fest, dass sie bewahren und fördern soll, was am Anfang der Schulzeit steht, die Individualität des Einzelnen; für die Institution wird das zum Problem und zur Aufgabe, denn sie kann anscheinend den Mechanismen nicht entgehen, die ihre Struktur definieren – der Gleichzeitigkeit von Homogenisierung und Differenzierung. Im Alltag scheint dann nahe zu liegen, sich nicht mit zu viel Heterogenität, sei es der Lernvoraussetzungen oder der Interessen, zu belasten. Unser Schulsystem lebt entsprechend von der Fiktion, dass die Unterschiede, die der Strukturtyp II macht, auch als förderlich für den Lernprozess gelten können, weil sie vor zu viel Heterogenität bewahren.[41]

Aktualität hat dieses Problem am Exempel der Koedukation der Geschlechter gewonnen: Die Schule als Institution, die alle gleich behandelt – als Lernende in einer durch Heterogenität des Geschlechts ausgezeichneten Gruppe –, kann offenkundig den legitimen Erwartungen an differenzierte Beachtung nicht entsprechen, auf die Mädchen einen Anspruch haben. Schule scheint ein Ort, der geschlechtsspezifisch nicht Lernprozesse ermöglicht und fördert, sondern Vor- und Nachteile nicht legitimierbar zuspricht.

Kann die Schultheorie mit solchen Befunden und den problematischen Konsequenzen ihrer eigenen Praxis umgehen? Hat sie eine Möglichkeit der Bearbeitung des „Koedukations"-problems, wie man – jetzt generalisierend – über die Probleme von Mädchen hinaus sagen darf? Wie gestaltet man den Umgang mit Heterogenität von Alter und Begabung, Geschlecht und Herkunft? Das Problem ist alt, es ist zentral für die Theorie der modernen Schule, aber auch einige der besten Erfindungen der Schultheoretiker lassen sich vor dem Hintergrund dieses Problems in ihrer Leistungsfähigkeit schlüssig interpretieren.

Zur Geschichte des Problems: In seinen Überlegungen zur Theorie der Pädagogik notiert etwa der Hallenser Erziehungswissenschaftler E. C. Trapp

---

41 Obwohl uns die Schulforschung zeigen kann, dass etwa die Heterogenität, die man mit Intelligenztests messen kann, in Gymnasien der an Gesamtschulen durchaus vergleichbar ist.

seine entsprechenden Sorgen über die Interaktion in der Schulklasse. Es sei mühsam – und zwar für Lehrer wie Schüler –, dass die Lernenden primär als „großer Haufen",[42] in ungeordneter Menge also, in Schulen gegenwärtig sind. Ordnungsgemäßer Unterricht wird damit nur schwer möglich, „besonders … bei einem Haufen Kinder, deren Anlagen, Fähigkeiten, Fertigkeiten, Neigungen, Bestimmungen verschieden sind, die aber doch in einer und derselben Stunde von dir erzogen werden sollen".[43] Trapp sieht also schon das Problem, das die Schule als Organisation von der Gesellschaft erhält: einen jeden in der Schule zu unterrichten, und zwar in gleicher Weise und zur gleichen Zeit mit den gleichen Themen.[44]

Die Moderne, das erkennt Trapp, liefert den Pädagogen eine neue, gegenüber früheren Verhältnissen andere Aufgabe, konfrontiert sie mit Erwartungen, die aus dem Gleichheitsanspruch der bürgerlichen Gesellschaft resultieren. Dieser Anspruch steht freilich immer in Konkurrenz mit dem Anspruch der Individuen ihr je eigenes Leben zu führen und ihre Individualität auszubilden. Das führt zu einem systematischen, bis heute ungeschlichteten Konflikt in den Zielorientierungen – zwischen Gesellschaft und Individuum, zwischen Gleichheit und Freiheit, zwischen Normierung und Differenzierung.

In seinen Vorlesungen „Über Pädagogik" hat Immanuel Kant die Folgeprobleme und Konsequenzen für die pädagogische Arbeit schon benannt: „Wie kultiviere ich die Freiheit bei dem Zwange?", das ist seine Kurzfassung des Themas moderner Erziehung und des Konflikts von Gleichheitsforderung, Sozialisationserwartung und Individualitätsanspruch. Kant hatte in seinen Lösungen dann auch die einfachen Alternativen, etwa dass der Zwang illegitim sei, abgewehrt, vielmehr unterstellt: „denn Zwang muss sein".

Skeptische, primär subjektorientierte Erziehungstheoretiker, wie z. B. Herbart, halten angesichts der Gleichheitsnormen dagegen legitime pädagogische Arbeit in Schulen für unmöglich, weil sie alle Subjekte gleichmache und es dem Lehrer versagt bleibe „an Individuen anzuschließen". Bildungstheoretiker in der Gegenwart würden solche Sätze ohne Bedenken wiederholen und damit erneut die Legitimität der Schule und des Lernens in „Haufen" bestreiten.

Die Leistungen der Schultheorie setzen hier an. Sie finden sich im Kontext jener Analysen, die der reformpädagogischen Emphase und ihren praktischen Erfindungen das theoretische Gerüst einziehen. Peter Petersen

42 Trapp, E. C.: Vom Unterricht überhaupt. In: Allgemeine Revision des gesamten Schul- und Erziehungswesens. Bd. 8. 1787, S. 208.

43 Trapp, E. C.: Versuch einer Pädagogik. Berlin 1780 (Neudruck Paderborn 1977), S. 25.

44 „Abteilungsunterricht" und „innere Differenzierung" (vgl. 6.2 und 8.2) sind dann schon Maßnahmen, mit denen die Schule auf das Problem reagiert.

z. B., der den alten Begriff des „Haufens“ in seine Theorie der „Vergesellschaftung der kindlichen Arbeit“ durch „Gruppenbildung“ wieder aufnimmt, bezeichnet damit eine spezifische Form der Gruppe,[45] neben anderen Formen, die für Petersen zentral sind, wie die „Stammgruppe“, oder die er zur Abgrenzung braucht, wie „die Klique, die Bande, die Masse“.[46]

„Gruppe“ war für Petersen erst in zweiter Linie die Tischgruppe, an die heute meistens gedacht wird, wenn von Gruppenunterricht die Rede ist. Damit gerät aber das Ingeniöse seiner Idee aus dem Blick. Statt Jahrgangsklassen bildete er „Stammgruppen“, die drei Jahrgänge umfassten (1. bis 3. Schuljahr usw.), und sah in deren Altersheterogenität Vorteile für die *Erziehung* – während heute Leistungshomogenität von Klassen oder Kursen als wichtigste Voraussetzung für erfolgreichen *Unterricht* gilt. Sein Plädoyer für den Nutzen von Heterogenität ist heute noch diskussionswürdig – sogar überaus aktuell, wenn man den rapiden Schülerschwund an Landschulen und Hauptschulen bedenkt:

> »Die Altersunterschiede sind zugleich verstärkte Bildungsunterschiede, ohne dass wiederum die Spannung zu groß wird. Das bedeutet vermehrte geistige und allgemein menschliche Anregung und Förderung für die ganze Gruppe ... Dadurch entsteht jenes fruchtbare ›Bildungsgefälle‹ ... z. B., dass das 2. Schuljahr die Einführung des neu eintretenden ersten Schuljahres übernimmt, besonders die Einführung in den Gebrauch der ›Arbeitsmittel‹, den es selber als Schulanfänger vor einem Jahr erst lernte und nun als ›Ältere‹ weitergeben kann, während die Schüler des 3. Schuljahres mehr erziehliche Einflüsse ausüben. Die drei Jahrgänge verhalten sich zueinander wie Lehrlinge, Gesellen und Meister; [und]: Es ist besser, dass jährlich ein Drittel wechselt als die Hälfte. Denn sonst könnte leicht die neue Hälfte der stärkere Teil sein und das Gleichgewicht wäre gestört, auf die falsche Seite verlegt. Dagegen gewährleisten zwei verbleibende Drittel mit größter Sicherheit das Fortleben der guten ›Überlieferung‹ und damit deren großen bildenden und erziehenden Wert.«[47]

Das Ingeniöse an der Idee ist zunächst, dass Petersen die Tatsache der Heterogenität als produktiv und positiv verstehen kann. Ingeniös ist ferner, dass er die Organisation in den Dienst der Interaktion zu stellen vermag, d. h. die Rahmenbedingungen für Schulleben und Unterricht so zu setzen

---

45 PETERSEN, P.: Eine freie allgemeine Volksschule nach den Grundsätzen Neuer Erziehung (Der Jena-Plan). Bd. 1. Weimar 1930, S. 42 f., z. B. „innen“: „Im Haufen stehen die Kinder beim Chorsingen. Es gehört zur Urerfahrung der Lehrerwelt, dass es schwer ist, den Haufen dann in Ordnung zu halten.“ Aber auch „draußen“: „Im Haufen lagert man zum Genießen von Essen und Trinken, Lied und Schwank, bei Ansprache und Verschwörung. Ist drinnen der Dirigent der rechte Leiter ..., so ist es im lagernden Haufen | der Führer mit natürlicher Führerbegabung ...“ (42 | 43).

46 Ebd., S. 44, die er „als unsere schlimmsten Feinde“ bezeichnet.

47 PETERSEN, P.: Der kleine Jena-Plan (1927). 56./60. Aufl. Weinheim 1980, S. 38 ff.

versteht, dass die pädagogische Situation[48] (Schulraum, Gruppenzusammensetzung, Arbeitsmittel, Aufgaben) auf die Kinder „zwingend“ wirkt und weitere Erziehungsbemühungen des Lehrers möglichst entbehrlich macht:

»Nur eines werde soweit wie nur irgend möglich vermieden, das Wort selber! Alles Eingreifen mit Worten ist zu mehr als 90 % schlecht und verfehlt seinen Zweck; denn das menschliche Wort weckt den Reiz zum Gegenwort, zur Antwort, sei es zur Rechtfertigung, zur Entschuldigung, zum Trotz oder was es sonst sein mag.«[49]

In der Schule, und zwar durch die Struktur des Lernens in Schulklassen selbst und durch die Periodisierung von Homogenisierung und Differenzierung,[50] lernen die Heranwachsenden, und zwar weitgehend „ohne didaktische Bemühung“,[51] Normen (in der Gesellschaft) anzuerkennen, Unterschiede wahrzunehmen und sich den geltenden gesellschaftlichen Standards zu unterwerfen. Diese Differenzen sind in der Struktur der Schule thematisch und verlangen, unausweichlich, eine Auseinandersetzung, weil der Lernprozess in der Schule selbst entsprechend organisiert ist.

Liest man diese Befunde im Sinne eines schlechten Soziologismus, dann könnte das dazu führen die Realität der Schule im Vertrauen auf die Wirkung der strukturellen Mechanismen sich selbst zu überlassen und ihre konkrete Gestaltung zu ignorieren. Die Einsicht in die Wirkungsweise der Schulklasse könnte auch zu optimistischen Konstruktionen pädagogischer Gemeinschaften führen, wie es der amerikanischen Tradition nahe liegt, für die eine Schulklasse nicht nur „soziales System“, sondern zugleich „demokratische Gesellschaft“ in nuce ist.[52]

Für das Problem der Koedukation ist offenbar beides gefragt: Eine Situation bereitzustellen, die Differenz erfahrbar macht und Gleichheit nicht unmöglich. Was Mädchen im allgemeinbildenden Schulwesen betrifft, sind

---

48 „Pädagogische Situation ist jener absichtsvoll gebildete und unterhaltene Lebenskreis problemhaltiger (gleich: fragenerfüllter) Situationen, der dazu bestimmt ist, der allseitigen Entwicklung, Formwerdung (Bildung) und Reifung der rein menschlichen Anlagen und geistigen Kräfte von Kindern und Jugendlichen die beste Umwelthilfe zu gewähren. Sie stellt die Jugend unter Reize und vor Aufgaben der mannigfaltigsten Art, durch die ein jeder genötigt wird, sich als ganzer Mensch, als ganze Persönlichkeit zu äußern, tätig zu werden, zu handeln und mit relativ abgeschlossenen Stellungnahmen und Leistungen zu antworten“ PETERSEN, P. u. E.: Die pädagogische Tatsachenforschung. Paderborn 1965, S. 109.

49 PETERSEN, P.: Der kleine Jena-Plan (1927), 56./60. Aufl. Weinheim 1980, S. 33.

50 Hinweise auch bei LUHMANN, N./SCHORR, K. E. (Hrsg.): Zwischen Anfang und Ende. Fragen an die Pädagogik. Frankfurt a. M. 1990.

51 DREEBEN 1989, S. 50 ff.

52 In der Debatte über die politische Funktion der öffentlichen Schule gilt es in den USA deshalb auch durchaus als legitim, dass Unterricht zuerst um Einführung und Anerkennung der Prinzipien der demokratischen Gesellschaft bemüht sein soll, also „legitime Indoktrination“ praktiziert, bevor er sie zu problematisieren beginnt.

dann die neuerdings aufgebrochenen Diskussionen über eine fachspezifische Benachteiligung in naturwissenschaftlichen Fächern ebenso diskutierbar wie die Tatsache, dass sie, was den Schulerfolg insgesamt angeht, die Jungen sogar überholt haben. Die fachspezifischen Differenzen oder Präferenzen setzen sich dann bei der Wahl von Studienfächern verstärkt durch. Professorinnen schließlich sind aber sogar in den Fächern rar, die bevorzugt von Frauen studiert werden. Diese Differenz ist dann nicht mehr mit Präferenzen und Selbstselektion zu erklären, sie verweist auf institutionelle Mechanismen und fordert bewusste Vorsorge und Gegenwehr.[53] Dann wird man, paradox genug, für Homogenisierung – z. B. reine Mädchenklassen bzw. Lerngruppen – plädieren, um Individualisierung zu befördern, und für heterogene Gruppierung, um zu homogenisieren. Differenzierung leistet mehr als der Alltagsverstand sich träumen lässt; und wahrscheinlich ist Petersens Vertrauen in Heterogenität ein besserer Wegweiser als die konservative Sorge vor dem „Haufen".

Anhang 6: Schulkritik – und das Hentig-Paradoxon

Seit es die Schule gibt, wird sie kritisiert, ja in gewisser Weise ist die Geschichte der modernen Schule – seit Rochow – auch eine Geschichte kontinuierlicher Schelte der Institution Schule. Dabei ist es ein wenig seltsam, dass diese Kritik ganz unterschiedliche Wirklichkeiten der Schule trifft, dass nicht selten die Schule in exakt den Merkmalen kritisiert wird, die Reformer zuvor als Zielpunkt der eigenen Anstrengungen und als Überwindung des – älteren – schlechten Zustands der Schule selbst gefordert hatten.

Gute Indizien für diese sich selbst überbietende, damit aber auch in ihrer Geltung selbst dementierende Kritik sind z. B. zu finden, wenn man die Forderung nach „kleinen Klassen" oder nach mehr „Einheitlichkeit" verfolgt. Um 1900 galt eine Klasse mit weniger als 50 Schülern als klein, eine heute unvorstellbare Größe;[54] bei der Einführung der Gesamtschulen wird mehr Einheitlichkeit gefordert, das ist heute der Schrecken der Reformer, die für lokale Vielfalt plädieren, die wiederum als Ursache der Bildungsbenachteiligung durch Vereinheitlichung gerade überwunden werden sollte.

53 Thema „Koedukation" z. B. in Zeitschrift für Pädagogik 38 (1992), Heft 1 sowie die Diskussion in Ethik und Sozialwissenschaften 7 (1996), Heft 4.

54 Es sei denn, man orientiert sich an den – reformpädagogisch inspirierten – Ideen der Waldorfpädagogen, die bei Klassengrößen unter 35 die Möglichkeiten vermissen, die größere Schülergruppen pädagogisch bieten.

Schulkritik bietet deshalb in der Kritik der eigenen Argumente und in der Ablösung von der Realität nicht selten selbst das „Elend- und Jammerstück“,[55] das sie von der Schule entwirft. Aber der kritische Blick auf die Schule bleibt wichtig und eine Diskussion der unterschiedlichen Positionen schulkritischer Argumente kann auch für den Schultheoretiker nützlich sein. Zwar ersetzt die Schulkritik nicht den nüchternen Blick auf die Schulrealität, aber sie kann sensibel machen für die öffentliche Diskussion und für die Erwartungen und Hoffnungen, die nicht nur in der Literatur, in Film und Theater, sondern beim breiten Publikum mit Schule verbunden werden.[56] Ein Blick auf die Schulkritik öffnet auch die Augen für die Abwehr und die Ängste, die Schule im Prozess oder retrospektiv auslöst bzw. zu imaginieren vermag.

Einige der zentralen Varianten derzeitiger Schulkritik[57] wollen wir deshalb hier vorstellen. Wir teilen sie in sieben Gruppen (a bis g) ein und geben – ohne Anspruch auf Vollständigkeit und ohne ausführliche historische oder vergleichende Herleitung und systematische Diskussion – eine knappe Charakterisierung der jeweiligen Position. Zum Abschluss versuchen wir dann eine Erklärung für die frappierende Tatsache, dass die Pädagogen trotz aller Kritik dennoch neue Schulen gründen.

Varianten der Schulkritik:

a) Kritik an Traditionalismus und Modernitätsrückstand

Dieses Argument findet sich in jeder Epoche der Moderne,[58] selbstverständlich auch gegenwärtig. Verglichen mit dem Informations-, aber auch dem Unterhaltungs- und Spielangebot moderner Medien sei die Schule hoffnungslos veraltet, zumindest aber in ihrer Leistungsfähigkeit bedroht. Weder in der Attraktivität für Jugendliche noch in der Funktionalität für das Leben

---

55 So formuliert PRANGE, K.: Die Zeit der Schule. Bad Heilbrunn 1995, S. 9. In systematischer Hinsicht sind auch die Hinweise aufschlussreich, die Prange danach für die Schulkritik liefert.

56 Die Pädagogen mag es dann trösten, dass Meinungsumfragen, wie sie jüngst die Zeitschrift SPIEGEL special (9/1995, S. 13) publizierte, eindeutig zeigen, dass die meisten Erwachsenen sagen, dass sie eine gute Erinnerung an die Schule haben und gern dort hingegangen sind.

57 Als Überblick auch hilfreich MÜLLER, W.: Zur Geschichte radikaler Schulkritik in der jüngeren Vergangenheit. In: FISCHER, W.: Schule als parapädagogische Organisation. Kastellaun 1978, S. 9–24.

58 Um 1900 argumentiert z. B. aber der Philosoph Friedrich Paulsen, die Schule hinke notwendig der Kulturentwicklung hinterher; das sei auch kein Wunder, weil sie – so der Marxist Siegfried Bernfeld – eine sozialkonservative Funktion in der Gesellschaft habe, vgl. BERNFELD, S.: Sisyphos oder die Grenzen der Erziehung (1925). Frankfurt a. M. 1967, S. 45 f., 106 f.

in modernen Informationsgesellschaften könne sie mit ihren Lehrweisen dieser Konkurrenz standhalten.

Damit wird heute, nun unter Verweis auf Vorteile, die das Lernen am Computer bietet,[59] ein beinahe vergessenes Thema wieder aktuell: Wie kann der Lehrer durch „Unterrichtstechnologie“ ersetzt oder unterstützt werden. Mit umgekehrter Stoßrichtung erhalten Lehrer aber auch „Medienerziehung“ als neue Aufgabe, wird „Informationstechnische Grundbildung“ als neues Schulfach eingeführt.[60]

b) Kritik an der „doppelten Unsinnigkeit“ des Schulunterrichts

„Unsinnig“ kann, muss vielleicht sogar – so die Kritik – Unterricht sein, weil er die Sinne der Heranwachsenden frühzeitig diszipliniert bzw. nicht alle ihre Sinne in Anspruch nimmt[61] oder weil Unterricht den tieferen Sinn dessen verfehle, was gelehrt wird.[62] Die Verschulung wichtiger Themen nehme ihnen den Sinn, den sie ohne Schule haben, die Transformation eines Themas zu einem Lernthema beraube es der Geltung, die es ohne Pädagogen besitze: Goethe, im Deutschunterricht als Lernthema traktiert, erfahre so die geringe Achtung, die ihm die Schüler entgegenbringen, weil sie ihn als Thema der Pädagogik kennen, aber nicht mehr als Literatur würdigen können (etc.).

Didaktisch und methodisch wird die systematische Unsinnigkeit der Schule gelegentlich auch daran festgemacht, dass für ihre Arbeitsweise die Lehrerfrage typisch sei, eine Frage also, in der der Fragende etwas wissen will, was er längst weiß, ohne Interesse dafür, ob es für den Gefragten ebenfalls wissenswert ist, zu sagen, was der andere nur zu pädagogischen Zwecken zu wissen begehrt.[63]

c) Schulkritik „im Namen des Subjekts“

Das Subjekt, so diese Variante der Schulkritik, werde in der Schule seiner Subjektivität beraubt, könne sie zumindest dort nicht (weiter) entwickeln – Disziplinierung, Enteignung von Kompetenz, gar „Seelenmord“, das sei

59 Individualisierung der Lernprozesse hier, Qualitätssteigerung der Lehrprogramme durch Standardisierung dort.

60 Hinweise bei TENORTH, H.-E.: „Alle alles zu lehren“. Darmstadt 1994, S. 76 ff., 136 f.

61 Z. B. RUMPF, H.: Die übergangene Sinnlichkeit. Drei Kapitel über die Schule. München 1981.

62 DERS.: Belebungsversuche. Ausgrabungen gegen die Verödung der Lernkultur. München 1987.

63 Und der Kritiker verwechselt hier wie bei den anderen kritischen Einwänden die spezifische Funktion der Schule – dass sie eine Umgebung besonderer Art bietet, in der man zum Zwecke des Lernens und des Erwerbs von Kompetenzen etwas tun muss und darf, was in anderen Kontexten wenig Sinn macht, vgl. BLOCH, K. H.: Der Streit um die Lehrerfrage im Unterricht in der Pädagogik der Neuzeit. Wuppertal 1969.

die Realität der Schule. Die Kritik beruft sich oft auf Theorietraditionen der Psychoanalyse,[64] aber auch auf Argumente einer kritischen Gesellschaftstheorie.[65] Schule als Institution der Machtausübung und -sicherung wird dann mit gesellschaftstheoretischen Überlegungen zur Struktur von Markt- oder kapitalistischen Gesellschaften in Verbindung gebracht und ideologiekritisch destruiert.[66]

„Enteignung von Kompetenz", das unterstellt, wer die Schule als eine Institution betrachtet, in der die „ursprüngliche" Neugierde, Lernbereitschaft, Lernfreude und -fähigkeit der Lernenden zerstört wird. Das geschehe, so die Kritik spätestens seit der Reformpädagogik, im Namen eines Lern- und Subjektbegriffs, in dem allein die Normalität der schulisch erlaubten Individualität Geltung habe.

In der reformpädagogischen Literatur und in einer literarisch sensibilisierten Öffentlichkeit wird die wahre Wirkung der Schule dann – seit etwa 1890/1900 – vom Phänomen des Schülerselbstmords aus diskutiert. Seit Wedekinds „Frühlings Erwachen" (1889) oder Torbergs „Schüler Gerber" literarisch, in Kenntnis prominenter Ereignisse wie dem „Steglitzer Schülermord-Prozess" (1926) auch juristisch beglaubigt, hat der Schülerselbstmord eine Dramatik erzeugt, in der die Schule, samt der steißtrommelnden Lehrer, zur Stätte albtraumhafter Erlebnisse wird. Dieser Kritiktopos, der „Seelenmord", von dem die Reformpädagogin Ellen Key sprach,[67] hält sich in konstanter Anklage – trotz gegenteiliger Erfahrung; denn weder ist die oft behauptete brisante Zunahme des Phänomens beweisbar, noch gelingt die Zuschreibung der Schuld für den Schülerselbstmord an die Schule.[68] Schule wird mit den Folgen von Veränderungen im Verhältnis der Generationen belastet, die in den sozialen Milieus oder Familien sich offenbar leichter bearbeiten lassen, wenn man die eigenen Verantwortung externalisieren kann.

---

64 ADORNO, TH. W.: Tabus über dem Lehrberuf. In: ders.: Gesammelte Schriften. Bd. 10.2. Frankfurt a. M. 1977, S. 656–673; FÜRSTENAU, P.: Zur Psychoanalyse der Schule als Institution. In: Zur Theorie der Schule. Mit Beiträgen von P. Fürstenau u. a. Weinheim 1969, S. 9–25; SINGER, K.: Verhindert die Schule das Lernen? München 1973.

65 Aktuell wird vor allem die von Michel Foucault entwickelte Analyse gesellschaftlicher Institutionen so genutzt.

66 Außer bei Foucaults generellen Kritiken an den „Dispositiven der Macht" findet sich eine explizite Kritik der Schule als einer Institution der „Vergesellschaftung von oben" bei einem der Theoretiker, von denen sich auch Foucault inspirieren ließ, bei LOUIS ALTHUSSER, vgl.: Ideologie und ideologische Staatsapparate. Hamburg/Berlin 1977.

67 KEY, E.: Das Jahrhundert des Kindes (1900). Neudruck Weinheim/Basel 1992, S. 143 ff.

68 SCHILLER, J.: Schülerselbstmorde in Preußen. Spiegelungen des Schulsystems? Frankfurt a. M./Bern 1992.

Auf dieser Basis – der Opposition von Schule als Institution und Lernprozess des Subjekts – wurde aber auch Bürokratiekritik entwickelt.[69] Das führt zur nächsten Variante der Schulkritik:

d) Kritik an der übermäßig verwalteten Schule

Die Schule als bürokratische Organisation zu betrachten, das führt die Kritik zu der These, dass sich in der Schule die Merkmale der Moderne wiederfinden lassen, die auch sonst die „Gehäuse der Hörigkeit“ kennzeichnen, als die Max Weber die Institutionen der modernen Gesellschaft bezeichnet hat. In dieser Kritik der Organisation finden sich dann auch die widersprüchlichen Befunde, die ebenfalls schon Max Weber für die Organisationen vortrug; denn sie waren nicht allein die problematischen „Gehäuse“, sondern zugleich auch die Orte der Rationalisierung der Lebenswelt.

Bürokratie als das „Verfahren nach Aktenlage“ schützt insofern die Rechte der Bürger und sorgt für Gleichheit vor dem Gesetz: Jeder ist „nur eine Nummer“ ohne Privilegien. Die Kritik richtet sich dann nicht gegen die Institution an sich, sondern gegen den Befund, dass Übertreibungen Verzögerungen verursachen und Verantwortungsscheu Ausnahmen verhindert, wo eine „unbürokratische Regelung“ vernünftiger wäre, fordert also Erweiterung der Ermessensspielräume.[70] Dass das im Eigeninteresse der Schule liegen müsse, wird am Beispiel flexiblerer Wirtschaftsunternehmen gezeigt.[71]

e) Anarchistische Schulkritik: Schule als Machtinstrument des Staates und der Kirchen

Diese Variante der Schulkritik behauptet nicht nur, dass Bürokratie die Schule unmenschlich mache, sondern noch mehr, dass sie angesichts der Unterwerfung unter staatliche Kontrolle und etatistischen Machtanspruch sowie eine indoktrinierte Weltanschauung und Kirche ihren eigenen An-

---

69 Siegfried Bernfeld argumentiert so, und zwar während eines Kongresses über den Schülerselbstmord, der 1910 auf Veranlassung der Wiener psychoanalytischen Vereinigung stattfand, vgl. SCHILLER 1992, S. 140 ff. Dort finden sich auch bisher nicht hinreichend gewürdigte Bemerkungen Sigmund Freuds zur Theorie der Schule: „Die Mittelschule soll aber mehr leisten, als dass sie die jungen Leute nicht zum Selbstmord treibt: Sie soll ihnen Lust zum Leben machen und ihnen Stütze und Anhalt bieten in einer Lebenszeit, da sie durch die Bedingungen ihrer Entwicklung genötigt werden ihren Zusammenhang mit dem elterlichen Hause und ihrer Familie zu lockern“ (SCHILLER, S. 142).

70 BECKER, H.: Die verwaltete Schule. In: Merkur 8 (1954), S. 1155–1177.

71 FÜRSTENAU, P.: Neuere Entwicklungen der Bürokratieforschung und das Schulwesen. Ein organisationssoziologischer Beitrag. In: Zur Theorie der Schule. Mit Beiträgen von P. Fürstenau u. a. Weinheim 1969, S. 47–66.

spruch notwendig verfehle.[72] Ein emphatischer Begriff der Autonomie wird zum Focus, selbst die Schule in der Demokratie abzuwerten oder reformorientierte Bestrebungen zur Steigerung schulischer Handlungsspielräume als Illusion zu entlarven.

Diese Art der Schulkritik tritt damit in direkte Konkurrenz zu bildungshistorischer Forschung und sozialwissenschaftlichen Schultheorien.[73] Hier wird – trotz der Kritik an der Deformation der Schule in kapitalistischen Gesellschaften – zumindest die Ambivalenz des Prozesses der Verstaatlichung von Schule anerkannt, als eine wesentliche Etappe zur Verallgemeinerung von Bildungsprozessen und zur Ausbildung des „Staatsbürgers" und der Zivilgesellschaft.

f) Schulkritik als Kulturkritik

In der Reformpädagogik aus nationalistischen Motiven erstmals in Deutschland ausgeprägt, in Frankreich bei Rousseau schon im 18. Jh. radikal vertreten, findet sich eine kulturkritische Interpretation der Schule bis heute. Schule und Unterricht, so die These, blieben innerhalb der Grenzen der Zivilisation, der „zivilisationskonforme" Unterricht[74] bewahre nur noch sich selbst und ein versteinertes Bild der Kultur, verhindere aber wahre Erneuerung und Subjektwerdung.

In ethischer Wendung findet sich diese Kritik des Bildungswesens auch dort, wo die „Kälte" der „bürgerlichen Pädagogik" und die seelenlose Mechanik des Bildungswesens erörtert wird.[75] Die Schule erscheint hier als eine Institution, die nicht nur die Subjekte zurichtet, sondern auch noch verhindert, dass die beteiligten Akteure und Opfer erkennen, an welchem, nicht mehr rechtfertigungsfähigen, Spiel sie, selbst in reformerischer Absicht, teilnehmen.

g) Schulkritik als Gesellschaftskritik

Schulkritik mündet damit ein in Gesellschaftskritik. Sie wendet sich gegen die „Verschulung der Gesellschaft", das Ausufern unterrichtsförmiger Un-

---

72 Einschlägige Hinweise finden sich bei BLANKERTZ, S.: Staat als Versuchung – Über Faschismus und Pädagogik. In: Anarchismus und Bildung 4, 1990, S. 157–174 sowie am Beispiel Tolstois und als Kritik an jeder „Erziehungs"ambition der Schule KLEMM, U.: Anarchistische Pädagogik. Siegen 1984.

73 LENHARDT, G.: Schule und bürokratische Rationalität. Frankfurt a. M. 1984.

74 RUMPF, H.: Über zivilisationskonforme Instruktion und ihre Grenzen. In: RAUSCHENBERGER, H.: (Hrsg.): Unterricht als Zivilisationsform. Königstein Ts./Wien 1985, S. 51–67.

75 GRUSCHKA, A.: Bürgerliche Kälte und Pädagogik. Wetzlar 1994.

terweisungen in alle Lebensbereiche;[76] der Prozess der „Institutionalisierung“, für den Schule nur ein Beispiel ist, erscheint als Wurzel des Übels, an dem die Gesellschaft insgesamt leidet. Institutionen, scheinbar zur Entlastung des Menschen eingerichtet, verhindern, was sie zu versprechen scheinen. Schulen, so das Exempel, das vor allem an Bildungsprozessen in der sog. Dritten Welt erläutert wird, verhindern z. B. die Befreiung durch Bildung, für die sie vermeintlich angetreten sind. In dieser Perspektive reicht es dann nicht mehr aus, Schulen zu reformieren, die Gesellschaft muss sich von Institutionen lösen und auf ein neues Muster der Vergesellschaftung umsteigen.

Was kann eine Theorie der Schule zu diesen vielfältigen Aspekten schulkritischer Reflexion sagen? Kann sie Schule vor der Kritik bewahren, die Phänomene leugnen, die Anlass für Kritik bieten, gar den Impetus zur ständigen Reform entkräften wollen, der sich in der Kritik manifestiert?

Weit entfernt, hier die Beobachtungen schulkritischer Autoren grundsätzlich leugnen zu wollen, scheint uns jede Variante der Schulkritik neben einiger empirischer Plausibilität in der Generalisierung ihrer Befunde auf *die Schule* als Institution und über Zeiten und Regionen hinweg so falsch wie jede Generalisierung (und die alternative Option so unbegründet wie jede unausgewiesene Option für das ganz Andere). Diesen Denk- und Argumentationstypus kann man dennoch nicht ignorieren oder nur als Verirrung brandmarken. Wie sich an der Diskussion über die diversen Formen und Phasen der reformpädagogischen Bewegung gezeigt hat, stellen der Reformdiskurs (und das Kritikmotiv) selbst eine eigene Leistung dar: Sie sind notwendig, weil sie eine legitime Handlungsform der pädagogischen Berufe bieten, mit der sie mit den problematischen Erfahrungen des Alltags umgehen können. Die ständige Rede von Reform hat darin ihren Sinn, dass sie erlaubt, die permanent in der öffentlichen Erziehung wartende Enttäuschung auszuhalten.

Angesichts des immer neuen und verständlichen Willens zur Reform kann dann schließlich auch das eigenartige Phänomen und Verhalten erklärt werden, das kritische Pädagogen im Umgang mit radikaler Schulkritik zeigen: Intensiv darin engagiert, die meist als „Regelschule“ problematisierte Gestalt der Schule als inhuman und unpädagogisch zu entlarven, sind sie dennoch allzeit bereit, neue Schulen zu gründen und die alten zu reformieren, und zwar in der Wirklichkeit ebenso wie auf dem Papier. Wie ist das

76 FREIRE, P.: Pädagogik der Unterdrückten. Bildung als Praxis der Freiheit. Reinbek 1973; HENTIG, H. VON: Cuernavaca oder: Alternativen zur Schule? Stuttgart/München 1971; DERS.: Die Schule neu denken. München/Wien 1993; ILLICH, I.: Entschulung der Gesellschaft. Entwurf eines demokratischen Bildungssystems. Reinbek 1973.

begründbar, obwohl die Schule doch angeblich keine Rechtfertigung verdient?

Hartmut von Hentigs Formel von der „Entschulung der Schule", die er als Strategie der Schulreform gegen Illichs radikale Forderung von der „Abschaffung der Schule" entwickelt hat, scheint uns dafür prominent und signifikant.[77] Sie erklärt in schöner Offenheit die Position des Pädagogen, der die Schule als „Lebensort" und „Lernort" denkt und dabei dem Leben „in der Schule" zwar „Würde, Gestalt, Sinn", aber doch auch „eine pädagogische Funktion geben" will.[78] Da wird von Hartmut von Hentig, in bester Absicht, der Zugriff des Pädagogen im Namen des Lebens und gegen die Pädagogik so deutlich formuliert, dass wir diesen paradoxen Umgang mit Schulkritik und Schulreform mit seinem Namen ehren – als das *Hentig-Paradoxon*, in dem sich Ethos und Leid der Pädagogik zum typischen Habitus verdichten. Der kontinuierliche Wille zur Reform muss für den Alltag erträglich machen, was in der Rhetorik am Alltag als unerträglich gebrandmarkt wird.

Anhang 7: Vergleichende Schulforschung

Die politischen Auseinandersetzungen über eine Strukturreform in der Sekundarstufe I (d. h. die Klassenstufen 5 bis 10) brachten der Schulforschung eine für deutsche Verhältnisse einmalige Blüte:

Beginnend mit der wissenschaftlichen Begleitung zu Schulversuchen mit Gesamtschulen,[79] gipfelnd in groß angelegten Vergleichen[80] zwischen diesen und dem „traditionellen Schulsystem" – wie es in dieser Zeit hieß, dann aber zerfasernd und auslaufend in „praxisbegleitender Forschung".[81]

In diesem Anhang werden drei schultheoretisch bedeutsame Ergebnisse dieser „Blütezeit" und ihre „forschungslogische" Abfolge geschildert. Dass die Verschiebung der Aufmerksamkeit – weg von den großen „Systemver-

---

77 HENTIG, H. VON: Die Wiederherstellung der Politik. Cuernavaca revisited. Stuttgart/München 1973.

78 DERS.: Die Schule neu denken. Eine Übung in praktischer Vernunft. München/Wien 1993, S. 262.

79 DEUTSCHER BILDUNGSRAT. EMPFEHLUNGEN DER BILDUNGSKOMMISSION: Einrichtung von Schulversuchen mit Gesamtschulen. Bonn 1969, S. 14 ff.

80 Übersicht bei AURIN, K./SCHWARZ, B.: Empirische Forschung im Sekundarbereich – Schulversuche, Systemvergleiche und andere Schwerpunkte der Schulentwicklung. In: INGENKAMP, K. U. A. (Hrsg.): Empirische Pädagogik 1970–1990. Weinheim 1992, S. 325–368 sowie FEND, H.: Gesamtschule im Vergleich. Weinheim/Basel 1982.

81 DIEDERICH, J.: Die Praxis begleitende Forschung. In: ROTH, H./FRIEDRICH, D. (Hrsg.): Bildungsforschung. Probleme – Perspektiven – Prioritäten. Stuttgart 1975, S. 183–216 (= Deutscher Bildungsrat. Gutachten und Studien der Bildungskommission, Bd. 51).

gleichen", hin zum Interesse an der Arbeitsweise und schließlich dem „Klima" einzelner Schulen – nicht nur diese „forschungslogischen" Gründe hatte, sondern mit Veränderungen der politischen „Großwetterlage" auch die Prioritäten bei der Finanzierung der Schulforschung verschoben wurden, ist bekannt. Schultheoretisch ist daran aber nur bedeutsam, dass und wie die Ambitionen der Schulforschung ausgekühlt wurden: Am Anfang stand – über die politischen Fronten hinweg – die Erwartung, der Streit könne durch Forschungsergebnisse versachlicht, wenn nicht sogar wissenschaftlich entschieden werden. Sobald die ersten Ergebnisse vorlagen, wurden sie aber von beiden Seiten unter Hinweis auf forschungsmethodische Mängel problematisiert. Das war für die Schulforschung auf doppelte Weise lehrreich: Intern diente es der methodologischen Reflexion, extern raubte es ihr die Illusion Schiedsrichter sein zu können.

(1) Dem damaligen Meinungsstreit enthoben und, was Methodenprobleme angeht, tolerant, kann man als Ergebnis der Leistungsvergleiche festhalten:

> »Während wir also sowohl bei den Deutsch-Tests als auch bei den Mathematik-Tests keine durchgängigen Vorteile für das eine oder andere System finden, ergeben sich für das Fach Englisch sowohl für die 6. als auch für die 9. Schulstufe signifikante Leistungsnachteile der Schüler in Gesamtschulen.«

Diese Aussage stützt sich auf Erhebungen an 61 Schulen in drei Bundesländern, bei denen 227 Klassen (95 im traditionellen Schulsystem und 132 an Gesamtschulen) mit rund 6 500 Schülern des 6. und 9. Jahrgangs untersucht wurden. Bei näherer Analyse ergibt sich allerdings, was auch bei Berücksichtigung weiterer Untersuchungen als das Hauptergebnis festzuhalten ist:

> »Wer alle diese Ergebnisse im Überblick sieht, der muss zum Schluss kommen, dass sich jeweils unterschiedliche Ergebnisse zeigen, je nachdem welche Lernbereiche, welche Bundesländer bzw. welche Schulstufen zum Vergleich herangezogen werden. Das Hauptergebnis ist damit das einer großen Vielfalt und Heterogenität der Leistungsergebnisse.«[82]

Kritisch hinzuzufügen ist zwar, dass die Forschungen sich praktisch ausnahmslos auf Fragebogen und Tests stützten, man also wenig vom Unterricht an den Schulen erfuhr, sondern nur etwas über seine Ergebnisse (soweit Schülerleistungen dem Unterricht zu danken sind) und über Meinungen (soweit Schüler, Lehrer oder Eltern es für opportun hielten sie zu haben und zu äußern).[83]

---

82 FEND, H.: Gesamtschule im Vergleich. Weinheim/Basel 1982, S. 226, 228.

83 Raffiniert kombiniert und interpretiert, ist diese Datenbasis allerdings informativer, als manchen Befragten hinterher lieb sein kann. Schultheoretisch beispielhaft die Kombination der Fragen, mit denen das „Versteckspiel der Schickeria" von der Konstanzer

Das Hauptergebnis, dass Unterschiede **innerhalb** des jeweiligen Systems, also zwischen einzelnen Schulen des gleichen Strukturtyps, mindestens die gleiche Beachtung verdienten wie die wenigen und geringen Leistungsunterschiede **zwischen** den Systemen, schwächte nicht nur das Interesse an Systemvergleichen ab, sondern alarmierte vor allem Schulaufsicht und Schulverwaltung. Nun galt auf einmal das Hauptinteresse „Ausreißern" und „schwarzen Schafen" unter den Schulen, denen zuzurechnen war, dass das jeweilige System nicht so gut wie erhofft abgeschnitten hatte, und die Hauptaufmerksamkeit wechselte zum Thema „Gute Schulen – schlechte Schulen" (vgl. 7.1). Für die schultheoretische Betrachtung hat dieser Wechsel zur Folge, dass sich auch eine Theorie der Schule weniger mit dem gesamten Schulwesen beschäftigen darf und darauf konzentrieren sollte, Funktion und Leistungen „der Schule" genau dort, in der einzelnen Schule nebenan, zu suchen. Als letzter Beleg für die Berechtigung dieses Wechsels der Aufmerksamkeit dient uns der Verweis auf Schulen, die unter extrem ungünstigen Bedingungen arbeiten.

Reformpädagogen mögen Schulen kritisieren, die nur „Kinderbewahranstalt" sein wollen; auch schultheoretisch ist das die Mindestleistung, die jede Schule erbringen müsste, die Erfüllung ihrer „kustodialen" Funktion. Lebenspraktisch meiden Eltern Schulen, an denen dieses Minimum nicht gewährleistet ist – anfangs wenige, dann schon so viele, dass sich die Zustände an der Schule merklich verschlechtern, weil die verträglichen Kinder zur Minderheit werden, schließlich geraten „Restschulen" zum Pflegefall.

Die einzelne Hauptschule und bald diese Schulform sind dann nur noch durch volle Konzentration auf das Minimum und besondere Lehrerausstattung als eine sozialpädagogische Institution am Leben zu erhalten. Doch gibt es selbst zwischen Schulen, die in diese Lage geraten sind erhebliche Unterschiede. Eine nennenswerte Zahl von ihnen bietet mehr als das Minimum – allerdings dank einer Rückbesinnung auf Elemente der herbartianischen Tradition und ihrer Verknüpfung mit reformpädagogischer Fantasie und einem unbezahlbaren Engagement der Lehrkräfte.[84]

Arbeitsgruppe aufgedeckt wurde: Wenn Schüler mit guten Schulleistungen von sich behaupten wenig für die Schule zu tun, erweckt das den Eindruck, ihnen falle alles mühelos zu. Zugleich geraten fleißige Schüler in Verdacht nicht ganz so intelligent zu sein; denn sie müssen sich ja anstrengen um gute Leistungen zu erreichen vgl. SPECHT, W. U. A.: Erfahrungen mit der Schule. Weinheim 1977, S. 108–111. Wer das liest, kommt nicht umhin die Perfektionierung des Versteckspiels bei Studierenden zu bewundern.

84 ROEDER, P. M.: Gute Schule unter schlechten Rahmenbedingungen – Fallstudien an Berliner Hauptschulen. In: STEFFENS, U./BARGEL, T. (Hrsg): Erkundungen zur Wirksamkeit und Qualität von Schule. Wiesbaden und Konstanz 1987, S. 81–103.

Das macht verständlich, warum die Unterschiede zwischen Schulen, die unter durchschnittlichen Bedingungen arbeiten, im Extremgruppenvergleich minder dramatisch als erwartet ausfielen. Und das nicht nur in der Befragung der Lehrer, sondern auch im Urteil der Schüler. Der Ertrag für eine Theorie der Schule liegt aber nicht nur in diesem Ergebnis, sondern darin, dass für die Schüler das Klima der Schule ganz wesentlich von Gesichtspunkten bestimmt wird, die genau genommen unter den Begriff Unterrichtsklima zu fassen sind. Wir schließen die Betrachtung deshalb mit einem Blick auf den Begriff „Klima" ab und ziehen die schultheoretischen Folgerungen daraus.

Werden Schüler gefragt, wie sie ihre Schule erleben, wird ihnen nicht nur – und das mit gutem Recht[85] – der Status von Experten für Unterricht zugeschrieben, sondern es wird ihnen sogar zugetraut, dass sie alle ihre Eindrücke aus ganz verschiedenen Situationen in vielen Stunden bei unterschiedlichen Lehrern zusammenfassen können. Zwar differenzieren Fragebogen, die das von ihnen verlangen, nach Dimensionen wie „Leistungsdruck" oder „Diszplindruck", dem „Grad der (empfundenen) Kontrolle" und „Mitbestimmungsmöglichkeiten",[86] aber die Items, die jede Dimension „operational" definieren, fordern ein Gesamturteil, das von Unterschieden zwischen Fächern und Lehrern absieht. Höchstens im Grad der Zustimmung oder Ablehnung kann noch zum Ausdruck gebracht werden, dass in Wirklichkeit alles viel komplizierter ist. Jedoch unterscheidet ein mittlerer Wert auf der Skala natürlich nicht mehr zwischen zufälliger und wohlabgestimmter Mischung.

„Wenn wir nicht am Wochenende lernen, schaffen wir kaum, was von uns verlangt wird" ist bei deutlicher Zustimmung zur oder Ablehnung der Vorgabe interpretierbar; mittlere Werte auf der Skala aber sind mehrdeutig: Sie können zum Ausdruck bringen, dass der Leistungsdruck in manchen Fächern hoch und in anderen niedrig, aber auch, dass er in allen Fächern erträglich ist.

„In unserer Klasse ist es wichtiger ruhig zu sein als viel zu leisten" (Disziplindruck) wirft zusätzlich das Problem auf, dass zwar nach der Klasse gefragt wird, aber Lehrer gemeint sind.

„Bei uns versuchen die meisten Lehrer, ihr[e] Anordnungen zu begründen" (argumentative Kontrolle) ist zwar in dieser Hinsicht besser interpretierbar; der Schüler kann aber nicht zum Ausdruck bringen, wie oft es beim Versuch bleibt.

---

85 Vgl. Abschnitt 9.2 und TENORTH, H.-E.: Pattys Trauma. In: Z. f. Päd., 27. Beiheft (1991), S. 291–305.

86 FEND, H.: Schulklima: Soziale Einflußprozesse in der Schule. Weinheim 1977, S. 119–124.

„In unserer Schule haben die Schüler kaum Einfluss auf die entscheidenden Dinge“ (Mitbestimmung) bringt am besten ein allgemeines Grundgefühl zum Ausdruck, das also, was der Begriff „Schulklima“ erfassen soll.[87]

Wie beurteilen nun die Schüler das Schulklima an den neun bzw. acht Schulen, die Fend in seinem Extremgruppenvergleich konfrontiert hat?

Die in 7.1 zurückgestellte Frage „gut für wen?“ erinnert jetzt daran, dass zu jeder Mehrheit Minderheiten und zu jedem Durchschnittswert Abweichungen gehören – d. h. Schüler, die anders denken, Außenseiter, Nonkonformisten oder Querulanten. Rechnerisch führt das dazu, dass sich die guten und schlechten Schulen im Urteil der Schüler höchstens so unterscheiden wie im Zeugnis eine gute Drei (2,8) von einer knappen Vier (4,3), wenn man die angegebenen Werte[88] in den üblichen Notenstufen ausdrückt.

So deutliche Unterschiede werden aber nur beim Vertrauen gegenüber Lehrern gesehen und bei den Mitbestimmungsmöglichkeiten, geringere beim Grad einschränkender Kontrolle, der Anonymität des Schulbetriebs, den Selbstständigkeitserwartungen und dem an der Schule erwarteten Engagement; beim Leistungsdruck und beim Disziplindruck beträgt der Unterschied dann nur noch gut eine bzw. gut eine halbe Notenstufe. Keine nennenswerten Unterschiede zwischen guten und schlechten Schulen fanden sich jedoch überraschenderweise in der Wahrnehmung von Beziehungen zwischen Schülern – auf den Dimensionen Toleranz und Kohäsion, Leistungskonformität und Wettbewerb.[89]

Mit einem weiteren und umfangreicheren Datensatz (24 Dimensionen) sollten die „tatsächlichen Wirkungen“ gemessen werden, „die sich im Verhalten und in der Persönlichkeit der Schüler niederschlagen“. Mehr als eine Schulnote Unterschied fand sich bei aggressivem Verhalten gegen Mitschüler und/oder Sachen (aber auch gegen Lehrer) und bei erlebter Hilflosigkeit, beim Schulinvolvement, dem Begabungsselbstbild, der Selbstakzeptanz und in der positiven Wahrnehmung davon, wie Schüler sich von Lehrern und Mitschülern wahrgenommen sehen (soziales Selbstbild).

Bei den im engeren Sinne „schulischen Tugenden“ (Pflichteifer, Ehrgeiz, Konzentrationsfähigkeit, Unterrichtsdisziplin und Teilnahme am Unterricht, [d. h. hier: Anwesenheit]) lagen die Unterschiede nur noch im Bereich

---

87 Die anderen Items beziehen sich weniger auf das Schul- als auf das Unterrichtsklima, vgl. FEND, H.: Schulklima, S. 182–185.

88 Zur Transformation der „z“-Werte in Notenstufen vgl. LIENERT, G.: Testaufbau und Testanalyse. 2. (durchgesehene und verbesserte) Aufl. Weinheim 1967, S. 490.

89 FEND, H.: „Gute Schulen – schlechte Schulen“. Die einzelne Schule als pädagogische Handlungseinheit. In: Die Deutsche Schule 1986, S. 288 f.

einer Schulnote.[90] Dabei ist nochmals zu betonen, dass zwei Extremgruppen mit neun bzw. acht Schulen verglichen werden, dass also zwischen den achtzehn anderen Schulen noch geringere Unterschiede gefunden wurden.

Das Wort „gefunden“ ist hervorzuheben, weil sich die Schultheorie angesichts dieser Ergebnisse natürlich für die Art der Suche interessieren muss. Da ist vorab zu betonen, dass es sich um Ausschnitte aus der größten Untersuchungsserie an Schulen in der Bundesrepublik Deutschland handelt, dass dieses Urteil sich nicht nur auf die Anzahl der Schulen, Lehrer und Schüler bezieht, sondern auch auf die Anzahl der Dimensionen und ihre Operationalisierung durch Items: Es ist unwahrscheinlich, dass diesen Untersuchungen irgendein wesentlicher Aspekt entgangen sein sollte, in dem sich Schulen unterscheiden können. Es muss also andere Erklärungen dafür geben, dass die Ergebnisse nicht deutlicher ausgefallen sind.

Von den bereits angesprochenen Erklärungen scheidet eine aus: Zwar mag die Formulierung einzelner Items verbesserungsbedürftig sein, aber Schüler und Lehrer interpretieren sie vermutlich nicht textkritisch. Sie sollen die Vorgaben rasch und intuitiv beantworten und verhalten sich dabei vermutlich tolerant. Demnach bliebe als beste Erklärung, dass die Befragten in der Wahrnehmung und Beurteilung der „gleichen“ schulischen Umwelt differieren – gut für wen?! Darin liegt die erste Tücke des Begriffs Schulklima: „Gemessen“ werden immer Reaktionen auf Witterungsverhältnisse, nicht diese selbst.

Eine zweite, theoretisch interessantere Tücke der Klima-Analogie fällt auf, wenn man den Begriff Klima an seinem Ursprungsort aufsucht. Dort fasst er zusammen, was sich aus dem Zusammenspiel von Sonneneinstrahlung und Erdatmosphäre je nach geographischer Lage im Zeitablauf ergibt. Für die Erdgeschichte sind langfristige Klimaschwankungen und Verschiebungen der Klimazonen interessant, mittelfristig die Ausprägung von Jahreszeiten, kurzfristig Witterungsbedingungen, sofern sie in Regionen regelmäßig wiederkehren.

Tragfähig ist die Analogie zunächst darin, dass kein Ort auf Erden kein Klima hat; ebenso hat jede Schule irgendein Klima – und es kann sich auch langfristig ändern. Verkürzt wird die Analogie jedoch, wenn bei Klimazonen nur an Polargebiete und Wüsten gedacht wird und nicht an andere, die durch jahreszeitliche Schwankungen der monatlichen Durchschnittstemperaturen und Niederschlagsmengen gekennzeichnet sind. Wenn auf Erden das Leben

90 Zusammengefasst wurden Fragen zum Wohlbefinden in der Schule bzw. (im Gegenteil) zur Schulverdrossenheit und zur Beurteilung der Lehrer durch die Schüler – als Indikatoren dafür, wie sehr sich Schüler durch Schulisches (positiv oder negativ) anrühren lassen. Ein Beispiel-Item dafür, dass die Schule als „Meidungskomplex“ erlebt wird, lautet: „Ich freue mich schon auf die Zeit, in der ich von der Schule nichts mehr höre und nichts mehr sehe.“ Vgl. FEND, H.: Schulklima, S. 195 f.

in „gemäßigten" Klimazonen mit ihren selten extremen und oft wechselnden Temperaturen und Niederschlägen als bekömmlicher gilt, warum sollten nicht auch Schulen, bei denen die Abwechslung regiert, anderen mit einem beständigen Schulklima vorzuziehen sein?

Das Grundübel der Forschungen zu Schul- und Unterrichtsklima ist, dass nach der Vielfalt und Widersprüchlichkeit der Witterungsbedingungen gar nicht erst gefragt, sondern die Schule als ein Gewächshaus konzipiert wird, über das, gestützt auf geschätzte Durchschnittswerte, angeblich ohne Informationsverlust berichtet werden kann.[91]

Das erinnert an den legendären Schulze Hoppe, der beim Wettermachen den Wind vergaß; und wer pädagogischen Aktionismus mit Skepsis verfolgt, fragt sich selbstverständlich, ob Bemühungen um „Schulkultur", vielleicht mehr Schaden anrichten als Nutzen stiften. Schultheoretisch gedacht, ist schließlich schon auf dem Holzweg, wer glaubt, er könne in Reflexion und Theorie alle Faktoren sehen und ordnen. Der Traum der Praxis, sie „in den Griff zu bekommen", muss also bei Minderheiten keine Albträume auslösen – auch das Wettermachen bleibt beim Versuch.

Anhang 8: Unterricht unter der Lupe

Was den Unterricht im Klassenverband angeht, zeigen sich die reformpädagogischen Einflüsse erst bei genauem Hinsehen. Denn betrachtet man Unterrichtsstunden in großer Zahl, findet sich zunächst mit erstaunlicher Gleichmäßigkeit, dass Lehrer pro Schulstunde etwa 60 Fragen stellen und 30 Anweisungen geben (das sind im Durchschnitt zwei Interventionen pro Minute), dass sie 60 % der Wörter sprechen, alle Schüler zusammen aber nur 40 %, dass Aussagen der Schüler – Antworten auf Lehrerfragen oder Beiträge, spontane und durch Impulse des Lehrers oder durch Aussagen von Mitschülern veranlasste – die Regel sind, Schülerfragen hingegen die Ausnahme.

„Verbale Interaktion im Klassenzimmer" findet fast ausnahmslos in Form einer „Wechselrede" statt, deren Regeln die Komplementarität von Lehrer- und Schülerrolle widerspiegeln; alles scheint zu sein, wie man es in herbartianischer Tradition erwarten darf.

Stutzen lässt dann aber die durchschnittliche Anzahl der Äußerungen: 254 in 40 Minuten, über sechs pro Minute – ob da nicht mehr „im ganzen Satz" gesprochen werden soll? In den über 200 Unterrichtsstunden, deren

91 Viel geholfen wäre ja schon, wenn man auf der Skala zu jedem Item bei Bedarf einen Abschnitt markieren dürfte, statt einen Punkt ankreuzen zu müssen.

Daten hier referiert werden,[92] wurde das nie gefordert. Das strenge Frage-Antwort-Spiel (bei dem Schüler sogar zum Antworten aufstehen mussten) hat einem zwar vom Lehrer gelenkten, aber ansonsten „natürlichen“ Unterrichtsgespräch Platz gemacht, bei dem man nur sagt, was der andere nicht ohnehin weiß – aus vorhergehenden Äußerungen oder dem Kontext (Lehrer: „Und dann?“ – Schüler: „regnet's“).[93]

Nicht einmal auf deutliche Artikulation, die im Klassenzimmer durchaus nützlich sein könnte, wird durchgehend Wert gelegt. Wenn nötig, hilft ein Mittel, das schon in der „alten Lernschule“ als „Lehrerecho“ verpönt war – unsinnigerweise: Lehrer wiederholen laut, was Schüler (zu leise) gesagt haben und akzeptieren es damit.[94]

Doch gilt das alles nur im groben Durchschnitt. Werden die einzelnen Fächer, Klassen, Lehrer oder Unterrichtsstunden daraufhin untersucht, worin und wie deutlich sie sich voneinander unterscheiden, zeigt sich eine Vielfalt, die es im Grunde verbietet von „dem“ Unterricht zu sprechen. Nicht einmal bei demselben Lehrer in derselben Klasse im selben Fach ist eine Stunde wie die andere – es ist die vergröbernde Optik, die den Eindruck vom überall allezeit gleichen Einerlei erzeugt.[95]

Die mittlere Länge der Schüleräußerungen betrug sechs Wörter (Median: 6,43), das obere Viertel begann bei 14 und mehr Wörtern. Vergleicht man damit aber die Maxima; also dieselben Werte für die Unterrichtsstunde, in der die Schüler zu besonders langen Äußerungen kamen, findet man 14,2 bzw. 32 und mehr Wörter. Die Unterschiede zwischen den Stunden ergaben sich vor allem aus der Dynamik der Unterrichtsgespräche, ablesbar an der Anzahl der Äußerungen bzw. Wörter bei Lehrern und Schülern pro Unterrichtsstunde.[96]

---

92 DIEDERICH, J.: Fördern im Kernunterricht. Kontrollierte Beobachtungen und didaktische Überlegungen. Hannover: 1973, Kap. 3.

93 Die Unterrichtssprache ist nicht „elaboriert“ (d. h. hier: im Satzbau reichhaltig, in der Wortwahl gepflegt), sondern „restringiert“ – wie immer, wenn es nur auf die Funktionalität der Umgangssprache ankommt.

94 Raffinierte Schüler werfen dann „Probeantworten“ als Köder aus; schnappt der Lehrer zu, war die Antwort richtig.

95 Damit soll auf ein Problem hingewiesen werden, das in der empirischen Unterrichtsforschung bei der Summenbildung und der Berechnung von Durchschnittswerten entsteht. Während es dort aber durch Angaben über Maxima und Minima oder spezielle Maße für die Verteilung der Einzelwerte sichtbar gemacht werden kann, bleibt es verdeckt, wenn es die Befragten selbst sind, denen von vornherein nur vergröbernde Schätzungen abverlangt werden – wie das in allen Untersuchungen zum Unterrichts- und zum Schulklima der Fall ist.

96 Von über 7 000 Schüleräußerungen (aus 50 Stunden, die speziell in dieser Hinsicht analysiert wurden) umfassten nur 33 mehr als 100 Wörter. Mit 162 Wörtern war eine freie Nacherzählung die längste Äußerung (DIEDERICH 1973, S. 120 f.).

Die Gesprächsführung war eher zielstrebig oder eher nachdenklich, aber nur noch selten so stark gelenkt, wie aus den Vergleichsuntersuchungen berichtet wird.[97] Außerdem entfiel nur noch knapp die Hälfte der beobachteten Unterrichtszeit (48,6 %) auf rein verbale Interaktion. In den anderen Unterrichtssituationen waren entweder Anschauungsmittel (17,3 %) oder Formen der Selbsttätigkeit (17,1 %) in die Gestaltung der Stunde integriert. Im Detail zeigt sich jedoch, dass die Schüler in nur wenigen Situationen so tätig waren, wie es die reformpädagogischen Traditionen erhoffen.[98]

Tabelle 12 (S. 234) zeigt in den ersten drei Zeilen die typischen Tätigkeiten bei einer traditionellen Still-, Partner- oder Gruppenarbeit. Deutlich seltener bis extrem selten sind dagegen Situationen mit Kombinationen von Anschauung und Selbsttätigkeit (Zeilen vier und fünf).

Alles in allem erfordert die Datenlage also eine Doppelinterpretation: Einmal gibt es erhebliche Spielräume in der Unterrichtsgestaltung – und entsprechend oft Gelegenheit, die „Münchhausen-Strategie" anzuwenden, d. h. von sich selbst zu lernen. Zum anderen sind die Grenzen dieser Spielräume aber enger gezogen, als aus reformpädagogischer Sicht zu wünschen wäre. Fördersituationen blieben in der Förderstufe eine Rarität.

Tab. 11: Unterschiede der verbalen Interaktion

„Spannweite" der Merkmals-Verteilungen	Maximum	Mittel	Minimum
Anzahl der Lehreräußerungen	202	118	47
Anzahl der Schüleräußerungen	239	136	71
Anzahl der Wörter (Lehrer)	4 024	2 199	899
Proportion Maximum/Minimum		4,3 : 1	
Anzahl der Wörter (Schüler)	3 280	1 462	506
Proportion Maximum/Minimum		6,5 : 1	

97 Dort lag die Anzahl der Lehrer- und Schülerwörter im Mittel bei 3 120 (hier 2 199) bzw. 2 170 (hier 1 462), die Anzahl der Lehrerfragen zwischen 56,3 und 87,8 (hier 62) und die der Lehrerbefehle bei 42 bis 57,3 (hier 32,5) pro Unterrichtsstunde (nach Normierung auf 40 Minuten).

98 Beobachtet man genau, womit das einzelne Kind in dieser Zeit vorwiegend beschäftigt ist (eine Eintragung pro 15 Sekunden, d. h. 20 pro Schüler in 5 Minuten), so ergeben sich erhebliche Unterschiede zwischen den Unterrichtsstunden (die Angaben beziehen sich auf 41 000 Viertelminuten in je acht Stunden aus 19 Klassen), vgl. DIEDERICH 1973, Kap. 4. (vgl. Tab. 12, S. 234)

Günstigere Bedingungen als Orientierungs- und Förderstufen bietet der organisatorische Rahmen in Grundschulen und Sonderschulen. Die geringere Größe der Schulen und Klassen und viele Stunden in der Hand einer Lehrkraft ermöglichen es auch weitergehende Unterrichtskonzepte zu erproben: „Wochenplan-Unterricht", in dem die Schüler an mehreren Stunden in der Woche weitgehend selbstständig Aufgaben erledigen, bei denen sie zumindest über die Reihenfolge entscheiden oder sogar auswählen und – auch das will gelernt sein – ihre Arbeit selbst kontrollieren sollen.[99] Häufig wird' dabei auch „Freiarbeit" angeboten,[100] d. h., es sind weitere Lernanregungen zu nutzen, die das Klassenzimmer z. B. in einer Spielecke bietet. Schließlich kann „offener Unterricht" praktiziert werden.[101] Doch auch bei diesen Konzeptionen hat die Freiheit Grenzen. Nur setzen die Grenzen nun vor allem die Schüler einander, und Lehrer haben, wie die Forschung zeigt, Mühe, das wenigstens zu bemerken, wenn schon nicht zu steuern.[102]

Tab. 12: Unterschiede in den Schülertätigkeiten

„Spannweite" der Merkmals-Verteilungen	Maximum	Mittel	Minimum
„Zweidimensionale Anschauung": Betrachten von Bildern, Arbeit mit Karten	17,55 %	4,22 %	0,27 %
Schreiben – oft in Verbindung mit „stillem Lesen, d. h. als Abschreiben oder Exzerpieren	19,59 % 9,72 %	9,57 % 4,90 %	2,06 % 0,76 %
„Nachbarkontakt" (d. h. an Gruppentischen mit einem der drei bis fünf Tischnachbarn oder mehreren)	15,95 %	7,65 %	2,97 %
Zeichnen	6,02 %	1,73 %	0,00 %
„Dreidimensionale Anschauung" (Umgang mit „natürlichen" Gegenständen, Pflanzen und Tieren oder Modellen davon)	0,95 %	0,13 %	0,00 %

99 HUSCHKE, P./MANGELSDORF, M.: Wochenplan-Unterricht. Weinheim 1988; HUSCHKE, P.: Grundlagen des Wochenplanunterrichts. Weinheim 1996; PETERSEN, P.: Der kleine Jena-Plan (1927), 56./60. Aufl. Weinheim 1980, S. 50–54.

100 HEGELE, I. (Hrsg.): Lernziel Freie Arbeit. Weinheim 1988.

101 SCHEEL, B.: Offener Grundschulunterricht. Weinheim 1978. REISS, G./EBERLE, G. (Hrsg.): Offener Unterricht – Freie Arbeit mit lernschwachen Schülerinnen und Schülern. Weinheim 1992.

102 DIEGRITZ, TH./ROSENBUSCH, H. S.: Kommunikation zwischen Schülern. München 1977, S. 66–139. Zu hohe Erwartungen gegenüber relativ offenem Unterricht problematisiert auch BENNETT, N.: Unterrichtsstil und Schülerleistung. Stuttgart 1979.

Anhang 9: Bildung und Konstruktion des Lebenslaufs – Was Schule leisten kann

Manche Theoretiker (und Kritiker) der Schule fürchten, andere wünschen, dass es der „Auftrag" und sogar der Effekt der Schule ist, „die jungen Menschen zu erwachsenen Bürgern zu machen".[103] Gefürchtet wird dieser Anspruch, weil Schule sich damit anmaßt, die Persönlichkeit der Lernenden durch schulische Arbeit „zu machen"; gewünscht wird dieser Anspruch, weil Schule damit über die Vermittlung der einfachen Kulturfertigkeiten hinaus[104] etwas gesellschaftlich Bedeutsames zu leisten verspricht, die „Bildung der Persönlichkeit", wie man traditionell sagte. Dabei hoffen Pädagogen sogar erneut, dass eine gute Schule Kosten bei anderen Sozialsystemen einspart:

> »... bei der Polizei und der Sozialpädagogik, bei der Psychiatrie und der Strafjustiz, der Ökologie und der Wirtschaft. Vernünftige Bürger kosten die Gesellschaft weniger als unvernünftige und schon gar als Neurotiker und Extremisten.«[105]

Kann die Schule das leisten, solche Versprechen halten, „vernünftige Bürger" bilden? Oder muss man fürchten, dass sie bei dem vergeblichen Versuch, solche ehrgeizigen Ansprüche durchzusetzen, dem pädagogischen Machbarkeitswahn verfällt und darüber die einfachen Leistungen vernachlässigt? Über Fragen wie diese werden nahezu weltanschauliche Auseinandersetzungen geführt und kontinuierlich erbitterte Kontroversen ausgetragen. Eine Theorie der Schule sollte sich nicht zuerst mit Eifer und Ambition an diesen Kontroversen beteiligen oder gar immer neue Versprechen geben. Ihre Aufgabe ist es, die Frage zu prüfen, welche Geltung den Versprechen und Befürchtungen zukommt. Welches sind – jenseits der Literalität – tatsächlich die Wirkungen der Schule? Was kann man wissen, muss man fürchten, darf man hoffen?

---

103 HENTIG, H. VON: Die Schule neu denken. Eine Übung in praktischer Vernunft. München/Wien 1993, S. 262.

104 Auch da kann man nicht sicher sein, dass wirklich gelingt, was man erhofft, dass nämlich ein jeder zu lesen und zu schreiben lernt und sich kompetent gesellschaftlich zu verhalten vermag, vgl. jetzt z. B.: Literacy, Economy and Society. Results of the first International Adult Literacy Survey. Paris (OECD) 1995. Literalität meint hier, die Fähigkeit eines Erwachsenen „to understand and employ printed information in daily activities, at home, at work and in the community" – und darum ist es nicht überall gut bestellt.

105 Hentig verspricht also erneut, was schon die Pädagogen der Aufklärung versprochen hatten, dass die Schule nach ihrem Plan die Gebrechen der Menschheit wenn nicht heilt, so doch lindert, vgl. DERS. 1993, S. 263 f.

und dies in jüngerer Zeit mit zunehmender methodischer Raffinesse.[106] Das Ergebnis dieser Arbeiten liegt in einer Fülle von Forschungsbefunden vor. Sie zeigen diejenige komplexe Gestalt, die empirische Forschung – zur Ermutigung der pädagogischen Arbeit und zu gelegentlichem Bedauern der Rezipienten – in der Regel heute zeigt: viele Feinheiten und Unterschiede, keine einfachen Antworten, eine Fülle an denkbaren Konsequenzen. Wer über die Wirkung der Schule spricht, tut deshalb gut daran, parallel zu den Ergebnissen die theoretischen und methodischen Annahmen und Bedingungen zu beachten, denen sich diese Ergebnisse verdanken.

Bedeutsam sind vor allem die theoretischen Basismodelle, in denen man den Zusammenhang von Schule und Persönlichkeit denkt. Man kann sich dann, sehr vereinfacht, das Verhältnis der Schule zu ihren Adressaten nach dem Modell des Nürnberger Trichters vorstellen und am Verhalten der Schüler die Absichten der Schule, ihre Wirkung und ihre Möglichkeiten suchen und identifizieren; das wäre ein eher deterministisches Modell: Schule bestimmt, was Schüler können. Man kann das Verhältnis aber auch anders konzipieren, z. B. so, dass man sich den Adressaten als einen autonomen Akteur denkt, der die Schule souverän nach seinen eigenen Interessen und Möglichkeiten nutzt; dann ist das beobachtete Verhalten des Schülers oder des Schulabsolventen nicht mehr allein der Schule zurechenbar, sondern seiner Auseinandersetzung mit einem komplizierten Set von Bedingungen. Das wäre ein Modell, das Wirkungen aus einem Gefüge von Interaktionen mit vielen Faktoren erklärt. Die empirische Schulforschung hat – je nach den beteiligten Disziplinen – beide Modelle (und viele dazwischen) benutzt; und sie hat Ergebnisse geliefert, die solche Modelle stützen – und problematisieren.

Bildungssoziologen (und auch Bildungshistoriker) haben z. B. zwischen gesellschaftlichen Strukturen und den Strukturen der Schule eine Homologie unterstellt und so zunächst mit dem „Zirkel der sozialen Reproduktion" als analytischem Modell gearbeitet.[107] Der besagte, dass der Prozess

106 Es gibt inzwischen Längsschnittforschungen, Kohortenanalysen, biographische Studien, qualitative Analysen, historische Forschung etc.

107 Gleich informativ für eine einschlägige Literaturübersicht und für die damit formulierte These ist ROLFF, H. G.: Sozialisation und Auslese durch die Schule. (1967) 5. Aufl. Heidelberg 1972, vgl. S. 36 für die zentrale These: „Die Sozialisation durch den Beruf prägt in der Regel bei den Mitgliedern der sozialen Unterschicht andere Züge des Sozialcharakters als bei den Mitgliedern der Mittel- und Oberschicht; während der Sozialisation durch die Familie werden normalerweise die jeweils typischen Charakterzüge der Eltern an die Kinder weitervermittelt; die Sozialisation durch die Freundschaftsgruppen der Heranwachsenden vermag die schichtenspezifischen Unterschiede nicht aufzuheben. Da die Sozialisation durch die Schule auf die Ausprägungen des Sozialcharakters der Mittel- und Oberschichten besser eingestellt ist als auf die der Unterschicht, haben es die Kinder aus der Unterschicht besonders schwer, einen guten Schulerfolg zu

der schulischen Sozialisation den „Sozialcharakter“ bestätigt, der vorher, je nach der sozialen Schicht unterschiedlich, in Familien erworben wurde. Dieser Zirkularitätsthese entsprechend haben Soziologen auch die „Illusion der Chancengleichheit“ behauptet und die Funktion der Schule darin gesehen, dass sie nicht nur die Wiederherstellung der Struktur von Ungleichheit leistet, sondern zugleich auch rechtfertigt, indem sie durch die Mechanismen ihrer Arbeit in den Köpfen der Adressaten das Bewusstsein verankert, dass sie subjektiv, z. B. mit ihrer fehlenden Begabung, zu verantworten haben, was doch, objektiv, Effekt von Schul- und Gesellschaftsstruktur ist.[108]

Ungeachtet der Tatsache, dass auch heute noch die Frage sinnvoll und berechtigt ist, wie soziale Ungleichheit, Schulstruktur und schulische Arbeit zusammenhängen, die Zirkularitätsthese hat unverkennbare Schwächen, sozialisationstheoretisch wie schultheoretisch. Fixiert auf gesellschaftliche Klassenverhältnisse, soziale Schichten und eine entsprechende Varianz von Sozialisationsprozessen kann gar nicht mehr erklärt werden, wie in diesem Prozess der Bestätigung von Ungleichheit die Heranwachsenden dennoch gesellschaftlich handlungsfähig werden und universelle Kompetenzen erwerben;[109] fixiert auf das System der Schule wird andererseits nicht nur ignoriert, dass die Unterschiede zwischen Schulen groß sind, sondern auch, dass sowohl in der Alltagserfahrung als auch in der Schulforschung zunehmend bewusst wird, dass nicht das Schulsystem, sondern die einzelne Schule, vielleicht sogar das Lernen in der einzelnen Schulklasse die Differenzen erzeugt, die für die Lernenden von Bedeutung sind (vgl. die Kap. 5, 7 und 8 sowie die Anhänge 3, 5, 7 und 8).[110]

Damit erkennen jetzt auch Bildungssoziologen als eine fruchtbare Untersuchungsperspektive an, was Pädagogen handelnd immer schon vorausgesetzt und Pädagogische Psychologien (oder biographische Analysen[111])

---

haben es die Kinder aus der Unterschicht besonders schwer, einen guten Schulerfolg zu erreichen. Sie erlangen häufig nur Qualifikationen für die gleichen niederen Berufspositionen, die ihre Eltern bereits ausübten. Wenn sie in diese Berufspositionen eintreten, dann ist der Zirkel geschlossen.“

108 Das ist bekanntlich der Kern der im Einzelnen sehr fein elaborierten These des französischen Soziologen Pierre Bourdieu, vgl. unter anderem BOURDIEU, P./PASSERON, J.-C.: Die Illusion der Chancengleichheit. Stuttgart 1971.

109 Für diese Kritik vgl. OEVERMANN, U.: Sozialisationstheorie. In: LÜSCHEN, G. (Hrsg.): Deutsche Soziologie seit 1945. Opladen 1979, S. 143–168.

110 Übersicht aus dieser Perspektive jetzt bei DITTON, H.: Ungleichheitsforschung. In: ROLFF, H. G. (Hrsg.): Zukunftsfelder der Schulforschung. Weinheim 1995, S. 89–124.

111 Orientiert an (individuellen und kollektiven) Biografien können dann auch Historiker nicht nur überraschende Zeichen für Mobilität in vermeintlich geschlossenen Systemen zeigen, sondern auch die immer neue Zuwendung zur Schule trotz aller Leidens an der Institution, vgl. für die Mobilität LUNDGREEN, P./KRAUL, M./DITT, K. Bildungschan-

forschend schon lange ins Zentrum ihrer Arbeit gestellt hatten, nämlich die Ebene der personalen Akteure, der Lehrer und Schüler in der unterrichtlichen Interaktion. Diese Differenz in den Perspektiven erzeugt auch eine Differenz in den Befunden: In den unterschiedlichen Dimensionen, in denen man die „Lernpersönlichkeit“[112] zum Gegenstand der Forschung machen kann, sind die beobachteten Verhaltensweisen der Schüler immer zugleich Ergebnis wie Voraussetzung des Lernens, immer zugleich Effekt der Schule wie der bewertenden, akzeptierenden, modifizierenden oder abwehrenden Aktivitäten der Lernenden selbst. Das gilt für Schulleistung und Leistungsmotivation, Angst oder Interesse, für die Ausbildung von Selbstkonzepten und Sozialverhalten.[113]

Die besorgt oder hoffnungsvoll formulierte Frage, ob Schule den „Kern der Persönlichkeit“ erreicht oder berührt,[114] ist deshalb als alternativ formulierte Frage so falsch gestellt wie sie mit Hinweisen auf Durchschnittswerte – für Klassen oder Schichten, Mädchen oder Jungen, Katholiken oder Protestanten – noch nicht hinreichend beantwortet ist. Entscheidender wird die Frage,

> »unter welchen institutionellen, interpersonalen und personalen Verarbeitungskonstellationen sich große bzw. keine Zusammenhänge ergeben ... Soziale Realität [und d. h. auch die Schule – J. D./H.-E. T.] erweist sich dann als Instanz der Vorgabe von Problemkonstellationen, von Regelsystemen, von Ressourcen und von Chancenverteilungen. Die je individuelle Verarbeitung dieser Vorgaben ... erfolgt nicht isoliert, sondern im sozialen Kontext ... und sie folgt subjektiven Gesetzmäßigkeiten, denen die Psychologie in ihren Handlungsmodellen und Motivationsmodellen seit Jahren auf der Spur ist.«[115]

Für die Forschungsprobleme entscheidender als Durchschnittswerte, wie sie von der Zirkularitätsthese abgefragt wurden, werden damit Unterschiede,

---

cen und soziale Mobilität in der städtischen Gesellschaft des 19. Jahrhunderts. Göttingen 1988 sowie biographisch z. B. DILLMANN, E.: Schule als Lebenserfahrung. Innenansichten einer Institution im 18. und frühen 19. Jahrhundert. In: Historische Anthropologie 2 (1994), S. 213–244.

112 So der jenseits aller Totalitätsansprüche verwendete Ausdruck für das Untersuchungsobjekt bei KRAPP, A.: Interesse – Ein neu entdecktes Forschungsgebiet der empirischen Pädagogik. S. 617–623, Zit. S. 623. In: INGENKAMP, K. U. A. (Hrsg.): Empirische Pädagogik 1970–1990. Bd. II. Weinheim 1992, S. 591–653.

113 Übersicht bei PEKRUN, R./FEND, H. (Hrsg.): Schule und Persönlichkeitsentwicklung. Ein Resümee der Längsschnittforschung. Stuttgart 1991.

114 Für ein Beispiel diskutiert das FEND, H.: Selbstbezogene Kognitionen und institutionelle Bewertungsprozesse im Bildungswesen: Verschonen schulische Bewertungsprozesse den „Kern der Persönlichkeit“? In: Zeitschrift für Sozialisationsforschung und Erziehungssoziologie 4 (1984), S. 251–270.

115 FEND 1984, S. 268.

wie sie im Prozess für Personen, familiäre Vorerfahrungen, schulische Lernumwelten, individuelle Biografien, Lehrerverhalten, subjektive Verhaltensweisen, Motive und Interessen etc. demonstriert werden können und weiter untersucht werden müssen. Damit münden aber die Untersuchungen über die Wirkung der Schule im Lebenslauf in eine Fragestellung ein, die für die handlungsbezogenen Orientierungs- und Gestaltungsbedürfnisse der Schule und der Lehrer schon immer zentral war: Die Frage nach den Bedingungen für die Gestaltung konkreter Situationen und nach den Unterschieden in der pädagogischen Arbeit, die einen Unterschied für die an Unterricht und Schule Beteiligten machen.[116]

Dann kommt man zu Befunden, die zugleich ermutigend und paradox sind: Es sind die einfachen Dinge im Alltag der Schule und des Klassenzimmers, ja der konkreten Arbeit der Lehrer, die einen Unterschied machen – die Differenz zwischen Klarheit und Chaos, Ermutigung oder Skepsis, Unterstützen oder Ignorieren, und es ist die Einstellung der Schüler, die der Schule die Bedeutung gibt, die sie gewinnen kann. Aber die Wahrnehmung der Absichten des Lehrers durch den Schüler ist so wenig prognostizierbar wie die Selbstwahrnehmung der Schüler durch die Schule steuerbar ist. Dann gilt gerade für Schulen, die sich an den Erfahrungen der Lernenden orientieren wollen:

> »... man kann lernen, wenn man will. Und wenn man nicht will ... muss man sehen, wie man damit fertig wird.«[117]

Schüler zeigen damit in ihrem Urteil über die Schule als Institution, was Soziologen – gegen die Zirkularitätsthese – als das gesellschaftsstrukturelle Moment in der Passung von individuellen Lebensläufen und gesellschaftlichen Organisationen hervorheben, nämlich den Aspekt der „Individualisierung".

Das meint nicht die Beliebigkeit des je individuellen Lebenslaufs, sondern die Tatsache, dass gesellschaftliche Strukturen so organisiert sind, dass Zäsuren und Entscheidungen im Lebenslauf – je länger, je mehr – nicht mehr primär objektiven Mächten, z. B. institutionell-organisatorischen Bedin-

---

116 Selbstverständlich gibt es auch dafür Forschung, unter anderem aus der angelsächsischen Schulforschung bei RUTTER, M. U. A.: Fünfzehntausend Stunden. Schulen und ihre Wirkungen auf die Kinder. Stuttgart 1980.

117 So wird eine Absolventin der Laborschule Bielefeld zitiert und ein „Grundmuster" der biografischen Erfahrung von Schule eingeführt, vgl. KLEINESPEL, K.: Schule als biographische Erfahrung. Die Laborschule im Urteil ihrer Absolventen. Weinheim/Basel 1990, S. 268 ff. Das Changieren zwischen realistischer Beurteilung und subjektiv verständlicher, aber nicht generalisierbarer Kritik spiegelt sich im übrigen auch international im Schülerurteil über die Schule, vgl. CZERWENKA, K. U. A.: Schülerurteile über die Schule. Bericht über eine internationale Untersuchung. Frankfurt a. M. 1990.

gungen, sondern vergangenen und aktuellen individuellen Entscheidungen zugerechnet werden.[118] Das sind selbstverständlich Reaktionen, die ihrerseits sozialen Erfahrungen zuzuordnen sind, die ihrerseits in individueller Verarbeitung bedeutsam werden usw. Damit bestätigt sich zwar ein Zirkel, aber nicht der einer gesellschaftlichen Reproduktion, sondern der des Zusammenhangs gesellschaftlicher Wirklichkeiten, in den die Schule selbst eingespannt ist, mit der sicheren Gewissheit, dass sie mitwirkt an dem, was man am Lebenslauf dann beobachtet, wenn man ihn rekonstruiert. Bildung, das zum Trost und als sozialwissenschaftliche Rückerinnerung an die klassische Theorie, ist dann nicht die Leistung der Schule, sondern der Lernenden selbst – im Ergebnis – und eine gemeinsame Aufgabe aller Beteiligten – im Prozess. Dass man angesichts solcher Komplikationen nicht nur Gutes erwarten darf, das ist kein Fehler der Schule.

118 Die bildungssoziologischen Konsequenzen kann man u.a studieren bei MEULEMANN, H.: Bildung im Lebensverlauf. In: Zeitschrift für Sozialisationsforschung und Erziehungssoziologie 8 (1988), S. 4–24.

Wegweiser durch das Dickicht schultheoretischer Literatur

In der westlichen Zivilisation wird die Schule nicht nur theoretisch thematisiert oder im Rahmen von Schulpädagogiken, sondern auch in einer breiten Öffentlichkeit. Eine einschlägig historisch-systematisch angelegte Textsammlung zeigt das Referenzproblem, das damit entsteht:

APEL, HANS-JÜRGEN/GRUNDER, HANS-ULRICH (Hrsg.): Texte zur Schulpädagogik. Weinheim/München 1995.

Die „Thematische Grundlegung" beginnt mit Hegel und Herbart und schließt – gleich ganz aktuell – mit D. Benner, lässt die Reihe der „Historischen Texte zu schulpädagogischen Fragen" mit Diesterweg (einem Text aus dem „Wegweiser zur Bildung für deutsche Lehrer" von 1835) einsetzen und mit der NS-Zeit enden; neben der deutschen Tradition kommt auch J. Dewey zu Ehren; dann folgen „Zeitgenössische Texte zu schulpädagogischen Fragen" sowie ein Absatz, der „Schulpädagogik als empirisch begründete, historisch systematisch orientierte Bereichsdisziplin" vorstellt.

Unter den „Klassikern der Pädagogik"[1] haben sich aber – vor Herbart – auch Kant oder – nach Hegel – auch Marx zur Schule geäußert, daneben der Theologe Schleiermacher oder der Diplomat und Sprachforscher W. von Humboldt, Schulbeamte, wie G. Kerschensteiner, und Lehrer, wie H. Gaudig. Gaudig z. B. tat das so fundiert und umfassend, dass man von einer frühen Theorie der Schule sprechen kann:

GAUDIG, HUGO: Die Schule im Dienste der werdenden Persönlichkeit. 2 Bde. Leipzig 1917.

Erst spät wurde ausdrücklich thematisiert, dass diese Fülle des Wissens auch als „Theorie" betrachtet und geprüft werden kann. In der deutschen Diskussion war dafür besonders bedeutsam:

KRAMP, WOLFGANG: Studien zur Theorie der Schule. München 1973.

---

1 SCHEUERL, H. (Hrsg.): Klassiker der Pädagogik. 2 Bde. München 1979.

Kramp hat das zwar nicht zuerst getan, aber doch mit den besten Argumenten. Seither wissen wir, dass Theorie der Schule ein wissenschaftstheoretisches Problem und eine weithin ungelöste Aufgabe ist. Ob z. B. „Schulpädagogik“, wie Apel und Grunder ihre Sammlung nennen, Teil der „Theorie der Schule“ ist, das kann man durchaus in Frage stellen.

Eine andere Textsammlung etwa organisiert sich nicht an Epochen und Personen, sondern allein an Themen und Problemen:

HOPPER, EARL (Ed.): Readings in the Theory of Educational Systems. London 1971.

Erst durch den Reihentitel – „Sociology“ – erfährt der Leser, was der Titel – „Theory“ – wie selbstverständlich ignoriert, dass hier vor allem soziologische Analysen der Schule vorliegen. In den empirischen Befunden vielleicht etwas veraltet, aber in der Fülle der Fragestellungen erhellend, zeigt dieser Band, dass Theorie der Schule nicht nur als wissenschaftstheoretisches Problem, sondern auch als offener Forschungsprozess existiert.

Jede Literaturübersicht ist deshalb selbst eine schwierige Aufgabe. Selbstverständlich haben wir für das Auswahlproblem hier keine Patent-Lösung anzubieten. Wir helfen uns – **Wegweiser** dürfen das, denn sie wissen, dass die Landkarte nicht das Territorium ist – pragmatisch, mit einem Vorschlag zur Orientierung. Dabei wollen wir Wege zeigen, sich in der Literatur zurechtzufinden, und zwar Haupt- und davon abzweigende Nebenpfade. Den einen Hauptpfad nennen wir die *Forschungsliteratur* zur Schule, den anderen die *Literatur zu ihrer Reflexion und Gestaltung*.

Wir sind uns bewusst, dass sich diese Pfade in der Literatur häufig nur analytisch unterscheiden, aber nicht in jedem Fall säuberlich trennen lassen. Kramp hätte wahrscheinlich nur für die erste Gattung den Begriff „Theorie der Schule“ zugelassen und die zweite eher „Schulpädagogik“ genannt. Wir finden das Problem der Benennung nicht so wichtig wie die Kenntnis der Erwartungen, die sich beim Wandern auf den verschiedenen Pfaden realisieren lassen: Während man hier erfährt, was man von Schule wissen kann, erfährt man dort, wie Schule gestaltet werden soll und modellhaft realisiert wurde. Gelegentlich berühren sich also die Pfade, ohne doch in einen einheitlichen Weg einzumünden.

Unser **Wegweiser** berücksichtigt beide, die Forschungsliteratur und das Reflexionswissen. Bei der Nennung der Literatur regiert die Absicht solche Titel zu erwähnen, die für die jeweilige Fragestellung aufschlussreich sind und ein selbstständiges Weiterstudium ermöglichen.

(1) Theorie der Schule: Übersicht und Stand der Forschung

Forschung über die Schule beschäftigt sich mit ihrem Gegenstand und mit sich selbst, sie will sagen, was Schule ist, bedeutet und wie sie verändert wurde; aber sie fragt auch danach, wie – mit welchen Theorien und

Methoden – Schule am besten erforscht werden kann, und ob es in der Vielfalt des Wissens über die Schule gar eine Ordnung gibt.

Für die wissenschaftstheoretischen Fragen hat W. Kramp[2] das Nötige gesagt. Das systematische Gelenkstück seiner Argumentation bildet sein 3. Kapitel über den „Theoriebegriff als Maßstab der Kritik schultheoretischer Aussagen". Kramp macht – mit seinem relativ engen Theoriebegriff – zumindest zwei Probleme deutlich: a) die Notwendigkeit, unterschiedliche Aussagearten (z. B. normative von deskriptiven) sowie unterschiedliche Aussagenkomplexe (Theorien und Pseudotheorien, Programme oder Konzepte) zu unterscheiden; b) die Erwartung, dass beim Wissen über die Schule auch die thematische Spezifik geklärt werden muss, z. B., ob eine jede Theorie der Schule schon eine „erziehungswissenschaftliche Schultheorie" ist. Sein Defizitbefund ist, dass es (1973) in der (deutschen) Pädagogik weder Konsens darüber gab, worin sich eine Theorie von sonstigen Buchstabenansammlungen unterscheiden sollte, noch in hinreichender Menge Wissen mit einer in spezifischer Weise reflexiv ausgewiesenen Theoriequalität.

Unser **Wegweiser** kann im Folgenden diese Defizitdiagnose nicht grundsätzlich bestreiten, aber zeigen, dass sich das empirische Wissen über die Schule seit Kramps Diagnose erheblich erweitert hat. Dieses Wissen liegt aus einer Vielzahl von Disziplinen vor, auch aus der Erziehungswissenschaft, lässt sich aber noch nicht in einem konsistenten Zusammenhang darstellen – obwohl es einige Begriffe gibt, die den Übergang von Empirie und Theorie oder von Theorie zu Theorie möglich machen: z. B. Funktion, System, Kultur, Organisation.

Ein Überblick über die Forschungsliteratur muss dieser Vielfalt Rechnung tragen. Wir geben dennoch keinen enzyklopädischen Überblick, sondern zeigen nur die u. E. wichtigsten Weisen der Thematisierung von Schule.

(2) Anthropologische Schulforschung

Anthropologen fragen bei der Betrachtung von Phänomenen, wie weit sie der „Natur" des Menschen entsprechen, und sie gehen dabei so vor, dass sie das Phänomen in unterschiedlichen „Kulturen" aufsuchen, um zugleich mit den Unterschieden das Gemeinsame zu entdecken. Auch Schule wurde dabei zu einem Thema, in ihren grundlegenden Funktionen, gemeinsamen Merkmalen und Leistungen.

Wir nennen zwei Artikel für den Ertrag der Forschung und die weiteren Aufgaben:

---

2 Für die angelsächsische Diskussion vgl. im Sammelband von Hopper (1.2, soziologische Analysen) den Beitrag von HALSEY, A. H.: Theoretical advance and empirical challenge.

COHEN, Y. A.: The Shaping of Men's Mind: Adaptations to Imperatives of Culture. In: WAX, MURRAY/DIAMOND, STANLEY/GEARING, FRED (Eds.): Anthropological Perspectives on Education. New York/London 1971, S. 19–50.

HENRY, JULES: A Cross Cultural Outline of Education. In: Hopper 1971, S. 285–291.

Cohen zeigt, dass sich über den Begriff der Sozialisation ein Zusammenhang mit weiteren Fragen ergibt; Henry liefert eine Liste wohlgeordneter Fragen: Worauf sich der pädagogische Prozess bezieht, wie Information kommuniziert wird und wie die Methoden des Lehrens aussehen, wer erzieht, welches Verhalten dabei erzeugt wird (etc.).

Ein Spezialproblem ethnologischer Forschung ist die Frage der Alphabetisierung und der Ausbreitung von Literalität. Wir geben dafür einen Hinweis und nennen zudem eine Untersuchung, die gemeinsame Merkmale der modernen Schule herausarbeitet:

GOODY, JACK/WATT, IAN/GOUGH, KATHLEEN: Entstehung und Folgen der Schriftkultur. Frankfurt a. M. 1986.

ADICK, CHRISTEL: Die Universalisierung der modernen Schule. Paderborn 1992.

(3) Historische Schulforschung

Historiker sehen die Akzentuierung solcher gemeinsamen Merkmale selbstverständlich mit einigem Missbehagen; denn ihre Spezialität ist es, die Varianz zu zeigen, die ein Phänomen nach Zeiten und Räumen und unter unterschiedlichen Kontextbedingungen – sei es Macht und Herrschaft, Sozialstruktur oder Ökonomie – annehmen kann. In der deutschen schulhistorischen Forschung gibt es eine Fülle solcher Arbeiten, sowohl knappe Zusammenfassungen als auch theoretisch und methodisch anspruchsvolle Analysen der internen Dynamik und der externen Effekte der Schule, vor allem für das 19. und 20. Jh.

Zur ersten Gattung zählt unter anderem:

HERRLITZ, HANS-GEORG/TITZE, HARTMUT/HOPF, WULF: Deutsche Schulgeschichte von 1800 bis zur Gegenwart. Eine Einführung. Mit einem Kapitel über die DDR von Ernst Cloer. Weinheim/München 1993.

Diese Arbeit zeichnet sich dadurch aus, dass sie einer ausgewiesenen sozialgeschichtlichen Fragestellung folgt. Sie bemüht sich, neben der Interpretation der Intentionen, wie sie in Gesetzen und pädagogisch-politischen Kontroversen vorliegen, auch statistische Daten über die Realität zur Geltung kommen zu lassen.

Ambitionierter im Umfang, nicht nur auf Schule bezogen, daher aussagekräftiger für den Kontext, in dem Schule steht, ist für die Zeit seit dem ausgehenden Mittelalter:

BERG, CHRISTA U. A. (Hrsg.): Handbuch der deutschen Bildungsgeschichte, und zwar:
Bd. 1: 15. bis 17. Jh. Hrsg. von NOTKER HAMMERSTEIN. München 1996.
Bd. 3: 1800–1870. Von der Neuordnung Deutschlands bis zur Gründung des Deutschen Reiches. Hrsg. von KARL-ERNST JEISMANN und PETER LUNDGREEN. München 1987.
Bd. 4: 1870–1918. Von der Reichsgründung bis zum Ende des Ersten Weltkriegs. Hrsg. von CHRISTA BERG. München 1991.
Bd. 5: 1918–1945. Die Weimarer Republik und die nationalsozialistische Diktatur. Hrsg. von DIETER LANGEWIESCHE und HEINZ-ELMAR TENORTH. München 1989.

Aus der themenspezifischen Forschungsliteratur nennen wir nur drei Titel. Sie zeigen neue Fragestellungen, den Zusammenhang mit anderen Disziplinen und vernachlässigte Perspektiven:

MÜLLER, DETLEF K.: Sozialstruktur und Schulsystem. Göttingen 1977.
TITZE, HARTMUT: Der Akademikerzyklus. Historische Untersuchungen über die Wiederkehr von Überfüllung und Mangel in akademischen Karrieren. Göttingen 1990.
PETRAT, GERHART: Schulunterricht. Seine Sozialgeschichte in Deutschland 1750–1850. München 1979.

Die Leistungen einer historisch und vergleichend argumentierenden Analyse, produktiv auch in der Annäherung an soziologische Fragestellungen, dokumentiert unter anderem:

MÜLLER, DETLEF K./RINGER, FRITZ K./SIMON, BRIAN (Eds.): The Rise of the Modern Educational System. Structural Change and Social Reproduction. Cambridge/Paris 1987.

Die Historie der Schulforschung konnten wir nicht extensiv aufnehmen; aber sie bewahrt Probleme, die unsere eigenen Überlegungen mit bestimmt haben und die sogar anschlussfähig an die aktuelle Theoriebildung sind. Für das Grundproblem, dass die Theorie der Schule mit der Geschichte der Schule selbst eng verbunden ist, gibt es ebenfalls Spezialstudien, z. B.:

DREWEK, PETER: Schulpädagogik und Schulentwicklung. In: MÜLLER, DETLEF K. (Hrsg.): Pädagogik – Erziehungswissenschaft – Bildung. Köln/Weimar/Wien 1994, S. 297–326.

Für ein umfassendes Verständnis der Schulentwicklung ist es schließlich auch notwendig, neben dem allgemeinbildenden Schulwesen die weiteren Schularten in ihrer Entwicklung zu studieren. Wir nennen hier nur Titel, die den Anschluss an die weitere Forschung leicht zugänglich machen (und verweisen im Übrigen auf das Handbuch der Bildungsgeschichte):

MÖCKEL, ANDREAS: Geschichte der Heilpädagogik. Stuttgart 1988.
ELLGER-RÜTTGARDT, SIEGLIND: Historiographie der Behindertenpädagogik. In: BLEIDICK, ULRICH (Hrsg.): Handbuch der Sonderpädagogik. Bd. 1. Berlin 1985, S. 87–125.
BLANKERTZ, HERWIG: Bildung im Zeitalter der großen Industrie. Hannover 1969.
ELLWEIN, THOMAS: Die deutsche Universität. Vom Mittelalter bis zur Gegenwart. Meisenheim 1992.

(4) Soziologische Analysen der Schule

Schule ist ein zentrales und kontinuierlich behandeltes Thema der Soziologie, denn die Tatsache der Universalisierung von Kenntnissen ist für die Soziologie ebenso interessant wie das Phänomen der Massenerziehung oder der Zusammenhang von Schule und Sozialstruktur. Entsprechend vielfältig sind die soziologischen Forschungen, theoretisch wie methodisch.

Der intensiven Forschung entspricht die Schwierigkeit eine knappe Übersicht zu geben. Unsere Empfehlungen folgen, nach dem Hinweis auf Übersichtsbände, zentralen Begriffen und Themen:[3]

- *Übersichten zur Soziologie der Schule*

  HEINTZ, PETER (Hrsg.): Soziologie der Schule. Opladen 1959 (4. Sonderheft der Kölner Zeitschrift für Soziologie und Sozialpsychologie).

  HARTFIEL, GÜNTER/HOLM, KURT (Hrsg.): Bildung und Erziehung in der Industriegesellschaft. Köln 1973.

  PLAKE, KLAUS (Hrsg.): Klassiker der Erziehungssoziologie. Düsseldorf 1987.

- *Organisation und System*

  PARSONS, TALCOTT: Die Schulklasse als soziales System: Einige Funktionen in der amerikanischen Gesellschaft (1959). In: ders.: Sozialstruktur und Persönlichkeit. Neuwied/Berlin 1968, S. 161–193.

  LENHARDT, GERO: Schule als bürokratische Organisation. Frankfurt a. M. 1984.

- *Gesellschaft/Soziale Reproduktion*

  BOURDIEU, PIERRE/PASSERON, JEAN-CLAUDE: Die Illusion der Chancengleichheit. Stuttgart 1971.

  SÜNKER, HEINZ/TIMMERMANN, DIETER/KOLBE, FRITZ-ULRICH (Hrsg.): Bildung, Gesellschaft, soziale Ungleichheit. Frankfurt a. M. 1995.

- *Chancen und Mobilität*

  BLOSSFELD, PETER/SHAVIT, YOSSI: Dauerhafte Ungleichheiten. Zur Veränderung des Einflusses der sozialen Herkunft auf die Bildungschancen in dreizehn industrialisierten Ländern. In: Zeitschrift für Pädagogik 39 (1993), S. 25–52.

  KAELBLE, HARTMUT (Hrsg.): Geschichte der sozialen Mobilität seit der industriellen Revolution. Hanstein 1978.

  MÜLLER, WALTER/HAUN, DIETER: Bildungsungleichheit im sozialen Wandel. In: Kölner Zeitschrift für Soziologie und Sozialpsychologie 46 (1994), S. 1–42.

- *Macht und Herrschaft/Ideologie und Wissen*

  ALTHUSSER, LOUIS: Ideologie und ideologische Staatsapparate. Hamburg/Berlin 1977.

  APPLE, MICHAEL: Ideology and Curriculum. London 1979.

  BOWLES, SAMUEL/GINTIS, HERBERT: Pädagogik und die Widersprüche der Ökonomie. Frankfurt a. M. 1978.

---

3 Wir erinnern noch einmal an den Band von Hopper.

■ *Schulkultur und Interaktion*

MEHAN, HUGH: Learning Lessons. Social Organization in the Classroom. Cambridge (Mass.)/London (UK) (Harvard Univ. Pr.) 1979.

KALTHOFF, HERBERT: Die Erzeugung von Wissen. Zur Fabrikation von Antworten im Schulunterricht. In: Zeitschrift für Pädagogik 41 (1995), S. 925–939.

(5) Juristische Probleme des Bildungswesens

Die leitenden Themen, mit denen die Juristen Fragen der Schule aufnehmen, heißen Verrechtlichung und Autonomie. Die Literatur zeigt entsprechend, wie die Rechtsverhältnisse entstanden und gegenwärtig beschreibbar sind. Dabei dominiert eine Perspektive, die sich auf Staaten und Nationen begrenzt; vergleichende Untersuchungen sind höchst selten. Wir nennen exemplarisch nur:

RICHTER, INGO: Bildungsverfassungsrecht. Stuttgart 1973 (mit ausführlicher Bibliographie).

(6) Psychologische Schulforschung

Alles oder nichts – das ist hier die Frage. Denn einerseits erzielen Unterricht und Schule nur Wirkung, wenn sie das „psychische System" erreichen; insofern machen Pädagogen dauernd von psychologischen Theorien mehr oder minder naiven Gebrauch. Reflektiert:

SCHIEFELE, HANS/KRAPP, ANDREAS (Hrsg.): Handlexikon zur Pädagogischen Psychologie. München 1985.

Andererseits gibt es keine psychologische Theorie der Schule (vgl. aber für die psychoanalytische Analyse 9.2 und Anhang 6), wohl aber pädagogisch-psychologische Themen in der Ausbildung und Prüfung für das Lehramt. Dort geht es vor allem um Lernen und Denken, Entwicklung und Sozialisation, Lehren und Interaktion in der Schule:

WEINERT, FRANZ E. (Hrsg.): Pädagogische Psychologie. Frankfurt a. M. 1974.

OERTER, ROLF/MONTADA, LEO: Entwicklungspsychologie. München/Weinheim 1987.

HOFER, MANFRED: Sozialpsychologie erzieherischen Handelns. Göttingen/Toronto/Zürich 1986.

AEBLI, HANS: Denken: Das Ordnen des Tuns. 2 Bde., Stuttgart 1981.

TREIBER, BERNHARD/WEINERT, FRANZ E. (Hrsg.): Lehr-Lern-Forschung. München 1982.

Die enge Beziehung der deutschen Literatur zur amerikanischen Forschung repräsentiert eine prominente Gesamtdarstellung:

GAGE, NICHOLAS L./BERLINER, DAVID C.: Pädagogische Psychologie. 4. Aufl. 1986.

In der Schulpraxis ist der Rat der Psychologie vor allem gefragt, wenn es um Diagnostik und Entscheidungen über einzelne Kinder geht.

LUKESCH, HELMUT/NÖLDNER, WOLFGANG/PEEZ, HELMUT (Hrsg.): Beratungsaufgaben in der Schule. München 1989.

JÄGER, REINHOLD S. (Hrsg.): Psychologische Diagnostik. Ein Lehrbuch. Weinheim 1988.

TREIBER, BERNHARD/WEINERT, FRANZ E.: Gute Schulleistungen für alle? Münster 1985 (und dazu die Diskussion der Zeitschrift für Pädagogische Psychologie 1988).

Neben diesen Sachabgrenzungen sind für die Orientierung ideologische und zeitliche Unterscheidungen zu beachten. Psychoanalytische Fragestellungen gelten immer noch als etwas anderes. Als eine Art Jahrhundertereignis wird die kognitive Wende in der Theorie behandelt. Wir empfehlen eine Übersicht und das zäsursetzende Buch:

KUTTER, PETER (Hrsg.): Psychoanalyse interdisziplinär. Frankfurt a. M. 1996 (i. Dr.).

MILLER, GEORG A./GALANTER, EUGENE/PRIBRAM, KARL H.: Strategien des Handelns. Stuttgart 1973.

Der Übergang zur erziehungswissenschaftlichen Forschung ist fließend; vergleichbar der soziologischen Schulforschung spielen die Fragestellungen der Pädagogischen Psychologie in der Erziehungswissenschaft ebenfalls eine große Rolle. Am Beispiel von schulischer Leistungsbeurteilung und Diagnostik wird das besonders deutlich:

INGENKAMP, KARLHEINZ (Hrsg.): Die Fragwürdigkeit der Zensurengebung. Weinheim/Basel 1971.

KUTSCHER, JOACHIM (Hrsg.): Beurteilen oder verurteilen. München 1977.

(7) Empirische Schulforschung in der Erziehungswissenschaft

Anders als Kramp noch 1973 notierte, ist die empirische Schulforschung in der Erziehungswissenschaft inzwischen auf breiter Front in Gang gekommen. Entsprechend finden sich bereits Kodifizierungen dessen, was man wissen kann, theoretische Kontroversen und Diagnosen über vernachlässigte Felder der Forschung. Es fehlt eine übergreifende und anerkannte Theorie der Schule – aber wie sollte man die erwarten dürfen?

In unseren Empfehlungen geben wir Hinweise zum Stand der Forschung, zugleich in der Absicht, die Referenzen zu zeigen, die für unsere Darstellung bedeutsam waren, und die Literatur nicht zu ignorieren, die von unserer Darstellung unabhängig macht.

Handbuchwissen

TWELLMANN, WALTER (Hrsg.): Handbuch Schule und Unterricht. 12 Bde. Düsseldorf 1981.

Aus der ENZYKLOPÄDIE ERZIEHUNGSWISSENSCHAFT vor allem:

Bd. 5: Organisation, Recht und Ökonomie des Bildungswesens. Hrsg. von MARTIN BAETHGE/KNUT NEVERMANN. Stuttgart 1984.

Bd. 8: Erziehung im Jugendalter – Sekundarstufe I. Hrsg. von ERNST-GÜNTHER SKIBA U. A. Stuttgart 1983.

Bd. 9: Sekundarstufe II – Jugendbildung zwischen Schule und Beruf. T. 1: Handbuch; T. 2: Lexikon. Hrsg. von HERWIG BLANKERTZ U. A. Stuttgart 1982.

Ertrag und Forschungsstand, Desiderata und Lücken der schultheoretischen Forschung werden immer neu konstatiert, besonders hilfreich:

ROEDER, PETER M. U. A.: Überlegungen zur Schulforschung. Stuttgart 1977.
ROLFF, HANS GÜNTHER (Hrsg.): Zukunftsfelder von Schulforschung. Weinheim 1995.

(8) Theorien der Schule

Arbeiten, die schon im Titel als „Theorie der Schule“ antreten, sind nicht selten. Den Ertrag eigener empirischer Forschung und zugleich eine Darstellung unter systematischem Anspruch liefert gegenwärtig wohl nur ein Autor:

FEND, HELMUT: Theorie der Schule. München 1980.

Vor allem in der Zeitschriftendiskussion wird schnell bewusst, dass es keinen Konsens über Theorien und Referenzen gibt, sodass man ohne Einwände von einer erziehungswissenschaftlichen Theorie der Schule sprechen könnte. Eine aktuelle Diskussion der Möglichkeiten und Bezugsprobleme der Theorien der Schule findet sich unter anderem in:

„Die Deutsche Schule“, Themenheft 4/1993 und 4/1994.
LESCHINSKY, ACHIM (Hrsg.): Die Institutionalisierung von Lehren und Lernen. Beiträge zu einer Theorie der Schule. Festgabe für Peter Martin Roeder. Weinheim/Basel 1996 (34. Beiheft der Zeitschrift für Pädagogik).

Einige Bände, in denen Standardtheorien, die überlieferten Programme und neue Forderungen vereinigt sind, erleichtern den Überblick:

ADL-AMINI, BIJAN: Schultheorie – Geschichte, Gegenstand und Grenzen. Weinheim/Basel 1976.
BRINKMANN, GÜNTER/FRIEDRICH, LEO/HEILAND, HELMUT/KLASSEN, THEODOR F./LINGELBACH, KARL C. (Hrsg.): Theorie der Schule. T. 1: Reformpädagogik. T. 2: Gesamtschulen und Alternativschulen. Königstein/Ts. 1980.
TILLMANN, KLAUS-JÜRGEN (Hrsg.): Schultheorien. Hamburg 1987.

Die problemspezifische Entfaltung einer Theorie der Schule findet sich selbstverständlich nicht nur für das allgemeinbildende Schulwesen. Eine erste Orientierung bieten die einschlägigen Handbücher:

BLEIDICK, ULRICH (Hrsg.): Handbuch der Sonderpädagogik. Berlin 1985 ff.
ARNOLD, ROLF/LIPSMEIER, ANTONIUS (Hrsg.): Handbuch der Berufsbildung. Opladen 1990.
TIPPELT, RUDOLF (Hrsg.): Handbuch Erwachsenenbildung/Weiterbildung. Opladen 1994.
HUBER, LUDWIG (Hrsg.): Ausbildung und Sozialisation in der Hochschule. Stuttgart 1983 (Enzyklopädie Erziehungswissenschaft Bd. 10).

Zur Orientierung über die pädagogischen Welten, in die die Schule eingebettet ist, und mit denen sie zum Teil gemeinsam arbeitet, geben die Grundlagenwerke zur Situation der Familie und der sozialen Arbeit Aufschluss:

EYFERT, HANS/OTTO, HANS-UWE/THIERSCH, HANS (Hrsg.): Handbuch der Sozialarbeit/Sozialpädagogik. Neuwied/Darmstadt 1987.

MARKEFKA, MANFRED/NAVE-HERZ, ROSEMARIE (Hrsg.): Handbuch der Familien- und Jugendforschung. 2 Bde. Neuwied 1994.

MARKEFKA, MANFRED/NAUCK, BERNHARD (Hrsg.): Handbuch der Kindheitsforschung. Neuwied/Berlin 1993.

(9) Pädagogische Gestaltung von Schule

Pädagogische Praktiker, Schulpolitiker und Schulreformer können selbstverständlich nicht warten, bis alle Probleme pädagogischer Arbeit in Schulen durch Forschung gelöst oder auch nur thematisiert sind. Sie machen sich ihren eigenen Reim auf die Sache und publizieren selbst über die Schule. Der Anspruch dabei ist eher pragmatisch und zukunftsorientiert, als Beweise nimmt man hier auch eigene Erfahrungen ernst, für Kritik reicht häufig die Sehnsucht nach einer Alternative schon aus.

Diese Literatur ist dennoch unentbehrlich, vor allem für den angehenden Lehrer; denn sie zeigt, was an Schule möglich ist, welche Pläne existieren – und auch, was die Forschung alles noch zu prüfen hat. Dieses Wissen gibt es in einer Fülle von Textsorten. Die Abgrenzung zur Literatur über Unterricht ist fließend.

Unsere Empfehlungen beschränken sich bewusst auf klassische Texte, auf Analysen mit systematischem Anspruch und jüngere Veröffentlichungen, die wir inspirierend finden. Die oben genannten Handbücher und Forschungsberichte, aber auch die Anmerkungen in unserer Darstellung, eröffnen den Weg zu Spezialfragen.

BENNER, DIETRICH: Studien zur Didaktik und Schultheorie. Weinheim/München 1995.

HENTIG, HARTMUT VON: Schule neu denken. Eine Übung in praktischer Vernunft. München 1993.

HELSPER, WERNER/KRÜGER, HEINZ-HERMANN/WENZEL, HARTMUT (Hrsg.): Schule und Gesellschaft im Umbruch. Bd. 1: Theoretische und internationale Perspektiven. Weinheim 1996.

PRANGE, KLAUS: Die Zeit der Schule. Bad Heilbrunn 1995.

WILHELM, THEODOR: Theorie der Schule. Gymnasium und Hauptschule im Zeitalter der Wissenschaften. Stuttgart 1967 (und dazu die Rezension von NIPKOW, KARL-ERNST in: Zeitschrift für Pädagogik 14 (1968), S. 189–204).

Register